中共兰州市委宣传部重大委托项目

西北师范大学历史文化学院

中国历史研究院田澍工作室

甘肃省历史学会
———— 联合资助出版 ————

兰州简史

LANZHOU JIANSHI

田 澍 何玉红 马玉凤 主编

人民出版社

责任编辑:邵永忠
封面设计:胡欣欣

图书在版编目(CIP)数据

兰州简史/田　澍,何玉红,马玉凤　主编. —北京:人民出版社,2023.7
ISBN 978-7-01-025231-5

Ⅰ.①兰…　Ⅱ.①田…②何…③马…　Ⅲ.①兰州-地方史
Ⅳ.①K294.21

中国版本图书馆 CIP 数据核字(2022)第 247196 号

兰州简史
LANZHOU JIANSHI

田　澍　何玉红　马玉凤　主编

人民出版社 出版发行
(100706　北京市东城区隆福寺街 99 号)

北京中科印刷有限公司印刷　新华书店经销

2023 年 7 月第 1 版　2023 年 7 月北京第 1 次印刷
开本:710 毫米×1000 毫米 1/16　印张:28　插页:4　字数:450 千字

ISBN 978-7-01-025231-5　定价:83.00 元

邮购地址 100706　北京市东城区隆福寺街 99 号
人民东方图书销售中心　电话 (010)65250042　65289539

田　澍　1964 年生，甘肃通渭人。中国社会科学院研究生院历史学博士，西北师范大学历史文化学院教授、博士生导师，西北师范大学副校长，中国历史研究院田澍工作室首席专家，入选国家级高层次人才计划。主要从事明清史、丝绸之路与西北边疆史地研究，在《文史》《中国史研究》等发表论文 150 余篇，出版《嘉靖革新研究》等 10 余部专著，主持国家社科基金重大招标项目等 10 余项。

何玉红　1977 年生，甘肃民勤人。四川大学历史学博士，西北师范大学历史文化学院教授、博士生导师，中国历史研究院田澍工作室研究员，入选国家级高层次人才计划。主要从事宋史研究，在《中国社会科学》《中国史研究》等发表论文 50 余篇，出版《南宋川陕边防行政运行体制研究》，主持国家社科基金项目等 10 余项。

马玉凤　1983 年生，甘肃天水人。西北师范大学历史学博士，西北师范大学历史文化学院副教授、硕士生导师，《中亚研究通讯》副主编，中国历史研究院田澍工作室研究员，入选甘肃省陇原青年英才。主要从事西北边疆史、中国与中亚关系史及丝绸之路历史研究，在《中国边疆史地研究》《光明日报》等发表论文 10 余篇，主持国家社科基金项目等多项。

石斧（新石器时代）（甘肃省文物考古研究所提供）

鸭形壶（半山类型）

（甘肃省文物考古研究所提供）

伏龙坪出土东汉墨迹纸

（兰州市博物馆提供）

唐慕容仪墓志

（榆中县博物馆提供）

西夏文印

（兰州市博物馆提供）

榆中县来紫堡明肃王墓（武沐 摄）

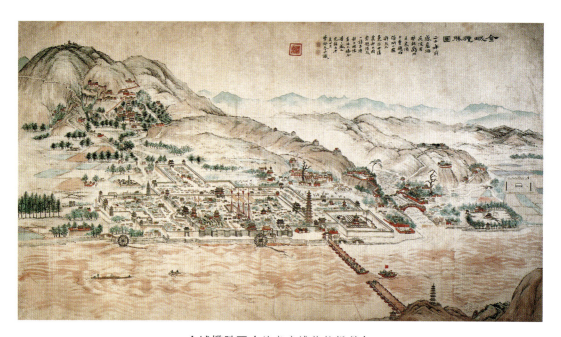

金城揽胜图（甘肃省博物馆提供）

建成初期的黄河铁桥（兰州黄河桥梁博物馆提供）

民国时期兰州的城墙及瓜摊
（兰州黄河桥梁博物馆提供）

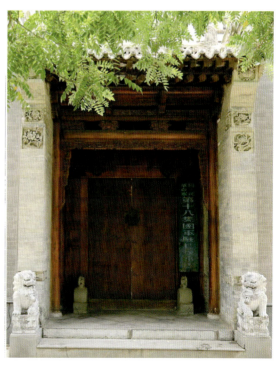

八路军兰州办事处旧照
（八路军兰州办事处纪念馆提供）

文溯阁《四库全书》入兰后的首藏地——永登鲁土司衙门（永登县委宣传部提供）

引大入秦工程庄浪河渡槽（永登县委宣传部提供）

兰州石化城全景 (兰州市西固区委宣传部提供)

兰州新区栖霞湖风光（兰州新区融媒体中心提供）

少年儿童在黄河母亲雕塑前放飞和平鸽（马军 摄）

河口古镇——黄河十里金岸（张振祥 摄）

前　言

　　兰州禀赋独特，历史悠久，文化灿烂，是中华文明的重要发祥地之一。独特的地理环境深刻影响着兰州历史的发展走向及文化面貌。在民族交融、中西交流、疆域稳固、向西开放的历史进程中，兰州形成了开放包容、交流互鉴、多元融合的文化特质，黄河文化、丝路文化、中西文化、多元民族文化、红色文化等在此交相辉映，因而享有"丝路重镇""黄河明珠"等美誉。

　　先秦时期的兰州先后经历了石器时代、青铜时代和早期铁器时代，反映出兰州从蒙昧逐渐走向文明的历史进程。马家窑彩陶文化代表着中国史前艺术的高峰。早期冶铜业昭示着兰州是较早迈入青铜时代的地区之一。彩陶的西传和青铜、小麦的东渐，使兰州成为早期东西方文化交流的中转站，为丝绸之路的开通奠定了基础。春秋战国时期，随着秦人的西进，兰州逐渐被纳入中原王朝的管辖范围。

　　秦始皇统一六国之后，在兰州设置榆中县，兰州地区出现第一个县级行政机构。汉武帝时，随着河西四郡的设置，兰州成为西汉王朝经略河湟地区的重要基地。始元六年（前81年），汉昭帝设置金城郡，兰州出现第一个郡级机构。金城郡领13县，其中浩亹、令居、枝阳、允街、金城、榆中6县在今兰州市境内。秦汉时期大量移民拓边，为兰州发展注入新的活力，社会经济与文化发展进入第一次兴盛时期。

魏晋南北朝时期，兰州地区先后被十多个政权统治或争夺，既是河西诸政权向东发展的前沿阵地，也是关陇势力向西经略凉州的桥头堡。十六国时期，西秦乞伏氏先后建都勇士城、金城和苑川，兰州首次成为地方割据政权的都城。北朝时期，兰州成为北魏、西魏、北周诸政权控扼河陇的战略要地。

开皇元年（581年），隋朝废郡设州，第一次出现"兰州"之名。同时，设置兰州总管府，管理河湟地区的军事事务。大业三年（607年），兰州改称金城郡。唐朝建立后，设置兰州都督府。贞观初年，兰州划归陇右道；开元年间，兰州由陇右节度使管辖。在隋朝及唐代前期，兰州再次进入兴盛时期。

安史之乱后，唐朝国力衰减，吐蕃势力东进，兰州成为吐蕃的驻牧地。宋夏时期，兰州蕃部成为各方争夺的对象。北宋在神宗以后，收复河湟地区，在兰州一带与西夏政权隔河对峙。在此期间，宋朝攻取会州，筑兰州新城，修黄河浮桥和金城关。金灭北宋后，与西夏在黄河一带对峙。在北宋、西夏、金的相互较量中，兰州一直是诸方力量争夺的边防要塞。

公元1234年，蒙古灭金，兰州归巩昌便宜都总帅府管辖，由阔端王统属。元代行省制度确立后，以黄河为界，兰州黄河以南的兰州、金州属陕西行省管辖，黄河以北地区归甘肃行省庄浪路管辖。元代大一统局面的形成，使兰州固有的交通中心地位得到恢复。

洪武初年，明朝在兰州设置了兰县、金县和兰州卫、庄浪卫，兰州在西北防御体系中的战略地位日渐凸显。肃王迁兰时，甘州中护卫、甘州右护卫、甘州群牧千户所随迁，大大提升了兰州的军事防御能力，对明代兰州的发展产生了影响。成化十四年（1478年），明廷将兰县升为兰州，其战略地位辐射河西走廊、河湟和河洮岷地区，是明朝控制和支援河西走廊的战略支点。

康熙五年（1666年）兰州成为甘肃省会。之后，兰州迅速崛起为西北地区政治、军事、经济、文化中心之一，被视为"关西巨镇"。历经陕甘分省的变化，乾隆二十九年（1764 年），陕甘总督落驻兰州。兰州集总督府、省会、府治、县治于一地，政治影响迅速提升。

民国时期，兰州的发展进入历史巨变之中，近代化进程加快。北洋政府和国民政府在开发西北的过程中，兰州一度成为政府和社会舆论关注的焦点。全民族抗战爆发后，国民政府在兰州设立第八战区司令部。作为西北国际通道的枢纽，兰州成为西北抗战大后方的中心。1941 年兰州设市。随着国际和国内形势的变化，兰州成为支持抗战、建设西北的重要基地。

1949 年 8 月 26 日，兰州解放，从此翻开了兰州历史的新篇章。1950 年 1 月 8 日，兰州市人民政府正式成立。从 1953 年至 1956 年，兰州市胜利完成生产资料私有制的社会主义改造，由新民主主义社会进入社会主义初级阶段。通过"一五""二五"和"三线建设"，兰州这座新兴工业城市在黄河之滨飞速崛起。改革开放以来，全市人民为实现现代化和中华民族伟大复兴的中国梦砥砺前进，在政治、经济、文化、社会和生态文明诸多领域，都取得了令人瞩目的建设成就。

进入中国特色社会主义建设新时代，我们深感系统梳理兰州发展的历史经纬，认真总结兰州历史发展的规律，对于今天建设幸福美好新兰州，具有十分重要的意义。2021 年 6 月，作为中共兰州市委宣传部重大委托项目的《兰州通史》正式由人民出版社出版，兰州从此有了第一部完整、系统的通史。但对于大众来说，五卷本 240 余万字的《兰州通史》卷帙浩繁，不易阅读。为此，我们在编纂《兰州通史》的计划中，就将编写《兰州简史》列为附属项目。但《兰州简史》不是《兰州通史》的缩写本，而是在总体把握兰州历史脉络基础上的重新编写，并将下限延至 2021 年。我们在编写中遵循以下两个基本原则：一是重新设计大纲，展示兰州历史发展的轨迹，突出兰州历史的亮点；二是改变写作风格，尽可能减少引文，以求语言简洁明快，利于大众阅读。

在《兰州简史》的写作中，我们坚持用辩证唯物主义和历史唯物主义的立场、观点和方法，注重学术性和可读性的有机结合，力图实事求是地

反映兰州经济、政治、文化、民族、宗教和社会等各方面的历史演变，系统揭示兰州历史的发展脉络和区域特征，以期激发兰州人民的自信心与自豪感，提振全市人民热爱兰州、建设兰州的热情，在"一带一路"建设和中华民族伟大复兴的新征程中，迎来兰州新的发展和辉煌！

认识兰州，热爱兰州，请读《兰州简史》！

田 澍 何玉红 马玉凤

2022 年 4 月 18 日

目　录

第 一 章
文明肇始与早期开发

兰州历史悠久，文化源远流长。旧石器时代晚期，就有人类繁衍生息。新石器时代，农业经济稳定发展，彩陶艺术达到高峰，开始成为东西方文化交流、传布的中转站。青铜时代，羌、戎等古代民族活动频繁，成为中国较早迈入文明社会的地区之一。春秋战国时期，多元文化在此交融碰撞，并随着秦人的西进，兰州逐渐纳入中原王朝的管辖范围。

第一节 兰州的地理环境

兰州地处黄土高原、内蒙古高原和青藏高原的交接地带，地势西南高、东北低，现辖城关、七里河、安宁、西固、红古五区和永登、皋兰、榆中三县，总面积 1.31 万平方千米。黄河及其支流横贯全境，切山穿岭，冲积沉淀，形成峡谷与盆地相间的串珠状河谷；河谷之外，土石山地与黄土丘陵、断陷盆地交错分布。独特的地理位置和自然环境，深刻影响了兰州历史文化的发展，使兰州成为中华文明的重要发祥地、多元文化的交汇地之一。

一、地形地貌①

兰州的地形主要由河流谷地、黄土梁区、黄土丘陵、基岩山地四大地

---

① 参考资料和数据转引自兰州市地方志编纂委员会、兰州市自然地理志编纂委员会编纂《兰州市志·自然地理志》（兰州大学出版社 1998 年版），不再详注，特此说明。

貌单元组成，大多为黄土覆盖的海拔1500—2000米的丘陵和盆地，其次为海拔较高的石质山地。平川、河谷、山地、高原、荒漠等复杂多样的地貌，既相互独立，又彼此交错，为兰州人文地理环境和地域文化的形成奠定了基础。

（一）河流谷地

黄河谷地是兰州最主要的河流谷地，由黄河及其支流湟水、大通河、庄浪河、苑川河、阿干河等切割冲积形成的大大小小的谷地和盆地组成。气候温和，土壤肥沃，水源充足，自古以来就是理想的农业发展区和人类栖息地。

黄河干流自西固区达川镇流入兰州境内，经西固区、安宁区、七里河区、城关区、皋兰县东南部和榆中县北部，至乌金峡出境，呈"S"形流向，总流程150.7千米，落差151米。黄河切穿山岭的基岩，形成八盘峡、柴家峡、白马浪、桑园峡、大峡、乌金峡6处峡谷；顺着山岭走向流动，冲积形成宽阔的达川盆地、兰州河谷盆地、什川盆地、水川—青城盆地4处盆地，其中兰州河谷盆地由河口—新城盆地、西固—安宁—七里河盆地、城关盆地3个小盆地构成。由此可知，黄河在兰州境内呈现出峡谷与盆地相间、一束一放的串珠状河谷。

湟水是黄河兰州段最大的一级支流，流经青海省民和县，于红古区海石湾汇合大通河后，经海石湾、红古、花庄、平安四镇，至西固区达川镇岔路村汇入黄河，全长349千米，兰州境内流程57千米。湟水谷地主要由海石湾宽谷、旋子—王家口窄谷、红古城宽谷、红古城—新庄窄谷、王家村—柳家村宽谷、河嘴窄谷、花庄宽谷、盐庄子窄谷、平安台宽谷、窝连村窄谷、张家寺—岔路村宽谷等组成，一般宽2.5千米左右，最宽处在海石湾一带，达6.3千米。

大通河是湟水最大的支流，也是兰州除黄河外水量最大的河流，发源于青海省祁连县沙果林那穆吉木岭，东南流至永登县铁城沟进入兰州境内，经连城镇、河桥镇，流入红古区窑街镇，后穿过享堂峡，至海石村汇入湟水。全长560千米，兰州境内流程65千米，河谷分为连城以上峡谷段、连城—窑街段、享堂峡三段。

庄浪河是黄河左岸的一级支流，从武威市天祝县界牌村流入兰州境内，自西北向东南贯穿永登县中部，至西固区河口镇注入黄河。全长184.8千米，兰州境内流程96千米，河床宽约400米，河谷多数地段宽1—3千米。兰州境内的庄浪河谷可分为富强堡峡谷段、永登宽河谷段、野狐城—苦水河谷段、周家庄—河口峡谷段四段，自古以来是通往河西等地的重要通道。

苑川河是黄河右岸的一级支流，发源于临洮县站滩乡马衔山—胡麻岭北麓，自榆中县龙泉乡刘家嘴进入兰州境内，于来紫堡乡响水子村注入黄河。全长86千米，在榆中境内流程75千米，横贯榆中县中部，总体由东南流向西北，有大小24条支沟，北岸黄土山梁区的支沟均为季节性山洪沟，南岸为源于兴隆山—马衔山区的长流水河沟。苑川河河谷大部分地段是沿苑川河—金城关断裂带发育而成，可分为上、中、中下游三段。

(二) 山地台地

兰州的山地是祁连山脉向东南延伸的余脉，由南北两侧伸入，犹如黄土海洋中的岩岛，主要分布在兰州北部、西部和南部边界地带，海拔一般在2000米以上，相对高度在200米左右。

西部石质山地，由青海境内的大通山向东南延伸形成，位于永登县大通河以西，包括连城水磨沟以西的山岭，统称哈拉库山。海拔大部分在2800米以上，最高海拔3615.8米（张家俄博），最低点约1750米（大通河与湟水交汇处）。

南部石质山地，位于西固区、七里河区和榆中县南部，是哈拉库山过享堂峡后隐伏于黄土层之下，经西固区的八盘峡过黄河而隆起形成的，包括关山、七道梁、兴隆山、马衔山等山地。马衔山为兰州最高峰，海拔3670.3米。

西北部石质山地，指永登县西北部大通河与庄浪河之间的石质山地，是天祝县境内的马牙雪山向东南延伸中的南支，最高海拔3650米（天马

岭)，最低海拔 2136 米 (中堡附近的庄浪河谷)。

北部石质山地，位于永登县北部与天祝、景泰两县的边界一带，是马牙雪山北支进入永登县境后，再向东南延伸越过庄浪河后形成的，在向东延伸中又被一系列沟谷所切割。最高海拔 3024.5 米 (烟筒沟脑)，最低海拔约 2200 米 (永登县东北部)。

中部弧形石质山地，位于皋兰县北部和东部，是马牙雪山北支向东延伸入白银、皋兰后，由于受弧形断裂的控制而形成向东北弯曲的弧形山地。山地西北部是皋兰县地势最高的地区，最高海拔 2454 米 (二道沟沟脑)。山地的东北部一带，由于风化剥蚀作用强烈，海拔降低至 2000 米左右，山坡坡度平缓。

中南部土石山地，位于黄河以北黄土梁峁丘陵地南部，以皋兰县文山村、水阜村和永登县树屏、野狐城一线为北界，东达黄河桑园峡，西至庄浪河，南以黄河谷地分界。呈西北—东南展布，又被一系列近南北向沟谷切割而呈南北延展之势。海拔一般为 1700—2000 米，最高点海拔 2067.2 米 (九州台)，最低点海拔 1486.6 米 (泥湾村)，相对高度一般为 120—150 米。若上覆黄土层较厚时，山坡坡度明显变缓，山顶呈馒头状，山体之间一般有相对较宽的谷地。

俞家湾穿窿山地，位于皋兰—永登黄土梁峁丘陵地之南，在皋兰县九台镇俞家湾至高山村之间。南北长 10 余千米，海拔 1900—2200 米，最高点海拔 2289.3 米。在喜马拉雅造山运动中形成，主体由早白垩世河口群、老第三纪等红色砂砾岩及中更新世离石黄土构成，后经流水等外力切割，形成波状起伏、支离破碎的穿窿山地。

(三) 黄土梁峁

兰州境内大部分地区是黄土覆盖的海拔 1500—2500 米的黄土丘陵，但由于各地原始地形和新构造运动的控制、后期流水侵蚀，其特征在各地有所不同。

大通河西岸黄土山梁区，位于大通河以西，为哈拉库山向东南延伸之余脉，古老变质岩、花岗闪长岩基底深埋，外层由中、新生代红色碎屑岩构成，其上覆晚更新世马兰黄土，又被由东西向发育的沟谷切割而形成了一系列近东西向平行排列的黄土山梁。最高海拔 2604 米（合乐山），最低海拔 1750 米（享堂峡谷中）。

庄浪河西部黄土山梁区，位于大通河与庄浪河之间，湟水与黄河以北的永登县东南部，是西北部石质山地奖俊埠岭向东南延伸的余脉，有红岭—大岭、盘道岭、墩岭湾—包家尖岭、高岭—金宝岭四条黄土山梁地。基底为早白垩世河口群、第三纪的红色砂砾岩及泥岩，上覆老黄土及马兰黄土。山梁浑圆，相对高度为 150—300 米，山坡平缓，局部地方及沟谷内红色砂砾岩层直接裸露地表。

黄河以北黄土梁峁丘陵区，包括永登县庄浪河以东，皋兰县魏家大山以西，北以永登县清水—二道沟—甘露池—皋兰县石峡子—朱家窑一线为界，南以皋兰县文山—水阜—永登县树屏—野狐城一线为南界，由一系列黄土梁峁与宽谷相间排列组成。以秦王川断陷盆地为界，分为永登县庄浪河东部黄土梁峁丘陵区和皋兰县中部黄土梁峁丘陵区。

榆中北山黄土山梁区，位于黄河什川段以东、青城段以南、苑川河以北的榆中县北部，俗称榆中北山地区。海拔大都在 1700—2400 米，最高海拔 2494.9 米（贡井乡吕家岘鸡冠山），以此为中心，向西至梁坪，向东至中连川，构成了一条西北—东南向的黄土山梁，再向东北延伸有垲坪梁；向北有哈岘、上花岔、园子等地的山梁。山梁之上比较平坦，两侧山坡平缓。局部地区冲沟发育，基岩裸露，谷坡陡峻，多形成"V"形谷。

兴隆山—七道梁北麓黄土梁川区，位于黄河谷地与苑川河谷地之南，南界在兴隆山—七道梁（关山）北麓，向东延入定西市境内，向西延入永靖县。总的特征是南高北低，梁峁起伏，沟谷纵横，梁、川交错分布。高度变化在 1700—2200 米间，长度变化在 5000—17000 米间，宽度一般都在 1000—3000 米。有南北向大小沟谷 20 余条，一方面限制了黄土山梁的宽度，另一方面也使地形更加破碎。

（四）断陷盆地

在兰州的黄土丘陵中，由于断陷作用形成了一些断陷盆地，原有山梁以及流水作用形成的沟谷等，对盆地的内部形貌又进行划分、塑造，形成这些盆地各自的局部特征。

秦王川断陷盆地，位于永登县与皋兰县之间，形状为倒三角形，系在中、新生代断陷的基础上，于全新世又进一步断陷而成，是兰州地势平坦、面积最大的盆地。南北长约 40 千米，东西最宽处约 16 千米，总面积 470 平方千米，海拔在 1850—2300 米，地势北高南低。盆地内有马鬃山、五道岘、中川等近南北向的低短山梁，将盆地分割为近南北向的条带。

榆中断陷盆地，位于兴隆山以北、苑川河以南，东起小康营，西至柳沟河，是兴隆山北麓断层与苑川河—金城关断裂带之间的下陷地带，呈东西延伸的长方形。地面由南向北倾斜，也是兴隆山山前倾斜平原，地表坡度较大，海拔 1500—2200 米。后来由于流水作用形成的沟谷，将盆地切割，同时在沟谷之中形成一、二级阶地，被南北向的黄土梁分为东、中、西三个盆地。

二、自然资源

兰州经历了 10 亿年前元古代至 200 万年前新生代漫长的地质发展史，造就了独具特色的地质、地层、地貌和复杂的自然条件，发育出较为丰富的自然资源。

（一）土地资源

兰州地理位置和海拔高度的变化，地形、地质条件的不同，气候、生物、水文自然条件的差异等，决定了土壤类型的多样性和地带性分布。

高山草甸土，分布在榆中县南部马衔山海拔 3400 米以上的山原，是多雨寒冷气候条件下形成的自然土壤。植被以高山蒿草为主，伴有多种草类的矮草草甸，或与半灌木丛混生。受气候条件限制，此类土壤只适于夏秋两季放牧。

亚高山草甸土，分布在榆中县马衔山、永登县连城林区上线以上，海拔2700—3400米，是高山草甸土下部的自然土壤。植被以丛生小灌木为主，有小叶枸子及蒿草、长芒草等种类繁多的草本植物。植被繁茂，土壤肥沃，是发展畜牧业的良好资源。

灰钙土，分布在海拔1800—2100米，在干旱、半干旱气候条件下和荒漠半干旱草原植被下黄土母质上形成，是兰州分布面积最广的土壤。主要植被以多年旱生的丛生禾草、旱生灌木、小灌木为主。耕地适合种植春小麦等多种作物。

黄绵土，分布在海拔1600—1800米的低山丘陵、梁峁缓坡和坪台阶地，是发育在黄土母质上经人们长期耕种培育的农业土壤。土层深厚，熟化程度差，耐蚀力小，养分含量低。

灌淤土，分布于庄浪河、大通河、湟水、苑川河及黄河的河谷阶地上，是以冲积物、洪积物为母质在人为长期灌溉耕作条件下形成的农业土壤。土层深厚，熟化程度高，土壤肥沃，有机质及主要养分含量高，是高产农业土壤。

红黏土，分布在安宁区的沙井驿、焦家庄，向北延伸到永登县树屏镇。从西固区河口一带，沿庄浪河到永登县苦水、红城、清水、中堡的沟谷也有零星分布。此类土壤是在上覆黄土受侵蚀流失，出露于低丘基部、沟谷底部的红色地层风化成母质后，经人为耕灌种植形成的农业土壤。

黑垆土，分布在榆中县海拔1700—2400米的马衔山、兴隆山北麓及前山梁峁、冲积扇一带，在半干旱草原向湿润森林地带过渡的植被环境条件下的黄土母质上形成，比较肥沃，有利于生长植被、发展牧业。植被以禾本科、菊科、伞形科为主。耕地种植小麦、马铃薯、糜谷和豆类等。

（二）水资源

兰州的水资源分为降水、地表水（河川径流）及地下水三种。每年平均降水总量为45.18亿立方米。地表水资源总量为331.984亿立方米，其中

自产水总量2.014亿立方米，入境水总量329.97亿立方米。地下水资源总量约9.6亿立方米。

黄河干流在兰州境内流程150.7千米，多年平均年径流量339.81亿立方米。黄河不仅水量充沛，而且经刘家峡水库调节后径流量变化不大，年内分配均匀，能稳定保障兰州市的用水需要。另外，黄河水能资源较为丰富，上游已建成龙羊峡、刘家峡、盐锅峡、八盘峡等大中型水电站。

黄河支流主要有一级支流湟水、庄浪河、苑川河和二级支流大通河等。湟水是一条省地界河，兰州境内流程57千米，多年平均年径流量约16.8亿立方米，沿河川区土地肥沃，灌溉方便，自然环境优越，是历史上西北地区较早发展农业的河谷。大通河在兰州境内流程104千米，多年平均径流量28.4亿立方米，川区土壤肥沃，灌溉条件优越。庄浪河在兰州境内流程96千米，多年平均径流量2.011亿立方米，沿河两岸土地广阔，具备农牧业发展的优良天然环境。苑川河在榆中县境内长75千米，多年平均径流量0.403亿立方米，两岸土地广阔，因年径流量小，自高崖水库以下经常无水，只起暴雨泄洪作用。

兰州境内流域面积在50—1800平方千米的季节性沟道（沟水）有23条。其中咸水沟、西柳沟、李麻沙沟、水磨沟、大沙沟（城关区）、磨房峡、麇鹿河汇入黄河；牛克沟、倒水沟、大砂沟（红古区）汇入湟水；水磨沟、大沙沟（永登县）、小川沟汇入大通河；石灰沟、大沙沟（永登县）、康家井沟、费家沙沟汇入庄浪河；水波沟、苟家河滩、黑池沟、干河、南大河、巴石沟汇入苑川河。[①]

兰州的地下水按其埋藏条件分为三类，其中基岩裂隙水在兰州西北部和东南部湿润及中、低山区较为丰富，多见泉水；海拔较低的低山丘陵，由于降水相对减少，其裂隙潜水微弱，泉水少见。河谷（盆地）潜水分布于兰州一些较大河谷和山前盆地中，含水层为冲积、洪积砂砾卵石层，含

---

① 兰州市地方志编纂委员会、兰州市自然资源志编纂委员会编纂：《兰州市志·自然资源志》，兰州大学出版社1999年版，第51页。

水丰富,是城市供水和灌溉农田的重要水源,有河谷潜水、沟谷潜水、山前盆地潜水三类。中、新生界孔隙裂隙承压水储存于中、新生界碎屑岩中,其中以白垩系和第三系自流水比较发育,有一定开采价值。兰州白垩系和第三系大部在永登—河口凹陷地带,因其白垩系砂岩和砂砾岩胶结较好,富水性较弱。

(三) 动物资源

兰州的动物资源,除了马、牛、骡、驴、羊、猪等常见的畜牧品种之外,野生鸟兽及鱼类资源丰富,种类繁多。国家一级保护动物有雪豹、金钱豹、鹿3种,国家二级保护动物有猞猁、麝、水獭、马鹿、黄羊、青羊、豺、石豹、蓝马鸡、雪鸡、血雉、环颈雉、白鹭13种。

兽类有30余种,主要有雪豹、麝、水獭、旱獭、猞猁、马鹿、鹿、石貂、青羊、黄羊、黄鼬、青鼠、黄鼠、鼢鼠、鼯鼠、豺、狼、狐狸、刺猬、兔狲、熊、猪獾、金钱豹、艾虎、荒漠猫、兔、松鼠、蝙蝠、蟾蜍、高原蝮蛇、麻蜥等。

鸟类有50余种,主要有蓝马鸡、雪鸡、血雉、环颈雉、秃鹫鸢、猫头鹰、沙燕、绿啄木鸟、喜鹊、珠颈斑鸠、山雀、麻雀、云雀、红尾溪鸟、柳莺、小寒鸦、红嘴乌鸦、野鸽、家燕、白鹭、大杜鹃等。

鱼类有4目7科30种,其中黄河水系兰州段有8目5科23种。鲤形目最多,共20种;其次为鲈形目和鲇形目。除引进种外,本地优势鱼有8种,分别是鲤、圆筒吻鮈、大鼻吻鮈、北方铜鱼、瓦氏雅罗鱼、赤眼鳟、厚唇重唇鱼和鲇鱼。

(四) 植物资源

兰州的植物资源种类丰富,类型多样。但天然植被稀疏,较少的森林资源主要分布于东南部和西北部温湿梁峁的阴坡和石质山地,草地则分布在一些地形和气候条件较差、不适宜发展种植业的边缘山地和陡坡山地。

兰州东南部的兴隆山、马衔山等石质山地,海拔较高,气候湿润,有

森林分布。阔叶林由山杨、白桦、辽东栎等组成，针叶林主要由青杆、云杉等组成。分布于海拔2200—2750米阴坡的山杨林，是青杆、云杉林被破坏后形成的次生植被；分布于海拔2400米以下阳坡的山杨林，为辽东栎林破坏后的产物；海拔2750—3450米及以上，分别为高山灌丛、高山草甸的分布地带。

地处祁连山东南部的连城、奖俊埠林区，因受大陆性气候和高山地形影响，植被垂直变化明显。山地阴坡、半阴坡分布寒温性针叶林，山地阳坡的植被类型以草原为主。海拔1900—3100米为针阔混交林带，阔叶树种主要有山杨、白桦、红桦等，针叶树种以云杉为主，形成阔叶林向亚高山暗针叶林过渡地带；海拔3100—3300米，由黄花木本委陵菜、绿绒、蓼等组成；海拔3300米以上则为草原。

总体来说，兰州的林木资源以旱生、半旱生型树种为主，共有25科42属72种。其中松柏、杨柳、桦、榆、苦木、柽柳、蔷薇、云香、木樨、鼠李等21科36属40种，多以涵养水源、固沙护坡、防止水土流失和绿化美化环境、调节生态平衡为主。

兰州的天然草地总面积1154.89万亩，占全市土地总面积的56.76%。其中荒漠化草原草场类493.66万亩，主要分布在黄河、湟水以北，庄浪河以东的大部分地区；干草原草场类445.08万亩，主要分布在黄河以南、庄浪河流域的中、低山坡地带；疏林类草场99.61万亩，主要分布在兰州西南山区的中、低山地带；灌丛类草甸草场34.83万亩，主要分布在兰州南山、西山的中、高山的阴坡、阳坡坡地；山地草甸类草场81.71万亩，主要分布在海拔2250—3670米的马衔山、坪城、标杆山等高山地带。

（五）矿产资源

兰州的矿产资源较为丰富，已发现铁、锰、铜、铅、锌、金、银、稀土、云母、铀、煤、油页岩、石英岩、滑石、石膏、黏土等矿种37种，矿床（点）300多处。其中煤炭、水泥灰岩、石英岩和玻璃用石英砂等蕴藏丰富，资源优势明显，在甘肃省占有重要地位。

煤炭资源的开发利用最早，元明清时期的文献已有相关记载。现已探明兰州的煤炭储量达7.43亿吨，发现煤矿20处，除大型的阿干煤矿、窑街煤矿外，还有海石湾煤矿、大有煤矿、水岔沟煤矿、红墕岘煤矿点、坪城水沟—大沟口煤矿点等。石油、油页岩和地热等其他能源资源的开发利用始于20世纪80年代。黑色金属矿产资源在20世纪40年代就经过详细调查；新中国成立以来，不断被发现并得到开发利用的有铁、铬、锰3个矿种，产地40处。贵金属矿产资源发现有金、银两种，产地13处，其中以沙金为主，主要分布于湟水、大通河和庄浪河流域。兰州马衔山中产玉石，矿脉深藏山顶矿洞之中，玉色黄绿，质地细腻，是齐家文化玉器的重要原料。

三、古气候与古环境①

兰州地处内陆，属温带半干旱区，大陆性季风气候明显。春季多风，少雨干旱；夏无酷热，降雨增多；秋季凉爽，降温较快；冬季较冷，干燥少雪。兰州适宜于人类定居活动的气候环境，是地质时期的气候与环境逐渐演变形成的。

（一）元古代

元古代距今约25亿—6亿年。兰州由初期的一片茫茫海水，逐渐形成一些露出海面的孤岛状古陆。距今17亿年前后，甘肃由西向东有一次大规模造山运动，兰州发生了普遍下沉，海洋范围扩大。古海中开始有了生命——早期的藻类。兴隆山就曾发现此类藻类化石——兴隆山锥叠层石（新型）。这时气候较为湿润，海水温度不是太高，适宜于生物繁殖。

二三亿年以后，地壳发生剧烈运动，兰州海开始解体，大部分地区隆起，形成较为稳定的古陆基底核，成为现今亚洲大陆上最大的一块古陆——华北古陆的一个组成部分。但在兰州的西北边缘地区，永登县奖俊埠岭以及天祝县、青海省东部的部分区域仍是一片汪洋，直到距今七八亿

---

① 主要参考张行《兰州地区远古时期生态环境初探》，《兰州学刊》1988年第3期。

年左右海水才开始退却。

（二）古生代

古生代距今约 6 亿—2.3 亿年。兰州古陆的边缘发生了地质变动，永登县石青硐和白银市胜家梁一线又沉沦为海区，并由西北向东南延伸形成一个狭长的槽区。这一时期兰州古陆上气候炎热干燥，满目荒凉；而海洋生态环境却是另一番景象，大通虫、佩奇虫等在热带、亚热带炎热气候下的海洋中活跃。永登县石青硐就曾发现大通虫、原长山虫、佩奇虫、球接子三叶虫以及腕足类化石。

寒武纪中末期，永登—白银海槽区结束，海底慢慢隆起为大陆。几千万年之后又被海水淹没。海区主要是永登县石灰沟一带及其以东地区，沉积形成了巨厚的石灰岩。永登海区较浅，海洋环境变化带来生物组合的改变，出现了笔石动物。1969 年甘肃省地质局区域地质测量一队在永登县中堡镇石灰沟地层中采集到丰富的笔石动物群化石。

距今 4 亿—2.3 亿年的晚古生代晚期，兰州西北海峡随着地壳徐徐上升，与兰州的古老平原联合在一起。反复无常的地质运动，加之火山等其他灾害，使环境不利于生物活动，因此，这段时期兰州境内缺少古生物化石，生态环境难以推测。

（三）中生代

大约距今 2.3 亿—6500 万年，地质历史进入中生代，兰州大陆完全脱离海洋，形成内陆盆地。

中生代第一阶段三叠纪，距今 2.3 亿—1.95 亿年。兰州外围海区在脱离海洋后于白银一带形成内陆湖盆。三叠纪早期因刚脱离大洋环境，炎热干燥的气候不利于动植物发展。三叠纪中期陆地植物很快蔓延，兰州陆地上开始出现大片常绿植物，为动物栖息繁殖提供了场所，随之出现最早的古脊椎动物——化石鱼。兰州的气候变得温暖湿润，潮湿的低地上林木丛生，水草丰茂。

中生代第二阶段侏罗纪，距今1.95亿—1.37亿年。兰州大地经河水冲刷侵蚀、搬运沉积和地壳沉降，窑街、阿干镇等地的山地丘陵开始降低，形成山间盆地。侏罗纪中期，兰州在温暖湿润的气候下形成河湖沼泽。阿干镇水系是当时古黄河的一部分，河湖区古生物以植物化石为主（蕨类、银杏类为多，苏铁类甚少），有少量薄壳型的瓣鳃类；窑街水系属于古大通河水系，已知有古植物（银杏类最多，真蕨类、苏铁类、松柏类次之）、轮藻、瓣鳃、介形类、叶肢介、昆虫和鱼类等；永登县与青海省享堂交界一带也有大片水域，已发现孙氏鳄鱼、马门溪龙两种重要的古爬行动物的化石；这些都反映出当地暖湿的热带、亚热带生态环境，热带植物生长繁盛，动物界中昆虫、鱼类和爬行动物得以发展。

侏罗纪中期也是甘肃中生代的主要含煤岩系，兰州中侏罗世的含煤岩系属于玉门至兰州、靖远的祁连区一部分，除窑街、阿干镇两大含煤盆地之外，榆中县水岔沟、永登县大有也有煤系地层。

中生代第三阶段白垩纪，距今1.37亿—6500万年。受侏罗纪晚期变得干旱的气候影响，兰州湖区明显缩小，古生物化石的种类和数量大幅减少。从窑街的狼鳍鱼、弓鳍鱼群，河口的亚洲鲈鱼群，永登的硬鳞鱼群等较多鱼类化石的发现来看，河湖区仍在窑街、永登及兰州河口、皋兰泥湾等地。植物化石有枞型枝、苏铁杉等。白垩纪晚期发生了一次全球性大灾变，环境骤变，各种动植物遭受毁灭性打击，直到五六千万年前才开始慢慢恢复元气。

现代兰州的地貌轮廓在中生代末期地壳变动后已基本奠定，山地开始崛起，盆地具备雏形。

（四）新生代

距今6500万年以后，进入地史上的新生代时期。[1] 古新世、始新世距

---

[1]　新生代分为古近纪、新近纪、第四纪。其中古近纪又分古新世、始新世、渐新世，新近纪分中新世、上新世，第四纪分为更新世、全新世。

今 6500 万—3700 万年，兰州气候比中生代燥热，降雨量骤减，蒸发量增大，与我国北方当时的总气候趋势一致。

渐新世距今 3400 万—2300 万年，兰州有四次大的冷暖变化。早期是温暖期。渐新世中期，降雨量明显减少，气候随之变冷，出现半荒漠和草原环境。1986 年五泉山东的皋兰山北坡发现的食虫类、啮齿类动物化石，就是在草原上穴居生存的动物，对气温要求不高。渐新世晚期之初，气温回升，环境湿润，兰州又出现了乔木和繁茂的草本植物。一两百万年后，气候骤然变冷，兰州又出现荒漠和草原，滋生了啮齿类动物。

中新世始于距今 2200 万年前。兰州气候开始了冰期和间冰期的交替。中新世早期，气温明显转暖，大约持续了 1200 万年，兰州盆地出现榕树、枫香、木兰、山核桃和山胡椒等许多喜暖植物。永登、皋兰一带河湖交错分布，乔木、灌木和草丛繁茂，滋养了众多食草动物，皋兰县张家坪、韩家井子及黄羊头曾发现大量古犀类化石，其中最有代表性的巨犀牛，头骨长 1.5 米，肩高 4—5.5 米。距今 1600 万—1200 万年中新世中期向晚期的过渡时期，是兰州远古时期河流、湖泊发育的最后一个阶段。最发育的河湖区仍在永登一带，树屏镇咸水河发现的哺乳动物化石"咸水河动物群"，主要动物有利齿猪、嵌齿象、角犀及大量的啮齿类。这个古生物组合所反映的生态环境，与中新世早期相仿，但大量啮齿类化石又说明温度下降、降雨减少、草原逐渐扩大，气候变得凉爽干燥。

上新世距今 530 万—258.8 万年，1985 年永登县邢家湾发现鬣狗、三趾马、鹿、大唇犀、剑齿象等化石，证明上新世早期兰州气候偏于温暖。上新世晚期兰州气候趋于干冷，动物群中草原生态分子大量增加，有的地方（如兰州市区）可能已变得近似荒漠、半荒漠区。

距今 200 万年左右，兰州进入地史上的第四纪。喜马拉雅山由海返陆接近完成，回升的山体阻挡了从印度洋吹来的暖湿气流。同时由于全球降温，极地冰盖逐步发展，西伯利亚形成的强冷气流裹挟着黄土、砂石由西北向东南吹来，造成大规模降温，给兰州留下许多冰川痕迹。

早更新世中期，草本植物占绝对优势，其次有菊和禾科，反映出气候干冷的草原植被环境。早更新世晚期，仍以草本植物为主，但木本植物增多（以松为主），并出现了栎、桦、榆树等喜暖阔叶树，是一种针阔叶混交的稀树草原环境，气候湿暖。与这个时期相当，在榆中县甘草店镇果园村双泉社发现披毛犀、三门马、鼠兔等化石，该动物群基本属于山间草甸、草原型动物。

中更新世时，在青藏高原不断隆升的影响下，气候愈加干冷，处于大陆内部的兰州也不例外。中更新世早期，木本植物仍以松为主，阔叶树绝迹，草本植物占 70% 左右，是以松为主的稀树草原景观，气候干凉。中更新世晚期木本植物完全消失，草本植物中以蒿为主，呈现出草原环境，气候干旱温暖。九州台地层中曾发现一些小哺乳动物和蜗牛等耐干冷的动物。这一时期的气候环境与现代有许多相似之处，现代兰州气候的格局在中更新世时已基本奠定。

晚更新世距今约 10 万—1 万年，是兰州第四纪中冷暖交替变化最明显的时期。在距今 10 万—9 万年时，兰州盆地木本植物增多，草本植物仍以耐干冷的蒿为主，还是草原环境和干冷气候。距今 4 万年左右，兰州气候变得相当湿暖，木本植物空前发展，数量和种类增多，草本植物有蒿、禾本科和黎科，形成森林草原生态环境；而此时我国南方温度偏低，大量动植物向北方发展，安宁区大沙沟、榆中县桑园子村都发现过古象化石。在距今 3.6 万—2.3 万年，兰州又回到干冷期，气温较现代低 4—7℃，但相对湿润，针叶树占优势，但针叶林比较稀疏，林间空旷的草地上生长着多种旱生或耐旱小灌木、草本植物，形成森林草原植被。西固区陈坪发现的马鹿化石和榆中县和平发现的盘羊化石，正是当时生活在这种环境中的动物。此后随着气候进一步干冷，植被变得很稀疏。

距今 1 万年进入第四纪的全新世。此时兰州的生态环境与现代基本一致，气候渐变湿暖，植被中多是旱生形态的低矮小灌木和多年生草本植物，乔木较少。

第二节　悠久的历史记忆

先秦典籍中关于兰州远古历史的记载甚少，但当地流传的一些关于高山、大河的神话、故事、传说，为马衔山、兴隆山、白虎山等蒙上了神秘浪漫的面纱。大禹治水和划分九州的丰功伟绩相传也与兰州紧密相连，穆天子西巡的故事更是述说着兰州在早期东西文化交流史中的重要地位。

一、神话传说

在改造自然能力有限的时代，先民们认识世界的水平有限，高山、大河往往成为敬畏敬仰的对象，被赋予超自然的神性。

兴隆山位于兰州市区东南约 45 千米处，山上林木葱郁，飞泉流淌，景色秀丽，动植物资源丰富，素有"陇右第一名山"的美誉。清朝康熙年间，取"败而复兴"之意，改名"兴隆山"。2017 年，兴隆山传说故事被确定为第四批甘肃省非物质文化遗产，其中"洗山雨"传说最具代表性。相传，兴隆山金龙池常年冰封，每年农历六月六日，百鸟仙子聚集群鸟于此，命群鸟用坚硬的喙爪不停地啄刨冰面，直到出现蓝汪汪的水。此时，龙女就会带着金马跃出水面，和百鸟、百果、百花、百兽、百药、百草、百谷七位仙女一齐欢歌曼舞。当地人们也会在这天结伴前往兴隆山聚会，希望听到绝妙的仙乐，看到仙女们美丽的舞姿，年复一年，逐渐形成"六月六"传统山会。龙女和仙女们为答谢乡亲们的盛情，就用拂尘蘸上金龙池的水，从云中洒下来给众人洗尘，此即传说的"洗山雨"。

马衔山是兰州榆中县与定西临洮县的分水岭，呈西北—东南走向。相传，女娲炼石补天时，把一些残渣留在榆中，形成马衔山，山上平秃，难以蓄水，草木不生。西王母见马衔山干旱荒芜，欲将山移走。东海龙王的两个女儿新建了一座水晶花园，恰好缺少山石，听闻西王母移山的消息后，便去天宫请求将山搬到海底，西王母欣然同意并赏赐两匹宝马助其移山。一日，百果仙女见龙女姐妹日夜辛劳，携酒来犒劳，龙女姐妹喝得酩酊大醉，沉睡不醒。两匹宝马见状，就脱缰跑去田里吃麦苗，结果惊动了金炉、银炉两兄弟。他们见两匹宝马把庄稼吃个精光，非常生气，便伏在草丛中，等宝马近前，突然跃起抓住马鬃。宝马一声长啸腾跃空中，兄弟俩吓得闭上眼睛，不敢松手。不久，两匹宝马落在一座山上，两兄弟见宝马性烈如火，不好驯服，打算除掉以绝后患。于是在宝马落地的一刹那，他们便挥剑朝马腿砍去，宝马应声倒下，转眼变成两块巨石。马衔山上的大石马、小石马据说就是这两匹宝马变的。

白虎山形似一条潜伏欲飞的龙，屹立于榆中盆地的北部，与东南向的接驾嘴山呈掎角之势。相传很久以前，白虎山上草木繁盛，山下河畔农庄相连，鸡犬相闻，人们过着安逸的生活。一天，人们正在山上放牧，突然乌云滚滚，一只白虎从山后蹿出，扑向马群，牧人吓得四下奔逃。这时，有个胆大的牧人，隐藏在一处土丘背后，看到退避的马群中有一匹健硕的红鬃马雄猛奔出，似一条腾飞的赤龙，与白虎缠斗在一起。白虎最终不敌红鬃马，逃往密林深处。牧人将所见报告了财主，财主知道自己有这样一匹烈马后无比兴奋。一天，财主来到马棚，发现红鬃马的脖颈上有个疙瘩，甚是累赘，便让人找来剪刀将疙瘩剪下，剖开一看里面竟藏着一条赤蛇。原来，红鬃马是一匹天庭赤龙化身的神马，专程来此保护百姓的羊马群免受白虎的侵扰。后来，红鬃马因武力受损，在和白虎的咬斗中身亡，白虎遂成当地一大害。财主用尽积蓄，邀请各地高手上山打虎，然而虎患难除。数年后，双店子的猎户集体上山，才将白虎灭于刀箭之下，白虎之死引起方圆数里魑魅魍魉的惊恐，遂降暴雨，连绵数日。为了安息生民，元始天尊又命赤龙下凡，日夜守候白虎山，确保一方平安。从此，这里风调雨顺，五谷丰登，人们安居乐业。

二、大禹史迹

相传黄河源起昆仑，后阻隔于积石山，泛滥无已，尧舜时屡次围堵失败，后大禹"导河积石"。关于这段传说，《尚书》《国语》《墨子》《孟子》《史记·夏本纪》等典籍中有明确记载，如《史记·夏本纪》载"帝尧之

时，洪水滔天"，《山海经·海内篇》曰"洪水滔天，鲧窃息壤以湮洪水"，《尚书·尧典》载"汤汤洪水方割，荡荡怀山襄陵，浩浩滔天"。此外，西周中期的"遂公盨"铭文也记载了大禹治水的事迹，内容和语言与传世的《尚书》惊人的相似，足见当时洪水危害之重、范围之广。素有"东方庞贝"之称的青海喇家遗址是一处大型灾难遗址，据悉引发喇家遗址灾难的是一场地震，而摧毁该聚落的则是山洪和黄河大洪水。① 面对洪涛，鲧先受命治水，以失败而告终。后大禹吸取鲧失败的教训，改"堵"为"疏"，以"三过家门而不入"的忘我精神，耗时 13 年治水成功，获得拥戴，成为虞夏部落的首领，并建立了我国第一个王朝——夏。

《尚书·禹贡》记载，"导河积石，至于龙门，南至于砥柱，又东至于孟津。东过洛内，至于大伾，北过降水，至于大陆，又北，播为九河，同为逆河，入于海"，足见大禹治水的区域是沿着黄河所流经的地区。黄河出昆仑后，阻于积石，禹故导之。积石山，属祁连山延伸部分，南起土门关，北至黄河边，今小积石山的北段被黄河拦腰截断，形成了一条长二十多千米的峡谷，即积石峡。相传，积石山本无这段峡谷，每逢雨季，黄河水流遇阻，四处漫延，泛滥成灾。禹察看地势后，决定带领大家挖山削崖，开凿峡谷，以导洪水。禹治水的成功，将万民从洪水的灾害中拯救出来，也使其个人威望达到了巅峰。《左传》记载禹"合诸侯于涂山，执玉帛者万国"，说明禹已拥有了天下共主的地位，"万国"来朝。

黄河在兰州蜿蜒穿城而过，城西北有一处高地，顶部平坦宽阔，即九州台。《大明一统志》载："九州台山，在兰县黄河北五里，其形峭拔直上如台，登之可以望远。"相传，禹为了查看山川形势，登上此处高台，并下令部众就地安营扎寨，作为治理水患的指挥中心。禹治水成功后，在这里筹划天下百姓的生产生存空间——九州，即冀、兖、青、徐、豫、扬、荆、梁、雍，并征集天下铜金属，铸造象征九州的九鼎。《尚书·禹贡》载：

---

① 吴庆龙等：《公元前 1920 年溃决洪水为中国大洪水传说和夏王朝的存在提供依据》，《中国水利》2017 年第 3 期。

"禹别九州,随山浚川,任土作贡。"《汉书·食货志上》记载:"禹平洪水,定九州,制土田,各因所生远近,贡入赋棐,楙迁有无,万国作乂。"九州土地、物产各不相同,禹任土作贡、差地设征,初具国家形态,为夏朝的建立奠定了基础。为了纪念大禹的卓越功绩,后人将此地命名为九州台,其东支脉金山寺顶有禹王庙,庙内有一通石碑,系酒泉侯建功从湖南长沙岳麓山摹刻而来,现存于白塔山慈恩寺内,碑刻文字似篆非篆,似虫非虫,难以辨认,当地民众称之"蚯蚓文"。相传该碑为《禹王岣嵝山铭》,记载了大禹治水的丰功伟绩。今日之九州台是一座典型的黄土峁阶地高山,东接城关,西起安宁,总面积约 5000 余亩,海拔 2067 米,山顶略呈长形,地形平坦,巍峨峻秀,峰顶似台,黄河群山,一览无余,登之使人足以遐想大禹功业。

三、穆天子西巡

早在张骞"凿空"西域之前,兰州就已有了东西经济文化的交流。著名考古学家张光直认为,"西北的地理位置在亚洲史前史上非常重要,这里不但是东西古文化之间的走廊,沟通中原与中亚的文化史,同时也是南北古文化之间的走廊,沟通着草原与西南的文化史。西北地区在东西文化交通史上的地位是学者熟悉的,但它在南北文化交通史上地位则常为人们所忽略。中原文化自东而西传入西北,时代越远,地域越西,则变化越大。换言之,这个程序中不但有中原文化的输入,而且更重要的是中原文化的西北化"。而中原文化西北化的前沿,正是与羌戎等西北古代民族交界的兰州及其邻近地区。作为欧亚大通道上的重要节点,兰州既控扼着东西主动脉的河谷通道,又是南北连接的重要关津,自然成为"十字路口",不仅是区域间的地理连接枢纽,还是文化交流的通道。关于考古学研究的这一认识,文献所载"穆天子会见西王母"的传说,恰好从侧面反映了这段远古时代的中西交往史。

《穆天子传》记载,穆天子名姬满,受到河伯提醒,远赴昆仑山封禅。一般认为穆天子从宗周出发,北经由蠲山,溯漳水,经磐石到达鈃山脚下,

沿滹沱河之北而上，抵达恒山，并讨伐犬戎，出雁门山，入河套，并往郦人封地；沿阴山西行，达河套乌加河，北至科布多河流域，再西至斋桑泊，并在斋桑泊附近与西王母相会。穆天子与西王母会见后东归，过玉门关或古阳关进入河西走廊，经兰州向东南行进，再经渭河河谷入关中平原，返回宗周。穆天子西行所经之邦国部落必有牛羊乳酪等物进献，穆天子出于礼仪之需也多有回报赏赐，这一进献与赏赐的过程，就是西周时期中原文化与西北游牧文化的接触与交流。《穆天子传》也明确指出，穆天子西行的目的就是前往昆仑春山寻宝①，《穆天子传》中出现与玉石相关的词语多达五十余次，其中仅玉字就出现了 24 次，穆天子西巡之路被称为寻玉之路也不为过。

第三节　远古时期的兰州

兰州是我国远古人类的居住地之一。自瑞典学者安特生以来的考古学家们在兰州地区不断地开展大量的考古工作，科学地揭示了早期人类在黄河岸边这片热土上的活动。旧石器时代晚期，就有古人类在此繁衍生息。新石器时代，温暖湿润的气候更是带来了发展生机，先民们开始种植粟、黍，饲养猪、狗、羊、鸡等，人口急剧增长，聚落明显增加，逐渐创造了彩陶等富有地方特色的灿烂文化。

一、最早的人类遗存

在距今 1 万年左右的旧石器时代晚期，就有先民在兰州繁衍生息，开始开发这片土地。目前，兰州发现的属于旧石器时代的文化遗存有西固深沟桥、榆中垇坪沟等遗址，在榆中县还采集到一些旧石器时代的打制石器。

深沟桥遗址，又名崔家崖遗址，位于西固区范家坪北缘断崖壁上，文化层厚 0.2—0.4 米，夹杂颜色较浅的红土及沙砾层，距地表深 6 米，其下

---

① 　王贻梁、陈建明选：《穆天子传汇校集释》，华东师范大学出版社 1994 年版，第 18—19 页。

2 米为砾石层。1988 年 6 月，由兰州大学地理系师生与加拿大亚伯特省列必特大学博士威尔逊等发现。此地采集的石核 5 件、刮削器 4 件、细石器 5 件，均以白色或红色石英岩打制而成。细石器先用间接打制法剥下石叶，然后双面加工，修整刃部，制作技术比较先进。另有鸟、鼠类化石共 3 件。

垲坪沟遗址，地处榆中县中连川乡东南 150 米，位于垲坪沟与另一条小沟交汇处东南面的一级台地上，高出沟底 9 米，距地表深 1.4—2.7 米，面积约 4500 平方米。断崖上有两层较坚硬的青灰色土层，每层厚 0.1—0.2 米，中间夹杂炭渣、石核、石片；介于两层之间的为黄色偏红土层，厚约 1.3 米，其中夹杂野驴、鹿牙化石及骨器等。

从上述遗址中广泛发现细石器的情况来看，兰州先民当时已进入先进的狩猎采集阶段，主要通过猎获野驴、鹿、鸟鼠等和采集植物果实、种子、块茎为生。

二、马家窑文化

兰州新石器时代文化的发展过程与甘青地区基本同步。迄今为止，新石器时代早中期的文化遗存尚未发现。到了新石器时代晚期，仰韶文化庙底沟类型①西进至兰州，遗址零星分布在榆中县苑川河河边台地上，如甘草店西队村遗址、郭家湾遗址、高崖常家庄遗址等，这些遗址均未经科学考古发掘，目前不能准确揭示其文化面貌。到马家窑文化时期，史前文化空前繁荣，兰州步入了氏族社会的繁荣阶段。兰州处于马家窑文化的中心分布区内，遗址集中分布在今兰州市区、榆中县、永登县，特别是苑川河谷、大通河谷和庄浪河谷，多位于黄河及其支流的两岸阶地上或干流两岸的高坪地带。

兰州发现的马家窑文化遗存可分为马家窑类型、半山类型和马厂类型，其中马家窑类型处于该文化发展的中期，半山和马厂类型为晚期，早期阶

---

① 庙底沟类型是分布于黄河中上游的仰韶文化的地方类型，大致以陇东、关中、陕南和豫西地区为中心，年代在公元前 3990—前 3360 年，甘肃地区的发现延续时间要更长，下限可至公元前 3300 年。

段的石岭下类型在兰州尚未发现。

（一）马家窑类型

兰州发现的马家窑类型遗址有 47 处，经过发掘的有城关区雁儿湾、王保保城，七里河区曹家嘴、西坡坬、二十里铺小坪，西固区柳沟大坪、杏核台，红古区红山大坪，永登县蒋家坪、杜家坪，榆中县马家坬、北关等遗址。

这一时期，兰州先民们以氏族或部落为单位过着定居生活。聚落一般选址在河流两岸的阶地上，遗址发现数量最多的是苑川河谷（13 处），其次是大通河谷（9 处）。聚落规模大小不等，呈现出明显的层级化，5 万平方米以下的小型聚落有 36 处，5 万—20 万平方米的中型聚落有 9 处，超过 20 万平方米的大型聚落有 2 处。红板坪遗址面积超过 52 万平方米，位于大通河谷；麻家寺遗址面积 25 万平方米，位于苑川河谷，这两处遗址显然具有中心聚落的性质。

聚落由房屋、窖穴、陶窑和墓葬等构成。房屋为圆形、方形或长方形的半地穴式单间建筑，面积多在 10—50 平方米，屋内地面及四壁用草拌泥或红胶泥敷抹，坚硬而平整，屋内中央有圆形灶坑，用于烹调食物。房屋周围有窖穴，用于储藏粮食、工具等，建造较为规整讲究，有的还在穴壁涂抹一层草拌泥。陶窑为横穴式，由火膛、火道、火箅和窑室组成，窑室平面呈椭圆形，直径一般 1.2—1.4 米，可同时烧造多件陶器。在曹家嘴遗址和西坡坬遗址都发现了陶窑，可惜保存较差。墓地与居址邻近，位于更高的山坡上，以单人葬为主，有少量合葬墓。墓葬大多为长方形竖穴土坑墓，流行单人仰身直肢葬，墓内往往有随葬品，置于头端。王保保城遗址 1 号墓葬为长方形竖穴土坑墓，单人仰身直肢葬，头东脚西，随葬品置于头部附近，有夹砂粗陶和细泥彩陶器 12 件及绿松石珠等。

生业方式以经营原始农业为主，同时饲养家畜，并以采集和渔猎为补充。已发现的粮食作物有稷、粟、大麻，稷是当时居民的主要粮食，人们用锋利的石刀把稷穗带秆割下，捆成小把晒干，整齐堆放在窖穴中存储，待食用时，再用石磨盘和磨棒脱粒。饲养猪、狗、牛、羊、鸡等家畜家禽，可以稳定提供奶和肉食。遗址中发现较多的狩猎工具弹丸、镞等，捕杀的对象主要有鹿、野猪、羚羊、田鼠和河狸等。在雁儿湾遗址 1 号灰坑中发现动物骨骼 68 块，主要有猪骨、羊骨、羊角和鹿骨等；在西坡坬遗址也出土有牛、羊、猪、狗、鸡和鹿等动物骨骼。

手工业生产有制陶、石作、制骨，其中制陶业最为发达。陶器多为手制，小件器物直接捏塑而成，大型器以泥条盘筑法为主，多经慢轮修整。陶窑多为开放式，陶器在氧化气氛中烧制而成，多呈橙黄色或砖红色。器类较多，有盆、钵、瓶、壶、罐等，主要是日常生活用器。彩陶使用日渐增多，施彩部位在内壁、口、颈、肩和腹上部，纹样主要为几何纹和动物纹，几何纹包括漩涡纹、带纹、弧线纹，动物纹包括蛙、鸟、蜥蜴等，颜色有红、黑、白等，黑色最为常见，经科学分析，系用磁铁矿、锰矿等矿物颜料绘制而成。石器在先民生产和生活中发挥着极为重要的作用，工具和装饰品的制造都离不开石作技术，常见的生产工具有刀、斧、锛、凿、铲、纺轮、弹丸等，粮食加工工具有石磨盘和石磨棒，先民还会把绿松石磨制成珠，作为装饰品。利用制骨技术把动物肢骨加工成缝制衣物的骨锥、骨针以及装饰品骨珠，还大量用来制作狩猎工具——骨镞。值得注意的是，兰州附近的东乡林家遗址发现青铜刀一把，通长 12.5 厘米，被誉为"中华第一刀"，是中国迄今发现最早的青铜器。这把刀系由合范浇铸而成，刀身厚薄均匀，表面平整，刀尖圆钝，微上翘，弧背平刃，短柄内收较窄，有明显镶嵌木把的痕迹。还发现三块铜渣，表明当地已经能冶铸铜器，但是否已进入铜石并用时期，还有待于发现更多金属器物来佐证。

（二）半山类型

兰州各区县内均发现了半山类型遗址，共有 66 处，较马家窑类型增长40%。与马家窑类型相比，半山类型在苑川河谷分布的遗址最为密集，共发现 37 处；大通河谷内仅发现 3 处。经过科学发掘的遗址有关帝坪、牟家坪、青岗岔、花寨子、焦家庄、十里店、沙井驿、土谷台、乐山坪墓地等。

这一时期的兰州先民聚族而居，聚落主要分布在河谷台地上，面积大小不等，绝大多数为 5 万平方米以下的小型聚落，共有 54 处，5 万—20 万平方米的中型聚落有 11 处，20 万平方米以上的大型聚落仅有 1 处。青岗岔是保存较好的一处半山类型聚落。1963 年秋、1976 年夏，甘肃省博物馆先后进行两次发掘，揭露面积共计 420 余平方米，发现这一时期的房址 4 座、墓葬 4 座、窖穴 3 座、陶窑 1 座，因揭露面积较小，聚落的整体布局还不清楚。可知的是，房屋排列较为密集、整齐，显然经过精心规划。房屋为方形、长方形半地穴式建筑，面积小的十几平方米，大的四十几平方米。房屋建造技术非常成熟，先在地面挖建竖穴房基，在四壁内各掏挖两个柱洞，竖立边柱，地穴以上的墙壁为木骨泥墙，室内中间挖四个柱洞，竖立主柱，屋顶采用梁架结构，利用树杈和绳索捆缚固定，再用木椽和茅草铺盖，最后涂抹上草拌泥。屋内中间设有灶圈，灶底与屋内地面平齐或略高，边角处挖有窖穴，用来储物，取用非常方便。

墓葬以单人葬为主，合葬墓较少。墓葬形制有竖穴土坑墓、土洞墓两种，流行侧身屈肢葬，有少量的二次扰乱葬，部分墓葬使用木棺作为葬具，棺一般只有四壁而无盖、底，还有的墓用石板围合成棺的样式。墓内随葬品一般不超过 10 件，以陶器为主，彩陶壶、罐和夹砂罐是常见组合，装饰品较为常见，随葬品中开始出现明显的性别差异，如男性墓多随葬石斧，女性墓多随葬纺轮和骨锥。随葬品的数量多寡不一，是早期社会贫富差别的表现。

这一时期的居民过着农业定居生活，种植物主要是粟，次为黍。在青岗岔遗址 1 号房址内的一件彩陶罐底部发现了糜子及糜秸。饲养的家畜有猪、狗、羊等，以猪为主。在各遗址中，还出土了数量众多的石镞、骨镞、石弹丸和陶弹丸等狩猎工具，说明当时居民还从事狩猎活动以扩大食物的来源。

彩陶风格在马家窑类型的基础上继续发展，纹饰更趋多样，色彩愈加绚烂，从而将彩陶艺术推向了巅峰。彩陶数量占陶器的 60% 以上，大型储藏器壶、罐成为半山彩陶的主要器型。常见纹饰有漩涡纹、锯齿纹、菱形纹、葫芦纹、网格纹等。器型大多匀称圆润，常以黑色锯齿纹带和红色条带镶嵌构成各种连续的图案，造型与图案浑然一体，无论平视还是俯视，都能造成强烈的视觉冲击，给人带来赏心悦目的美感享受。

（三）马厂类型

兰州发现的马厂类型遗址有 154 处，适合居住的河谷盆地基本上都被先民占据。其中大通河谷重新成为聚落最密集的地区，发现遗址有 34 处；苑川河谷的中心地位依旧稳固，发现遗址有 27 处。除此之外，庄浪河谷成为又一处人口密集的地区，发现了 28 处遗址。经过发掘的遗址有红古城、徐家山东大梁、土谷台、蒋家坪、白道沟坪、满城、中堡、乐山坪、糜地岘、阳洼窑、分豁岔、下海石等。

这一时期的社会很可能已经进入铜石并用时代。1975 年，永登县蒋家坪遗址出土铜刀 1 件，经激光微区光谱分析是锡青铜，是目前在兰州境内发现时代最早的青铜器。以实物证实，马厂类型时期的兰州先民已经初步掌握了金属冶炼技术，并开始了冶炼青铜的尝试。

聚落主要位于河边台地上，5 万平方米以下的小型聚落有 120 处，5 万—20 万平方米的中型聚落有 26 处，20 万平方米以上的大型聚落有 8 处。就大型聚落而言，有 4 处分布在庄浪河谷内北起柳树镇、南到红城镇的数十千米的狭长区域内，包括这一时期兰州市内面积最大、40 万平方米的李家上坪遗址和面积达 30 万平方米的龙家湾遗址，这里是名副其实的“市中心”。悠长的河谷，发达的河边台地，肥沃的土壤，又是通往河西走廊的必经之路，地理条件如此优越，崛起也在情理之中。大通河谷中聚落总数不少，但大型聚落仅有 2 处；苑川河谷也是同样的情况，仅有 1 处大型聚落。值得注意的是，在七里河区水磨沟八里镇发现的大坪遗址面积达 33.5 万平方米，这在马家窑类型、半山类型时期比较少见，可能与水磨沟是南下通往临洮等地的交通要道有关。与兰州相邻的永靖马家湾遗址是一处经过发掘且保存较好的马厂聚落，遗址面积 5000 平方米，发掘揭露面积 248 平方米，发现房子 7 座、窖穴 5 个，房子间距近的不到 1 米，远的也只有 11

米，足见房屋比较密集。房屋为圆形、方形或长方形的半地穴式建筑，屋顶可能为方锥形或圆锥形攒尖状，门口处有阶梯状门道，屋内正对门口处有椭圆形灶，稍高于房屋地面，居住面都敷有一层用草拌泥掺和红胶泥的硬面，质地坚硬，表面平整。

聚落原始农业较为发达，粮食作物主要是粟。在马家湾遗址1号房址内曾发现谷物残迹，大量的大型壶、瓮类存储器及较多的袋状窖穴，特别是发现在墓葬中随葬粮食的现象，如土谷台6号墓就随葬有粟粒，均表明这一时期粮食是比较富足的。富裕的粮食也带动了家畜、家禽饲养，主要是猪、狗、牛、羊、鸡等。用陶、石纺轮随葬的现象，表明当时纺织业是十分兴盛的。人们还广泛使用草编器，如土谷台57号墓中在男性墓主人的腰部发现一袋状草编器，长40厘米、宽8厘米，内装骨镞两枚。在下海石遗址一些小陶壶中发现少量白色结晶食盐颗粒，应属于人工晒制的井盐，而井盐的发现表明当时人们不但对于食盐有了较清楚的认识和了解，而且还掌握了就地取材晒制井盐的技术，这将食用盐的实物发现与使用年代提前到了距今三千多年前。

马厂类型的彩陶精美程度不如半山类型，但仍有许多创新和发展，如器型更加丰富多彩，出现了单耳筒状杯等特色彩陶。由于贫富分化严重，一些大墓随葬品中彩陶数量急剧增多，彩陶成为权力和财富的象征。1986年秋，兰州市博物馆在永登县河桥镇乐山坪征集到7件彩陶鼓。1997—1998年，甘肃省博物馆先后征集了十余件出土于永登县和青海省部分地区的彩陶鼓。上述陶鼓出土地域集中在兰州及其邻近地区，陶鼓的形制独特而有别于其他地区，口部为斜壁喇叭形，沿外有一周鹰嘴钮，中部呈圆筒状，下部呈罐状，陶鼓的时代从马家窑类型延续至马厂类型时期。陶鼓的制作充分体现出了先民们的智慧，他们利用湿皮革在干燥过程中的收缩性来制作鼓面，把刚剥下的皮革，按照鼓面的大小裁剪，然后穿孔挂在口沿外的鹰嘴钮上，皮革在干燥过程中自然收缩，就紧紧地绷在鼓面上了。鼓身除了具有共振扩音作用以外，还可以系绳配挂，在演奏中起到平衡受力的作用。

三、彩陶艺术

兰州彩陶发端于仰韶文化庙底沟类型时期，鼎盛于马家窑文化时期，无论器型、纹饰和制作工艺等都一脉相承，连贯发展，在不同的发展阶段，也呈现出不同的艺术风格。

（一）庙底沟类型彩陶

兰州发现的庙底沟类型彩陶的文化特征与关中、豫西地区有许多相似之处，但地域特点更加突出，呈现出活灵活现的艺术风格。

彩陶的陶质多为红陶，也有少量的橙黄陶，质地细密，器表光滑，纹饰与陶胎紧密结合，融为一体，无脱落现象。器类多为食器，也有少量水器，器体一般较小。器型最为常见的是钵和盆，其中钵的数量最多，有直口、敛口和弧腹、曲腹之分，且大小适宜捧在手中；曲腹盆有高、矮之分，矮体盆的数量较多。

彩绘以黑彩为主，有少量的红彩和个别的白彩，有些施有白色或红色陶衣。纹饰多饰于器物外壁，内彩极为少见。施彩面积增大，部位扩大到器物中下腹部。构图严谨规范，构图方式除单独纹样外，多是连续图案，有二方连续、三方连续等，以适应器物形状的不同，还出现了适应纹样，即将一种纹样适当地组织在某一特定形状范围内，使之适应装饰的要求。彩陶的纹样主要有弧边三角纹、回旋勾连纹、连弧纹、圆点纹、豆荚纹、花瓣纹、宽带纹、网格纹等。其中弧边三角纹最常见，一般不单独使用，多与其他纹饰组合形成图案。[1]

曲腹盆是兰州庙底沟类型彩陶器中最具特色的器型，彩色图案多绘于上腹部，个别的口沿部位也有绘彩，纹样以圆弧类为主，网格纹、三角纹、矩形纹等次之。彩绘纹饰构成以二方连续形式为主，以花瓣纹和旋纹最具特色，富于变化。

---

[1]　郎树德、贾建威：《彩陶》，敦煌文艺出版社2004年版，第80—86页。

（二）马家窑文化彩陶

马家窑文化彩陶器型多样，纹饰繁缛，构图精美，艺术风格独特，达到了我国彩陶艺术的高峰。兰州发现的马家窑文化彩陶集中于马家窑、半山、马厂三个类型，未见马家窑文化早期的石岭下类型彩陶。

马家窑类型彩陶继承了庙底沟、石岭下类型彩陶的风格，艺术上臻于成熟，形成了独特的艺术风格。这一时期，彩陶器类选择性似乎不甚明确，彩陶数量增多，在陶器中所占比例达20%—50%，器型丰富多样，比例更加匀称。早期彩陶的主要器型承袭石岭下类型，以盆、钵、碗为主，还有罐、鸟形器、壶、长颈圆腹瓶、筒腹平底及尖底瓶等。中期盆、钵、碗仍占很大比例，壶成为主要器型。晚期以壶、瓶、盆、钵和瓮为主，还有大口浅腹罐、勺、束腰罐等。早期阶段，多以较稀的黑彩在橙黄陶上绘制纹饰，内彩作风开始盛行，纹样比较简单，常在器内画一个十字形纹，或以十字为结构的简单图案。中期阶段，多用浓亮如漆的黑彩绘在细腻光洁的橙黄或米黄色陶上，散发出闪亮的光彩，器内绘彩的作风兴盛，旋纹成为主要纹样之一。晚期阶段，除单独绘黑彩外，还出现了黑、白两色并用的彩绘方法，白色多镶于黑色的周边，也有在黑底上缀以白点的，黑白映衬，对比鲜明而又清新。纹饰以几何纹为主，常见的有旋纹、水波纹、弦纹、弧线三角纹、勾叶圆点纹、网纹、带纹、圆圈纹、锯齿纹等。旋纹结构均衡严谨，笔锋流利生动，具有流线的韵律和强烈动感。水波纹分合有序，流畅自如，有的点缀上圆点或勾绘白彩，有似河水翻卷，显得娴熟优美。弦纹距离一致，粗细匀称，若非细心观察，很难发现笔锋起落所在，技术相当熟练。动物纹样较多，如双足蛙、无头变形鲵鱼、双头六足兽、双足虫等，也有少量写实的动物图案，如网中的双鱼、成对展翅的飞鸟、跳跃的蛙等。写意手法较浓是一大特色，如伫立守望之犬以及构图新颖、手法大胆泼辣的舞蹈纹彩盆就是突出代表。图案结构具有旋动的特点，或往来反复，或盘旋回转，或交错勾连，旋动的格式丰富多样、变化无穷。由于有深思熟虑的图案定位方法，虽旋动多变，但组织得相当严密。有以陶器各部分的分界处或对称点来定位，也有以图案结构中横分层或竖分割的界线来定位，还有一种较为复杂的定位法，即在器型中心点的对称各方，再设辅助定位点，将各点相连，形成图案的主次结构线，依次展开多元的图案花纹。装饰技法有了进一步的发展，通体彩绘的器物较之前增多，盛行内彩和口沿繁彩。图案布局多与器型相辅相成。壶、罐、瓶等大型器物，多在腹部以上施彩，盆、钵、勺等小件器物则大多数为内外绘彩，窄长的瓶、壶，图案多作横分层和散点式的排列。绘制的技巧精湛熟练，绘画线条多用柔美的弧线，用笔飞动流畅。几乎每一件彩陶上都有描绘河水翻卷的纹饰，表达了人们对黄河母亲的热爱，黄河也为彩陶注入了永恒的艺术魅力。①

半山类型彩陶出土数量最多，有的遗址中彩陶占全部陶器的85%，最高达90%，造型美观，纹饰华丽精美，彩陶发展到了鼎盛时期。半山类型彩陶继承了马家窑类型彩陶的部分特征，虽然陶质较马家窑类型粗糙，但器型丰富多样，形体匀称，高低、宽窄比例协调，最大径在腹部，直径与高度基本相等，器表打磨光滑，制陶技术有了显著提高。壶、罐、盆等成为最主要的彩陶器类，尤以壶最多，造型特点是直口、长颈、广肩，部分器物颈部上端有对称的鸡冠状耳。新出现的鸟形壶造型新颖，腹部有双耳，代表双翼，尾部有一小錾，代表尾翼。彩绘精致富丽，在橙黄色陶地上，黑、红二色间隔并用，呈现出热烈鲜明的色调。经常以红色线纹和黑色锯齿状纹合镶在一起，色彩对比强烈，使原本呆板的平行线条，变得生动精美。纹饰以锯齿纹、涡纹、葫芦纹和四大圆圈纹最为常见，还有带纹、网纹、方格纹、弦纹、波折纹、圆点纹、连弧纹和平行线纹等。装饰部位及其特点是口沿内一般绘简单的纹样，多复道垂弧纹和锯齿纹，还有带纹、波折纹等；颈部常见的纹饰有菱形网纹、锯齿纹、折角纹、波纹和斜十字纹等；肩、腹部饰主体花纹，内容丰富多样，构图规整，线条流畅，多组合纹样，时代特征明显，常见旋纹、锯齿纹、葫芦网纹、菱形纹及其变化

---

① 张朋川：《中国彩陶图谱》，文物出版社2005年版，第53—57页。

纹样和神人纹等；内彩一般装饰于盆、钵内，内容比较单一，主要有旋纹和神人纹。彩陶图案以繁密为特色，用笔的技巧更加丰富。以尖细笔和宽笔的各种笔法交替使用，画出形状各异的点、线、面，用相错、重置、间镶等手法，复杂地组合在一起，交织成绚丽缤纷的画面。丰盛的图案与饱满的造型浑然一体，使彩陶显得更加绚烂华丽。在构图上运用对称的手法，将繁复的图案匀称地组合在一起，主题花纹常饰于疏朗的几何形陶器中，又用周围大面积的繁密的花纹来衬托，运用疏密、虚实的对比，鲜明地突出了主题花纹，使图案繁而不乱，有条不紊，具有很强的装饰性。红古区土谷台遗址出土一件双耳罐，侈口、短颈、圆肩鼓腹、下腹内收、小平底，肩部有双耳，口沿内饰红褐色条纹一圈，颈外部饰连续倒三角纹，腹部饰网格纹。永登县河桥镇乐山坪出土的陶鼓为泥质橙黄陶，一端呈大喇叭形口，另一端微侈口，颈部内收，腹部中空；两口外侧各有一环形耳，可系绳索；大喇叭形口沿外有七个小乳钉，可用于固定鼓皮。施黑红复彩，小口内绘黑色水波纹，口沿外绘网格纹，鼓身绘红色条带纹、黑色锯齿纹，红黑相间，规整有序；喇叭口外壁以红色条带、黑色锯齿带组成两个大漩涡纹。

兰州发现的马厂类型彩陶的数量较多，但器型不及半山类型彩陶规整，制作粗糙，纹饰简单，已难同半山类型的鼎盛时期相比。彩陶器型多脱胎于半山类型，以腹耳壶、双耳罐最为常见，也新出现了一些器型，最具代表性的是单耳带鋬的筒状杯。早期器表打磨较光，晚期只有个别的经过打磨，大部分未经磨光，器表比较粗糙。大量出现红色陶衣，也有少量的白色陶衣。彩陶纹饰以黑彩为主，亦有红彩，以四大圆圈纹、变体神人纹、波折纹、回形纹、卦形纹、菱格纹和三角纹多见，构图松散。早期阶段，彩陶保留了半山类型彩陶纹饰华丽传统的同时，又有许多创新和发展，图案逐渐变得简练，表现手法多样，形成了粗犷豪放的艺术风格。彩绘技法也出现了变化，除了黑、红两色相间使用外，还出现了在红色宽带纹上再加绘一条黑色窄带纹的现象，到中晚期出现了红色陶衣，个别的还有白色陶衣。中期阶段，彩陶壶数量大增，双耳彩陶罐减少。彩陶壶的造型变得瘦高，颈部加长，下腹内收，主要纹饰为四大圆圈纹和变体神人纹。晚期阶段，彩陶纹饰趋于简化，施红色陶衣，以黑色绘波折条带纹。西固区土谷台出土的一件彩陶罐，器身上部施黑、红彩，口内绘一圈带纹和连弧纹，颈部绘菱格纹，肩腹部用黑红两色绘二方连续的四大圆圈纹，圆圈内填折线纹，腹中部绘黑色带纹和一圈水波纹。马厂类型彩陶上出现了大量的墨绘符号，一般绘制在器物的下腹部无纹饰处，常见的有"O""×""+""−""卍"等形状，这些符号可能是当时一些氏族部落的记号，也可能是文字的前身。

兰州彩陶是古代兰州先民们在生活、生产实践过程中，有意识地运用造型艺术法则而创造出来的，它不仅丰富了当时人们的生活，而且反映了人们在社会实践中所产生的丰富的思想、情感、信仰及审美观，充分证明兰州的先民早在五千年前，无论物质文明还是精神文明都已达到了一定的高度。

四、文明的曙光

兰州是中华文明的重要发祥地。早在旧石器时代晚期，就有古人类在兰州境内出现，到了新石器时代中期，兰州的文明进程与甘青地区基本同步发展。

仰韶文化庙底沟类型、马家窑文化马家窑类型和半山类型时期，社会发展阶段处在母系氏族社会，氏族成员之间的贫富差距不大，男女社会地位相对平等。但半山类型时期，男女间社会分工有所不同，男性多从事高强度的体力劳动，女性则从事纺织等家庭劳作。到了马厂类型时期，贫富分化比较明显，男性开始占据社会主导地位，女性处于从属地位，表明社会发展阶段开始进入父系氏族社会，特别是马厂类型时期永登蒋家坪遗址青铜刀的出现，预示着兰州可能已经进入了铜石并用时代。

这一时期，兰州先民们以氏族或部落为单位，聚族而居，聚族而葬，人口数量不断增长。聚落选址多位于河流两岸发育较好的台地上，选址的地理表征呈现出沿山、临河的特点，并沿河流呈带状分布。聚落规模大小

不一，从数千到数十万平方米不等，层级化现象日益明显，在亚地理单元中出现了中心聚落，如大通河谷的遗址、庄浪河谷的遗址等。随着社会经济的发展，逐渐出现了一些具有技术优势的生产聚落，如白道沟坪遗址在陶器生产方面领先，应是当时的区域性中心聚落。

当时的先民主要种植粟、黍、大麻等粮食作物，以稷最为常见。青岗岔遗址1号房址内彩陶罐中发现的谷物（糜子）及其秸秆，红古区发现的谷物，表明粮食产量有了很大提高。农业生产工具较为齐备，石斧、石铲用于砍伐树木、清除杂草与翻土耕种，石刀、骨刀和陶刀用于收割谷穗，石磨盘和磨棒用来进行脱粒加工。养殖的家畜有马、牛、羊、猪、狗、鸡等。狩猎、采集仍占有相当比重，狩猎的工具有石球、陶球和锋利的石镞、骨镞等。

手工业生产中制陶业最为发达，尤以精美的彩陶引人注目，彩陶不仅是生活实用器，也是供人们观赏的艺术品。在白道沟坪遗址发现的澄滤泥浆的圆坑，研磨颜料用的石质研磨盘和盛装不同颜色颜料用的高边分格的陶盘，足见当时制陶业的繁荣。大约在马厂类型时期，更为进步的竖穴式窑开始出现并替代了前期的横穴窑。石料多就地取用，有石英石、硅酸岩等，玉石较为少见，经过打制、磨光、钻孔等工序，被加工成生产工具和装饰品。生产工具有敲砸器、磨盘、磨棒、斧、锛、凿、刀、铲等，狩猎工具有球、镞，早期多只磨光刃部，晚期往往通体磨光，制作规整精细。装饰品有绿松石饰、石环、石珠等。骨器制作多使用中小动物肢骨，个别采用大型动物骨骼，经过切、劈、磨等工序，部分有钻孔，晚期多通体磨光，制作精致，主要有锥、针、簪、凿、镞、环、匕等，还有大量的装饰品骨笄、骨珠等。

这一时期，兰州以其独特的地理位置与交通条件，与不同区域、文化、族属的人们之间发生着多方面的物质与文化交流，促使了原始贸易的出现。花寨子墓葬中出土的陶贝形器，存在被作为交换媒介的极大可能。青岗岔、土谷台、下海石等遗址发现的绿松石饰，很可能也是通过交换和贸易得来。下海石遗址30号墓出土的食盐，应当是与周边产盐区贸易的结果。川西地区的彩陶风格、成分与马家窑文化彩陶基本相似，表明两地之间也存在着密切的贸易往来。而马家窑文化半山类型彩陶上的锯齿纹，与中亚细亚彩陶的风格有着颇多的相似性，不能排除兰州彩陶在沟通中西交流和贸易活动中的桥梁作用，足以说明"彩陶之路"是"丝绸之路"前的东西文化交流的首要通道。永登县蒋家坪遗址出土的一件青铜刀（锡青铜），是目前在兰州境内发现的时代最早的青铜器，虽然同样受到了外来文化的影响，但足以表明兰州先民已经初步掌握了金属冶炼技术，并开始了冶炼青铜的尝试。

礼是我国古代社会特殊的文化现象，礼乐文化贯穿我国古代社会的始终。在永登县河桥镇乐山坪征集的马家窑文化彩陶鼓，皋兰县糜地岘遗址出土的一件马厂类型时期的陶提梁铃，榆中县连搭乡代家窑村出土的一件马厂类型时期的石磬等均为乐器，可用于日常生活，又可用于祭祀、集会、宴飨、驱邪、祈禳等特定的礼制活动，伴随着陶鼓、陶铃、石磬的出现和流行，原始宗教和礼乐文化开始萌芽。

文明曙光时期的兰州，基本具备了形成文明社会应有的物质基础和精神条件，兰州史前文化作为黄河文化的重要组成部分，与黄河流域、长江流域应是大致同时临近了文明社会的大门，并以自己的独特风貌参与了各主要区域文化相互作用的大网络，为新石器时代后期多元结构的文化谱系融汇，中华文明"多元一体"格局的形成做出了重要贡献。

第四节　文明时代的兰州

文明时代的兰州主要包括青铜时代和早期铁器时代两个大的发展阶段，分别相当于中原地区的夏、商、西周和春秋战国时期。夏、商、西周时期，兰州的考古学文化脱胎于当地的新石器时代文化，典型的中心聚落、熟练的冶金技术、发达的农业以及独具特色的玉器，表明当时的兰州社会已经跨入了文明社会的门槛。春秋战国时期，兰州是羌、戎、匈奴等古代民族活动的重要区域，多元文化在此碰撞、交融。秦人的西进以及对兰州的经

营，开始逐渐将兰州纳入中原王朝的统治范围。

一、齐家文化与青铜文明

齐家文化是兰州进入青铜时代的第一个阶段，不仅延续了马家窑文化的辉煌，而且在此基础上有"跨越式"的大发展，与稍晚的辛店文化、董家台类型、寺洼文化等共同铸就了兰州乃至中国青铜时代的辉煌。

（一）齐家文化

齐家文化兴起于甘肃东南部，主要分布在黄河上游、渭河、湟水流域，波及我国的中原和北方、中亚等地区，分布范围广泛，文化特征突出，绝对年代在公元前2100—前1600年，大体与中原的夏王朝同时。

兰州发现的齐家文化的遗址有青岗岔、二十里铺大坪、土门墩上坪、牟家坪、西柳沟大坪、红寺、转嘴子等37处，集中分布在兰州西南至东南一带，以榆中县分布最为密集，遗址多达23处，永登县尚未发现齐家文化遗址。这些遗址规模大小不等，小型遗址居多，层级化明显，其中5万平方米以下的小型遗址有30处，30万平方米以上的大型聚落有3处，60万平方米以上的红寺遗址、洪亮营遗址都位于榆中县的苑川河流域。①

齐家文化的陶器以泥质红陶为主，有少量夹砂陶，素面最多，篮纹次之，绳纹陶为数很少，器类有双大耳罐、高领罐、侈口罐、圜底罐、钵、盆和一些象生形器等。彩陶较之马家窑文化明显衰落，彩色用红、黑两种，纹饰有蕉叶纹、蝶形纹、条带纹等，如榆中县清水驿乡祁家崖湾出土的一件彩陶双大耳彩陶罐，器高17.6厘米，口径11.4厘米，底径5.2厘米，纹饰较简单，仅在颈部上下各饰一周红彩条带纹，条带纹主要由平行线组成，平行线内填充短斜线，构图简洁大方。榆中县出土一件双耳圜底彩陶罐，泥质红陶，高25厘米，口径105厘米，口沿至肩有对称的宽带耳，通体施

---

① 兰州市地方志编纂委员会、兰州市文物志编纂委员会编：《兰州市志·文物志》，兰州大学出版社2006年版，第63—66页。

红彩，在口沿处绘红色竖线纹，肩饰波浪纹，腹至底部彩饰多条竖线折线纹。

齐家文化的聚落多在河流两岸的黄土台地上，区域内靠近水源，土壤肥沃，是农业生产的理想地。房屋多为半地穴式建筑，平面多为椭圆形和方形，大多房屋的居住面及其四壁靠近底部的地方涂抹白灰面，平整光洁，坚固美观。房屋附近有一些袋状坑，壁面平整，用于储藏。农业仍然是齐家文化先民的主要生业方式，其中粟为主要粮食作物，值得注意的是饲养业非常发达，有猪、羊、牛、马等，大多墓葬开始出现"殉牲"习俗。部分聚落的人们也狩猎鹿等动物补充农业的不足。相较之马家窑文化彩陶业的发达，齐家文化的制陶业稍逊一等，陶器除了满足日常生活之外，部分做成人物、动物等"象生形器"，形态小巧，姿态丰富。大量纺轮、骨针的发现，说明纺织业是较为独特的手工业。为了满足社会礼仪和丧葬的需要，先民重视玉器的制作、使用和流通，以满足贵族阶层用玉璧、玉琮来祭祀、聘礼、贡献、赏赐等，并彰显其权力、地位和身份。这些贵重的玉器原材料大多来自兰州及其邻近地区的矿源。这一时期社会生产分工明确，社会存在明显的分化，有些墓葬随葬青铜器、玉器等贵重物品，并且出现了专门祭祀的建筑。而冶铜业的成熟和成就不仅为兰州，乃至为西北和中国的青铜文化发展史写下了辉煌的一页，表明齐家文化已经步入文明社会。

（二）辛店文化、董家台类型和寺洼文化

辛店文化[①]在黄河上游及其支流渭河、洮河、大夏河和湟水等都有疏密不同的分布，绝对年代为公元前 1400—前 700 年，相当于中原商王朝中期及西周时期。兰州发现的辛店文化遗址有 24 处，在地表还采集到一些陶器。遗存往往与马家窑文化马厂类型共存，集中分布在兰州的西北区域，尤以

---

① 辛店文化最早由安特生在临洮辛店遗址发现，并以这批考古发现命名为"辛店期"，随着考古发现的不断丰富，如灰嘴、裴家湾、辛店北、辛店南、新添堡、王家坪、张家咀、莲花台、姬家川、核桃庄小旱地等遗址的发掘，学界将这类遗存命名辛店文化。

永登县发现最多，共 15 处，而且遗址面积也相对较大，12 万—20 万平方米的中型遗址多达 6 处。红古下海石遗址发现一座典型的辛店文化墓葬，这座墓葬是一座东西向长方形竖穴土坑石棺墓，墓室长 2.1 米、宽 0.7—0.8 米、深 0.4 米，墓室及死者头部方向为 110°，墓室周边用大小不等的 12 块石板竖立成棺帮，墓底用杂花的红、绿色碎砂石铺成 1 厘米厚的底，又用宽窄不等的 8 块条形石板并排盖顶，构成一个简易的石棺。死者头东脚西，仰身直肢葬式，保存较好，为 45 岁左右的男性；随葬品共有 3 件，头侧放 1 件绳纹双耳罐，足部置 1 件双钩纹双耳罐和 1 件单耳罐，保存比较完整。辛店文化的陶器以条带纹构成的类似羊角的双钩纹为标志纹饰，有涡形纹、S 形纹、条带纹、回形纹等，还有一定数量的羊、犬、鹿、鸟等动物纹样，简洁生动，别具一格，动物纹样尤其是双钩纹的大量出现，反映出以养羊为主的畜牧业的繁荣发展。

董家台类型因最早发现于天祝县董家台遗址而得名，主要分布在庄浪、武山、甘谷、天水、会宁等地。[①] 这类遗存在兰州也有少量发现，有榆中朱家沟、黄家庄、和平白崖沟遗址等。彩陶全部为手制，多为夹细砂橙黄或橙红陶，器底均为圜底；绘红褐彩，纹饰以菱格条带和并列下垂的细长三角条为母题；花纹排列程式化，构图富有规律，器底处均印有疏浅的细绳纹。董家台类型的圜底罐与齐家文化圜底系彩陶罐有着密切的亲缘关系，且与辛店文化山家头类型也有某些相似成分，一般认为其年代在商代晚期至西周初期。

寺洼文化的分布范围东起合水县，西至卓尼县，北入庆阳市，南抵武都，在陕西宝鸡、凤县也有少量发现，"马鞍式"口形的陶罐最为典型，其绝对年代在公元前 1400—前 700 年，相当于中原地区的商末至西周晚期。[②]兰州尚未发现明确的寺洼文化遗址，考古调查中采集到一些陶器。这些陶器的陶质多属夹砂红褐陶或灰褐陶，陶胎较粗糙，陶器表面颜色不纯，常

---

① 李水城：《论董家台类型及相关问题》，《考古学研究》（三），科学出版社 1997 年版，第 95—102 页。

② 谢端琚：《甘青地区史前考古》，文物出版社 2002 年版，第 190 页。

杂有灰黑、砖红色斑痕。制作工艺采用泥条筑成法，器物的耳、底部等系分别制成后，再往器身上粘接而成，陶器的表面多素面无纹，部分表面有刻划纹、附加堆纹。

（三）青铜时代文明

城市、文字、礼仪性建筑和冶金术是构成文明的主要因素，其中冶铜术、冶铁术是社会发展到一定阶段的产物，也是多种社会条件积累的结果。中国大部分地区于公元前 2000 年开始逐渐进入青铜时代，在技术经济、文化格局、社会形态等方面都发生了显著的变革现象。

从世界范围看，最早掌握青铜冶铸技术的爱琴海、埃及、美索不达米亚、印度、中国等国家和地区成为人类古代文明形成的中心。在我国，青铜时代的夏朝率先进入王朝国家，并形成了以中原地区为中心、逐渐向外辐射的东亚文化圈，中原地区以成熟的冶铜业、文字、政治制度等，加上得天独厚的地理优势，引领着中华文明的进程，同时以固有的向心力，吸收了众多外围的文化，不断丰富着中华文明的内涵。西北地区的早期铜器主要见于马家窑文化马家窑、马厂类型、齐家文化、四坝文化、西城驿文化等，器型以简单的刀、锥等工具为主。进入夏朝纪年时期，早期铜器大量出现；齐家文化晚期铜器与四坝文化、天山北路墓地出土铜器表现出很强的一致性，铜器类型以工具和装饰品为主，典型的有空首斧、环手刀、骨柄铜刃刀、带钮铜镜、扣饰、指环等，这些铜器绝大部分都出自墓葬之中，是中国西北地区夏纪年时期的重要铜器组合。

迄今为止，甘青地区是中国境内发现最早铜器的地区之一，与周边的青铜文化产生了密切的联系。兰州作为甘青地区史前文化的重要组成部分，延绵时间久，发展速度快，分布范围广，并逐渐影响了周边的青铜文化。如夏家店下层文化出土的喇叭形口耳环，也同时发现于甘青地区的四坝文化和齐家文化，其源头应在安德罗诺沃文化，经新疆地区后传至四坝文化，然后影响到燕山南北的夏家店下层文化。中原地区的早期青铜文明自仰韶文化起，至二里头文化时期达到第一个巅峰，年代约为自公元前 4500—前

1600 年，其中以二里头文化出土铜器数量最为丰富且在器型上极具代表性。二里头遗址出土铜器中，以小型工具为主，种类有刀、凿、锥和鱼钩等，其中凿的顶端大多发现锤击的痕迹，其使用方式与甘青地区加装木柄的方式不同，原始性比较明显。甘青地区的早期铜器与中原地区相比较，存在一些较大差异，如中原地区常见的是镞、刀、斧、戈、鱼钩等，装饰品甚少，仅有耳环、牌饰等，几乎不见甘青地区广为流行的铜泡、铜钮、铜管等。

兰州的蒋家坪遗址曾出土过新石器时代晚期的铜器，尽管截至目前在兰州尚未发现属于青铜时代的铜器，但在兰州邻近地区出土了大量青铜器，如永靖大何庄、秦魏家、临潭磨沟、贵南尕马台、姬家川、莲花台、潘家梁、占旗、徐家碾等遗址，这些铜器包括工具、装饰品与武器等。结合兰州邻近地区的考古发现和整个中国青铜时代的文化特征，表明齐家文化、辛店文化、董家台类型、寺洼文化已经进入青铜文明时代，拥有成熟的冶铸技术。从永登蒋家坪的铜刀，到青铜时代的各类铜器，以及磨沟墓地发现目前最早的铁制品，进一步说明先秦时期的兰州先民在吸收来自中亚、西亚冶金技术的同时，逐渐开始寻找矿源，并独立冶铸金属器。

西亚、中亚是世界上发现最早铜制品的地区，如伊拉克的札威·彻米地（前 10000—前 9000 年）、伊朗西部的阿里·喀什（前 9000—前 7000 年）、土耳其恰约尼遗址（前 8000 年）等，中国目前发现的早期铜器的形制、制作技术等与其较为相似，说明两者之间关系密切。兰州及其邻近地区，乃至甘青地区发现的早期铜器，无论器类、用途还是制作工艺等，均与新疆地区、西亚地区、欧亚草原地带、中原地区有着密切的联系，尤其是新疆地区和中原地区，[①] 表明前者是早期铜器的直接来源，而后者则受到兰州及甘青地区铜器的影响，足以证明兰州青铜时代文化对中国青铜文明的贡献和意义。

---

① 李水城：《西北与中原早期冶铜业的区域特征及交互作用》，《考古学报》2005 年第 3 期。

（四）社会经济

兰州的农业经济始于新石器时代仰韶文化庙底沟类型时期，青铜时代初期，受自然环境和气候条件的影响，兰州先民在继续发展农业的同时，畜牧业开始兴起，狩猎采集仍是补充生计的重要手段。春秋战国时期，兰州的畜牧业得到长足发展，农业的地位明显下降，生业方式更加多元，伴随着人群迁徙、资源争夺、环境突变，族群间的交流、互动更加频繁，进一步推动了各族群间的交融。

齐家文化时期，粟仍然是兰州先民的主要粮食作物，且粮食相较之前还有存储，考古发现的石刀、石锛、石镰、骨铲，以及石杵、石磨盘等粮食收割、加工工具，加之养猪、羊等饲养业的兴旺，显示了这一时期农业经济的繁荣发达。辛店文化、董家台类型、寺洼文化时期，农业体系开始逐渐解体，经济形态趋向于畜牧业和游牧业，人口急剧减少，聚落范围缩小，陶器工艺粗糙，社会处于进步缓慢的无序发展状态。如辛店文化时期，为了适应气候和环境的改变，社会经济形态出现了地域性差异，河谷地带以农业为主，畜牧生产为辅助方式。兰州北部的山地以石质或土石为主，不宜农业生产，丰富的草业资源更加适合游牧业的发展，气候条件恶劣的新冰期的来临，更是为游牧业的催生提供了良好的环境基础。

《后汉书·西羌传》载羌人"所居无常，依随水草，地少五谷，以产牧为业"，说明早期羌人是以畜牧业为生活主业的。相对于农业生产而言，羌人因长期从事畜牧业，畜牧经济得到长足发展，但随着人口增长，无论是单一的农业生产还是较弱的畜牧生产已经无法满足食物的需要，必须扩大再生产。由于畜产品比农产品的生产周期短，在提供肉食皮毛的同时还可提供乳制品，因此一部分人放弃原有的农业生产或者半农半牧生产，转而在水草丰茂之地大力发展畜牧经济。《礼记·王制》所载"中国、夷、蛮、戎、狄，皆有安居、和味、宜服、利用、备器，五方之民，言语不通，嗜欲不同"，说明戎人在饮食、服饰、语言等方面与中原地区的差异较大，有自己的地域文化特征。《史记·匈奴列传》记载，匈奴以游牧为主、逐水草

而居，农业在整个匈奴社会经济的比重远远低于畜牧业，其饮食结构以肉、奶为主，墓葬中出土较多的马、牛、羊等牲畜即为例证。

这一时期，作为在技术经济、文化格局、社会形态等方面有显著影响的青铜制造业，成为社会生产的主要部门之一。早期的铜器大多锻造而成，后期的铜器类型丰富，冶炼技术更加成熟。甘肃境内丰富的铜矿资源，也为中国冶金史谱写辉煌奠定了基础。齐家文化玉器是继北方红山文化、南方良渚文化之后的又一重要玉文化，拥有采玉、开璞、成型、钻孔、打磨、雕刻、镂刻、镶嵌、抛光等完整的制玉工序，加上兰州马衔山丰富的玉矿，为早期西玉东输提供了原料产地。

二、羌、戎、匈奴的活动

春秋战国时期，兰州的历史明显异于中原地区的诸侯争霸情况。史籍记载，这一时期的兰州是多民族活动的舞台，西部部族在侵扰中原的同时，也增进了相互间的交流、融合。随着秦人的强大，尤其是秦置榆中后，兰州逐渐纳入中央王朝的统治范围。

（一）羌、戎

据《后汉书·西羌传》载，"西羌之本，出自三苗，姜姓之别也。其国近南岳。及舜流四凶，徙之三危，河关之西南羌地是也。滨于赐支，至乎河首，绵地千里。赐支者，禹贡所谓析支者也"，西羌最早源于三苗后裔姜姓的别支。"河关"属于金城郡，羌地在河关的西南地，金城郡西南地区有诸多羌人部落生活，这些羌人系河湟之地的无弋爰剑之孙忍和舞的后人。史籍中将陇山以东以及伊、洛的戎族诸如狄、源、邽、冀之戎，义渠戎、大荔戎、骊戎、杨拒、泉皋戎、蛮戎等皆归于羌人之列，表明当时这些戎人部族虽以戎称，但实际上有些部族应属羌人。商代甲骨文卜辞中多处记载了商王对羌用兵作战的史实，甚至有时候祭祀所用人牲专门要求以羌人为对象。由于羌人势力强大，甚至出现了商王御驾亲征的情况，"己酉卜，毂贞，王叀北羌伐"。商朝晚期，羌人与姬周联合，最终推翻了商朝的统治。"姜姓也就是羌人之姓"，姜姓属于羌的一支。春秋战国时期，羌人活动鲜有记载，而西方戎族却与中原互动日益频繁，一部分羌人已经融入了戎人之中。《后汉书》记载，秦献公出兵西戎，灭狄獂戎，逼近河湟，无弋爰剑之孙卬因惧怕强大的秦军，被迫带领自己的部族向南迁徙，离开了赐支河曲地区，向西行走数千里，与其他羌人部族相距非常远，不再往来。

戎族长期以来居于西部地区，史籍常称为西戎。《后汉书·西羌传》记载："后相即位，乃征畎夷。后桀乱，犬夷入居邠岐之间。"《史记·匈奴列传》记载，周武王灭商后，"放逐戎、夷泾洛之北，以时入贡，命曰荒服"。西周懿王七年（前893年），西戎侵犯镐京，至二十一年，周王派虢公出兵北伐犬戎；周孝王在位时期，派申侯讨伐西戎，西戎献马表示臣服；周夷王时，出兵讨伐太原之戎；周幽王宠幸褒姒，申侯联合犬戎、西戎攻破镐京，杀周幽王。周平王继位后，面对强大的犬戎势力，吸取周幽王灭国之训，东迁洛邑以避戎祸。除了战争之外，周朝与戎人部族同时也保持着友好往来，《竹书纪年》记载："太戊二十六年，西戎来宾，王使王孟聘西戎……祖甲十三年，西戎来宾……穆王十三年，秋七月，西戎来宾……孝王五年，西戎来献马。"[①] 近年来的考古发现显示，甘肃庆阳、天水、定西、宁夏固原、陕西延安等地在先秦时期均有戎人居住。据《后汉书·西羌传》记载："自陇山以东，及乎伊、洛，往往有戎。于是渭首有狄、獂、邽、冀之戎，泾北有义渠之戎，洛川有大荔之戎，渭南有骊戎，伊、洛间有杨拒、泉皋之戎，颍首以西有蛮氏之戎。"诸戎部落大致分布于渭水、泾水、伊水、洛水等流域，包括今天的甘肃东部、宁夏南部、陕西西部等地区。

（二）匈奴

《史记·匈奴列传》记载，匈奴也被称荤粥、猃狁、北狄、北胡等，兴起于公元前3—4世纪，先秦时期主要在北方草原地区活动。匈奴在最强盛时期给中原北方地带造成极大威胁，到蒙恬北击匈奴，头曼单于战败北徙，

---

① 王国维：《今本竹书纪年疏证》，辽宁教育出版社1997年版，第65、71、88、91页。

后建立第一个横跨欧亚大陆的草原帝国。匈奴也曾在兰州北部一带活动，1980 年 1 月，在永登树坪赵老湾村南发现一座墓葬，墓深 2 米，长 2 米，头向朝北，出土铜器 146 件、铁器 4 件、陶片 7 件。发掘者根据牌饰中的鹰头饰、鹿形饰、犬纹牌饰等，推测这座墓葬属于沙井文化。① 但沙井文化主要分布在石羊河和金川河下游沿岸及湖泊沼泽沿岸的绿洲上，民勤沙井子至金昌一带是其分布的中心区域，其范围并未到达兰州永登一带，且该墓出土的圆雕铜饰（鹿、鹰、犬）等并未在沙井文化中见到，而在宁夏中卫、内蒙古一带较为常见，说明这座墓葬不属于沙井文化，当属匈奴的文化遗存。匈奴墓葬出土的陶器制作粗糙，有灰陶、红陶和褐陶，陶胎中夹杂砂砾，多数表面有红色斑点，榆树沟出土的铜牌饰与宁夏西沟畔墓地、同心县倒墩子墓地、李家套子墓地等墓地出土形制相近，墓葬的年代应在战国时期。据《史记》记载，匈奴濮部曾在石羊河和乌鞘岭之间活动，曾以此为跳板多次侵扰陇西郡治狄道。由此可见，永登榆树沟发现的这座墓葬与匈奴的关系更为密切。

兰州自古以来就是中原地区和欧亚大陆之间的连接点，地处民族走廊地带，东西方文化在此不断碰撞、交融，各民族文化相互交流、传播，遂成为多民族活动的舞台，多元文化的栖息地。

三、秦人的西进

秦人兴起后，经历了不断发展壮大的过程，从地处边陲以拱卫周朝，到西拒羌戎以亲近华夏，都对当时的兰州地区产生了辐射性影响。特别是秦置榆中县后，兰州也逐渐纳入中原王朝的统治范围，为后来更高水平的发展奠定了基础。

（一）秦人之兴

《史记·秦本纪》记载，秦人先祖是颛顼之后，而颛顼来自东方夷人，

---

① 甘肃省博物馆文物工作队：《甘肃永登榆树沟的沙井墓葬》，《考古与文物》1981 年第 4 期。

颛顼之孙名叫女脩，因吞食玄鸟的蛋卵而生子大业，大业娶少典之女为妻，生子大费（柏翳）。大费曾为舜帝调驯鸟兽，并协助大禹治理水患，被赐姓嬴氏。因黄河下游水患不断，大费的玄孙费昌以后，秦人祖先一部分进入中原地区，费昌因擅长驾车，成为商汤的驭手。大费之子大廉，称鸟俗氏，玄孙为孟戏、中衍，皆为商王太戊驭手。中衍的曾孙戎胥轩，奉命驻守商朝西部边陲，与骊山女生中潏。中潏与其部族继续"在西戎，保西垂"，生子蜚廉，蜚廉生恶来、季胜。恶来侍奉商纣王，周武王克商，恶来被杀。周朝将俘虏的部分秦人留在成周雒邑、宗周镐京一带直接管控，剩下的秦人则流放到陇山以西地区，这一部分秦人继续西迁至戎人活动的西犬丘一带。恶来的五世孙非子，擅长养马，广博赞誉。周孝王为表彰非子对周王朝畜牧业发展的巨大贡献，赐其姓嬴，使复续嬴氏祀，号曰秦嬴。非子被封为西周附庸，另筑新城秦邑，开创了嬴秦历史的新阶段。后秦襄公因护送周平王东迁之功，得到周王封赐，被封为"诸侯"，赐"岐以西之地"，秦人从早期的附庸到后来的诸侯，政治地位不断得到提升。从此，秦人立国，开始与诸侯通使聘享。

（二）秦之经营

非子受封前后，随着秦人开始崛起和周与西戎关系的恶化，秦与西戎的冲突也不断出现，由此开始了双方交织互动的历史进程。周宣王时期，秦仲伐戎身死，表明西戎势力非常强大。后来，秦庄公破西戎，收复西犬丘故地。秦襄公受赐"岐以西之地"后，获得发展机会，于是连年伐戎以开拓疆土。秦文公继续秦襄公的对外战略，向西发展。秦文公十六年（前750年），秦国出兵大败戎人。秦宁公二年（前714年），秦国从"汧渭之会"迁至平阳，出兵讨伐荡社，次年与亳交战，亳王投奔戎人，秦国灭亡荡社，将秦国领土向东大为扩展。除了东向发展之外，秦国向西继续扩展势力。秦武公十年（前688年），秦国讨伐今天水市境内的邦戎、冀戎，征服之后在此置县，这是文献明确记载的中国古代最早设县之始。秦穆公时，采取由余之计，征服西戎八国，将势力范围继续向西扩展。秦人先祖对内

发展生产，增加自身实力，对外东服宗周，西交戎羌，很好地处理了周朝和秦人周边民族的关系，势力得到不断壮大。秦昭王二十七年（前 280 年），设置陇西郡（治狄道），将秦穆公霸西戎的政治成果进一步巩固下来，陇西郡遂为西接戎羌的最前沿。地近陇西郡的兰州地区，因此也直接受到秦人势力的辐射和秦文化的影响，为后来纳入秦朝郡县打下了根基。

在秦国西部、北部环绕分布的诸戎部落，长期与秦人广泛接触，使得早期秦文化与西戎文化紧密联系在一起。西戎墓地出土的铜壶、鼎、茧形壶、戈、陶釜、灰陶罐等，无不来自中原和秦文化。甘谷毛家坪遗址车马坑 K203 三号车右骖肩颈部出现了泡状竿头饰，泡状竿头饰常见于春秋时期的西戎墓葬，表明了秦人对西戎车马文化的借鉴。马家塬墓葬是一处比较完整的西戎族墓葬群，其中墓葬 M6 规格较高，墓主人是一位臣邦君长，墓室内置棺椁，直肢葬，全身以各种珍贵饰品覆盖，随葬品丰富，包括车马饰、兵器、生活用具、服饰等，俨然一副中原贵族丧葬派头，墓葬中铁器制品数量较多，显然此时生活在秦国统治下的西戎贵族基本上接受了秦人或者中原丧葬习俗，同时也保留了西戎丧葬传统，如殉埋有大量的马、牛、羊头和蹄。秦墓中所流行的洞室墓、铲足鬲等所表现出的西戎文化特色①，反映出秦国实力的日益强盛，特别是商鞅变法进一步促进了秦国国力的发展，秦国统治疆域进一步扩大，加强了对边地民族的管控，推动了族群间的文化交流与融合。

四、文明的交融

兰州的先秦文化有着悠久的历史记忆、清晰的发展脉络，以彩陶艺术、青铜文明等为代表的独特区域特征，使兰州成为中华文明的重要发祥地。兰州的先秦文化凭借独特的地理位置，延伸了中原文化的范围，丰富了黄河文化的内涵，同时不断吸收外来文化，为中华文明输入新鲜血液，是"多元一体"中华文明的重要组成部分。

---

① 王学理、梁云：《秦文化》，文物出版社 2001 年版，第 194 页。

先秦时期，兰州的历史大致经历了石器时代、青铜时代、早期铁器时代三个发展阶段。关于高山、大河、英雄人物的神话传说，昭示了兰州远古文化的源远流长。考古学证明，至少在旧石器时代晚期，就有人类在兰州繁衍生息，过着采集、狩猎的生活。新石器时代，仰韶文化庙底沟类型以其强大的扩张力和感染力，开始将兰州纳入早期中国文化圈的范围。马家窑文化在继承庙底沟类型因素的基础上，进一步发展成为独具特色的地方文化，使兰州史前文化发展达到高峰。马家窑文化可分为马家窑、半山、马厂三个类型，出土彩陶数量庞大、器型多样、纹饰精美，是兰州史前文化的菁华，彩陶的传布带动了远程贸易；永登蒋家坪遗址出土的铜刀是目前兰州境内发现的最早的铜器，预示着兰州史前社会即将迎来青铜文明的曙光。齐家文化的冶铜业则标志着兰州成为中国率先迈入青铜时代的地区之一，大量铜器、玉器的生产和流通，促使社会分工更加明确，社会出现明显分化。尽管辛店文化、董家台类型、寺洼文化的分布范围不及齐家文化广泛，但其冶铜业较之齐家文化有了长足的进步，开始出现大型的实用器，冶铜业明显成熟和发达，谱写了中国青铜时代辉煌的一页。春秋战国时期，兰州成为羌、戎、匈奴等古代民族活动的舞台，随着气候环境的变化，畜牧业地位上升，锄耕农业衰落，半农半牧成为主要生计方式。铁器的出现，加速了兰州文明社会的发展和进步。秦人的兴起和西进，开始逐渐将兰州纳入中原王朝的统治范围。

先秦时期，以兰州为中转站的东西文化互动为汉代"丝绸之路"的开通奠定了基础。兰州彩陶源自渭河上游，始于仰韶文化庙底沟类型，兴于马家窑文化，至青铜时代开始衰落，早期铁器时代以后基本不见。在"彩陶之路"缘起、形成和发展过程中，兰州不仅是通道，而且以明显优势的文化扩张能力，以渐次的方式，向西、向南和青藏高原地区不断传布，对周邻地区彩陶文化的发展产生了深远影响，同时吸引世界其他地区的彩陶文化以反馈中华。东乡林家遗址和兰州永登蒋家坪遗址发现的我国最早的锡青铜制品和铜渣，证明兰州先民最迟在新石器时代晚期就已开始自主冶炼铜。齐家文化时期，兰州先民已经熟练掌握冶金技术，独立制作青铜工

具、装饰品等，并与中原地区开始密切互动，两地共有的镶嵌铜牌饰、塞伊玛—图尔宾诺类型铜器便是直接证据。陈旗磨沟墓地发现了中国最早的铁器，足以证明中原地区的冶铁技术经由兰州及邻近地区传入。兰州境内发现的先秦时期的大量海贝和贝类物品，当来自遥远的沿海地带，与新疆地区天山北路、焉不拉克、五堡墓地的出土贝类形制相似，功用基本相同，说明历史上更是存在一条从沿海到中原，再到兰州以及新疆的"海贝之路"。① 齐家文化地处"玉石之路"东玉西传和西玉东输的中心地带，玉器的形制、材质兼具东西方玉文化特征，石峁文化、龙山文化、陶寺文化以及稍晚的安阳、张家坡、曾侯乙、金胜村、九连墩、徐州狮子山等遗址出土的透闪石玉器，应该源自甘肃（包括兰州马衔山）、新疆和田、青海等地的玉矿。

先秦时期，兰州的彩陶文化充分彰显中华文明的特征。兰州邻近中国彩陶的发源地，彩陶的兴衰历程最能代表其史前文化的发展过程，在一定程度上展现了中华文明的魅力。兰州彩陶在不断地吸取中原仰韶文化彩陶优秀因素的同时，受本土文化土壤的浸润，形成了独具特色的马家窑文化彩陶。彩陶纹饰多取材于自然，山、水、花卉、动物，甚至人本身都成为彩陶上的必然母题，体现了先民对自然的认知与认同，也展示了我国史前社会最富有艺术性的创造。特别是彩陶纹饰对中国后来的纺织刺绣图案、瓷器玉器图案、建筑刻画图案等都产生了深远的影响。彩陶造型对青铜器器型、金属铸造和瓷器、雕塑、紫砂壶的造型艺术产生了极大影响。彩陶刻划符号，在陇原大地的史前先民中使用了4000年之久，并处于不断的变化发展中，极有可能就是文字的雏形。

先秦时期，兰州在中原文化西向发展的基础上继而形成自己独特的文化区。同为彩陶萌芽期的大地湾文化，其分布范围仅限于渭河上游地区，处于中原彩陶文化——仰韶文化的边缘区。石岭下类型时期，鲜明的区域

---

① 彭柯、朱岩石：《中国古代所用海贝来源新探》，《考古学集刊》（第12集），第119—147页。

特征开始显现，分布范围也略向西部拓展。马家窑类型时期，分布范围到达青海湟水流域，已经完全本土化并迅速壮大，形成一个新的文化区——甘青文化区，兰州位于中心。青铜时代初期，齐家文化空前繁荣，并不断向周围扩展。此后，分化为辛店、董家台和寺洼等不同类型的青铜文化，文化辐射力逐渐削弱。青铜时代后期，受到来自北方草原文化、域外文化的强烈冲击，兰州成为我国内地与欧亚大陆相接的缓冲地带，在为中华文明输入新鲜血液的同时，最终成为"多元一体"中华文明的重要组成部分。

先秦时期的兰州历史，历经万年的文化变迁和社会变革，先民们不断地适应自然、挑战自然、改变自然，从最初的采集狩猎到原始农业、农牧业交替，从原始崇拜到早期信仰再到礼仪制度的萌芽，进而从游团到聚落再到酋邦，文化渐趋一致，社会更加文明。这一绵延不断而又异彩纷呈的发展历程说明，兰州是中华文明的重要发祥地之一，先秦时期兰州的早期发展为其最终被纳入中原王朝的统治范围奠定了基础。

第 二 章

金城郡地与"凿空"西域

秦始皇统一六国后，疆域的扩展主要集中在北方、西北方和南方。其中，在西北地区，秦始皇派遣蒙恬"西征"，秦朝的势力到达兰州一带，并设置榆中县。汉武帝时期，彻底击败河西的匈奴势力，兰州一带成为西汉王朝的直接控制区。公元前81年，汉昭帝设置金城郡。随后，护羌校尉、金城属国先后设立，兰州一带边郡性质越来越突出。整个东汉时期，羌人对金城郡一带的威胁一直存在。当羌人势力逐渐衰弱下去的时候，东汉政权也走到了尽头。十六国时期，兰州既是河西诸凉政权向东发展的前沿阵地，也是关陇诸秦政权向西经略凉州的桥头堡，先后被十多个政权占领。陇西鲜卑建立的西秦政权，先后定都于勇士城、金城和苑川，使兰州地区首次成为地方割据政权的都城所在地，区域政治中心的地位进一步凸显。

公元前138年和公元前119年，张骞两次出使西域，使西汉政权与葱岭以西的中亚各国取得直接联系，开通了中原直达西域的陆地道路，在历史上被誉为"凿空"。随着河西四郡的渐次设置，兰州一带成为中原联系河西走廊地区的交通枢纽，完善的水路交通体系也初步构建起来。

第一节 秦设"榆中"与汉设金城郡

先秦时期，戎的分布范围很广。商周时期，在中原华夏族四周都有戎人生活。其中，生活在周朝西部地区的戎被称为西戎。除了戎以外，周的西部见于记载的还有氐、羌。实际上，氐、羌都属于戎的范畴。

一、榆中县的设置

（一）秦势力波及兰州

从秦武公（？—前 678 年）开始，秦人的势力就向西戎地区逐渐渗透。秦武公十年（前 688 年），"伐邽、冀戎，初县之"，即打败邽戎和冀戎后，设置邽县和冀县，将他们的活动区域纳入秦的直接统治范围。邽县和冀县是中国历史上西北地区见于记载的最早设置的两个县，范围大致在甘肃省天水市秦州区、甘谷县一带。

秦穆公（？—前 621 年）是春秋五霸之一，其统治时期，秦继续向西发展。在一个来自戎地名叫由余的帮助下，秦征服了西戎縣诸、猸戎、翟、獂、义渠、大荔、乌氏、〔駒〕衍等八国。其中，縣诸、猸戎、翟、獂四戎分布在"自陇以西"，即今天甘肃中部地区。义渠、大荔、乌氏、〔駒〕衍四戎活动在"岐、梁山、泾、漆之北"，即包括今甘肃东部、陕西西部和宁夏南部地区。这些戎人散居在河谷地带，各有自己的戎首君长，没有共同的首领，互不统一。秦穆公这次西征，"开地千里，遂霸西戎"，不仅臣服了西戎，开拓疆域有千里之广，而且还得到了周天子的认可和祝贺。八戎之中陇山以西四戎的居住范围，在邽县和冀县以西、以北地区。至于"霸"，指仅仅征服而已，秦国并未实施直接统治。八戎的活动范围，若以道里估算，已经到达黄河以东的今兰州、景泰、靖远一线。

秦献公（前 388—前 362 年）统治之初，想要恢复穆公时的局面，"兵临渭首，灭狄獂戎"。献公发兵渭水源头，直接消灭了活动在此处的狄戎和獂戎。紧接着，孝公元年（前 361 年），出兵东围陕城，西杀獂王。这里的狄戎和獂戎，就是秦穆公时臣服的陇山以西四戎中的翟戎、獂戎。依照秦武公"伐邽、冀戎，初县之"的做法推测，秦献公灭了狄戎和獂戎后，同样会设县管理。若此，狄道（治所在今临洮县）、獂道可能随之设置。狄道、獂道的设置，可证秦的势力发展到今临洮县、陇西县、渭源县一带。秦灭了狄戎、獂戎，占据渭首，意味着与兰州一带的戎、羌有了直接的接

49

触，并开始进入正面对抗时代。

秦昭王时期（前306—前251年），设陇西郡，"筑长城以拒胡"。陇西郡设置于公元前287年至前273年，下辖县、道可考者有17个：狄道、西县、兰干、略阳、上邽、冀县、邸道、故道、临洮、獂道、绵诸、襄武、阿阳、下辨、薄道、成纪、枹罕。除枹罕外，陇西郡所辖县和道都在洮河以东、陇山以西。在今临洮县城北20里，发现有秦昭王长城遗址。长城遗址向北不远则是兰州的南山即马衔山。秦昭王长城的修建，将兰州地区与临洮地区隔开，使兰州一带成为秦势力的前线。昭王以后，秦的中心任务是向东发展，故而直到秦始皇统一六国，陇西郡的统辖范围基本沿袭昭王时期的旧制。

秦昭王长城的修建，一方面，保证了秦人西部防线的坚固有效和秦陇西郡等长城以南各郡县的平稳发展；另一方面，对生活在长城以北的羌、戎人来讲，同样是一种稳定局势的保障，兰州地区的戎人、羌人发展迎来了第一个稳定期，"种人得以繁息"。

秦人不断向西推进，结束了渭水沿线、黄河以东广大地区长期存在的戎、狄不相统一的局面，加快了西部地区走向大一统的步伐。同时，先进农业技术向西传播，促进了西部地区的社会发展。

（二）秦始皇西巡与蒙恬西征

在秦始皇统一六国的过程中，北方、西北方的匈奴、戎、羌等势力发展很快，河湟谷地的羌人曾乘机越过秦昭王长城进入秦国境内，对秦的边防构成极大的威胁。秦始皇统一六国初期，临洮"长人"的出现和"亡秦者胡也"的谶言盛传，也是兰州一带"种人"对秦朝威胁的一种显现。秦始皇的统一大业完成后，军事进攻的重点转向了北方的匈奴和西北方的诸戎。

1. 秦始皇巡视兰州南部

统一六国的第二年，秦始皇西巡位于兰州南部的陇西郡。根据《史记·秦始皇本纪》和《括地志》的记载，这次巡视所到之处的最西端是陇西郡，治所在狄道县，即今天的临洮县。秦始皇极有可能在巡视时跨越长城，到达兰州周边地区。

秦始皇西巡，主要是了解陇西郡对长城以北今兰州地区的防御问题，目的在于检查防务，开疆拓土。西巡还有一个目的就是祭拜先祖。陇西郡的西县是"秦之旧都，故有祠焉"，西县在今天甘肃的礼县一带，这里有秦人先祖的陵园，秦始皇祭祀先祖具有安抚的意义。所以，巡视陇西、北地也可以看作"西抚西土"的举动。秦始皇西巡陇西的当年，秦朝开始"治驰道"。当然，"治驰道"与加强西北防务也有关。

2. 蒙恬"西逐诸戎"与秦朝势力延伸至兰州黄河边

秦始皇三十二年（前215年），派将军蒙恬领兵30万北击胡人，收取了黄河以南地区。秦始皇三十三年（前214年），又派蒙恬出兵西北，打击匈奴。蒙恬北伐、西征的目的是西逐诸戎、北却众狄。所谓诸戎、众狄、匈奴、戎、狄、胡、羌等，归结为具体的族群就是匈奴和众羌，匈奴活动在秦北方的河套地区，众羌部落主要分布于秦西方的黄河和湟河之间的广大地域。羌人活动的核心地区在湟中，兰州一带的黄河两岸也有分布。

蒙恬的北伐与西征，取得了很大的胜利。为了巩固新得疆土，秦始皇命蒙恬筑长城来分界。蒙恬修筑的长城西起临洮，东到辽东。史书记载，长城的西起点在临洮，秦控制的疆域西至临洮、羌中。临洮即秦陇西郡临洮县（今岷县），但也可以指洮河沿线。羌中指羌人活动区域，一般认为以河湟地区为中心。所以说，秦始皇长城的西起点在临洮，但秦的管辖区已经越过洮河。

调查及研究显示，蒙恬所筑长城的起首部分沿用了秦昭王长城。长城过今临洮县城后，继续沿洮河东岸向北，到达永靖县城南一带。然后沿着黄河南岸向东过兰州市区，再向东经皋兰县东部、靖远县西部、北部等地，最终进入宁夏。

蒙恬西征后，秦的势力到达黄河东岸即今天兰州一带。沿黄河修筑长城，构建起了连贯性的长城防御线，使"众羌不复南渡"。秦始皇长城的修建，是秦人势力在秦昭王向西发展基础上的又一次大推进。

（三）秦设置榆中县

秦朝时，在兰州一带设有榆中县。秦始皇三十二年（前215年），蒙恬攻击北方的胡人，收取河南地。三十三年（前214年），攻击西北方的匈奴，在河东新置了44个县，并沿河设置了县"城"。这些"城"是具有防御匈奴进攻性质的"塞"的一部分，从榆中开始沿河分布直到阴山，榆中县城位于最西端。由于新设的县域人口稀少，秦朝采取了遣派刑徒、充实人口的实边强县措施。44个县的设置，使秦朝将西北部的榆中沿黄河至阴山一带，北部的河南地，渡河后的高阙、阳山、北假中等地连成一片。为了守卫这些新获地域，秦朝修筑了从榆中至阴山的"塞"城，高阙、阳山、北假中等地的亭障。这样，秦西起临洮，东至辽东的长城达到了万里之长。

至于"榆中"，可为县名，也可指县城名。从方位讲，应当在今兰州一带。秦以榆中命名县的原因，有两种解释：一种解释与大、小榆谷有关。大、小榆谷之名最早见于《后汉书·西羌传》，指战国时代羌人活动的核心区，位于河湟谷地，与今兰州地区相连。另一种解释与当地种植榆树有关。蒙恬收复黄河以南地区，辟地千里，"以河为竟，累石为城，树榆为塞"。从榆中到阴山西端以河为境，并在河畔栽种榆树，作为疆界的标志，这也是先秦时期植树于界沟以标示疆界制度在秦代的延续。大树成行，一则成为抵挡骑兵通过的障碍，再则榆树的叶子初发时可以充饥。因此，秦陇西郡辖县中有榆中，与秦北逐匈奴的过程中"树榆为塞"有关。

随着秦朝的建立，中国历史第一次进入统一的封建集权时代。榆中县的设置，意味着在中国历史进入封建集权时代初期，兰州一带就成为封建王朝疆域的一部分。秦二世即位后，统治集团内部矛盾尖锐。二世杀死蒙恬后，秦北部、西北部防线崩溃，匈奴遂逐渐南攻。楚汉对峙时期，匈奴"悉复收秦使蒙恬所夺匈奴地者，与汉关故河南塞"①。至此，秦所开辟的西北新土尽数沦丧，兰州一带又被匈奴占领。秦朝设置的榆中县仅仅存在了10余年时间。

---

① 汪受宽：《甘肃通史·秦汉卷》，甘肃人民出版社2009年版，第23页。

二、令居筑塞与初设金城郡

战国时期，匈奴兴起于中国北方地区。秦穆公降服西戎八国，设置北地郡，辖区达到陇山一带（今甘肃东部和宁夏地区），匈奴控制范围的最西端大致在这一地区以北。秦朝时，匈奴的首领是头曼单于。当时，东胡、匈奴、月氏是居于秦朝北方的三股势力，匈奴居中，东胡在东，月氏在西。头曼单于的势力不敌秦朝，在蒙恬的打击下北撤黄河以北地区。秦朝末年及西汉初期，匈奴势力又强大起来。

（一）匈奴势力的发展

1. 匈奴南下进入兰州一带

秦朝末年，忙于对付刘邦、项羽的反抗，北方的防御力量明显减弱，匈奴势力得以乘机南下。匈奴占领黄河以南地区的过程分为两个阶段：第一阶段是占领故塞。蒙恬死后，秦朝的西北防务力量严重削弱。诸侯叛秦，楚、汉相争，戍边者逃亡，秦王朝无暇北顾，头曼单于借机南下，匈奴势力重新发展到黄河以南，与秦"界于故塞"，就是以蒙恬北击匈奴时沿河所筑的县城为界。这一阶段，匈奴势力占据了大漠西边的黄河南北一带。

第二阶段是占领河南塞。到了头曼单于太子冒顿单于时，匈奴的势力进一步南下，"与汉关故河南塞"。"与汉关故河南塞"说的是匈奴与汉朝的界线。这一阶段，匈奴势力已经到达朝那（今宁夏固原东南）、肤施（今陕西榆林）一带。朝那、肤施是秦昭王所修的长城边塞重镇。同期，匈奴在打败东胡的基础上，连续对生活在河西走廊一带的月氏进行攻击，月氏大部被迫西迁，翻越葱岭，彻底离开河西走廊。匈奴势力从今银川以西区域开始，经过景泰县一带逐渐推进到兰州地区。从秦末至汉初，兰州周边成为匈奴占领区。

刘邦占据关中后，在与项羽对抗的过程中，势力一度到达兰州一带。汉高祖二年（前205年）六月，刘邦回到栎阳，平定雍州八十多县，设置陇西、北地、上郡、渭南、河上、中地六郡，并"缮治河上塞"。此处的陇

西指陇西郡,当时刘邦并未取得全国政权,陇西郡即秦朝陇西郡。"缮治河上塞"就是补修沿河边塞,上述六个郡中,只有陇西郡、北地郡临近黄河,河上塞的位置应当在陇西郡内。因此,河上塞首先包括兰州附近黄河上的秦塞,也可证西汉势力一度到达兰州一带。

一般认为,刘邦势力退出、匈奴控制兰州地区的时间为公元前203年至公元前200年,到公元前186年,西汉势力已经彻底退出兰州一带。直到汉武帝时期,汉与匈奴在兰州一带界线是秦昭王长城一线,就是在兰州以南马衔山一带。

2. 匈奴从兰州一带南下三次进攻狄道

西汉初年,曾经与匈奴签订和亲之盟,但并未解决边界的安宁问题,匈奴依旧常犯西汉边界。公元前182年至公元前169年,匈奴曾三次进攻陇西郡治狄道。《汉书·高后纪》载:六年(前182年)"匈奴寇狄道,攻阿阳","七年冬十二月,匈奴寇狄道,略二千余人"。《汉书·文帝纪》载:"(十一年即前169年)……匈奴寇狄道。"三次进攻,对西汉陇西郡造成极大的损害。《汉书·晁错传》将西汉初期匈奴三次入寇狄道描述为:"臣闻汉兴以来,胡虏数入边地,小入则小利,大入则大利;高后时再入陇西,攻城屠邑,驱略畜产;其后复入陇西,杀吏卒,大寇盗。窃闻战胜之威,民气百倍;败兵之卒,没世不复。自高后以来,陇西三困于匈奴矣,民气破伤,亡有胜意。"从晁错的描述可以看出,匈奴对陇西郡攻城屠邑、掳掠畜产、残杀吏卒,危害极大,甚至挫伤了陇西民众保卫故土的信心。

狄道即今天的甘肃临洮县,阿阳属西汉天水郡。也就说,匈奴势力来自秦昭王长城以北区域,正是陇山以西直至兰州一带。从"寇狄道,攻阿阳"的后果来看,匈奴的进攻路线要么直接突破长城防线,攻占狄道和阿阳。要么,从汉的西界洮河河谷南下,进攻狄道,再沿着渭河河谷东进攻占阿阳。匈奴势力三次围困陇西,陇西郡的郡治狄道为主要进攻区域,出征点在陇西以北区域,兰州附近是重要的盘踞点。

（二）河上筑金城与令居筑塞

1. 李息"城河上"

公元前 121 年春夏，霍去病两次出征河西走廊，给匈奴以军事上的沉重打击，从根本上扭转了汉匈对抗局面。匈奴单于对于河西战局的结果极为不满，要诛杀负有主要责任的浑邪王。浑邪王无奈，便与休屠王共谋降汉。同时，汉朝于兰州一带的边防建设也在加紧推进，即"大行李息将城河上"。"河"即黄河，"城河上"指在黄河岸边筑城，所筑的城就是后来的金城。李息在河边筑造城池，配合霍去病将归降的浑邪王部众数万人、牲畜数十万头及大量物资渡运至河东，顺利完成迎接归降的浑邪王部。同时，"独遣浑邪王乘传先诣行在所"。"行在所"是帝王出行时的临时居处，此处行在所是浑邪王到达之处，当距金城不远。这两件事表明，西汉政府对兰州附近黄河东岸的控制基本完成。

2. 令居"通渠、置田官"

西汉政府完全控制了兰州黄河以东地区，黄河以西的匈奴势力基本被击溃，河西沿祁连山（南山）到盐泽一带很难见到匈奴游牧骑兵，西汉政府便开始实施跨越黄河、向河西拓展的计划。

首先，在黄河西岸设置田官，修筑水渠，发展农业。西汉势力向河西发展是逐步进行的，开始于河西岸临近黄河的地带。浑邪王部归降，陇西、北地、河西一带所受匈奴威胁减少，汉朝便迁徙关东贫民充实这些地区。元狩四年（前 119 年），骠骑将军霍去病与大将军卫青出击大漠南北，直至瀚海，迫使匈奴王庭撤出大漠以南，黄河以西的匈奴势力进一步减弱。汉军渡过黄河，"自朔方以西至令居"，兴修水渠，设置田官，在黄河西岸开始发展农业。"自朔方以西至令居"这一区域包括今宁夏银川平原，甘肃省的景泰、皋兰、榆中、永登、红古等黄河西岸一带。田官就是农官，负责农业生产。令居是西汉政府在黄河以西设置的第一个前方基地，令居的田官是中国历史上最早的农业屯田机构。从实施修建水渠、发展农业等措施来看，西汉政府一开始就按照长期经营河西的思路开展的。

其次，修筑"令居塞"，保障屯田。公元前 119 年至前 112 年，黄河西岸的局势比较平稳，西汉在令居一带的发展相对顺利。汉朝在令居地区的农业生产，主要在河谷地带开展，这样势必与生活在此地的羌人产生矛盾。这时的羌人开始了一定范围内的农业生产与定居生活，起初羌人种落虽多，但各自分散，不足以与汉军对抗。到了元鼎五年（前 112 年），羌人部落形成了较大的集团，便与匈奴沟通，共同对抗西汉军队。羌人与匈奴联合部众多达 10 万人，攻势很猛，很快占领了令居屯田区，并沿洮河谷地向南推进，占领陇西郡的安故县，进而包围枹罕县。为此，西汉政府调动 10 万兵力进行平定。元鼎六年（前 111 年），羌人进攻被击退后，西汉政府发兵数万人渡过黄河，在令居修筑军事设施。《后汉书·西羌传》记："西逐诸羌，乃度河湟，筑令居塞。"令居塞具有军事性质，是为了保证屯田的正常进行而修建。元鼎五年（前 110 年）的"征西羌"，是汉朝与羌人部落发生的第一次正面武装冲突，战争的结果是汉朝在黄河西岸建设了军事据点——令居塞。令居塞的设置，不仅为屯田提供了安全保障，也为汉朝势力继续进至河西走廊拉开了序幕。

3. "始筑令居以西"至酒泉

羌人与匈奴的联合进攻，使西汉政府认识到隔绝羌匈联合成为新的问题。因此，在打退羌人进攻的同时，西汉政府出兵继续清理河西走廊的匈奴遗存势力。汉武帝元鼎六年（前 111 年）秋，匈河将军赵破奴攻打匈奴出令居塞远达 2000 里，到达匈奴水。至此，在河西地区东部，匈奴势力对西汉的威胁才彻底被解除。张骞第二次出使西域后，匈奴西边的乌孙与西汉的联系不断加强，并赠送天马示好。从此，"西北国始通于汉矣"，然却引起了匈奴的不满。于是，汉王朝从令居开始向西筑塞至酒泉，并设置酒泉郡，来保证与西北各国通使道路的顺畅。

令居至酒泉塞墙的修建，首先保证了来往使者的安全，促进了汉王朝与西域各国的关系发展。其次是隔绝羌胡。从此，西汉与匈奴的对抗区域向西移到了敦煌以西、居延以北。而匈奴再次与河湟羌人联合，已经是 50 年后赵充国时期的事了。

（三）　西汉金城郡

1．汉昭帝初设金城郡

汉昭帝六年（前81年），"以边塞阔远"，划取天水郡属金城、榆中、陇西郡属白石、枹罕，张掖郡属令居、枝阳共六县成立金城郡。天水郡、陇西郡、张掖郡属于凉州刺史部，故而金城郡自然也归属凉州刺史部。刺史部初设于元封五年（前106年），为监察区，设一名刺史，专事定期巡察，纠劾郡守。当时，汉武帝将全国除长安周围的司隶部外，划分为十三个监察区，称刺史部十三州。刺史部的名称多数是参照《尚书·禹贡》和《周礼·职方》中记载的"九州"稍加改动而成的，分别是：冀州、兖州、豫州、青州、徐州、荆州、扬州、幽州、并州、益州、凉州、交趾、朔方十三刺史部。十三部中不少部称某州，人们便习惯称一部为一州。凉州刺史部以古雍州西部设置，"以其地处西方，常寒凉"①，故名凉州。《续汉书·郡国志》言，凉州刺史治所在陇县，即今张家川县张家川镇。《三国志》中有建安十七年"马超围凉州刺史韦康于冀"的记载，可知东汉凉州刺史曾治冀县，即今甘谷县城关镇附近。可以说，两汉凉州刺史曾以陇县和冀县为其治所。汉献帝延康元年（220年），刚刚即魏王位的曹丕，以汉献帝名义将雍州之陇右地区析为秦州，河西地区析为凉州，自此以后，始以姑臧（今武威凉州区）为凉州治所。

金城郡属于边郡，以河湟谷地为中心，东连天水，南接陇西，北面是河西走廊，是西汉政权进入河西走廊的咽喉地带。金城郡设置之前，其辖区内就有金城、榆中、令居、枝阳、枹罕、白石等六县。按今天兰州辖区看，枹罕、白石两县不属于兰州，而天水郡的勇士县却包括在内。这样，今兰州地区在西汉初期设置的县有金城、榆中、令居、枝阳、勇士五县，其中榆中县始设于秦。

金城县：元狩二年（前121年），大行李息在黄河边筑城，即金城。金

① （唐）房玄龄：《晋书》，中华书局1974年版，第432页。

城县当始设于汉武帝时期，属天水郡。金城郡由金城县升格而成，根据得名，金城郡初置时的郡治在金城县。《中国历史地图集》中将隋代之前的金城县治所标在今兰州城关以西，即今西固区西固城。目前，学术界倾向于金城郡郡治金城县，在今兰州市西，即今兰州西固区。

榆中县：是今兰州地区最早设置的县。秦始皇三十三年（前214年），蒙恬西征时筑建榆中城。榆中县临河，至于具体位置，杜佑《通典》主张在大、小榆谷，顾祖禹《读史方舆纪要》主张在今兰州以西百里，《中国历史地图集》标榆中城在今兰州正东。目前，学术界倾向于在今兰州市城关区东岗镇。

令居县：令居见于记载最早是元狩四年（前119年）。根据《汉书·地理志》记述，今人认为令居县境在今甘肃省永登县庄浪河中游，即永登县城关一带。

枝阳县：依据《水经注·河水》记述，一般认为枝阳县在庄浪河下游，治今永登县苦水镇一带。

勇士县：勇士县原属陇西郡，元鼎三年（前114年）置天水郡后，改隶天水郡，为郡最西部的县。西汉设天水属国安置匈奴折兰、卢胡二部，治所在勇士县。一般认为，汉勇士县治所在今兰州市东榆中县境内，近年来有学者将其治所定在定西市巉口镇。[①]

枹罕县、白石县：金城郡设置前已经存在，原属于陇西郡。两县县境不在今兰州市辖区范围。一般认为，枹罕县故城即今临夏县尹集镇双城村，白石县故城在今夏河县麻古城。另外，西汉武威郡属县媪围县部分区域当属于金城郡管辖，但该县治所在今景泰县芦阳镇吊沟古城。

2. 金城郡设置后的新增县与乡里制

根据《汉书·地理志》记载，金城郡设置后辖十三县，除去原有六县，新增允吾、允街、浩亹、安夷、河关、破羌、临羌七县。以《中国历史地图集》的判断标准，在今兰州地区范围内有允吾、允街、浩亹三县，加上

---

① 汪受宽：《甘肃通史·秦汉卷》，甘肃人民出版社2009年版，第192页。

原有五县，西汉时期兰州地区设置的县有八个。新增县中的其余四县分布在今兰州周边地区，其中河关县在今甘肃临夏地区，安夷、破羌、临羌三县在今青海省东部地区西宁市、海东市一带。

允吾县：根据《汉书·地理志》记载，允吾为金城郡首县。依据首县即郡治的习惯，允吾在汉宣帝神爵以后，成为金城郡郡治。与金城县相比，允吾县的位置更偏西。因此，将郡治由金城县迁至允吾县，是西汉时期金城郡政治军事重点向河湟流域进一步转移的反映。关于允吾县城的位置，学术界的看法至少有八处，其中在兰州市辖区的有西固区西古城、永登县境两处。

允街县：允街县的位置在湟水北岸即今兰州市红古区红古城一带。① 此外，还有在今永登县境内的庄浪河谷之中、东南苦水乡、东南红城子等说法。

浩亹县：因河得名。据《水经注》记载，浩亹水即今大通河。浩亹故城就是汉浩亹县治，具体地点在今永登县河桥镇。《中国历史地图集》标浩亹县治在今甘肃省永登县。

其余四县不在今兰州市辖区，一般认为安夷县在今青海省海东市平安区境内，破羌县在今青海省海东市乐都区与民和县交界处，临羌县在今青海省西宁市湟源县境内。河关县的位置有两处：一说在今甘肃积石山县大河家镇，一说在今青海省贵德县境内。

金城郡新增县主要分布在原有各县的西边，属于新开发区域，多在湟水流域，具有初县性质。金城郡辖县数量的增加，一方面是西汉政权直接控制区域不断向西拓展的表现；另一方面也是西汉政权对河湟谷地统治不断加强的表现。在实施郡县制的同时，西汉政府也将乡里制在金城郡推行，《敦煌悬泉汉简释粹》中记载金城郡允吾县下有寿贵里、叶阳里。可见，兰州在当时已经有了里的建制。

---

① 刘光华：《汉晋金城郡允街县方位考》，《兰州历史地理研究》，兰州大学出版社1999年版，第136页。

金城郡的设置，"隔绝羌胡，使南北不得交关"，意味着西汉政权隔断羌胡战略第一阶段的完成，也是西汉政权正式经略河湟谷地及祁连山以南区域的开始。

（四）金城属国与护羌校尉

1. 金城属国

金城属国最早设置于西汉宣帝时期，本为安置金城郡降服的羌人。神爵二年（前60年）夏五月，西汉政府降服了反叛的羌虏，斩杀首恶大豪杨玉等，"置金城属国以处降羌"。设置金城属国，主要功能是管理归降的羌人，所以具有民政性质。后来，归降的羌人经常被征发为骑兵参加平定反叛，金城属国遂有了军事性质。赵充国曾征发郡骑和属国胡骑"为田者游兵"，即为耕作者担任安全保卫任务。其中，"郡骑"之郡即金城郡，"属国胡骑"之属国即金城属国。

金城属国有完整的官僚体系。《汉书·百官公卿表》记载：属国"置都尉、丞、候、千人。属官，九译令"。其中属国都尉是领护境内属国吏民的最高军政长官，其职责是协助太守以掌属国，同时也受中央典属国的领导。在设置伊始，通过封部落首领为侯王君长的措施来间接管理投降的羌人诸部。如封降羌首领若零、弟泽二人为帅众王，离留、且众二人为侯，儿库为君，阳雕为言兵侯，良儿为君，靡忘为献牛君等。金城属国下设的官职一般因部落首领而设，金城属国的都尉治所最初在金城郡允吾县西。

2. 天水属国

汉代兰州地区除了金城属国之外，还有天水属国。天水属国的治所在勇士县境内，是为了安置匈奴折兰、卢胡二降部的民众。《史记·骠骑列传》记载，霍去病在出击折兰、卢胡部时"诛全甲"，说明这次战役主要是打击匈奴的武装力量，未触及一般民众。同年秋，浑邪王率降众到长安，西汉政府在勇士县设天水属国安置折兰、卢胡二部降众，使他们得到"因其故俗"的待遇。《汉书·地理志》天水郡勇士县条记载："属国都尉治满福。"可见，天水属国都尉的治所与勇士县治所不在一处。

3. 护羌校尉

汉武帝元鼎六年（前111年），设置护羌校尉。护羌校尉的设置与元鼎五年（前112年）西羌联合匈奴围攻枹罕等地有关。羌人与匈奴的联合进攻虽然被打退，但如何有效管理羌人成为重要的边防问题，西汉政府为此设置护羌校尉，驻守令居。护羌校尉的设置，给予羌人极大的震慑，羌人由此离开湟中，向西迁徙至西海、盐池一带。羌人离去之后，汉朝则依据山险设置边防，并迁徙民众充实羌人留下的空地。朝廷对护羌校尉的人选非常慎重，多选有“将帅之风”的善战猛士担任。护羌校尉的设置比金城郡早30年，直至王莽时期，西汉设置的护羌校尉一直存在。可见，护羌校尉并没有因为金城郡的设置而撤销。

西汉设置金城郡，是经营河湟地区形势的需要，这一需要就是隔绝羌胡。以金城郡的辖区看，原有各县基本上在黄河兰州段两岸不远范围内。而新设七县，主要分布在湟水一带以及黄河兰州段向上游延伸地区。

金城郡设置时间是前81年，晚于酒泉郡（元鼎六年，即前111年）、张掖郡（元鼎六年，即前111年），但与武威郡（宣帝元凤元年—地节三年，即前80—前67年）、敦煌郡（武帝后元元年，即前88年）的设置基本同期。可以看出，公元前80年前后，西汉昭、宣二帝时期，西汉政权在西北地区的行政建制有较大的变化。这种变化表明，在河西地区、洮西地区，郡的建制由原来的二郡变为六郡。由西向东再向南依次为敦煌郡、酒泉郡、张掖郡、武威郡、金城郡、陇西郡。其中，金城郡居于河西、洮西两大区域的中心位置。而在今天的兰州地区，以金城郡为中心，西汉政府设置的军政机构有金城属国、护羌校尉、天水属国、天水郡。也就是说，今兰州地区，在西汉时期设置有二郡、一校尉、二属国。

由于有了完备的行政管理与军事防御体系，西汉对兰州地区的控制进一步加强，管理更为有效。元帝时，乡姐等七种羌进攻陇西郡，被右将军冯奉世打退。此后直至西汉末期，兰州地区的局势相对稳定，四夷宾服，边塞无事。

三、东汉金城郡省废与复置

西汉末年，王室力量衰败，皇权旁落，外戚王莽乘机窃取大权。公元 8 年，王莽称帝，国号新，建元"始建国"。新莽地皇四年（23 年），新朝灭亡。

（一）两汉之际金城郡局势演变

王莽当政后，通过诱导使羌豪良愿自愿献地内属，内属人口多达 1.2 万人，献出地域有鲜水海、允谷盐池，还有辽阔的平地。王莽随之改金城郡为西海郡，统治地区向青海湖周边延伸。王莽称帝后，实行托古改制，认为州名及界"多不应经"，应该正名"以应正始"。在金城郡，郡、县名称多有改动，郡名改为西海，县名允吾改为修远、浩亹改为兴武、令居改为罕虏、金城改为金屏、白石改为顺砾、允街改为修远、临羌改为盐羌，金城郡的边郡色彩更加明显。

表 2-1　王莽时期金城郡及辖县名称改动表

原名	改名	原名	改名
金城郡	西海郡	枹罕县	
允吾县	修远县	白石县	顺砾县
浩亹县	兴武县	河关县	
令居县	罕虏县	破羌县	
枝阳县		安夷县	
金城县	金屏县	允街县	修远县
榆中县		临羌县	盐羌县

王莽统治后期，社会矛盾急剧尖锐，"长安政乱，四方背叛"，新朝的统治岌岌可危。西海郡的局势也不稳定，羌人势力也借机发展起来，夺西海，攻金城。西北地区逐渐形成两大割据势力：河西的窦融和盘踞天水的

隗嚣。金城郡地处河西、陇右之间，先被隗嚣占据，后被窦融控制。窦融击退羌人的进攻后，金城局势逐渐稳定。建武八年，刘秀进攻隗嚣，窦融带领酒泉、张掖、武威、敦煌、金城五郡兵、羌虏小月氏等步骑数万，配合刘秀军队消灭了隗嚣势力，金城郡直接归属东汉政府管辖。

（二）金城郡的弃置

东汉一朝，金城郡深受聚居在河湟谷地羌人的攻扰。迫于形势，东汉政府经常将金城郡弃置或者从原有的疆域中迁出，原住汉人也被迫迁往周边及内地。东汉时期，金城郡的弃置大概分为三个阶段。

第一阶段，光武帝时期金城郡的省废与复置。自王莽末到建武十年前后，羌人大量攻入金城郡，属县多被羌人占有，原有居民流入临近的武威郡。建武十二年（36 年），"省金城郡，属陇西"。金城郡未被羌人占据的土地并入了陇西郡，金城郡被撤销。建武十三年（37 年），陇西太守马援出击羌人，迫使豪帅数十万户出塞，各羌种 1 万多人投降，于是陇右清静，朝廷重设金城郡。这次省废金城郡的时间很短，省废的第二年就复置。

第二阶段，安帝时期金城郡的内徙与复归。安帝永初元年（107 年）夏，先零羌掀起了大规模的反乱。由于派去镇压反乱的军队连吃败仗，无奈之下，朝廷将金城郡郡治从允吾县迁到陇西郡襄武县，将护羌校尉的治所从金城郡临羌县迁到了武威郡的张掖县。随着金城郡治、护羌校尉治所的迁离，金城郡农业生产无法开展，民众也被迫迁移。民众的内迁过程十分悲惨，《后汉书·西羌传》记述，民众"随道死亡，或弃捐老弱，或为人仆妾，丧其大半"。安帝元初五年（118 年），先零的叛乱逐渐平息，弃郡开始重建，金城郡的复设不晚于顺帝永建四年（129 年）。这次金城郡从永初四年（110 年）弃迁到顺帝永建四年（129 年）回归旧土，历时 20 年。

第三阶段，顺帝至灵帝时期金城郡的失守。自永和五年（140 年）夏，东汉与南匈奴左部的关系恶化，同时羌人的活动也更趋活跃。羌人进攻三辅，逼近京师，威胁到汉都洛阳。从永和六年（141 年）开始，汉廷抽调大军抵抗，经连年征剿，至永嘉元年（145 年）才将羌人进攻打退。羌人的骑

兵到了陕西，凉州境内的安定、北地二郡迁到了三辅，金城郡失守。

灵帝中平元年（184年），金城郡爆发了边章、韩遂之乱。如何应对这起叛乱，司徒崔烈提出了放弃凉州的主张。在傅燮的竭力反对下，崔烈的放弃政策没有付诸实施。边章、韩遂之乱发生在金城郡，朝廷有人要放弃凉州，说明叛乱规模很大，涉及的地域很广。从放弃凉州的建议推测，金城郡可能不在东汉政权的直接控制下了。

虽然迫于羌人的进攻，多次弃、移、迁金城郡。但羌人一旦被打退，东汉立即重建金城郡。具体措施归纳如下：一是修城郭、建驿站。就是郡县复置后，建衙开府、任用官员、修缮县城和防卫设施等。二是建营屯田。为使边郡安定，减少粮食转运之烦，减轻内郡负担，屯田成为短期内有效解决粮食问题最有效的经济手段。三是移民、徙士和徙刑徒。就是在回迁旧民、移边新民的同时，将刑徒发送到边地，充实边郡人口。刑徒被发送到边地，可以得到一定量的减刑，这一做法被时人称为"以全人命，有益于边"。

在光武帝建武初年到灵帝中平元年约150年间，金城郡多次被放弃重置，吏民撤退。看得出，东汉王朝从建国初期开始，在与羌人、匈奴势力的长期对峙中，关系紧张之际便采用放弃领地、撤退吏民的政策。东汉政权的"放弃政策"，前后期略有不同。前期，边郡省废的时间虽然不长，但却非常彻底，原有的建置完全不存在。东汉中期以后，虽省废边郡、撤退吏民，但郡县名称得以保留，并侨置他郡。金城郡的弃置，是整个东汉时期朝廷与羌人斗争的直接体现。

（三）护羌校尉的置省

东汉初建，即在金城郡重设护羌校尉官。护羌校尉的府治在金城郡境，但要兼管陇西郡及河西诸郡的羌人事务，地位突出，一直受到东汉朝廷的重视。

护羌校尉的品秩和职责。《后汉书·百官志》云："护羌校尉一人，比二千石。"注曰"主西羌"。护羌校尉秩比二千石，职级略低于郡守，但不受金城太守管辖，二者分署治事，各成系统，是平行关系。西汉时期护羌校尉驻节金城郡内，但治事不辖地，领民（羌）不领县。进入东汉后，属国"稍有分县，治民比郡"，就是说开始将属国所在郡的一些部族集中的县划归属国管辖，属国吏民不承担赋税，以有别于郡县编户。同样，在东汉，金城护羌校尉应当统有属县，曾为其治所的令居、安夷、临羌等可能是其辖县。总之，护羌校尉开府治事，有属官、吏民，是平行于郡的政权机构，同受制于凉州刺史。

护羌校尉持节领护西羌，其主要职责有以下几方面：一是"持节领护，理其怨结，岁时循行，问所疾苦"。这主要是针对金城属国的羌人族部落而言。护羌校尉必须按时巡视羌人部落，处理羌人部落之间及其与郡县吏民之间的纠纷，解决他们生产生活中的困难，必要时赐以金帛粮食，使之安居乐业。二是"遣使译通动静，使塞外羌夷为吏耳目，州郡因此可得儆备"。这是针对塞外不服从汉王朝管理的羌人部落而言的。护羌校尉必须派人刺探侦察，掌握他们的动态，及时通报沿边各郡县，以备不虞。三是保护河西道的通畅。护羌校尉治所令居塞，是维持陇西通往河西大道畅通的屏障，所以常设重兵。东汉永初年间，在羌人起义的压力下，护羌校尉被迫放弃令居，迁往张掖，河西道遂告断绝，在当时产生了不小的震动。后来护羌校尉迁回令居，河西道才得以重新开通。可见，护羌校尉在拱卫通向河湟及河西方向道路畅通方面所起的关键作用。另外，史书中没有关于东汉金城属国都尉的具体记载，或以为，东汉护羌校尉就是金城属国的属国都尉。二者不仅职责一致，都是领护西羌部落；而且品秩也相同，秩比两千石；驻地也相同，都在金城郡。① 所以，东汉在金城郡不另设属国都尉。

护羌校尉的设置与省缺。光武帝建武六年（30 年），东汉设置护羌校尉。在设置初期，曾三次省废，护羌校尉的治所也多次迁移。第一次设置

---

① 王宗维：《汉代的属国》，《文史》第 20 辑，中华书局 1983 年版；边章：《两汉的护羌校尉》，《西北师大学报》1991 年第 1 期。

与省缺（30年）：王莽末年，天下大乱，金城属国瓦解，诸羌"入居塞内，金城属县多为虏有"，割据陇右的隗嚣更是招引其为己用。建武六年（30年），温序被任命为首任护羌校尉。时值东汉政权与隗嚣政权争战期间，温序赴任途中行至襄武（今甘肃陇西附近），被隗嚣别将苟宇领兵截获，温序拒不投降，伏剑而死。温序任护羌校尉未至金城界，温序死后护羌校尉一职也不省而缺。第二次设置与省废（33—34年）：建武九年（33年），割据陇右的隗嚣死，其子纯称王。凉州刺史部有降羌，为理其怨结，问所疾苦，刘秀任命牛邯为护羌校尉。由于西羌部众仍多依附于隗纯，护羌校尉辖下缺乏降附羌众，牛邯死后，东汉遂省护羌校尉一职，时间在建武九年底或十年初。牛邯任职期间的主要事务，是协助中郎将来歙平定陇西郡东部之地，所以牛邯的护羌校尉治所也未至金城境内。第三次设置与省废（57—59年）：光武帝中元元年（56年），武都参狼羌反。次年（57年），烧当羌反，边境由此骚动不安。朝廷派捕虏将军马武等平定烧当羌叛乱后，重设护羌校尉，由窦融侄窦林充任。永平二年（59年）十二月，窦林以罪下狱死亡，继任校尉郭襄行至陇西，听说凉州羌盛，不敢到任，于是复省校尉。窦林任护羌校尉与陇西太守同治狄道，郭襄任护羌校尉仅行至陇西。第四次设置（76年）：护羌校尉在第三次省废后的一段时间，金城周围郡县的羌部局势比较平稳。但活动在大、小榆谷的烧当羌势力逐渐强大，经常号召其他羌人部落起兵反汉，成为东汉朝廷的心腹大患。因此，东汉政府改变划地而守的策略，于建初元年（76年）恢复护羌校尉，拜故度辽将军吴棠领护，护羌校尉治所进居安夷。从吴棠开始，护羌校尉成为常设机构，但护羌校尉的治所并不固定。章帝建初二年（77年），护羌校尉西移临羌（今青海湟源东）。安帝永初元年（107年），凉州羌民大起义，临羌不可复居，护羌校尉撤往狄道。永初四年（110年），羌人部众转盛，陇西各地残破，郡县内徙，河西道不通，护羌校尉被迫迁往张掖。直到元初二年（115年），护羌校尉才开始还驻金城令居。

护羌校尉成为常设机构后，在处理羌人事务中发挥了重要作用。从建初元年（76年）开始，东汉政权放弃划地而守的策略，主动进攻西羌。建初元年（76年），恢复护羌校尉，拜故度辽将军吴棠领护，进居安夷。次年，又派武威太守傅育代为护羌校尉，再进至临羌，目标对准大、小榆谷的烧当羌。自傅育开始对烧当用兵，历张纡、邓训、聂尚、贯友、史充、吴祉、周鲔、侯霸八校尉，费时26年，终于打垮了烧当羌。从此，"西海及大、小榆谷左右无复羌寇"。烧当羌丧失了黄河天险，感到兵来无常，故地不再适合久居，最终远徙青藏高原。烧当羌瓦解后，东汉政府乘机复建西海郡县，在大、小榆谷一带广开屯田，植谷富边，希望从此永绝西方之忧。然而出乎东汉统治者的预料，塞外羌人瓦解后，规模更大、时间更长的羌人起义旋即在凉州郡县爆发，护羌校尉的任务也随之改变。护羌校尉的主要职责是应对塞外反叛羌种，原本没有跨郡作战的责任。从汉安帝永初元年（107年）以后，护羌校尉开始出境作战，其地位及作用日益突出。从永初七年（113年）侯霸击羌于安定，元初二年（115年）护羌校尉庞参统领羌胡兵七千击羌于北地开始，历任护羌校尉有马贤、韩皓、马续、胡畴、赵冲、张贡、第五访、段颎、胡闳、皇甫规、田晏、夏育、杨瓒等，大多是征羌名将。护羌校尉的最后消失与湟中义从胡有关。义从胡长期随从护羌校尉打仗，经常住在护羌校尉附近。《后汉书·董卓传》记载，汉灵帝中平元年（184年），枹罕河关羌人反叛，共同拥立湟中义从胡北宫伯玉、李文侯为将军，杀死护羌校尉泠征。此后，再未见有关东汉护羌校尉的记载。

第二节 张骞"凿空"与金城水陆交通

西汉时期，今甘肃玉门关、阳关以西，天山南北，葱岭以东地区被称为西域，这是狭义的西域。把葱岭以西的中亚、南亚以及更远的地中海一带也可以称为西域，这是广义的西域。公元前138年和公元前119年，张骞两次出使西域，使西汉政权与葱岭以西的中亚各国取得直接联系，开通了中原通往西域的陆路道路，在历史上被誉为"凿空"。公元前121年，霍去病两次出征河西走廊，给匈奴以沉重打击。随着西汉政权河西四郡的渐次设置，兰州一带成为中原与河西走廊地区的交通枢纽，完善的水路交通体

系初步构建起来。

一、张骞出使西域

张骞出使西域是为了联合大月氏和乌孙与西汉政权共同反击匈奴。秦汉之际，北方的东部为东胡，西部的河西走廊一带为月氏、乌孙，匈奴介乎东胡、月氏之间，他们相互之间纷争不已。起初，游牧于今甘肃河西走廊的是月氏和乌孙，月氏势力为强。月氏不仅和匈奴相抗衡，而且还攻打游牧西边的乌孙，杀了乌孙的首领难兜靡，夺取了乌孙的土地，迫使乌孙人逃往匈奴。冒顿单于时，匈奴势力强大了起来，向东吞并了东胡；汉高祖七年（前 200 年），冒顿单于率军南下抵达晋阳（今山西太原西南）。刘邦亲率 30 万大军迎击，结果在白登（今山西大同东南）几乎被俘。大约在汉文帝四年（前 176 年）前，冒顿单于又派右贤王率兵攻打月氏，迫使月氏退出河西。月氏向西逃到今新疆伊犁河上游一带，赶走了住在那里的塞种人，便在那里留居，史称大月氏。匈奴占据河西后，一方面役属了祁连山南的羌人；另一方面也使天山以南的"城郭诸国"从属于自己，成为匈奴的右臂。自此以后，直到汉武帝即位时的六十多年时间，汉虽与匈奴"和亲"，但匈奴势力仍经常南侵。这样，北方的匈奴成为西汉王朝的最大威胁。建元元年（前 140 年），汉武帝即位后，为了解除匈奴的威胁，便对匈奴采取了大规模的进攻。汉武帝从匈奴降人处得知，大月氏为匈奴所败西走，心怀怨恨，常想报复，又苦势力单薄，无人援助。于是汉武帝决定派人出使西域，联络大月氏共同抗击匈奴。

（一）张骞第一次出使西域

张骞，今陕西汉中城固人。汉武帝初年，他是一个小小的郎官。建元三年（前 138 年），张骞以西汉王朝使节的身份，率领甘父等 100 多人第一次出使西域。当时的河西走廊和西域都处在匈奴的控制之下，张骞等人出使月氏，必须通过匈奴境内，汉与匈奴为敌，因此，当他们出陇西进入河西走廊时，就被匈奴捉住了。张骞等人被解送到单于庭，不让西去。匈奴单于为张骞娶妻，以为家室之乐就会泯灭张骞的意志。张骞在匈奴娶妻生子的十余年拘禁中，仍然不忘出使使命。乘匈奴看管放松时，便和助手甘父一起逃出，继续向西寻找大月氏。他们向西奔走了几十天，越过葱岭，到达大宛。大宛国王早就听说汉朝富饶，很想通使往来，见了张骞非常高兴。在张骞说明来意后，便派遣向导和译员送他们到达康居。康居王又派人送张骞一行抵达大月氏。

经过漫长的岁月，张骞到达时，大月氏的情况已经发生了很大的变化。阿姆河流域远离匈奴，土地肥沃，大月氏人已经安居乐业，再则月氏与汉地相隔甚远，无意再与匈奴打仗。因此，张骞在大月氏留连一年多，"不能得月氏要领"，即没有达到结盟的目的，只好回国复命。鉴于出发时的教训，为了避开匈奴，张骞选择取道"羌中"，东出河湟返回长安。谁知羌中也为匈奴所占，张骞再次被俘，又被拘留一年多。元朔三年（前126年），张骞乘匈奴内乱带着胡妻及甘父回到长安。从出使到归来，先后13年，同行百余人仅两人得还。张骞这次出使，虽未达到原定的政治目的，但却掌握了西域各国的位置、城市、物产、地理及风土人情。回到长安后，他向汉武帝报告出使西域的所见所闻。汉武帝对张骞出使西域的成果非常满意。为了褒奖他们的功劳，汉武帝封张骞为大中大夫，封甘父为奉使君。

（二）张骞第二次出使西域

张骞第一次出使西域所获得的信息，在汉匈战争中发挥了重要作用。元朔六年（前123年）二月和四月，大将军卫青两次出兵进攻匈奴，汉武帝命张骞以校尉从大军出击漠北。元狩二年（前121年），张骞奉命与"飞将军"李广率军出右北平进击匈奴。为了彻底击溃匈奴，元狩四年（前119年），汉武帝命张骞为中郎将，第二次出使西域，联合乌孙抗击匈奴。

张骞第二次出使西域，率领副使及随从共300人，每人备马二匹，携带大量金、帛、货物以及上万头牛羊，规模要远远大于第一次。这时，河西走廊已在西汉政府的直接管辖下，张骞的使团顺利到达乌孙。当时，乌孙依附匈奴日久，国内政治势力相互争斗不息。与汉结盟关系国运，乌孙国

内各方意见很难统一。所以，联合乌孙共击匈奴的目的也未达到。但是，乌孙王表示愿意与汉朝建立密切关系。除了联系乌孙外，张骞还派遣副使到中亚的大宛、康居、大月氏、安息等国去联络。张骞返回时，乌孙使者一道来到长安。随后的一年内，张骞在乌孙国派出的副使也与西域诸国使者相继归汉，汉与西域诸国正式交往于此开始。

这次出使，进一步加强了汉与西域各国的联系。在"因令窥汉，知其广大"后，乌孙王昆莫便派遣使节带着几十匹好马到长安要求与汉公主通婚，结为兄弟关系。汉武帝把江都王刘建的女儿细君作为公主，嫁给昆莫为妻。细君公主出嫁时，汉武帝办了丰盛的嫁妆，还安排一批汉朝宫廷内的工匠随公主一起到了乌孙。细君公主死后，汉武帝又以楚王刘戊的孙女解忧作为公主，嫁给乌孙王。细君公主、解忧公主远嫁乌孙，使汉政府与乌孙之间长期保持着密切的友好关系。由于张骞功劳卓著，汉武帝便任命张骞为大行，位列九卿，主管各族事务和对外关系。

（三）"凿空"与中西文化交流

1. 张骞"出陇西"使西域

张骞两次出使西域，第一次出发地是陇西，《史记·大宛列传》记载，在汉武帝征召出使西域使者时，"（张）骞以郎应募，使月氏，与堂邑氏故胡甘父，俱出陇西"。根据当时的形势，张骞应该从西汉控制区的最西端出发，故而记为"出陇西"。陇西郡最西端是狄道县，因此张骞离开汉地的出发点当在狄道县境。狄道县治在今临洮县城，临洮县境与兰州市区相连。至于张骞行进的具体路线则不明了。张骞在回顾出使经历时讲道：出使大夏，如果过羌中，很危险，因为羌人反对。如果选择偏北路线，则被匈奴所阻拦。故而，张骞选择在匈奴与羌人的交界地带行进。但很不幸，张骞出发不久就被匈奴抓获，并被送至单于王庭。初步判断，张骞被匈奴拦截的地点在景泰一带。① 因为景泰以及附近皋兰、永登等黄河以西（北）一带

---

① 王宗维：《汉代丝绸之路的咽喉——河西路》，昆仑出版社 2001 年版，第 31 页。

正是匈奴占据区域。十几年后，张骞从西域返汉，在选择返回路线时，张骞依然考虑的是首先接近陇西郡。《史记·大宛列传》记载："留岁余，还，并南山，欲从羌中归。"之所以选择羌中，一则因出发时被匈奴阻拦，所以返回时张骞期望尽量能够避开匈奴；二则羌中与陇西郡相近，是最先可以到达的汉地。秦始皇时，其势力"西至临洮、羌中"。临洮是陇西郡的属县，羌中就是羌人集中聚居的地区。根据西汉安夷县、破羌县、临羌县等县名判定，羌中的具体位置应该是后来设置的金城郡的辖区。[①] 至于张骞沿行的"南山"，据《后汉书·西域传》记载，其东端在金城一带。但同样很不幸，张骞再次被匈奴捕获。在张骞的表述中，也常常以陇西郡为描述地理位置的坐标，如张骞向汉武帝汇报西域国家楼兰、姑师二国的位置时讲："邑有城郭，临盐泽。盐泽去长安可五千里。匈奴右方居盐泽以东，至陇西长城，南接羌，隔汉道焉。""陇西长城"当为秦始皇长城，西起点在今临洮县城北二十里望儿咀。看来，张骞第一次出使西域，出发及返回时的大概范围在今兰州周边一带。

2. 中西文化交流

张骞通西域，加强了汉与西域各国的联系。当时通往西域和中亚的陆路交通从长安出发，经过陇西郡，穿越河西走廊，出敦煌分为南北两路西行。南路由敦煌西南行，从阳关（今甘肃敦煌市西南）到楼兰（今新疆若羌），沿南山（阿尔金山、昆仑山）北麓西行，经且末（今新疆且末县西南）、精绝（今新疆民丰县北尼雅）、扞弥（今新疆于田县东北）、渠勒（今新疆于田县南）、于阗（今新疆和田县）、皮山（今新疆皮山县南）、莎车（今新疆莎车县）、疏勒（今新疆喀什市），然后翻越葱岭，或西南至罽宾（今克什米尔）、身毒（今印度、巴基斯坦）；或西行大月氏（今阿富汗北部）、安息（今伊朗），再往西可达条支（今伊拉克）、犁靬（今地中海东岸）等国。北路由敦煌西北行出玉门关（今甘肃敦煌市西北），穿过白龙堆（今新疆罗布泊以东沙漠戈壁地带），到车师前王庭（今新疆吐鲁番），

---

① 陈琳国：《中古北方民族史探》，商务印书馆 2015 年版，第 115 页。

沿北山（今天山）南麓西行，经危须（今新疆和硕县东北）、焉耆（今新疆焉耆回族自治县、和静县）、尉犁（今新疆博湖县）、乌垒（今新疆轮台县东北）、龟兹（今新疆库车县）、姑墨（今新疆阿克苏）、温宿（今新疆乌什县）、尉头（今新疆阿合奇县）、疏勒（新疆喀什市），然后越过葱岭，向西北到大宛、康居，再往西南经安息（即波斯，今伊朗），而西达犁靬（今地中海东岸）。从此，汉经常派遣使者到西域并经过西域到达中亚各国，一年里少者有五六起，多者十几起，每次人数多至几百人，少则百余人。往返时间，有的长达八九年，少则三五年。这些使者实际上担负着政治联系和交流物资的双重使命。汉朝输出的货物数量最多、最受人欢迎的是丝织品。因此，人们便把这条路称为"丝绸之路"。

"丝绸之路"开通后，成为中西方文化交流的大动脉。中原内地的丝织品、铁器、竹器、漆器、陶器等传至西域，地面凿井、地下水道相通的"井渠法"也传至大宛、乌孙。汉军在鄯善、车师屯田时也使用这种穿井技术，被称为"坎儿井"。同样，西域各国的土特产品以及艺术也开始东来。各地普遍种植的胡葱、胡椒、胡豆、胡萝卜、胡瓜、胡桃等，都是汉通西域后传入的。来自大宛的有苜蓿、蒲桃，来自奄蔡等地的有貂皮等名贵皮毛，相传石榴种子和胡麻种子是张骞带回来的。当时汉朝的宫廷和苑囿，还饲养着强壮高大的西域马、巨象、狮子、猛犬、大雀等。后宫珍藏着由西域传来的明珠、玳瑁、通犀、翠羽等贵重物品。同时，乌孙、大宛等国还派遣使节敬献鸵鸟蛋，犁靬魔术师在长安表演了人兽搏斗和口中吹火等杂技。此外，西域音乐的传入，也对汉代音乐产生了很大影响。我国古乐中，打击乐器多，管弦乐器少。西域乐曲和琵琶、箜篌、胡笛、胡笳、角等乐器的传入，引起了当时音乐的重大变革。时至今日，这些乐曲和乐器在我国民族音乐中仍占有重要地位。

二、霍去病西征

元狩二年（前121年），汉武帝派遣霍去病带领骑兵于春、夏两次深入河西走廊，击垮匈奴右部王、将。从此，汉朝政府的力量占有兰州及黄河以西的大片地方。霍去病出征河西，是与卫青出征朔方、代郡配合作战的，目的在于通过骑兵插入匈奴右方，从侧翼打击匈奴，造成匈奴东西两线作战的被动局面。张骞出使西域来往黄河以西所得到的信息，是霍去病选择渡河地点、进军路线的有力保障。

（一）霍去病"出陇西"

霍去病西征的路线及战果，在《史记》《汉书》中有详细的记载。《史记·卫将军骠骑列传》载："元狩二年春，以冠军侯去病为骠骑将军，将万骑出陇西，有功。天子曰：'骠骑将军率戎士踰乌盭，讨遫濮，涉狐奴，历五王国，辎重人众慑慴者弗取，冀获单于子。转战六日，过焉支山千有余里，合短兵，杀折兰王，斩卢胡王，诛全甲，执浑邪王子及相国、都尉，首虏八千余级，收休屠祭天金人，益封去病二千户。'"《汉书·霍去病传》记载："元狩二年春（霍去病）为骠骑将军，将万骑出陇西，有功。上曰：'骠骑将军率戎士隃乌盭，讨遫濮，涉狐奴，历五王国，辎重人众摄詟者弗取，几获单于子。转战六日，过焉支山千有余里，合短兵，鏖皋兰下，杀折兰王，斩卢侯王。锐悍者诛，全甲获丑，执浑邪王子及相国、都尉，捷首虏八千九百六十级，收休屠祭天金人，师率减什七，益封去病二千二百户。'"两相比较，《汉书》增加了几处内容，最明显处是"鏖皋兰下"。这是春季作战经过的详细记载，从陇西、焉支山等位置比较明确的地名看，战场主要在河西走廊。从霍去病的出征、最后胜利结束战争的情况来看，兰州黄河一带是战争开始和结束的关键区域。

"将万骑出陇西"显示，西征出发地在陇西，即陇西郡，郡治在狄道县。数万军队不可能全部从陇西郡治狄道出发，但狄道应当是最关键的一处。这次战役，汉朝是主动出击，需要寻找匈奴主力迅速进行决战。因此，霍去病的军队以骑兵为主，自然选择距离河西走廊最近的陇西郡作为出发地。从陇西郡边塞西塞出发，大概沿着洮河河谷北进，到达黄河岸边。春季，正是黄河兰州段封冻季节，数万骑兵可踏冰迅速过河。渡黄河的地点在今兰州西永登、永靖一带庄浪河入黄河口处附近。由于没有提到湟水，

所以渡口应在湟水入口处与庄浪河入口处之间。

渡河后，霍去病大军经过了乌盩、遬濮、狐奴等地。三地名均为当时少数民族语言，语意不明。关于乌盩，《史记》《汉书》的各家注均认为是山名，可推断是今日的乌鞘岭。然也有人认为乌盩是水名，即乌盩水，可推断是乌亭逆水或乌逆水，即今日的庄浪河。庄浪河发源地为马牙雪山，在乌鞘岭西，与乌鞘岭同属于祁连山系。乌鞘岭与庄浪河相距不远，都在黄河兰州段以北。霍去病渡乌盩水，在河的中游偏下或下游，在今永登县境内。渡过庄浪河后，有两条路线可以进入河西。一条是循河而上越过今天的乌鞘岭，再顺古浪河进入河西走廊。这条路比较便捷，但地势高峻、气候寒冷。另一条是渡过庄浪河，向东绕过乌鞘岭，在乌鞘岭东毛毛山一带进入河西走廊。这条路虽然略显迂曲，但地势较缓、相对平坦，便于骑兵快速通行。

遬濮是匈奴部落的名称，在《史记》和《汉书》有关匈奴的记载中，有一支匈奴贵种的部落名"须卜"，与"遬濮"在发音上可以对应。除元狩二年春霍去病讨伐遬濮外，同年夏天，"鹰击司马破奴再从骠骑将军斩遬濮王"。半年之内，遬濮部遭到汉军的两次打击，其王也被斩杀。可见，"遬濮"遭受的打击是致命的。张骞首次出使西域被匈奴所获，可能就是该部所为。汉军"隃乌盩，讨遬濮"，乌盩即今庄浪河，遬濮活动范围当在庄浪河以北、以东区域，即今永登县、景泰县、古浪县境。遬濮部遭受重创后，被迫离开河西向北迁徙。

狐奴是水名，"涉狐奴"即渡过狐奴水。翻越乌鞘岭进入河西走廊，经过的第一条大河为石羊河，即汉代谷水。《汉书·地理志》载："姑臧，南山，谷水所出，北至武威入海。"谷水的本名应是狐奴水，简称奴水。《史记·匈奴列传》记载，匈奴"置左、右贤王，左右谷蠡王"。其中"谷音鹿"。所以，《汉书·地理志》所记谷水，根据匈奴语译音，应读为鹿水。狐奴水省去词头，简称为奴水。鹿与奴古音相同。所以，狐奴水即谷水，即今天的石羊河。渡过石羊河后，霍去病军队继续西进。最后，军队的前锋过了焉支山。

（二）霍去病"鏖皋兰下"

从霍去病出击匈奴的结果来看，这次西征取得了很大的胜利。《汉书》在描述战果时，几乎完全承袭《史记》的内容。只是在"合短兵"后，补充了"鏖皋兰下"四字，将霍去病取得最后胜利的一战限定在"皋兰下"。至于补充的原因，可能是班固认为司马迁的描述不够清晰，"杀折兰王，斩卢侯王"的地点或许不在焉支山方向。否则，没有补充的必要。

关于皋兰的位置，目前至少有三种说法。第一，皋兰是水名、山名，在今甘肃临夏一带。东汉应劭云："皋兰，陇西白石县塞外河名也。"白石县是离水的源头所在地，《汉书·地理志》金城郡条载："白石，离水出西塞外，东至枹罕入河。"据《水经注》所记，离水即今大夏河。阚骃《十三州志》载："白石城在狄道县西北二百八十里，有白石山在其东，因名。"汉代狄道治今临洮县，其西北 280 里在今甘肃临夏一带。白石县塞外的河，当要更远。郦道元《水经注》云："漓水又东北，径石门口，山高险峻绝，对岸若门，故峡得厥名矣，疑即皋兰山门也。漓水又东北，皋兰山水自山左右翼注漓水。漓水又东，白石川水注之。"郦道元既言"皋兰山"，又言"皋兰山水"。看来，皋兰是发源于皋兰山的水，是离水的支流。唐人李吉甫《元和郡县图志》河州条记："石门山，在（凤林）县东北二十八里，山高险绝，对岸若门，即皋兰山也。汉武帝元狩二年霍去病出陇西，至皋兰，即此也。"凤林县为后魏大统十二年（546 年）设置，在汉白石县境内。《元和郡县图志》不但断定皋兰为白石县境凤林县的山名，还进一步认为乃霍去病西征时所至之皋兰山。宋人《太平寰宇记》及《中国历史地图集》均沿袭这一说法。然汉白石县境，当时属羌人活动区，非匈奴居有，故而定皋兰为水名、在汉白石县县境之说需要重新考虑。

第二，皋兰是山名，在今兰州附近。《汉书·霍去病传》注苏林曰：皋兰是"匈奴中山关名也"。唐人颜师古认为"皋兰，山名也。言苦战于皋兰山下而多杀虏也"。肯定皋兰为匈奴占领区的山关名，但未明确其位置。唐人李吉甫《元和郡县图志》说兰州"取皋兰山以为名"，则明确皋兰山在兰州附近。明顾祖禹进一步将霍去病与匈奴鏖战的"皋兰"认定为兰州皋兰山："皋兰山，（兰）州南五里，州之主山也。山下地势平旷，可屯百万兵。《汉书》：'霍去病为骠骑将军，击匈奴，屯兵皋兰山下，'即此。山峡有五眼泉，相传去病屯兵时，士卒疲渴，以鞭卓地，泉涌者五，隋因以山名州。"将今兰州五泉山之五眼泉的形成与霍去病联系确属民间"相传"，但定皋兰山位置在今兰州附近很值得重视。

第三，皋兰在"过焉支山千有余里"以西、以北区域。这种认识仅仅顺原文理解而已，缺少具体认识。不过，这种说法似与"过焉支山千有余里"的记载不合，因为"过焉支山千有余里"指向不明。焉支山向北千有余里，即可到达居延之东；向西千有余里，即可经过酒泉到达敦煌，而这些地方当时霍去病都没有到达。再从路程来看，从焉支山再向前千余里，加上返程，汉军在六日内既要作战，又要行军，似乎难以完成。有学者认为，"千有余里"之路程正是焉支山距黄河沿岸皋兰山的距离，故而将"过焉支山千有余里"断句为"……过焉支山。千有余里……"这样，行程与时间的关系就理顺了。"千有余里"是从陇西出发至焉支山的路程，也是返回陇西的路程。在"鏖皋兰下"斩杀折兰王、卢胡王正是汉军回程中的战果。霍去病西征，虽然取得了胜利，但所经地区的匈奴势力并未被彻底击败。因此，返程中进行激战也是必然的。

匈奴的部落很多，但人口规模不是很大。按照匈奴的体制，单于之下有左右贤王等。《汉书》记载："自左右贤王以下至当户，大者万余骑，小者数千，凡二十四长，立号曰'万骑'。……诸二十四长，亦各自置千长、百长、什长、裨小王、相、都尉、当户、且渠之属。"霍去病西征击垮的速濮王、折兰王、卢胡王、休屠王、浑邪王的级别可入二十四长之列。若定皋兰山位置在兰州一带，那么，在兰州附近活动的匈奴部落有速濮、折兰、卢胡三部。元狩二年夏天，霍去病第二次西征，部将赵破奴斩速濮王。这样，速濮、折兰、卢胡三部势力被彻底击败。至此，关中经兰州至河西的交通路线终于被打通。

三、赵充国"衔枚"渡河

两汉时期，金城是中原王朝经略西部尤其是青藏高原北部的重要门户。汉军欲入河西与匈奴争锋，或上湟水阻遏羌人，则必须先控制金城。汉代，黄河金城段名为金城河。阚骃曰："河至金城县，谓之金城河，随地为名也。""大行李息将城河上"即在黄河南岸建城，"城河上"不仅意味着以金城为中心的区域政治中心形成，也意味着以金城为中心的区域交通中心的形成。史书所记赵充国在金城聚集兵力，所部"衔枚"渡金城河是兰州成为水路交通中心的最好见证。

（一）金城河上的渡口

金城郡设置后，兰州一带的黄河上陆续形成几个重要的渡口，主要有河嘴渡口、金城渡口、郑伯津渡口、鹯阴渡口等。

河嘴渡口：霍去病首次出征河西的渡河地点当在河嘴附近。霍去病的军队在陇西郡集中，至今临洮附近，然后顺洮河东北岸而下接近黄河，再由河嘴渡口附近渡河，逾乌逆水深入河西。这个渡口附近当时是羌人来往的地方，未被匈奴控制，汉军得以安全通过。当初羌人的祖先爰剑从秦地逃跑至湟水谷地，可能走的就是这条路线。

金城渡口：在金城渡口渡河的战事有霍去病迎接浑邪王、赵充国出兵湟中等。李息"城河上"即在黄河边筑造城池，即金城，也就是随后的金城县城。匈奴浑邪王等降汉，霍去病渡河往还迎接，使浑邪王部下数万人顺利渡黄河，都是以李息筑造金城为前提的。可见，元狩二年（前121年），金城渡口已经是具备摆渡数万人条件的大渡口。又据《三国志·魏书·张既传》记载，魏黄初，凉州刺史张既往武威击卢水胡，张既扬言军由鹯阴河口渡河，7000余骑卢水胡兵信以为真，扼守鹯阴渡口。但是，张既由金城渡口渡河。可见，从西汉到魏初，金城渡口是很重要的渡口。

郑伯津渡口：这是目前见到的两汉时期金城郡界内唯一有明确名称的渡口。《汉书·地理志》金城郡条记："令居，涧水出西北塞外，至县西南，

入郑伯津。"津就是渡口，但若理解为"洞水入渡口"显然不顺。应该是，洞水入两水汇合处的渡口。根据现在的地形，洞水当为现在的小咸水河，郑伯津就在小咸水河入黄河口附近。这里水势平缓，便于渡河。

鹯阴渡口：鹯阴县西汉属安定郡，东汉属武威郡。渡口在今景泰县、靖远县之间。由于距离上不远，因而发生在兰州的不少战事都与鹯阴渡口有关。《后汉书·西羌传》载："建康元年……赵冲复追叛羌到建（当作武）威鹯阴河。军度未竟，所将降胡六百余人叛走，冲将数百人追之，遇羌伏兵，与战殁。"赵冲时为武威太守，受命镇压羌民。建康元年（144年），在武威郡鹯阴河渡口渡河时遇羌伏兵，败死。又如前文记述，魏黄初，凉州刺史张既往武威击卢水胡，7000余骑卢水胡兵扼守鹯阴渡口。再次证明，鹯阴渡口是很大的渡口。

（二）金城河上的渡河方式

黄河在兰州一带流量大、落差大、峡谷多、水流急，形成渡口的条件不是很充分。一旦形成渡口，其位置相对稳定。渡河方式相对单一，延续性很强，明确见于记载的有"衔枚"渡河。此外，还有河湟一带的造河桥、"缝革为船""乘冰度隘"等渡河方式。

"衔枚"渡河：西汉宣帝神爵元年（前61年），羌人反叛，汉朝政府派赵充国带兵前往镇压。赵充国，陇西郡上邽县（今甘肃清水县）人，"为人沉勇有大略，少好将帅之节，而学兵法，通知四夷事"。善骑射，以"六郡良家子"的身份被选入羽林骑兵。赵充国多次征匈奴、诛氐人，战功卓著，擢升为后将军。赵充国所部到达金城后，先头部队曾于夜间"衔枚"游渡，占领彼岸要地，然后保护大军渡河。《汉书·赵充国传》记："充国至金城，须兵满万骑，欲渡河。恐为虏所遮，即夜遣三校衔枚先渡，渡辄营陈（阵），会明，毕，遂以次尽渡。"颜师古注云："衔枚者，欲其无声，使虏不觉。""衔枚"就是避免出声。兰州一带海拔1500米左右，夏季水温也不算高。另外，这里水流湍急。能够"衔枚"游渡的"三校"将士应该是水性很好的。赵充国在金城"衔枚"夜渡，带1万骑兵过黄河，这是两汉时关于金城津渡河方式的一次明确记载。

作大航，造河桥：先做大船，而后将大船链接成桥，就是常说的"浮桥"。东汉和帝永元五年（93年），居延都尉贯友代为护羌校尉，攻烧当羌首领迷唐所部于大、小榆谷。为了渡河追击迷唐，贯友"遂夹逢留大河筑城坞，作大航，造河桥，欲度兵击迷唐"。逢留大河在大、小榆谷地区附近。"比船为桥"即今之浮桥。舟船排在一起，上面加搭木板，上通行人，浮桥即成。西汉武帝时，卫青将兵北击匈奴，在蒲津渡口上架设过河桥。从当时的条件分析，卫青"梁北河"的具体方式也是造舟为桥。汉代卫青"梁北河"在今内蒙古境内，东汉时期贯友"作大航，造河桥"在今甘肃、青海一带。可见，在黄河中游、上游地区"浮桥"架设已很普遍。由此推之，霍去病迎接浑邪王"十万"部众渡金城河的方式以架"浮桥"最为可行。

"缝革为船"：西北地区畜牧业发达，盛产牛、羊。将牛皮、羊皮用来制作船，俗称皮筏子、排子。匈奴多产马，也以马革为船。东汉时期，金城郡出现使用皮革船的记载。后汉和帝永元元年（89年），邓训攻击羌人，"缝革为船，置于箅上以度河"。箅即木筏也。当时参与"缝革为船"的是"湟中六千人"，可见"缝革为船"技术在当地已广泛流行。两汉时期，未见到金城郡境内使用革船的记载。但是，湟中与金城郡同属河湟谷地，"缝革为船"的习俗在金城郡也是使用的。革船的使用在19世纪晚期至20世纪初期的兰州进入最盛行时期。

"乘冰度隘"：就是冬春季节冰合成桥，乘冰渡河。章和二年（88年），邓训与羌人作战，羌人"期冰合度河攻训"。"期冰合度河"就是等到冬天大河结冰封冻形成冰桥后才渡河。羌众4万余乘冰渡河，说明乘冰渡河是适用于大规模军事行动的渡河方式之一。这种渡河方式在河套一带也出现过。东汉永元六年（94年），邓鸿等"乘冰度隘"追击匈奴，"乘冰度隘"的人数达到20余万众，再次说明乘冰渡河方式的便捷。晋废帝太和二年（367年），代王什翼犍从代西渡大河至朔方，当时"河冰未合"。什翼犍命士兵向水中投放杂草减缓水流速度，加速冰合速度，同时也加强了冰的硬度。

可见，时人对冰合的过程十分了解。兰州一带，在20世纪50年代依然能见到冰桥，且被利用。

总体而言，黄河在金城郡一带穿行于峡谷之中。在当时的条件下，冬天乘冰渡河比较容易，也适合大规模军队渡河。"衔枚"游渡则完全依靠个人的游泳技术，并非人人都会。而"缝革为船"简便易行，"舟桥"则有一定的灵活性。因此，汉代金城郡黄河一带的渡河的主要方式虽然不能确定，但从延续情况而言，依靠"缝革为船"和"浮桥"渡河应该是比较常见的选择。

另外，西汉时期，金城郡界内长途水运也已经开始。汉宣帝时，赵充国在祁连山南麓浩亹水（今大通河）、湟水流域屯田，曾上《屯田疏》云："臣前部士入山，伐材木大小六万余枚，皆在水次。"又言："以闲暇时所伐材，缮治邮亭，充入金城。""水次"和"充入金城"表明祁连山的林木通过湟水进入黄河而到达今兰州一带。可见，湟水流域至兰州段航道已得到开发。赵充国放木行动是金城郡内长途水运的开始，也是黄河上游最早的长途水运事件。东汉之季，董卓挟持汉献帝欲迁都长安，准备"引凉州材木东下，以作宫室"。产木材的凉州地区当指凉州刺史部管理的金城郡一带，要利用的当为黄河干支流航道。董卓为陇西郡临洮县（今甘肃岷县）人，曾被凉州刺史成就辟为从事，后任西域戊己校尉，熟悉河湟地理。虽然此事未果，但表明从黄河上游至长安地区有长途水运业存在的可能。

（三）金城郡通往周边的线路

汉朝在开发金城的同时，还不断打通从金城通往四周的交通路线。从长安至金城的通道，先秦时已达狄道。霍去病出陇西，逾乌盭，鏖皋兰下，以及迎接浑邪王等降众数万人至长安，使长安至金城的通道，在元狩二年（前121年）已完全畅通。敦煌悬泉简简文表明，从今敦煌一带至金城郡允吾的里程为2880汉里。可见，当时的道路计程已经很精确，道路体系已经形成。

从金城至关中的道路。秦国已经设置陇西郡，因此从关中至陇西郡治

狄道的道路早已形成。秦始皇巡游陇西郡，应该就走过这条道，走向主要
沿着渭河行进。汉代金城郡的设置，是在陇西郡边塞体系基础上继续建设
发展的结果。因此，从狄道至金城郡的道路也是一条大道。这条道路由狄
道北行，沿洮水河谷而下，翻过沃干岭，折入阿干河谷，至金城河谷地带
即今兰州市区一带。据史料记载，首先利用该条道路的是归降的匈奴浑邪
部。当汉朝获知匈奴浑邪部要归降的消息后，便派遣骠骑将军霍去病将浑
邪部王迎接渡河，并派兵送至长安。汉宣帝时，赵充国上屯田疏，上疏从
金城被送至长安，耗时一周，行程约 600 公里。传递速度很快，表明当时交
通体系已经很完备。

从金城至西域的道路。史书记载，匈奴浑邪王率其部众归降西汉后，
使得从金城河西向西、沿着祁连山直抵盐泽成为一片空地。可见，时人对
金城以西直到盐泽的情况已经知悉。元鼎六年（前 111 年）后，西汉修筑
从令居到酒泉的塞墙，并设置酒泉郡，以便联络西北国。元封四年（前 107
年），又从酒泉修建亭障一直到达玉门。太初年间，从敦煌修筑亭障至盐
泽，并于更靠西边的轮台、渠犁等地进行屯田。至此，从金城至西域的道
路全线贯通，且安全和保障设施齐全。

从金城至漠西北的道路。元鼎六年（前 111 年），赵破奴带骑兵万余从
令居出发，行军数千里抵达匈河水。匈河水在浚稽山、涿邪山之北，即今
内蒙古杭爱山东。这样，赵破奴打通了从金城至杭爱山的道路。

从金城至鲜水（青海湖）周围的道路。元鼎六年（前 111 年），汉将李
息平定西羌的反叛，羌人离开湟中逃至西海、盐池一带。这样，金城通西
海（青海湖）的道路开通。宣帝神爵时，赵充国建议"治湟峡中道桥，令
可至鲜水，以制西域，信威千里"。这表明，从金城通鲜水周围的道路改造
已经提上议程。

从金城至西邯（今青海省尖扎、循化）之间的道路。东汉永平元年
（58 年），西羌进攻陇右一带。朝廷以马武为捕虏将军，带领军队 4 万反击。
双方在金城郡浩亹、洛都谷一带展开激战，最后马武追击羌人到西邯。永
元五年（89 年），汉朝击退烧当迷唐种羌，在大、小榆谷，东、西邯一带广

开屯田。可见，由金城至今贵德、循化间的道路修通。除了上述有记载的主要干线外，还应该有很多的支线。应该说，从汉武帝时代开始，金城郡通往四周的交通网络，伴随着军事活动的展开，不断得到拓展并逐渐完善。

秦朝榆中县的设置，意味着中原王朝的直辖区开始延伸至黄河沿岸，兰州地区的渡口成为防御和交通的重点。黄河被称为天险，自古有"杜绝河津，足以自守"之说。河津指渡口，控制了渡口，就等于设置了牢固的防线。两汉时，金城郡成为长安西北方向最具有枢纽地位的交通重镇，金城津成为黄河上的主要渡口。交通重镇的形成，主要有两方面的因素：一是金城郡所在的地理位置很重要。由此东连关中平原、西接河西走廊、南达青藏高原、北至蒙古高原，是多条重要通道的交汇之地。另外，金城郡一带也是黄河上游的支流大夏河、洮河、湟水、大通河、庄浪河的汇流之处。二是金城河河水平稳，两岸较为开阔，既便于来往渡涉，又利于屯兵把守，作为进退基地。顾祖禹描述说，皋兰山下，地势平旷，"可屯百万兵"。武帝元狩二年（前121年）夏，浑邪王归降汉朝，"十万"部众从这里顺利渡河，证明金城津建设初期就已经具有很强的摆渡能力。东汉时期，金城塞成为汉羌频繁争夺、会战之所在。这些事例表明，两汉时期金城郡已经在交通上具有十分重要的意义。

第三节　关陇政权纷争与兰州大族兴盛

三国魏晋南北朝时期，兰州因地处河西、陇右接合部，兼跨黄河南北，为西北地区政治军事中心区之一。汉魏之际，苏则任金城太守期间，大力招抚流民和羌胡部众，积极推广中原先进的农耕技术，使东汉末年遭受战乱破坏的社会秩序和经济生产，很快得到恢复发展。苏则以金城郡为基地，平定陇西李越叛乱和西平麹演军事割据，又应武威太守之邀出兵平定河西大族叛乱，为曹魏初年解决河陇地方势力割据叛乱问题奠定了基础。魏晋之际，游牧于蒙古高原的鲜卑诸部落入迁河陇地区，以今天兰州为中心向周边扩散。鲜卑秃发部和乞伏部先后迁居今永登县境内的庄浪河流域和榆中县境内的苑川河流域，在兼并凝聚周边鲜卑、羌胡部落的基础上，于十六国后期分别建立了南凉、西秦政权。西秦政权先后建都勇士城、金城和苑川城，兰州首次成为地方割据政权的都城，其作为西北区域政治中心的地位进一步加强。东汉末年，边章、韩遂起兵，标志着金城大族开始崛起。经过魏晋时期的初步发展，十六国时期的进一步壮大，到南北朝向中原、江南和西域迁徙发展，金城大族大都实现了由“军功家族”向“儒学世家”的历史转变。

一、苏则治理金城郡

苏则（？—223 年），字文师，扶风武功人，世为关中著姓大族，少以“学行”闻名。东汉献帝兴平年间（194—195 年），苏则为躲避关中战乱，投奔安定郡师亮，因受到冷落离开，与冯翊吉茂等人隐居于扶风郡南部的太白山中，“以书籍自娱”。后来，苏则举孝廉、茂才入仕，出为酒泉太守，转任安定、武都太守。建安二十年（215 年），曹操亲自率军征讨张鲁，路经武都郡见到苏则，非常赏识，命他作为行军向导。张鲁归顺后，苏则平定下辨氐族部落叛乱。当时，曹操已经统一了北方地区，正准备经略河陇地区，于是任命苏则为金城太守。

东汉末年，金城郡长期处于边章、韩遂集团统治下。由于割据混战，加之羌胡部落侵扰，出现郡县残破、吏民流散的局面。曹魏初年，雍州刺史张既向魏文帝奏称：“金城郡，昔为韩遂所见屠剥，死丧流亡，或窜戎狄，或陷寇乱，户不满五百。”同时，包括金城大族在内的河陇地方势力也借着“边韩之乱”，趁机把持地方军政权力，经常违抗中央政令，割据自雄。在此历史背景下，苏则出任了金城太守，他在积极采取措施恢复和发展社会经济的同时，以金城郡为基地渐次平定河陇大族的割据叛乱。魏文帝曹丕将苏则在金城太守任内政绩总结为“绥民平夷”“西定湟中”“为河西作声势”等几个方面，并给予了充分肯定。

（一）招抚流民

苏则初任金城太守，面对"吏民流散饥穷，户口损耗"的情况，通过一系列的措施，致力于恢复发展当地社会经济和秩序。

第一，招怀羌胡、抚纳流民，恢复人口数量。苏则到任后，"外招怀羌胡，得其牛羊，以养贫老"。这一措施，既解决了东汉以来羌胡长期为乱金城郡的问题，又得到了大量用于救济平民百姓的牛羊等畜产品。因此，旬月之间就吸引了数千家流民回归金城郡。相比之前"户不满五百"的困境，经过苏则对流民尽力招抚和妥善安置，使得金城郡的户口迅速增长了近一倍多，在短期内就达到千余户。这样，不仅有利于社会秩序的稳定，也为当时兰州社会经济的恢复和发展提供了大量的劳动力。

第二，推广先进生产技术，促进社会经济生产。苏则"亲自教民耕种，其岁大丰收，由是归附者日多"。如果说，此前苏则利用胡汉之间畜牧与农耕经济的互补性赈济贫弱百姓只是临时性的应急措施，那么其"亲自教民耕种"，则是通过推广中原先进的生产技术发展农业生产，是从根本上来解决当地粮食缺乏的问题。

关于苏则"绥民平夷"之功，史官还特别记录了梁烧杂种羌归附的事例。梁烧杂种羌，最初追随韩遂起兵反对东汉朝廷，在韩遂兵败死后"越出障塞"。苏则前后多次派遣使者对其进行招抚，结果有三千落归附。苏则将归附的梁烧杂种羌部众进行了妥善安置，"恤以威恩，为官效用"，后编入金城郡军队，在平定陇西李越叛乱和西平麹演割据的军事行动中发挥了重要作用。曹魏黄初元年（220年）十二月，苏则离任。经过六年的发展，金城郡户口恢复、经济发展，这为魏文帝治理河陇地区树立了良好典范，也为最终解决河陇割据叛乱问题奠定了经济基础。

（二）西定湟中

东汉末年，河陇地区经历了长达30年的战乱，各地豪强大族趁势崛起，不服朝廷管束，割据自雄。苏则在任期内，以金城郡为基地，率领由羌胡部众组成的军队，先后粉碎了陇西大族李越的叛乱和西平大族麹演的割据企图。魏文帝曹丕酬赏苏则的功劳，加封护羌校尉，赐爵关内侯。不久，河西大族拥兵割据，威胁曹魏在凉州的统治，苏则力排众议，入援武威，通过降叛胡、斩麹演、杀张进，最终平定河西之乱。具体过程如下：

黄初元年（220 年）五月，魏王曹丕任命邹岐为凉州刺史，西平麹演、张掖张进、酒泉黄华等不服从诏令，据郡发动叛乱，武威太守毌丘兴遣使向金城太守苏则求救。当时，雍、凉二州的地方豪强大族驱略羌胡部众，纷纷加入了叛乱阵营。面对武威太守毌丘兴的请援，绝大多数的金城郡官吏不赞同出兵河西，奉命驻守金城郡的将军郝昭、魏平也因"受诏不得西度"拒绝出兵。于是，苏则召集金城"郡中大吏"、郝昭、魏平等将领以及羌胡豪帅，分析双方形势，积极动员他们出兵救援河西。在得到郝昭等人的支持后，苏则率金城郡兵进入河西，很快招降了武威叛胡，接着成功诱斩西平麹演，与武威太守毌丘兴合兵西进张掖，斩杀张进及其党羽，酒泉黄华惧而出降。此次苏则率金城郡兵入援武威，粉碎了当地豪强大族割据称雄的企图，为接下来曹魏统治者全面解决河西大族叛乱问题奠定了基础。苏则也因功进封都亭侯，食邑三百户，调入朝廷，官拜侍中。

黄初二年（221 年）十月，凉州卢水胡伊健妓妾、治元多等举兵反叛，魏文帝曹丕召回无力应对乱局的凉州刺史邹岐，派雍州刺史张既代任凉州刺史，前往平叛，并派遣护军夏侯儒、将军费曜等率大军随行。张既在参军金城人成公英的协助下，从金城郡渡黄河，沿着庄浪河谷北上翻越今祁连山乌鞘岭，到达武威郡显美县，并在此设伏兵大破叛军，进兵武威郡，河西叛乱平息。至此，在金城太守苏则和凉州刺史张既的努力下，使曹魏政权在东汉末年以来长期失控的河西诸郡真正建立起有效统治，也使得经河西走廊的交通恢复正常，从而有效保证了中西经济文化的正常交流。

二、南凉崛起广武郡

南凉政权是十六国后期鲜卑族秃发乌孤建立的割据政权，其国力全盛时以河湟地区为主，囊括了河西走廊东部等广大地区。秃发乌孤即位后，

立足于广武郡，开始兼并周边鲜卑部落，并将政治中心迁往廉川堡，形成南凉国家雏形。南凉时期，先后定都廉川堡、乐都、西平和姑臧等地，但追溯其最初迁居和崛起之地则在广武郡，即今天兰州市永登县境内。

（一）秃发鲜卑徙居广武郡

鲜卑族源出东胡族，最初活动在东北地区。公元 1 世纪，在东汉政权的军事打击下，匈奴分裂为南、北二部，南匈奴臣服东汉，南下入居边塞，北匈奴则向西迁徙。于是，鲜卑族趁机占据漠北匈奴旧地，称雄于蒙古高原。东汉后期，檀石槐统一鲜卑部落，分东、中、西三部，秃发部属西部鲜卑。曹魏后期，镇西将军邓艾主持雍凉军政，招纳鲜卑降者数万人入塞，"置于雍、凉之间，与民杂居"。鲜卑秃发部的始祖拓跋匹孤，趁机率领部众自塞北迁居河西。他们自今天内蒙古西部直接南下，经河西走廊东部的武威一带，翻越乌鞘岭，到达今永登县境内的庄浪河流域，在"东至麦田、牵屯，西至湿罗，南至浇河，北接大漠"的广大区域从事游牧活动。

拓跋匹孤死后，其子寿阗继立部落首领，开始放弃"拓跋"姓氏，使用"秃发"名号。寿阗死前，传位孙子树机能。史称，秃发树机能"壮果多谋略"，继位后励精图治，使秃发部日益强盛。他将当时活跃在河西地区的折掘、乙弗、意云、卢陵、契汗、麦田、车盖、思磐、北山等鲜卑部落联合起来，组成以秃发部为主导的河西鲜卑部落联盟。于是，秃发鲜卑有了"河西鲜卑"的名号。西晋泰始五年（269 年），晋武帝为解决西北羌胡问题，分雍、凉、梁等州部分郡县设置秦州，并任命安定大族胡烈为刺史，由此激发了鲜卑部众的反叛情绪。泰始六年（270 年）六月，秦州刺史胡烈讨伐鲜卑秃发树机能，结果却在万斛堆兵败被杀，酿成了"凉州之乱"。

秃发树机能起兵后，最初活动在金城、西平两郡之地，即今天甘肃省兰州市和青海省东部的西宁、海东两市。晋武帝以汝阴王司马骏为镇西大将军、都督雍凉二州诸军事，坐镇关中，全面主持平乱事宜。西晋名将杜预、石鉴参与平叛行动，但由于将帅意见不一，收效甚微。泰始七年（271 年）四月，北地胡进攻金城郡，凉州刺史牵弘出兵讨伐。结果，秃发树机能联合北地胡，在青山围歼了牵弘，晋武帝大为震动。泰始十年（274 年）八月和咸宁元年（275 年）二月，司马骏两次讨伐鲜卑叛部，并斩杀了乞文泥等人，凉州形势发生逆转。秃发树机能难有作为，便遣子为质暂时媾和。咸宁四年（278 年）六月，秃发树机能派遣若罗拔能攻杀了凉州刺史杨欣，占领凉州首府姑臧，将叛乱势力推进至河西走廊东部的武威郡及周边地区。晋武帝"为之旰食"，遂任命马隆为讨虏护军、武威太守，招募勇士 3000 人、携三年军资前往平叛。马隆率军渡媪围水（今甘肃省白银市景泰县境内），击败前来阻击的叛军，顺利到达武威，鲜卑猝跋韩和且万能等率万余落归降。咸宁五年（279 年）十二月，马隆率领西晋军队联合归降羌胡首领与叛军决战，秃发树机能被杀，历时十年的"凉州之乱"最终被平定。

　　秃发树机能兵败被杀后，从弟秃发务丸继立，在今兰州市境内逐渐定居，继续活动在永登县境内的庄浪河流域。秃发务丸死后，其孙秃发推斤（一作"椎斤"）继立。这时，河西地区已进入十六国前凉统治时代。前凉张寔在位时期（314—320 年），分金城郡令居、枝阳二县，新立永登县，置广武郡。自此，秃发鲜卑归属广武郡管辖。东晋兴宁三年（365 年）十月，秃发推斤死，其子秃发思复鞬继立。这年，秃发思复鞬第三子、南凉末代君王秃发傉檀出生。秃发思复鞬在位初期，正值前凉末年，张氏在河西的统治摇摇欲坠，秃发鲜卑趁机发展实力，"部众稍盛"。东晋太元元年（376 年）九月，前秦苻坚派兵灭前凉政权，任命梁熙为凉州刺史、护羌校尉，镇守姑臧。在前秦统治下（376—385 年），鲜卑秃发部在庄浪河流域继续发展和积蓄力量。在此期间，秃发傉檀兄弟与广武郡赵氏等汉人士族的频繁交往并完成了封建化过程，为其日后治国积累了必要的政治经验。

（二）秃发鲜卑崛起广武郡

　　东晋太元八年（383 年）十一月，苻坚在与东晋的淝水之战中失败，前秦政权土崩瓦解，北方地区重新陷入了割据混战的状态。在河西地区，秃发思复鞬参与拥立前凉世子张大豫复国的活动。

　　太元十年（385 年）九月，前秦大将吕光征伐西域获胜东返，击败梁

熙，成功入驻姑臧，自称凉州刺史、护羌校尉。而不久，原前凉世子张大豫在鲜卑秃发思复鞬支持下，也擎举复国大旗。淝水之战时，在前秦军中效劳的前凉末代君王张天锡趁机投奔东晋军队，而身在长安的世子张大豫在前秦长水校尉略阳人王穆的藏匿下躲过一劫。太元十一年（386年）二月，王穆携张大豫逃奔到河西，依附于盘踞在广武郡的鲜卑秃发部。接着，秃发思复鞬派兵护送张大豫到魏安，得到当地豪族焦松、齐肃、张济等人的响应。在鲜卑秃发部和魏安豪族支持下，张大豫率兵攻陷了昌松郡并俘虏太守王世强。随后，张大豫击败吕光部将杜进，进逼姑臧城。

当时，吕光占据河西首府姑臧城，"粮丰城固，甲兵精锐"。王穆针对这一情况，提出"席卷岭西，厉兵积粟，然后东向与之争"的战略。但张大豫没有采纳王穆建议，急于改元建号，恢复前凉正统。他屯兵于姑臧城西的杨坞，自称抚军将军、凉州牧，改元凤凰，建立与吕光相对峙的政权。接着，张大豫派遣王穆西向争取"岭西诸郡"支持，建康太守李隰、祁连都尉严纯及阎袭等人起兵纷纷响应。四月，张大豫意欲攻打姑臧城，亲自率兵进屯城西，王穆及秃发奚于则率主力3万屯兵城南。结果，吕光斩杀秃发奚于等2万余人，大获全胜。张大豫被迫放弃争夺姑臧城的计划，率领残部向西逃至西郡。十一月，张大豫拥兵裹挟5000余户百姓，自西郡前往临洮，保据俱城，暂时避开吕光的军事进攻。但到太元十二年（387年）七月，吕光派遣部将彭晃、徐炅追击张大豫至临洮。张大豫败逃广武郡，王穆则逃奔建康郡，分别投靠秃发思复鞬和建康太守李隰。但是，秃发思复鞬因此前姑臧城南战役失败实力耗损严重，已无力庇护张大豫。八月，广武人执送张大豫至姑臧，被吕光斩杀。此后，王穆以建康郡为基地，进据酒泉郡，得到敦煌大族索嘏和名士郭瑀的支持，但因其内部不和，也被吕光击破，王穆兵败被杀。

吕光消灭张大豫势力后，接着平定彭晃、康宁叛乱，诛杀杜进，强化了在河西地区的统治。太元十四年（389年）二月，吕光自称三河王，改元麟嘉，正式建立后凉政权。在后凉统治下，鲜卑秃发部由于实力受损，被迫臣服。秃发乌孤继位前，史籍中关于秃发部的唯一记载是，金城人宗敞从湟河太守赴姑臧任尚书郎、途经广武郡与秃发傉檀的一次短暂交流。根据记载，宗燮在广武遇见秃发傉檀，执其手说："君神爽宏拔，逸气凌云，命世之杰也。必当克清世难，恨吾年老不及见耳！以敝兄弟托君，可乎？"秃发傉檀答："若如君言，不敢忘德。"这次交流对秃发傉檀的影响深远，以至于他在继承南凉王位后还经常感念宗燮的知遇之恩。后秦时期，宗燮之子宗敞代表凉州刺史王尚出使南凉，秃发傉檀还提及他与宗燮在广武相遇之事。

太元十九年（394年）正月，秃发思复鞬去世，其子秃发乌孤继任首领，开始走上征伐鲜卑部落、积蓄力量建国的道路。秃发乌孤采取了"务农桑，修邻好"的政策，接受后凉吕光授予的假节、冠军大将军、河西鲜卑大都统、广武县侯等一系列官爵名号。他以后凉"河西鲜卑大都统"名义，在石真若留、苻浑等部将的支持下，对河西鲜卑诸部展开军事征讨活动，从而重新获取对诸部的支配权。随着秃发乌孤军事行动的不断胜利，后凉统治者对其实行羁縻政策所采用的政治封号也不断升级，秃发乌孤先后获封吕光授予的广武郡公、征南大将军、益州牧、左贤王官爵名号。秃发乌孤官爵封号的不断提升，表明在后凉时期鲜卑秃发氏在广武郡不断发展壮大的史实。

（三）秃发乌孤定都廉川堡

东晋太元二十年（395年）七月，秃发乌孤率兵讨伐鲜卑乙弗、折掘二部获胜，派遣部将石亦干"筑廉川堡以都之"。秃发部将政治中心迁至廉川堡，活动重心从庄浪河流域转移到大通河流域。虽仍在广武郡境内，但在一定程度上摆脱了后凉的直接监控。廉川堡在今永登县境内大通河畔的河桥镇或连城镇（一说在青海省民和县川口镇史纳村沈那古城，或海东市乐都区芦花乡的冰沟城），为南凉政权建立的第一个都城。

秃发乌孤建都廉川堡后，广武人赵振弃家前来投奔。广武赵氏，源出金城赵氏，因前凉初年分金城郡置广武郡，金城赵氏家族形成广武分支。赵振，"少好奇略"，他投靠秃发乌孤，秃发乌孤高兴地说道："吾得赵生，

大事济矣！"赵振归附后，官拜左司马。左司马，是南凉初期的重要职官，除赵振之外，史籍中还见到弘农杨桓、武威孟祎二人担任该职。此后，秃发乌孤接受部将苻浑建议，对尚未归附的鲜卑部落继续进行征讨。

太元二十一年（396年）六月，吕光称大凉天王，遣使拜秃发乌孤为征南大将军、益州牧、左贤王。但是，秃发乌孤拒绝后凉册封，他对使者说："帝王之起，岂有常哉！无道则灭，有德则昌"，表示"将顺天人之望，为天下主"，公然表露出其欲独立建国的意图。东晋隆安元年（397年）正月，后凉征伐西秦失败，秃发乌孤趁机宣布独立，自称大都督、大将军、大单于、西平王，定都廉川堡，正式建立南凉政权。

秃发乌孤起兵后，首先将目标指向其崛起地广武郡，并攻克后凉金城郡。后凉吕光派窦苟进攻南凉，结果在洪池岭南的街亭（今乌鞘岭南）之地被秃发乌孤击败。八月，后凉散骑常侍郭黁，联合尚书仆射王详、田胡王乞基在姑臧发动政变。郭黁向南凉遣使，与秃发乌孤结成军事联盟。九月，秃发乌孤派骠骑将军秃发利鹿孤率兵五千，参与围困后凉都城的军事行动。

隆安二年（398年）二月，郭黁推举镇守西平的后凉尚书左仆射、后将军杨轨为反吕势力的盟主。于是，杨轨自称大将军、凉州牧、西平公，率众两万前往姑臧与郭黁会合。秃发乌孤则派遣车骑将军秃发傉檀，率领一万骑兵北上协助杨轨围攻姑臧城。六月，后凉吕纂击败了郭黁、杨轨联军，郭黁经魏安投奔西秦乞伏乾归，杨轨和王乞基则逃至廉川堡，投归秃发乌孤。但是，杨轨和王乞基遭到羌人梁饥的攻击，向西逃窜至乙弗鲜卑居地，夺而据之。接着，秃发乌孤应西平大族田玄明之邀，展开对羌人梁饥的进攻，由此拉开了南凉夺取河湟控制权的历史序幕。

在南凉占领河湟诸郡的过程中，广武人赵振发挥了重要作用。当时，南凉群臣都忌惮梁饥兵力强盛，"多以为疑"。赵振分析当时河西局势，积极促成秃发乌孤出兵进攻梁饥。结果，秃发乌孤俘斩梁饥所部数万人，成功消灭了南凉控制河湟地区的最后竞争者，并收降了后凉西平、乐都、湟河、浇河四郡太守，"岭南羌、胡数万落皆附于乌孤"。至此，南凉统治者获得除广武郡以外的全部河湟地区，今兰州黄河以北金城郡所辖诸县，也尽在掌控之中。十二月，秃发乌孤改称武威王。隆安三年（399年）正月，秃发乌孤将都城从廉川堡迁往乐都。秃发乌孤死后，其弟秃发利鹿孤、秃发傉檀相继即位。至东晋义熙十年（414年）五月，南凉被西秦所灭。

三、西秦建都苑川

西秦政权是十六国后期鲜卑族乞伏国仁建立的割据政权，发展的历史可划分为前期、后期两个时段。前期共15年（385—400年），西秦先后建都勇士城、金城与苑川城，政治中心在今兰州地区。400—409年，西秦作为后秦政治附庸存在，政治中心仍在苑川城。后期共22年（409—431年），西秦先后建都度坚山、苑川、谭郊和枹罕，政治中心逐渐西移，超出今兰州市的管辖范围。

（一）乞伏鲜卑徙居苑川

西秦建立者鲜卑乞伏氏，史称"陇西鲜卑"。乞伏鲜卑由鲜卑、高车两个族群融合而成，定居苑川以前，长期生活在北方蒙古高原，并与斯引、出连和叱卢各部组成部落联盟。后来，乞伏鲜卑自漠北向陇西经历了长时段、远距离的迁徙，最后在今天兰州市榆中县苑川河流域定居并建国。

大约西晋泰始（265—274年）初年，西秦建立者乞伏国仁的五世祖祐邻继任首领之位，率五千余户部众迁居到西晋王朝边境。接着，乞伏祐邻兼并鲜卑鹿结部七万余落，"因居高平川"。乞伏祐邻子结权即位后，率部众迁居牵屯山一带。乞伏结权死后，其子乞伏利那、乞伏祁埕相继在位，继续进攻和兼并周边鲜卑部落，使鲜卑乞伏部力量不断壮大。到乞伏利那子述延即位时，大约在十六国初期，兼并了驻牧于今榆中县苑川河流域的鲜卑莫侯部2万余落，将政治中心从牵屯山迁往苑川。

乞伏述延徙据苑川后，开始构建部族政权。他任叔父轲埕为师傅，"委以国政"。又命斯引乌埕为左辅将军，镇守蔡园川；出连高胡为右辅将军，镇守至便川；叱卢那胡为率义将军，镇守牵屯山。从这时期起，乞伏鲜卑

内部出现类似中原魏晋王朝的官职，但以将军名号为主，表现出强烈的军事性特征。由于中央、地方官职体系不完善，以及重要职官均由联盟内四部豪酋人物充任，表明当时乞伏氏政权还比较原始，或者说仅具备部族国家的雏形。但同时，也反映了乞伏部已经拥有了以苑川为中心的相对固定的活动区域，诸将镇守的蔡园川、至便川、牵屯山即为"疆土"的四至和重要据点。

乞伏述延死后，其子傉大寒继立。当时，后赵国力强盛，攻灭前赵刘曜并占据关陇之地。为缓解来自后赵的军事压力，乞伏傉大寒率部众离开苑川，迁往麦田无孤山。到傉大寒子司繁即位后，再次将政治中心迁往度坚山。这时，前秦政权已在关中强势崛起，并占据了陇右大部分地区，与前凉政权隔黄河形成东西对峙局面。前秦苻坚派遣部将王统成功偷袭了鲜卑乞伏部，乞伏司繁遂行"呼韩邪之计"投降前秦。苻坚对乞伏部采取分治之策，一方面任乞伏司繁为南单于，留在长安，成为变相的"人质"；另一方面起用乞伏司繁叔父吐雷为勇士护军，带领部众。但不久，乞伏司繁受苻坚命讨伐陇右鲜卑勃寒部获胜，取代叔父镇守勇士川，重新获得部落控制权。乞伏司繁死后，其子国仁代镇勇士川，并趁着淝水战后前秦衰落的机会建立政权，史称西秦政权。

（二）乞伏国仁建国与定都勇士城

东晋太元八年（383 年）前秦苻坚南伐东晋，任命乞伏国仁为前将军。但因国仁叔父步颓叛乱，苻坚放弃原来任命，令国仁率兵讨之，步颓迎国仁于路。从此时起，乞伏国仁开始谋划脱离前秦独立建国。淝水之战中苻坚失败后，前秦政权随之土崩瓦解，境内叛乱四起。乞伏国仁招集诸部，"有不附者，讨而并之，众至十余万"。太元十年（385 年），苻坚被后秦姚苌缢杀于五将山。乞伏国仁乃自称大都督、大将军、大单于，领秦、河二州牧，任命乙旃音埿、屋引出支为左、右相，独孤匹蹄、武群勇士为单于左、右辅，乞伏乾归为上将军，定都勇士城，正式建立西秦政权。乞伏国仁任命的"左右相""左右辅"的人员中，乙旃音埿、屋引出支、独孤匹蹄、武群勇士虽然都是胡人,但不见有原作为部落联盟成员斯引、出连、叱卢诸部的首领。这一情况表明,在乞伏鲜卑部落联盟向国家体制过渡的过程中,乞伏氏家族的权力更加集中,也反映了西秦国家的发展和进步。

乞伏国仁在位时间很短,仅仅四年时间,但他以勇士城为中心,积极讨伐周边鲜卑、羌胡部落,势力发展很快,为西秦国家的强盛奠定了基础。东晋太元十年(385年),鲜卑匹兰率众五千前来投降,被安置在勇士城周围。太元十一年(386年)正月,南安郡秘宜及诸羌虏联合进攻西秦,乞伏国仁率兵五千成功偷袭了敌军,秘宜奔还南安,但不久与其弟莫侯悌率众三万余户投降。前秦皇帝符登遣使者册封乞伏国仁为使持节、大都督、都督杂夷诸军事、大将军、大单于、苑川王。太元十二年(387年)六月,乞伏国仁率三万骑兵偷袭鲜卑密贵、裕苟、提伦三部。七月,在渴浑川大败鲜卑没奕于与东胡金熙的联军,密贵、裕苟、提伦三部首领惧而请降。太元十三年(388年)四月,乞伏国仁进攻叛据牵屯山的建威将军叱卢乌孤跋,然后在平襄击败了鲜卑越质叱黎。

乞伏国仁所筑勇士城,是西秦历史上的第一个都城。一般认为,西秦勇士城是今天榆中县苑川河南岸的夏官营古城。古城遗址东西长250米,南北宽220米,城垣虽然残损,但轮廓尚分明,底宽8米,顶宽1—2米,残高2—10米不等。城址四面均有马面,基宽13米。开东、西、南3门,各城门均设有瓮城。古城内散落大量红灰色陶片,豆绿、黑瓷碎片及残砖块等遗物,也曾发现成堆的人骨,城门废墟中还发现有大块烧焦的木炭块。

(三) 乞伏乾归迁都金城和苑川

东晋太元十三年(388年)六月,乞伏国仁死,群臣以世子公府幼弱,推举其弟乞伏乾归为主,改元太初,称河南王。九月,乞伏乾归迁都金城,此举既有对抗后凉的政治考虑,也与金城大族边氏的支持有关。

西秦迁都金城后,乞伏乾归通过军事战争和政治招抚等多种手段,将周边的鲜卑、氐羌、休官等部族纳入统治集团,疆域也迅速扩张。乞伏乾归称王的当年,南羌独如率众七千降西秦。太元十四年(389年)正月,前

秦皇帝苻登遣使册封乞伏乾归为大将军、大单于、金城王。五月，乞伏乾归讨伐休官阿敦、侯年二部，收其部众万余落。太元十五年（390年）六月，吐谷浑视连遣使朝贡，乞伏乾归册封其为沙州牧、白兰王。同年，鲜卑豆留鞬、叱豆浑，南丘鹿结及休官曷呼奴、卢水尉地跋等率众归降。太元十六年（391年）正月，乞伏乾归讨平陇西太守越质诘归的叛乱。七月，乞伏乾归与高平鲜卑破多兰部首领没奕干连兵，进攻鲜卑大兜国获胜。八月，乞伏乾归讨伐没奕干，在他楼城将其打败，并射瞎了对方的一只眼睛。

太元十七年（392年）八月，吕光进攻西秦金城郡，乞伏乾归率兵抵御，杀后凉吕宝及凉兵万余人。随后，吕光率兵亲征，攻克西秦西部军事重镇枹罕。太元十九年（394年）正月，前秦皇帝苻登遣使册拜乞伏乾归为河南王。六月，前秦加封乞伏乾归为梁王，并请求西秦援兵抵御后秦的进攻。于是，乞伏乾归派遣前将军乞伏益州、冠军将军翟瑥率骑兵2万救援，但援兵未到前秦已经灭亡，遂还师金城。十月，乞伏乾归打败前秦残余势力苻崇与仇池国主杨定，"尽有陇西、巴西之地"，于是改称秦王。太元二十年（395年）四月，乞伏乾归遣其弟乞伏益州讨伐割据上邽的姜乳，但失败而还。六月，为缓解来自后凉的军事压力，乞伏乾归将都城从金城迁到苑川西城。七月，吕光率十万大军征伐西秦，乞伏乾归遣子乞伏敕勃为质称臣，后凉退兵，但不久之后双方又再次交恶。

太元二十一年（396年）十月，西秦凉州牧乞伏轲弹投降后凉，吕光以此事件为导火线，发动了大规模征伐西秦的战争。东晋隆安元年（397年）正月，后凉兵分三路征讨西秦：中路军以吕光庶长子吕纂为主将，从今兰州渡过黄河直攻西秦金城郡；东路军以建武将军梁恭和金石生为主将，率精兵甲卒出阳武下峡与秦州刺史没奕干合兵从东进攻；西路军以吕光之弟吕延为主将，统率枹罕等地人马，接连攻克临洮、武始、河关等地。最终，乞伏乾归使用反间计，杀死了后凉轻敌冒进的吕延，迫使吕光退兵河西。接着，西秦趁后凉内乱，与新建立的南凉结亲联盟。八月，乞伏乾归在收复枹罕、金城等地后，派遣乞伏益州渡过黄河攻克了后凉金城郡允吾、鹯武县和广武郡枝阳县，并俘获万余人。隆安二年（398年）九月，西秦派乞伏益州与武卫将军慕容允、冠军将军翟瑥等人，率骑兵两万人讨伐吐谷浑视罴。十月，西秦军队在度周川大败吐谷浑军队，视罴被迫向西退据白兰山，随后向西秦遣使谢罪，并遣送子宕岂为质称臣。

隆安四年（400年）正月，西秦苑川西城宫殿的南景门无故崩坏，乞伏乾归迁居于苑川城。五月，后秦派姚硕德进攻西秦，乞伏乾归兵败，自苑川经金城郡允吾县投附南凉，秃发利鹿孤将他安置在晋兴郡。后秦军队退兵后，南羌首领梁戈遣使招乞伏乾归。于是，乞伏乾归将妻子送至南凉都城西平为质，越境投降后秦，姚兴任命他为持节、都督河南诸军事、镇远将军、河州刺史、归义侯，命其继续镇守苑川，"尽以部众配之"。乞伏乾归回苑川后，任命边芮为长史，王松寿为司马，其余"公卿大将已下悉降号为偏裨"。自此乞伏乾归虽然名义上为后秦臣，但仍据苑川城为根据地，并保留原有官僚班底，从而积累了后来复国的政治力量。

（四）西秦复国与迁都苑川

东晋义熙五年（409年）二月，乞伏乾归从平凉逃回了苑川城。四月，乞伏乾归至枹罕，留世子乞伏炽磐镇守，收两万余众迁居度坚山。七月，乞伏乾归在群臣推戴下称秦王，大赦境内，改元更始，"置百官，公卿已下皆复本位"，西秦正式复国。不久，乞伏炽磐讨谕薄地延，谕薄地延率众出降，被任命为尚书，部落徙于苑川城。义熙六年（410年）二月，乞伏乾归派遣陇西羌昌何攻克后秦金城郡，俘虏太守任兰，另设东金城郡，以骁骑将军乞伏务和为太守。七月，西秦进攻越质屈机等十余部，徙其部落25000人至苑川。八月，乞伏乾归迁都苑川，并接连攻克后秦略阳、南安、陇西诸郡，徙其25000户于苑川、枹罕。

义熙七年（411年）正月，后秦姚兴因无力分兵西进，且担心乞伏氏成边患，于是遣使授予乞伏乾归使持节、散骑常侍、都督陇西岭北匈奴杂胡诸军事、征西大将军、河州牧、大单于、河南王等一系列的官爵名号，变相承认了西秦复国的事实。二月，乞伏乾归迁徙鲜卑仆浑部3000余户至度

坚城，以其子乞伏敕勃为秦兴太守镇守。四月，乞伏乾归徙羌句岂等部五千余户于叠兰城，以兄子乞伏阿柴为兴国太守镇守。五月，乞伏乾归以乞伏木奕干为武威太守，镇守嵲峗城。十月，乞伏乾归攻克后秦略阳郡并俘虏了太守姚龙。十一月，西羌彭利发据枹罕叛乱，乞伏乾归出兵进攻失败。义熙八年（412年）正月，乞伏乾归再攻彭利发获胜，以乞伏审虔为河州刺史镇守枹罕。二月，乞伏乾归迁都谭郊。六月，乞伏乾归为兄子乞伏公府所杀，乞伏炽磐即位，诛杀公府兄弟、平定内乱，于八月正式定都枹罕。自此，西秦政治中心西移，但苑川城作为旧都仍具有重要的政治影响。南朝宋元嘉八年（431年）正月，西秦王乞伏暮末在南安投降大夏赫连定，连同宗族五百余人被杀，西秦政权灭亡。

纵观乞伏鲜卑崛起和建国的历史，今兰州市榆中县境内的苑川河流域始终是重要的政治军事中心之一。大约在十六国初期，乞伏述延就已经将政治中心从牵屯山迁徙到苑川河流域，并尝试构建部族政权。西秦建国后385—412年（其中包含被后秦灭亡的九年，400—409年），虽然几次迁都，但都没有超出今兰州市范围。因此可以说，勇士城、苑川城、金城是西秦崛起和前期发展的政治根据地。正因金城郡与西秦乞伏氏的特殊关系，北朝时期西秦王室后裔死后书写墓志铭时，将金城郡当成家族成员历史记忆中的籍贯郡望。《北魏乞伏宝墓志》《北魏乞伏曧墓志》均记载他们是"金城郡榆中县人"。

四、金城大族的兴盛

东汉以降，地方豪族崛起，他们掌控地方政治经济大权，并通过在中央做官影响全国政治，逐渐演变成"累世公卿"的世家大族。在兰州地区，以赵氏、骞氏、申屠氏、韩氏、边氏等为代表的金城大族也在孕育发展。青海乐都出土的《东汉赵宽墓碑》表明，东汉中后期金城赵氏家族的郡望籍贯已经形成，从赵宽开始实现了由武将军功家族向儒学士族的转变。东汉末年，金城人边章、韩遂起兵反对东汉统治、割据河陇地区，标志着金城大族的开始崛起。此后，金城大族经过魏晋时期初步发展、十六国时期进一步壮大和南北朝时期迁徙再发展，到唐代经过数百年的历史沉浮后大都衰落下去。

（一）汉末魏晋时期的金城大族

1. 边章、韩遂反抗东汉

东汉末期，边章、韩遂领导的反对东汉的斗争，席卷西北大部分地区，导致东汉在河陇统治的崩溃，也标志着金城大族开始崛起。边章，原名边允，曾任新安令；韩遂，原名韩约，曾任凉州从事。东汉中平元年（184年），湟中义从胡北宫伯玉等杀金城太守陈懿，劫边章、韩遂并推举二人"专任军政"，成为河陇地区各反抗东汉统治势力共同推举的首领。中平三年（186年），韩遂诛杀边章，独掌大权，此后拥兵割据关陇、河西长达三十余年。建安十六年（211年），关陇军阀马超等共同推举韩遂为首领，反对曹操的统治。曹操率军亲征，在蒲坂渡过黄河后进入关中地区，采纳谋士武威人贾诩之策，成功离间马超和韩遂的关系，进而一举击败关西联军，韩遂退据陇右。后来，在夏侯渊的进攻下，韩遂节节败退，逃至西平郡依附羌胡首领。建安二十年（215年），韩遂病死，麹演等人斩其首级归附曹操。

汉魏之际，王国、麹胜、成公英作为金城王氏、麹氏、成公氏家族的代表人物，是边韩集团的重要支持力量。王国，史书称之"金城贼"，可知其为金城郡人无疑。麹胜在边章、韩遂起兵后，袭杀祖厉县长刘隽响应，但不久为县吏张绣刺杀身亡。成公英也是韩遂的坚定追随者。韩遂兵败华阴，逃至湟中，部众溃散，只有成公英忠心耿耿、跟随左右。韩遂死后，成公英投降曹操，拜为军师，封爵列侯，因对故主忠心尽节，曹操对他甚为赞许。

2. 麹允效忠晋愍帝

进入曹魏以后，在东汉末年因"边韩之乱"崛起的金城大族，逐渐沉寂，史书中只出现成公英、赵基、郭智、郭冲等数人。成公英原是韩遂的部将，后归附曹操受到重用。黄初二年（221年）十月，魏文帝派张既代邹

岐任凉州刺史前往平定卢水胡叛乱。成公英作为张既的参军，在显美之战中重创叛军，奠定了平定凉州之乱的基础，但不久后病卒。赵基，是传世史籍记载金城赵氏家族时代最早的人物，他在曹魏后期继仓慈、王迁后出任敦煌太守。郭智、郭冲父子，是金城郭氏家族早期人物的代表。郭智任曹魏安东太守，与杜畿等人交好。郭智之子郭冲，在曹魏末年任代郡太守，西晋建立后任扶风王司马骏僚佐，著有《诸葛亮隐没五事》。

1931 年，在河南省偃师县东大郊村发现的晋武帝咸宁四年（378 年）十月刻立《大晋龙兴皇帝三临辟雍皇太子又再莅之盛德隆熙之颂碑》，碑阴题名出现"金城散生"共有 5 姓 8 人，分别是马林、淳于□、淳于文、窦震、窦良、毛祉、毛条、□称、张立。可以说，这是西晋初年金城大族的一次集体"亮相"。西晋末年，金城人游楷任本郡太守。他奉河间王司马颙之命围攻秦州刺史皇甫重，间接参与了"八王之乱"。金城游氏家族实力雄厚，是与汉魏旧族麹氏可相比肩的地方大族。当时西州谚语云："麹与游，牛羊不数头。南开朱门，北望青楼。"但是，在金城大族中最为当时和后世称道的，还是西晋末年麹允在关中扶植晋愍帝延续西晋国祚的政治军事活动。

麹允是金城麹氏家族在正史中被立传的第一人。建兴元年（313 年）四月，他拥戴秦王司马邺在长安称帝，是为晋愍帝，历任雍州刺史、使持节、领军将军、录尚书事、尚书左仆射、西戎校尉等职。麹允作为西晋末年国家的实际掌权者，在政治上忠心拥戴司马氏政权，在军事上多次与匈奴汉国对抗，使"永嘉之乱"后摇摇欲坠、名存实亡的西晋王朝又在关中地区延续了四年时间。建兴四年（316 年）十一月，晋愍帝遣使投降匈奴汉国皇帝刘聪，麹允与其他王公大臣一起被迁往平阳。麹允对西晋王朝忠心耿耿，被俘后自杀身亡。汉国皇帝刘聪因其忠烈，赠车骑将军，谥节愍侯。

（二）十六国时期的金城大族

十六国时期，兰州作为河西诸凉向东发展的前沿阵地和关陇诸秦向西拓展的桥头堡，因其特殊战略地位，先后或同时为前凉、前赵、后赵、前秦、后凉、西秦、南凉、后秦、北凉、吐谷浑等 10 个政权争夺和统治。这时期，政治上的分裂割据和军事上的征伐兼并，导致金城郡民众长期生活在水深火热中，也破坏了当地的社会秩序和经济生产，但也客观上也为金城大族势力的进一步发展壮大提供了历史契机。以麹氏、赵氏、边氏、郭氏、宗氏、俱氏、辛氏、员氏和杨氏等为代表的金城大族，积极活跃在西北政治舞台上，发挥越来越重要的作用。

1. 麹氏

十六国时期，史籍记载的麹氏人物逐渐增多，共有 13 位，分别是：成汉的麹歆，前凉的参军麹陶、别驾麹晁、麹佩、福禄令麹恪、麹儒、麹护，前秦的新城太守麹常，西秦的御史大夫麹景、西平太守麹承，南凉的记室麹梁明、使者麹丞明，以及先仕北凉、后来西迁建立高昌国的麹嘉。此外，河南省洛阳城北后海资村出土的《北魏城阳王妃麹氏墓志》记有北凉扬列将军、浇河太守麹宁孙。

2. 赵氏

十六国时期，史籍记载的金城赵氏家族人物共有 6 位，分别是：前凉的赵颢、西平太守赵凝（后为前秦金城太守），前秦的秦州主簿、建威将军、少年都统赵盛之，南凉的左司马赵振，北凉的金部郎赵柔和僧人释玄畅。另外，河南省洛阳市孟津县出土的《北魏赵昞墓志》记有曾祖"凉殿中侍御史"赵护和祖父"凉敦煌太守"赵斌，推测父子二人任职于北凉政权。

前凉初年，由于张寔分金城郡置广武郡，所以形成金城赵氏的分支——广武赵氏，南凉左司马赵振即代表人物。南凉太初二年（398 年）九月，赵振在秃发乌孤击败羌人梁饥和占据河湟之地过程中发挥了重要作用。《晋书·秃发乌孤载记》列举太初三年（399 年）南凉重要政治人物的名单，赵振位列其中，特别强调了他"秦雍之世门"的身份。

3. 边氏

十六国时期，史籍记载的金城边氏家族人物有 5 位，分别是：前凉的西曹边浏，后秦的兵部郎边熙、凉州主簿边宪（后任南凉辅国司马），西秦乞伏乾归的王后边氏，左长史、尚书左仆射边芮。

前凉西曹边浏，曾经奉张骏之命"集内外事以付秀才索绥"，协助完成《凉国春秋》50卷。后秦兵部郎边熙，上书"陈军令烦苛，宜遵简约"，姚兴深表赞同"依孙吴誓众之法以损益之"。后秦凉州主簿边宪，东晋义熙二年（406年）八月与宗敞、张穆和胡威一起为刺史王尚申理冤屈，后经宗敞推荐任南凉辅国司马一职。义熙三年（407年）十一月，秃发傉檀在阳武战役中被大夏赫连勃勃打败，边宪联合梁褒等人在姑臧发动叛乱，兵败被杀，史称"边梁之乱"。

西秦时期，乞伏乾归的王后边氏和左长史、尚书左仆射边芮兄妹，因与乞伏氏联姻具备外戚身份，在十六国时期金城边氏成员中政治境遇最好。东晋太元十三年（388年）七月，乞伏乾归受群臣推举称河南王，边氏被册立为王后。隆安四年（400年）西秦亡国，乞伏乾归投降后秦姚兴，边氏降号太妃。义熙五年（409年），乞伏乾归在群臣拥戴下复国，边氏恢复王后之封。边氏生子乞伏炽磐，后继承王位。边氏之兄边芮，在西秦也颇受重用，位极人臣。乞伏乾归即位，迁都金城，仿汉制设立百官，以边芮为左长史。太元十七年（392年），乞伏乾归署长子炽磐领尚书令，边芮升任尚书左仆射，辅佐外甥处理政务。后秦姚兴灭亡西秦，任命乞伏乾归持节、都督河南诸军事、镇远将军、河州刺史，封归义侯，镇守苑川，边芮降为长史。

4. 宗氏

金城宗氏，十六国后期崛起并加入金城大族行列，其族源不详。见于史籍记载的有后凉湟河太守、尚书郎、太常卿、骑都尉、尚书仆射宗蔑，后秦凉州别驾、南凉太府主簿、录记室事宗敞，北凉中书郎、世子洗马宗钦，尚书郎、库部郎宗舒4人。

后凉宗蔑，是金城宗氏家族最早见于史书的人物。吕光时期，宗蔑先任湟河太守，后入朝做尚书郎，又转任太常卿。吕纂时期，宗蔑历任骑都尉、尚书仆射等职。吕弘据姑臧东苑起兵，劫尹文、杨桓为谋主，本想邀请宗蔑加入，但被他拒绝。其子宗敞，在后秦时代担任凉州刺史主簿，奉命出使南凉，后与边宪、张穆和胡威一起赴长安为王尚申理冤屈，写成著名的《上姚兴理王尚疏》。其文采斐然，深受后秦皇帝姚兴的赞赏。南凉占据姑臧后，宗敞向秃发傉檀推荐了在姑臧的十余名大族名士，后返回河西出仕南凉，任太府主簿、录记室事等职。

宗敞之弟宗钦，是金城宗氏在正史中首位也是唯一被立传之人。宗钦，"少而好学，有儒者之风，博综群言，声著河右"，历任北凉中书郎、世子洗马，著《东宫侍臣箴》《蒙逊记》10 卷。宗钦之弟宗舒，北凉时期历任库部郎中、尚书郎等职，曾奉沮渠蒙逊命和左常侍高猛一起出使北魏。宗钦、宗舒兄弟，在北凉灭亡后进入北魏政权。

5. 郭氏

十六国时期，史籍记载金城郭氏家族人物有两位，分别是前秦步兵校尉、荆州刺史郭敬，后秦吏部尚书、永宁伯郭抚。郭敬，是前秦首位荆州刺史，后兵败被东晋俘虏。郭抚，任后秦吏部尚书，"清心虚求，搜扬俊义，内外称之"。

6. 俱氏

金城俱氏，于十六国崛起并加入金城大族行列，其族源不详。见于史籍记载的有前秦后将军俱难，卫将军、尚书左仆射、前锋都督俱石子，以及北凉将军俱傑。

前秦时期，俱难历任后将军、并州刺史。东晋太和六年（371 年），俱难率兵攻打东晋兰陵太守张闵子，被桓温击退。太元元年（376 年），并州刺史俱难作为东路军主帅之一，自和龙出兵，参与苻坚发动灭代国之战。太元三年（378 年）七月，前秦苻坚派遣俱难为都督东讨诸军事，会同右禁将军毛盛、洛州刺史邵保，合步骑兵 7 万人，攻克了东晋的淮阳、盱眙等地。太元四年（379 年）五月、六月，先后兵败于东晋名将谢玄，因败军之罪被削爵为民。

太元十年（385 年）八月，俱难之弟俱石子在晋阳参与拥戴苻丕称帝，任卫将军，受封濮阳公，不久转任卫大将军、尚书左仆射。太元十一年（386 年）十月，苻丕留王腾守晋阳，杨辅戍壶关，命王永及苻纂进攻西燕，俱石子任前锋都督，败死襄陵。俱石子死后，其子俱傑回到河西，后出仕

段氏北凉，官至将军。东晋隆安五年（401年）五月，沮渠蒙逊构陷从兄沮渠男成，并发动政变逼杀段业夺位。沮渠男成之弟沮渠富占和俱傈，率500户降于南凉秃发利鹿孤。

十六国时期，史籍记载的金城大族还有前凉金城太守员敞和吐谷浑国博士骞苞，他们分别出自金城员氏、骞氏家族。此外，河北省临漳县出土的《北魏李伯钦墓志》记有西凉前军参军杨祎，其女适西凉王李暠之孙李宝。

（三）南北朝时期的金城大族

北魏太延五年（439年），太武帝拓跋焘出兵灭北凉政权，完成了统一北方的大业，"徙沮渠牧犍宗族及吏民三万户于平城"。其中，就包含部分金城大族官僚。东魏北齐时期，活跃在中原地区的金城大族，就是这些"平凉户"的后裔。西魏北周时期，宇文泰及后裔为对抗东魏北齐政权推行府兵制，将关中、陇右、河西地方豪族纳入统治集团，生活在兰州地区的金城大族趁势再度崛起。另外，还有一些金城大族流寓到南朝统治下的江南和西域东部的吐鲁番地区。6世纪初在吐鲁番盆地出现的麹氏高昌国，就是金城麹氏后裔麹嘉所建立。

1. 北朝时期金城大族的迁徙发展

由北凉进入北魏的金城大族，主要有赵柔、宗钦、宗舒等，作为"平凉户"中的一员，他们最初生活在平城地区。宗钦、宗舒兄弟，是北魏时期金城宗氏家族的代表人物，因二人"皆儒者，并有俊才，见称于西州"，最初受到北魏统治者的优待和礼遇。宗钦受封卧树男，加鹰扬将军，官拜著作郎；宗舒受封句町男，加威远将军。宗钦因得到北魏大臣崔浩赏识而参与国史撰写，但也因此受到后来崔浩"国史案"的牵连，被赐死，"子孙皆衰替"。赵柔，也以北凉大臣身份进入北魏，最初没有受到重视，到文成帝时期（452—466年）才被授予著作郎，后因"历效有绩"被擢任河内太守。赵柔二子赵默，官至武威太守；赵善明，仕宦情况不详。

出土的北朝碑志，记载了北魏时期金城赵氏家族仕宦和婚姻信息。河南省洛阳市偃师县出土的《北魏赵安妻房夫人墓志》记载了志主房文姬的丈夫金城赵安及其子女汲郡丞赵令孙、兖州刺史左将军府长流参军赵孝孙、营州刺史安北将军府主簿赵庆孙、冠军将军府录事参军赵季孙，以及长女赵神姜、次女赵令姜等人的任官和婚姻情况。河南省孟津县出土的《北魏赵盛夫妻墓志》记载了志主平西将军府司马赵盛和夫人敦煌索氏，及二子赵福、赵晒的信息。河南省洛阳市出土的《北魏赵晒墓志》记载了志主赵晒的父亲酒泉子都司马赵成及夫人敦煌索氏，叔父酒泉长史赵德及夫人太原郭氏，姊（失名讳）及丈夫陇西太守李养等人的婚宦信息。

北魏时期，传世文献记载的金城大族还有边氏、王氏、念氏、梁氏和申屠氏等家族。太平真君七年（446 年）三月，陇右秦州爆发了金城边冏、天水梁会领导的反对北魏统治的斗争，氐羌、休官、屠各及诸杂户等三万余人参与其中。秦州刺史封敕文攻杀了边冏，梁会坚持斗争，最后被镇压。王万国，任北魏伏波将军、燕州刺史，曾孙王巢担任龙骧将军、榆中镇将，王巢之子王杰是西魏北周时期的大臣。念求就"以大家子戍武川镇，仍家焉"。其子念贤是西魏时期的高官。梁穆，自吐谷浑投靠北魏，获封临洮公爵位，其子梁颢官至尚书、封爵南安公，孙梁钊历任河、华二州刺史，封新阳县伯，至曾孙梁览为西魏北周的著名大臣。另外《唐申屠诚墓志》记载，申屠庆自金城郡迁居潞州上党郡，北魏时期担任陈留太守。

东魏北齐时期，活跃在中原地区的金城大族，是北魏初期"平凉户"成员的后裔，主要有赵氏、申屠氏家族。山西省太原市晋源区罗城街道开化村出土的《北齐赵信墓志》记载，志主赵信的父亲曾任莫何弗、第一领民酋长，他本人在北魏末年以威烈将军入仕，历任冠军将军、中散大夫，受封凉州显美县开国子，食邑 300 户。东魏天平（534—537 年）年间，出任晋州冀氏太守，后历职平西将军，离石、徐州二镇将，改封北平郡朝鲜县散子。北齐天保（550—559 年）初年，赵信出任楚州刺史，后加封为卫大将军，转任黄牛镇将，最后卒于居镇，享年 67 岁，获赠骠骑大将军、常山太守、柏崖镇将等官职。北魏时期，迁居上党郡的申屠氏成员，也有在北齐任官者。《武周申屠义墓志》追述曾祖申屠昌曾任北齐宁远将军一职。

2. 西魏北周时期金城大族的再崛起

534年，北魏分裂为东西魏政权。西魏权臣宇文泰为对抗东魏北齐政权，在境内推行府兵制，这一政策为北周统治者继承。在府兵体制下，生活在兰州地区的金城大族被纳入西魏北周的关陇集团，趁势再度崛起。王氏、念氏、梁氏和边氏就是在这一历史背景下新发展起来的金城大族。其中，念氏和梁氏是汉化的羌豪，反映了北朝后期金城大族成分的变化。

王杰，金城郡直城（子城）县人，本名文达，"善骑射，有膂力"，宇文泰评价称"万人敌"。北魏末年，王杰以子都督入仕，随孝武帝西迁关中，受封都昌县子。宇文泰非常赏识王杰，擢授扬烈将军、羽林监，加都督职，先后参与潼关、沙苑、河桥、邙山等重要战役，"皆以勇敢闻"。西魏推行赐汉臣鲜卑姓政策，王杰被赐姓宇文氏，历岐州刺史、抚军将军、银青光禄大夫、大都督、车骑大将军、仪同三司、侍中、骠骑大将军、开府仪同三司等职，进封都昌县公，食邑八百户。西魏恭帝元年（554年），王杰跟随于谨围攻南朝萧梁都城江陵。战争中，王杰高超的骑射技术发挥了关键作用。战争结束后，主帅于谨评价道："济我大事者，在公此箭也。"

北周建立后，孝闵帝宇文觉晋爵王杰为张掖郡公，增邑1000户，出任河州刺史。保定三年（563年），武帝宇文邕进位王杰为大将军，并与随公杨忠自漠北伐北齐，至并州而还。天和三年（569年），王杰再除授宜州刺史，增邑至3600户。天和六年（572年），王杰随齐公宇文宪抵御北齐斛律明月的进攻，因功进位柱国。建德（572—578年）初年，王杰迁任泾州总管。宣帝宇文赟即位后，拜王杰为上柱国。大象元年（579年），王杰卒，享年65岁，北周朝廷追赠他为河、鄯、邓、延、洮、宕、翼七州诸军事、河州刺史和鄂国威公。王杰之子王孝迁，北周大象（579—581年）末年，官至开府仪同大将军，也是关陇集团的重要成员之一。

念贤，字盖卢，金城郡枹罕人。念贤相貌出众，气质非凡，谙熟经典。少时亡父，居家守孝三年，在乡里名声很好。北魏末年，念贤因破卫可孤有功，被授予别将一职，又以军功封屯留县伯。后来，念贤追随尔朱荣进入洛阳，任尚书右仆射、东道行台，晋爵平恩县公，参政中枢。永熙年间

（532—534 年），孝武帝任命念贤为中军北向大都督，晋爵安定郡公，加授侍中、开府仪同三司。西魏大统（535—551 年）初年，文帝拜念贤为太尉、秦州刺史，加太傅衔。大统三年（537 年），念贤转任太师、都督、河州刺史、大将军，后入朝兼领录尚书事。大统四年（538 年），西魏、东魏河桥之战，念贤因未能力战且先还师，威名有所减损，遂外任都督、秦州刺史，离开权力中枢，最后死于任上。念贤子念华，性情温和仁厚，史称“有长者风”，后官至开府仪同三司、合州刺史。

梁览，字景叡，金城郡人，是汉化较深的羌人豪酋后裔。史称“其先出自安定，避难走西羌，世为部落酋帅”。金城梁氏入仕北魏，始于梁览曾祖父梁穆。到梁览时“家世豪富，赀累千金”，经济实力颇为丰厚。北魏孝昌（525—528 年）初年，秦州羌族豪酋莫折大提、念生父子发动反魏斗争，几乎席卷整个河陇地区。梁览抓住机遇，散财招募两千人，从北魏大军讨平叛乱，因功获任凉、河二州刺史，受封安德县侯，开始在政治上崭露头角。梁览任河州刺史期间，有效地阻止了吐谷浑对北魏边境的侵扰。北魏永熙年间（532—534 年），孝武帝元修进封梁览为郡公。西魏大统二年（536 年），文帝元宝炬加封梁览为太尉。大统四年（538 年），梁览转任太傅，因在河桥之役期间参与赵青雀叛乱，被杀。梁览之子梁鹳雀，官至仪同三司、大都督。

陕西省西安市临潼区出土的《隋边芟墓志》记载，边芟，字伏连，凉州金城郡人，西魏宇文泰赐汉臣鲜卑姓氏时，“改姓纥单”。父边建，官至骠骑大将军、上开府，封西曲县开国公。北周保定三年（563 年），边芟任前侍中士；天和六年（571 年）升迁为都督、领前侍；七年（572 年）转任大都督职。建德二年（573 年），任胥附、领上士；五年（376 年）随周武帝宇文邕东征北齐，因功授予使持节、仪同大将军，封秦州清水县开国侯，食邑八百户。宣政元年（578 年），边芟转任左侍伯、左旅下大夫等职，后卒于隋开皇十一年（591 年）。

（四）金城麴氏西迁建立高昌国

南北朝时期，金城大族对外迁徙发展，除向中原各地迁徙外，还有少数成员流寓至南朝境内和西域地区。金城赵氏出身的僧人释玄畅，在北凉灭亡后被迁往北魏平城，后潜逃至南朝宋的都城建康，成为宋齐时期著名的高僧。金城边氏出身的边荣，在南朝宋时期任郢州刺史沈攸麾下仓曹参军一职，是金城边氏南迁一支的代表人物。北凉末期，金城人麴嘉随沮渠无讳、安周兄弟进入西域地区，继阚伯周、张孟明、马儒之后在高昌称王建国，史称"麴氏高昌国"。

麴氏高昌国（502—640年），历九世十一王，享国一百四十年，主要统治今天新疆吐鲁番地区。汉朝开始，中原王朝在高昌地区移民屯垦，魏晋以来为戊己校尉驻扎地。前凉建兴十五年（327年），张骏派兵讨伐戊己校尉赵贞，置高昌郡，吐鲁番进入"高昌郡"统治时期。前凉灭亡后，高昌郡先后归前秦、后凉、西凉、北凉。北魏太延五年（439年），太武帝拓跋焘灭北凉政权，沮渠无讳、安周兄弟带领沮渠氏残部，先在酒泉、敦煌一带盘踞。太平真君二年（441年），沮渠无讳因北魏军事压力，西迁高昌重建大凉政权，和平元年（大凉承平十八年，460年）被柔然所灭。此后，在新疆吐鲁番地区依次出现了阚氏（460—488年）、张氏（488—496年）、马氏（496—501年）、麴氏（502—640年）等高昌政权。

北魏景明三年（高昌承平元年，502年），金城人麴嘉称王，依附柔然、高车，并向北魏遣使臣服，受封车骑将军、司空、都督秦州诸军事、秦州刺史、金城郡开国公等官爵。麴嘉死后，其子麴光、麴坚先后称王，时值北魏末年北方战乱不止，麴氏高昌与中原王朝的政治联系被阻断。西魏大统十四年（高昌章和十八年，548年）、恭帝二年（高昌建昌元年，555年），北周武成元年（高昌建昌五年，559年）、保定初年（561—565年），高昌王麴玄喜、麴宝茂、麴乾固等先后向西魏、北周遣使朝贡，双方联系恢复。南朝梁武帝大同年间（535—546年），高昌王麴坚还向南朝梁遣使进贡。

北朝末期，突厥汗国兴起，席卷了整个北方蒙古高原。麴氏高昌受到突厥汗国的威胁，被迫臣服，成为其附庸国。高昌王麴伯雅继位后，突厥逼令他依突厥旧俗继取大母（突厥可汗女），最终被迫屈从。隋大业四年（高昌延和七年，608 年），麴伯雅遣使向隋朝贡，得到隋炀帝隆重接待。次年（609 年），麴伯雅亲自赴隋朝进贡，并参与了隋炀帝进攻高丽的军事行动。从辽东回来后，麴伯雅迎娶了隋宗室华容公主，于大业八年（高昌延和十一年，612 年）返回高昌。麴伯雅利用隋朝强大的政治影响摆脱了来自突厥的军事威胁，但又受铁勒诸部的奴役。

唐朝建立后，麴氏高昌国与中原内地依然保持着密切联系。武德二年（高昌义和六年，619 年），麴伯雅死，子麴文泰继位，遣使向唐朝告哀。武德七年（高昌延寿元年，624 年）、贞观元年（高昌延寿四年，627 年），麴文泰先后两次遣使向唐朝进贡。到贞观四年（高昌延寿七年，630 年）冬，麴文泰亲赴长安朝贡，唐朝"赐遗甚厚"，并赐麴文泰妻宇文氏入李姓宗籍，封常乐公主。但随着唐朝出兵灭东突厥，开始向西经略西域诸国，与麴氏高昌国之间的矛盾就逐渐升级。西域诸国朝贡唐朝，途经高昌受到麴文泰阻拦。当时，伊吾摆脱西突厥控制向唐朝内属，但遭到麴文泰和西突厥叶护的联合进攻。唐太宗征高昌大臣阿史那矩入朝，但麴文泰不遣，仅派遣长史麴雍来谢罪。

贞观十四年（高昌延寿十七年，640 年），唐太宗以麴文泰"朝贡脱略，无藩臣礼"为由，命吏部尚书侯君集为交河道大总管，率左屯卫大将军薛万均，以及突厥、契苾部众，总步骑兵数万人进攻高昌。麴文泰惊闻唐朝出兵，发病而亡，其子麴智盛即位。面对唐朝强大的军事进攻，麴智盛选择献城投降。唐太宗设置西州和安西都护府统治高昌国旧地，并派兵镇守，徙麴氏君臣和当地豪右大族入中原内地。至此，麴氏高昌正式灭亡。

第 三 章

始设兰州与边疆经略

　　隋唐时期，河陇一带是北御突厥、回鹘，南抵吐蕃，西通西域的战略要地。所以，隋唐王朝很重视对该地区的经营和管理。隋及唐前期，兰州的农业生产、交通建设、互市贸易等发展很快，对外交流也甚为昌盛。经过近百年的开发经营，河陇地区富甲天下，兰州成为唐王朝经略西北地区的枢纽重镇。唐中期以后，吐蕃占据陇右，改变了以农耕为核心的生产方式，兰州的经济发展受到遏制。同时，因中西交流受阻，兰州的交通优势地位也不复存在，整体发展开始落后于中原地区。晚唐五代时期，兰州在各部族的交替管辖下，社会经济虽有发展，但远不及隋及唐前期的发展程度。

　　经过五代的分裂割据，西北地区完成了局部统一，逐渐形成了北宋、西夏、吐蕃三方鼎峙的局面。各族交错居住的兰州，成为多方势力角逐争雄的重要地区。宋神宗即位后，任用王安石变法，意图富国强兵，恢复汉唐旧疆。元丰四年（1081 年），李宪收复兰州，使其重新回到了中原王朝的怀抱。经过哲宗、徽宗时期努力进取，北宋收复了河湟地区。金灭北宋后，接收了宋西北五路，并接受西夏称臣，双方沿黄河对峙的格局基本不变。元代重开大一统局面，中西交通畅通，兰州又成为关会之地，元世祖开发黄河航运和青藏高原的宏伟规划，使兰州的交通地位空前突出。

第一节　隋设兰州总管府与薛举政权定都兰州

开皇元年（581年），隋朝设兰州，"兰州"之名始见于史册。隋初，兰州辖金城和广武（治所在今永登县境）二郡。开皇三年（583年），因州郡多而辖地小，隋朝废郡存州，兰州所辖金城、广武郡被废。大业三年（607年），隋炀帝改州为郡，兰州复名金城郡。在开皇元年设兰州的同时，隋朝还设置了具有军事性质的兰州总管府。总管袭自北周，本名为都督诸州军事，总管府设置于"或都会之地，或守御之要也"。总管府的设置，意味着兰州政治军事地位的进一步提升。大业元年（605年），隋朝废止总管府。隋朝末年，薛举起兵建立割据政权，自号"西秦霸王"，建元"秦兴"，定都兰州。继乞伏西秦政权之后，兰州再次成为割据政权的都城。有隋一代，国祚虽短，但在军事政治上实施的不少制度，对兰州历史产生了深远的影响。

一、兰州与兰州总管府的设置

隋朝初年，设置兰州。从此，兰州成为这座滨河之城的专名。兰州总管府的设置及地方豪强薛举割据政权定都兰州，是兰州地区作为区域政治经济中心地位的再次体现。

（一）兰州的设置

大象二年（580年），北周宣帝暴亡，年幼的静帝继位，杨坚以大丞相身份辅政，总揽军国大事。大定元年（581年），静帝以杨坚众望有归，下诏宣布禅让。杨坚称帝后，定国号为"隋"，改元开皇。为了稳固统治，隋朝在中央、地方开始了一系列的变革。开皇元年（581年），兰州和兰州总管府同时出现，就是其中地方行政建制变革的措施所致。

隋朝设置兰州和兰州总管府，"兰州"一名正式出现并沿用至今。兰州之称，"取皋兰山以为名"。皋兰山位于今兰州盆地之南，高峻蜿蜒，如张

两翼，海拔 1800—2100 米，山顶最高处海拔 2129.6 米。山岭南坡坡度较缓，逐渐下降。北坡陡峻，高出城区 600 多米。山下沃野膏壤，可资耕种。从皋兰山与兰州盆地的关系看，以皋兰山命名兰州，符合当时将域内名山大川作为地名的命名原则。"皋兰者，译音也。匈奴谓天为祁连，而皋兰、乌兰、贺兰诸山名，皆与祁连音近，当亦高峻之意。"匈奴称天为祁连，以此来称颂皋兰山高耸云天之势，符合皋兰山形象，亦与兰州地理形势相符。

开皇元年（581 年），隋朝析河州的金城、武始二郡设立兰州。这一设置，与西汉时设金城郡以"隔断羌胡"如出一辙。其中，金城郡领子城一县。子城县始建于西魏，北周沿袭不改，县境在今兰州城区一带。武始郡领勇田、狄道、阳素三县，区域以今天的临洮县一带为中心，大部分不在今兰州地区范围内。这样，隋初的兰州共领四个县，辖区大部分在今兰州地区的黄河以南区域以及临近兰州的洮河流域。在今兰州地区的黄河以北区域，隋朝设置有广武郡。广武郡乃北魏设置，北周时属凉州，领广武一县。隋朝沿袭广武郡之置，广武县县域在今永登一带。至此，在今天的兰州地区，隋朝设置有金城郡、广武郡。

开皇三年（583 年），河南道行台兵部尚书杨尚希认为天下郡县数量过多，建议"并小为大""存要去闲"。隋文帝遂撤销郡一级建置，由州直接统县。此次改制，结束了实施约四百年的州郡县三级制，开启了州县二级制。在废郡过程中，金城郡、武始郡及武始郡所属勇田、阳素二县被废。这样，兰州直接统辖子城、狄道二县。广武郡被废后，广武县由凉州直接统辖。至此，在今天的兰州地区，隋朝设置有子城、广武二县。

大业二年（606 年），隋朝开始第二轮省并州县。至大业三年（607 年），共裁并州 120 个以上，县达到 216 个，裁并规模超过了开皇三年（583 年）。兰州改为金城郡，凉州改名为武威郡，郡辖县的名称也部分被改。兰州地区的子城县更名为金城县，广武县名允吾县。大业六年（610 年），允吾又改名为会宁。此后，兰州地区的行政机构名称一直维持到薛举起兵前。

表 3-1　隋代兰州行政沿革表

开皇元年 (581 年)		开皇三年 (583 年)	大业元年 (605 年)	大业三年 (607 年)
总管府	兰州总管府	兰州总管府	兰州	金城郡
州	兰州	兰州		
郡	武始郡	金城郡		
县	勇田县 阳素县 狄道县	子城县	子城县 狄道县	金城县 狄道县	金城县 狄道县

（二）兰州总管府的设置

开皇元年（581 年），在设置兰州的同时，隋还设置了兰州总管府。总管府由魏晋时期的"都督诸州诸军事"制度发展而来。北周明帝武成元年（559 年），"初改都督诸州军事为总管"，总管府制度由此正式创立。由其来源看，总管就相当于魏晋时期的都督，属于军事性质的机构，同时也兼管所在州的行政。隋取代北周后，沿袭了总管府制度。根据形势的需要，隋文帝撤销了部分原有的总管府，同时设置了一些新的总管府，兰州总管府属于开皇初新设的为数不多的几个总管府之一。

兰州总管府的设置，是隋朝西部边防体系布局调整的重要举措。总管府在隋朝是地方最高行政机构，所在区位不同，管辖州的数量不同，总管的级别也随之而异。一般而言，隋朝的总管府分大总管府和总管府。大总管府由亲王及重臣统领。开皇十五年（595 年），"天下唯置四大总管，并、扬、益三州，并亲王临统。唯荆州委于（韦）世康，时论以为美"。大总管府所在位置重要，统州数量也多。隋文帝第三子秦王杨俊，开皇三年（583 年）任秦州总管，管辖陇右诸州；担任扬州总管时，管辖 44 州军事；担任并州总管时，管辖 24 州军事。开皇九年（589 年），韦洸被拜为广州总管，统 24 州军事。这是大总管府所辖州的基本情况。一般总管府管辖的州数量

明显要少得多，如云州总管府只统 2 州 10 镇而已。兰州总管府也只管兰州一州。但总管府所处"守御之要也"，责任依然重大。比如营州总管府虽只领一州，却兼管东北少数民族事务。兰州总管府设置的同年，廓州总管府撤销，兰州总管府接替了廓州总管府之责。

大业元年（605 年），兰州总管府被撤销。隋炀帝认为，并州总管汉王谅之所以能够发动叛乱，原因在于地方权力过大。于是，便撤销了全国所有的总管府。在兰州总管府存在的 24 年中，可知的总管有叱李长叉、达奚长儒、段文振、陈永贵、杨武通等，此外带兵驻扎兰州的还有韩擒虎、韩僧寿等边将。这些总管和边将骁勇善战、晓习边事，以武略、威略、谋略而有威名，深得朝廷信任。

二、隋炀帝西巡与经略兰州

隋朝建立后，隋文帝杨坚在北周的基础上，开创了政治稳固、社会安定、百姓富足、文化繁荣的盛世局面，史称"开皇之治"。在盛世大局下，地处西北的兰州地区，虽始终面临着吐谷浑、突厥的威胁，但也得到了平稳发展。在军事上进行坚决抵御的同时，隋朝也很重视对兰州地区乡村防御体系、粮食储备系统、州郡官吏风气的建设。隋炀帝西巡河西，向西域各国充分显示了隋朝的国威，而其途经兰州时省览政情，对郡县官吏风气也有所震慑。

（一）勒民为堡

吐谷浑、突厥频繁进攻，给兰州一带的经济发展造成极大的破坏。尤其是开皇二年（582 年）的突厥进攻，导致金城郡以及东至陕北延安的七个郡"六畜咸尽"。因此，恢复经济、发展生产、保证百姓安居乐业成为隋朝边疆治理的大事。开皇四年（584 年），贺娄子干发"五州兵"打退吐谷浑对河西的进攻后，隋文帝决定对河陇地区的乡村做一番整治。隋文帝认为，吐谷浑多次寇边，对西北地区的民众生产带造成极大危害，原因在于当地"不设村坞，敕子干勒民为堡，营田积谷，以防不虞"。而贺娄子干则认为此地土旷民稀，战事频发，民众以畜牧为重要产业，将大量民众屯聚，很难求得稳定，不如加强重要路口的防守，保证镇戍之间的信息畅通。这样，即便老百姓散居各处，也无大碍。

隋文帝修建坞堡的想法，是隋朝抵御突厥犯塞、吐谷浑寇边，构建边防体系的一部分。开皇元年（581年）四月，隋文帝刚刚登基，就"发稽胡修筑长城"。开皇三年（583年），文帝又下诏："朔州总管赵仲卿，于长城以北，大兴屯田，以实塞下。又于河西，勒百姓立堡，营田积谷。京师置常平监。"此处的河西，当为黄河以西即今天的河西走廊地区，与兰州一带同为吐谷浑、突厥经常掳掠之地。隋文帝虽然有系统的想法，但因贺娄子干抗击吐谷浑有功，对河陇地区的实际情况比较熟悉，言之有理，故而隋文帝放弃己见，采纳了贺娄子干的建议。但是，到了大业十一年（615年），各地反抗隋朝统治的运动风起云涌。于是，隋炀帝下诏，全国各地郡县邮驿亭村筑城，"令人悉城居，田随近给……有司具为事条，务令得所"。看来，这次乡村筑城的措施得以实施。不过，这次筑城，不仅仅限于兰州一带，而是针对全国而言。其主要目的是防止户口逃逸，镇压反抗运动。

（二）营田积谷

隋朝政府重视"营田积谷"，兰州仓库盈溢。隋朝的仓储系统，有正仓、常平仓、义仓等。正仓以储州县粮食，常平仓以均粮价贵贱，义仓以备灾荒。各仓所储，用途不同，各有相应的管理制度。隋朝的土地制度是沿袭北魏以来的均田制，均田制度下的农民承担国家租调。隋朝初年，官吏占田过多、民户不实等问题严重。开皇五年（585年），实行"大索貌阅"，核实出贵族隐匿的大量的乡村人口。同时开展"输籍定样"，登记农户缴纳租税的数量，避免州县官吏侵吞。又进行析户政策，大功以下的兄弟必须各立户头。通过增加户口数，使国家税收大大增加。另外，兰州一带，虽然以畜牧为事，但依然有屯田之举。开皇四年（584年），贺娄子干曾经提道："比见屯田之所，获少费多。虚役人功，卒逢践暴。屯田疏远者，请皆废省。"不但提及有屯田，而且点明屯田的范围较广。至于"虚役

人功，卒逢践暴"实际上指被突厥、吐谷浑毁坏之事。若承平之时，自然收获不少。至隋文帝末年，"计天下储积，得供五六十年"，以致"隋氏资储遍于天下，人俗康阜"。至隋末，兰州的粮仓储粮也比较多。薛举在兰州起兵，老百姓忍受饥饿冻馁，薛举曾经"开仓以赈贫乏"，争取到了大量的拥护者。

开皇十五年（595年），将兰州等北境边州的民间义仓，收归州管辖，充实正仓系统，并且将这一制度推向全国。隋朝建立初期，大旱频发，关中尤甚。开皇三年（583年），度支尚书长孙平建议："奏令民间每秋家出粟麦一石以下，贫富差等，储之间巷，以备凶年，名曰义仓。"开皇五年（585年），义仓正式设置。义仓又叫社仓，属于国家组织、民间管理的粮食储备机构。义仓的设置是为了防备饥荒，在当地社内造仓窖贮藏，由社内派人专管。若遇到荒年，社内有饥馑者，开仓赈济。由于义仓设在民间，管理不善，浪费严重。开皇十五年（595年）诏曰："又北境诸州，异于余处。云、夏、长、灵、盐、兰、丰、鄯、凉、甘、瓜等州所有义仓杂种，并纳本州。"兰州等11州属于北境边州，诏令规定将义仓归属于州级系统。次年，又将秦、叠、成、康、武、文、芳、宕、旭、洮、岷、渭、纪、河、廓、豳、陇、泾、宁、原、敷、丹、延、绥、银、扶等州社仓，"并于当县安置"。很显然，秦州等26州地处西北或者西部，其中不少属于边州，但毕竟不同于北境诸州。于是，诏令规定将26州的社仓归属于县系统。无论是"并纳本州"，还是"并于当县安置"，实际上等于将由民间管理的机构纳入州县系统，从而充实了国家统一管理的仓储系统。当年二月，"又诏社仓，准上中下三等税，上户不过一石，中户不过七斗，下户不过四斗"。这样，将西北地区义仓国有化的措施，迅速推广到全国。

（三）西部防御体系的构建

兰州总管府设置于开皇元年（581年），同年撤销廓州总管府。从某种程度上看，由兰州总管府替代了廓州总管府。廓州治所在今青海省贵德县一带，位置更靠近吐谷浑的活动区域，一直为北魏、西魏、北周管辖。周建德五年（576年），吐谷浑内部大乱，北周打败吐谷浑得到大片河南地，置廓州，故而设置总管府，"取廓清之义为名"。开皇元年（581年）十二月己丑，以柱国元衮为廓州总管。随着兰州总管府的设置，廓州总管府最迟在开皇二年（582年）初被撤销。之所以做出这样的调整，主要原因在于来自北方突厥的威胁不断增强。

　　在隋朝西部的边防线上，从北向南依次设置的总管府为凉州总管府、兰州总管府、岷州总管府、宕州总管府。在陇右地区还有秦州总管府等。每临战事，各总管府统一受朝廷调配、协调作战。相互间的节制，因担任总管者或行军大总管的职位高低不断变化。随着突厥进攻的不断加强，兰州总管府的战略地位不断提升。兰州总管或者作为主力参加作战，或者作为主帅，主事一方。如开皇二年（582年），隋文帝曾令"兰州总管叱李长叉守临洮"防御突厥。此处的临洮即洮州，位置远在狄道之南。开皇三年（583年），秦王杨俊任秦州总管，管辖兰州等陇右诸州。达奚长儒任兰州总管时，曾受命率所部翻越祁连山，向西追击突厥，所率领各部有凉州总管独孤罗、原州总管元褒、灵州总管贺若谊等部众。作战区域北达居延、西至蒲类海，南至岷州。

　　大业五年（609年），隋炀帝西巡，道经狄道县（今临洮县），督查郡县政绩得失。隋炀帝在达狄道滞留近20天，接受党项羌来献贡物，并做《临渭源诗》歌咏："滔滔下狄县，森森肆神州。"狄县即狄道县，属金城郡所辖，狄道县及其以南区域的军事防御也属于兰州总管的职责范围。随后，隋炀帝继续西行，至西平郡（今青海省乐都一带）"陈兵讲武"。五月，为了打击覆袁川的吐谷浑部，隋炀帝四面布兵。令内史元寿屯兵南面的金山，兵部尚书段文振屯兵北面的雪山，太仆卿杨义臣屯兵于东面的琵琶峡，将军张寿屯兵于西部的泥岭。在整个包围圈中，居最东面的是琵琶峡，在广武县西北150里，即今永登县西北、天祝县西南一带。最后，吐谷浑王率男女10余万口、六畜30万头归顺。击溃吐谷浑后，隋朝拓地数千里，设置西海、河源、鄯善、且末四郡。这样，今青海省全境被纳入中原王朝的版图，"隋代之盛，极于此矣"。灭吐谷浑汗国设置四郡，对兰州及河西一带起到

了拱卫作用。同时，吐谷浑部族的势力发展进入衰落阶段。

三、薛举政权定都兰州

隋朝末期，政局动荡，统治岌岌可危。隋炀帝弑父夺取王位，引发统治集团内部的混乱。农民负担沉重，自然灾害不断，导致社会矛盾不断激化。一些封疆大吏、地主武装纷纷起兵反对隋朝的统治，史称"自燕、赵跨于齐、韩……西秦陇山之右，僭伪交侵，盗贼充斥"。金城校尉薛举也乘势兴起，拥兵割据兰州，建立了西秦政权。

（一）薛举政权的建立

隋朝末年，陇西一带发生灾荒。老百姓饱受饥馑之苦，四处抢劫，一些地方甚至出现了成群的盗贼。为此，金城令郝瑗征募了数千人，派薛举带领准备前往讨伐。薛举祖籍河东汾阴（今山西万荣县），在其父薛汪时举家迁居金城。薛举本人身材魁梧，武艺超群，勇猛而善射，当时为金城府校尉。其为人凶悍，善于交结豪侠，在"边豪"中颇有声望。薛举也善于置业，家底雄厚，资产巨万。临行前，郝瑗在兰州城中安排酒宴，召集官员，为薛举及出行的壮士"授甲"。薛举与其子薛仁杲及同谋者13人挟持了郝瑗，妄称要逮捕造反者而起兵。薛举等人首先关押了郡县官员，掌握了金城郡的控制权。同时开仓赈济饥饿的贫民，赢得了大众的拥护，郝瑗也成为薛举的主要谋士。起兵后，薛举自称"西秦霸王"，建元"秦兴"。同时，薛举还分封了不少部下。至此，西秦政权正式建立。紧接着，薛举相继招收不少聚众的团伙，并将马牧的官马劫掠来武装队伍，其势力发展很快，成为西北地区最大的武装割据力量。

在薛举起兵金城的同时，河西的李轨也在武威起兵，占据黄河以北的永登一带。李轨是武威姑臧人，为鹰扬府司马，家庭资财丰盈，为当地豪富。李轨本人能言善辩，饱读诗书，乐善好施，在当地颇有威望。薛举起兵金城时，李轨与同郡曹珍、关谨、梁硕、李赟、安修仁等商议：薛举生性残暴，肯定来进攻武威。而郡守软弱，不能有效抵御。我们应该同心协力，占据河西，以观天下变化，决不能束手将家人性命交于他人。随之，李轨等派安修仁带领大量胡人占据内城，里外配合将隋将捆缚。众人以"李氏当王"的图谶为由，推选李轨为主。李轨称河西大凉王，建元安乐，设置官署，割据凉州。李轨起兵后不久，被隋炀帝安置在会宁川的西突厥部首领阙达度阙设自称可汗，率领两千余骑兵归顺李轨。突厥部落的归顺，使李轨的实力与地盘也随之大增。李凉政权雄踞河西走廊东端，跨乌鞘岭南北两侧。李轨占有今永登一带的广武郡，向南与薛举隔黄河而立。

薛举建立西秦政权后，为了巩固政权和扩大势力范围，以兰州为中心，派兵向四方征讨，连续攻克了数个州郡。薛举势力能在短时间内迅速壮大并建立政权，顺利定都兰州，一方面，是薛举父子定居兰州数十年，两辈人的社会影响为其积攒了一定的实力，使其具备割据兰州的声威。隋金城令郝瑗作为薛举的股肱谋士，为其军事行动出谋划策。隋东宫学士、太常博士褚亮，"因坐与杨玄感善，贬为西海司户"。薛举授亮为黄门侍郎，委之机务。另一方面，隋朝的腐败统治招致反隋势力形成强大的合力，助推薛举势力发展。薛举的作战力量中揭竿而起的农民占绝大多数，且有不少牧奴。这些牧奴大多骁勇善战，实力强盛。李世民在击败宗罗睺时，对其部下说罗睺兵众"皆陇外之人，将骁卒悍"。他们的加入，迅速壮大了薛举集团的实力，使其能迅速展开一系列进攻，薛秦政权的占领范围迅速扩大。

向南，占据了枹罕（今甘肃临夏）。当时守卫枹罕的隋将是皇甫绾，守兵1万。薛举以两千精兵偷袭枹罕，双方在赤岸一带相遇。双方陈兵未战之时，风雨突然而至。起初，大风刮往薛举阵营，皇甫绾未及时进攻而错失战机。忽而风向转变，刮向皇甫绾阵营，且天色昏暗，皇甫绾队伍阵脚大乱。薛举抓住时机，率先策马冲入敌阵，大队人马随后掩杀过来，杀得皇甫绾大败而逃。薛举乘胜追击，攻下枹罕城。声望所至，岷山一带羌族豪强钟利俗又率众两万来降。枹罕一战，薛举既得地，又得人，声势大振。

向西，薛举进军鄯州、廓州，并且很快攻克。"数日间，尽有陇西之地，众至十三万。"自此，西秦势力进一步扩大。

向北，进攻凉州。薛举命大将常仲兴渡过黄河，进攻李轨政权。常仲

兴的军队沿着庄浪河北上，在昌松（今古浪县）与李轨的大将李赟相遇。常仲兴战败，士兵被杀两千余人，其余被俘虏，后李轨又将俘虏全部释放。不久，李轨"攻张掖、敦煌、西平、枹罕，皆克之尽有河西五郡之地"。其中，枹罕郡夺自薛举。枹罕以西的鄯州、廓州也归了李轨集团。这样，李轨与薛举隔黄河、洮河而治。

向南，攻占了秦州，兵锋直指河池郡（今陕西凤县凤州镇）。大业十三年（617年），薛举派长子薛仁杲率兵东进，攻占陇右重镇秦州（今甘肃天水市）。派次子薛仁越率兵进逼剑口（剑门关，今四川剑阁），途中进抵河池郡，遇到隋凤州太守萧瑀的抵抗，进攻势头受阻，只好退兵。

随着战果的不断扩大，薛举称帝欲望愈加强烈。大业十三年（617年）七月，薛举正式在兰州称帝。以妻子鞠氏为皇后，母为皇太后，薛仁杲为太子。

（二）薛举政权在兰州

薛举从大业十三年（617年）七月定都兰州，十二月迁都秦州，其间仅五个月。在迁都秦州以后，兰州依然是薛举政权最重要的后方基地。兰州作为西秦政权的都城为时短暂，但作为薛举起家之地为时较长。薛举称帝兰州后，立祖庙、阅兵、置百官，不断完善皇权体系。

1. 起坟茔，置陵邑，立祖庙

大业十三年（617年）七月，薛举在兰州称帝后，随之在其父坟茔处置陵邑，同时在城南立祖庙。道光《皋兰县续志》载，华林山为薛举起坟茔、置陵邑、立祖庙之所，人称薛王坪，即今华林坪。乾隆时临洮县人吴镇《薛王坪歌》云："兰山五泉下，西有薛王坪。薛王何王坪？言是薛举之先茔。"置陵邑就是围绕坟茔设置居住区，安排专门的人员守陵。陵邑制度形成于西汉初期，魏晋时期渐趋淡薄，隋唐时期又得以恢复。薛举置陵邑、立祖庙举措，应当来自褚亮的建议。褚亮是杭州钱塘人，他的祖、父辈先后任职于南朝的梁、陈，且精通文史。褚亮自幼好学，博览群书，过目不忘，被陈后主召见并重用。陈被灭后，仕于隋，为东宫学士。杨玄感反叛兵败后，褚亮因与杨玄感交往过深而被贬为西海郡司户。西海郡是隋炀帝西巡打败吐谷浑后所设置，在今青海湖一带。薛举起兵后，褚亮被征为"黄门侍郎，委之机务"，受到了重用。起初，隋炀帝改置宗庙，褚亮提出专门的奏议："请依古七庙，而太祖、高祖各一殿，法周文、武二祧，与始祖而三。余则分室而祭，始祖二祧，不从迭毁。"然未来得及实施，褚亮就被贬。薛举称帝，置陵邑、立庙等必属于"机务"，褚亮的建议自然被重视。薛举称帝时以其母为皇太后，表明其母尚在。故而，"其先墓"仅仅指其父薛汪的坟墓。置陵邑、立祖庙的目的，首先是要树立威信，赢取部众的拥护；其次也完善了兰州城作为都城的功能。

2. 陈兵数万，拜墓大飨

薛举攻克枹罕、鄯州、廓州之后，成为陇西最大的军事势力，拥兵达13万之多。称帝当月，薛举陈兵数万于兰州。数万兵士聚集兰州，使兰州的人口数急剧增长。这些兵士来自多方面：一是金城鹰扬府薛举所带的府兵，二是郝瑗招募的数千兵士，三是宗罗睺为首的"群盗"以及随后招降的"余盗"，四是"剽马牧"所得的牧马兵士，五是打败枹罕守军皇甫绾后收编的隋军，六是岷山羌首钟利俗的2万羌兵。另外，也可能还有从鄯州、廓州调来的兵。可见，薛举的军队来源渠道多，所以很快就拥兵数万。当然，兵士成分复杂，短期会聚，战斗力及军心的维持很成问题。兵众聚集后，先前往拜墓，之后大飨三军将士。也就是说，在帝王的先祖坟前举行了数万人的部队检阅。忍受饥饿的灾民、隋朝的老兵加上惯于抢掠的羌胡猛士，在地方豪强的鼓动及感召下，自然是群情激奋，斗志昂扬。这是兰州有史以来第一次大规模的阅兵。

3. 封王侯，置百官

薛举构建皇权体系的步骤是逐渐展开的，但其目标在一开始就很清楚。起兵之初，薛举号称西秦霸王，封长子仁杲为齐公，封少子仁越为晋公，封宗罗睺为义兴公。攻取枹罕后，立即进封长子仁杲为齐王，授予他东道行军元帅。封次子仁越为晋王，兼任河州刺史。封宗罗睺为义兴王，以辅佐薛仁杲。尽有陇右后，薛举称帝，封仁杲为太子，封建帝制王位传承系

119

统确立。此后，薛举也一直称其妻为皇后。薛举占领陇州后，活捉刺史常达。审讯常达时，指着其妻问达曰："识皇后否?"薛举死后，谥号武皇帝。薛举政权所见的中央级的官职还有内史令、左仆射、柱国、卫尉卿、黄门侍郎等。

表 3-2　薛举部下任职表

序号	姓名	任职或称谓	材料来源
1	宗罗睺	义兴公、义兴王	《旧唐书·薛举传》
2	张贵	贼帅	《旧唐书·常达传》
3	常仲兴	将	《旧唐书·薛举传》
4	仵士政	将	《旧唐书·常达传》
5	翟长孙	内史令	《旧唐书·薛举传》
6	牟君才	将	《旧唐书·太宗本纪》
7	梁胡郎	将	《旧唐书·太宗本纪》
8	钟俱仇	左仆射	《旧唐书·薛举传》
9	钟利俗	羌首	《旧唐书·薛举传》
10	奚道宜	柱国	《旧唐书·李轨传》
11	旁仚地	羌豪	《新唐书·薛举传》
12	浑干	骁将	《资治通鉴》卷 186
13	郝瑗	卫尉卿、谋主	《旧唐书·薛举传》
14	褚亮	黄门侍郎	《旧唐书·褚亮传》 《旧唐书·薛举传》
15	褚遂良	通事舍人	《旧唐书·褚遂良传》
16	刘龙	骁将	《贺拔亮墓志》

同样，每攻占一地，薛举政权便建立相应的地方行政体系。《贺拔亮墓志》记载，坚守洮阳城的贺拔亮打败薛举大将刘龙的进攻，"因击破其伪镇，得其仓储官属"。"伪镇"即薛举所立地方机构，设置有仓储官属。薛

仁杲兵败后，"率伪百官"降于李世民。在机构名称上，薛举也有进行调整的迹象。大业三年（607年），炀帝改州为郡，但薛举曾封薛仁越"兼任河州刺史"。史书中记载薛举活动，涉及的以州为名者很常见，如兰州、秦州、鄯州、廓州等。如果说，薛举改郡名州的做法确实存在，当属于同时期拥兵自立者的习惯做法。李轨在凉州称帝时，"署置官属，并拟开皇故事"。

薛仁杲攻占秦州后，薛举便迁都秦州。薛氏父子准备以秦州为据点，向东发展，进军长安。大业十三年（617年）十二月，薛举派薛仁杲进攻扶风郡（在今陕西凤翔南），打败唐弼的军队，势力达到最强盛时期，号称拥兵二十万。随后，薛举决定乘胜追击，攻打长安。这时，长安已为李渊势力占据。在扶风一带，薛举与李世民交战并被打败，损失数千人，退守陇山。武德元年（618年）六月，薛举发兵进攻泾州，并准备再次进攻长安。不料，薛举突然得病而亡，郝瑗因伤感得病不起，西秦势力自此趋于败势。

薛举死后，薛仁杲继位。薛仁杲力大无穷，号称"万人敌"，善骑射，但为人残酷暴虐，勇而无谋，不能凝聚军心。武德元年（618年）十一月，薛仁杲与李世民在浅水原（今甘肃泾川县境）展开激战。薛仁杲大败，溃不成军。仁杲见大势已去，率众投降，被李世民押送至长安后处死。至此，西秦政权存在了五年后被消灭。薛举政权失败后，兰州地区正式归属唐朝。

第二节　唐五代时期兰州的兴衰

唐朝建立之初，相继平定薛秦等割据势力。武德八年（625年），设置兰州都督府。唐朝的都督府原名总管府，一般设在边要之州，统辖数州之兵。贞观初，兰州被划归陇右道；开元初，设陇右节度使治理。唐前期国势强盛，社会稳定，兰州的农业生产、交通建设、贸易互市都发展较快。兰州所处的陇右地区是当时最发达的区域之一，有"天下称富庶者无如陇右"之称。玄奘等西行者取道金城，是兰州交通与文化获得发展的真实反映。突厥、吐谷浑对兰州的持续进攻、吐蕃对兰州的攻占则是兰州战略地

位突出的真实反映。

一、玄奘及边塞诗人西行

唐代，兰州是陇右河西通道的交通重镇。陇右河西道发自长安，沿渭河西行，越陇关（今甘肃清水县东陇山东麓），过天水（汉上邽，唐秦州）、兰州（金城郡），继续西行；或从天水抵临洮（狄道）、河州（枹罕，今临夏市），经永靖、炳灵寺，然后取道湟水谷地至西宁（西平），以及更远。在唐前期，陇右河西道路畅通无阻。

（一）玄奘取道金城

唐代高僧玄奘西行求经，经由秦州抵达兰州而继续西行。玄奘（602—664年），本名陈祎，洛州缑氏（今河南洛阳偃师）人。玄奘是佛教翻译家，法相宗创始人，被尊称为"三藏法师"。贞观元年（627年），"秋八月，因遭霜害歉收，有敕许京师道俗四出，随丰腴之地觅食"。玄奘趁此机会，踏上了西行求法的万里征程，时年28岁。玄奘此行目的是为了翻译佛经，学习西方佛教知识。但在中外文化交流史上，他的贡献远不止此。

玄奘取经的十几年间，经过了许多地方。每到一处，他会记录当地的情况。贞观三年（629年）秋八月，"将欲首途……时有秦州僧孝达在京学《涅槃经》，功毕返乡，遂与俱去"。玄奘因此到达陇西。在秦州，玄奘"逢兰州伴，又随去至兰州，一宿。遇凉州人送官马而归，又随去至彼"。玄奘西行记录真实反映了长安至兰州道路通畅之事实。

玄奘所处的时代，正是兰州佛寺建设大发展的时代。唐初，在兰州修建的佛寺有庄严寺、普照寺和嘉福寺等。庄严寺始建于唐初，原为隋末"西秦霸王"薛举的旧宅。唐武德二年（619年），李世民平定西秦，遂敕建王府为庄严寺。元至元年间、明成化十六年（1480年）均曾重修。庄严寺于1926年改为省立民众教育馆，原址位于今兰州市张掖路北侧兰州晚报社院内。庄严寺的唐代建筑早已荡然无存，其后几经兴衰，仅有过殿、大殿和后殿等明代建筑保存。寺内有号称"三绝"的塑绝、写绝、画绝，清初已著称于世，具有极高的文物价值。庄严寺三绝，是元、明、清时代的杰作，但唐初敕建的寺院，为寺院的发展积淀了深厚的文化底蕴，是佛教在兰州发展的极佳证明。

普照寺，又名大佛寺，故址在今兰园（少年宫）。据史书记载，为唐太宗贞观中敕建，金代重修，改为普济院。明代肃王再修，清道光时陕甘总督杨遇春复修。寺门在今武都路，北界今张掖路。经数代重修、扩建，其规模已是兰州佛寺之首。普照寺坐北朝南，主要建筑有山门、金刚殿、天王殿、大雄殿、法轮殿、藏经楼、钟鼓楼等，大小殿堂十余座。普照寺各殿均有塑像，其中大雄殿三尊佛像，塑工极佳。明间后壁所绘大悲观音佛像，计有 11 头、42 只手臂，每只手各持法器一件，金碧辉煌，绚丽多彩。大雄殿后为法轮殿，是一座具喇嘛教特征的佛殿，该殿建于元代。法轮殿后为七楹藏经阁，阁内东、西壁各镶木橱四个，橱内存放明万历太后所赐《大藏经》640 部，计 6358 卷。木橱外绘菩萨立像八尊，高约丈余。藏经阁内塑、雕、绘均极工致，深为瞻仰者赞赏。普照寺钟楼内悬铁钟一座，钟高 3 米，口径 2 米，重达万斤，为金章宗泰和二年（1202 年）侍鉴郭镐监造。铁钟铸造精良，声音宏远，并铸铭"仙闻生喜，鬼闻停凶，击破地狱，救苦无穷"16 字，昔日"金城八景"之一的"古刹晨钟"即指普照寺内悠远的钟声。

嘉福寺，原名木塔寺，建于唐贞观年间，为高昌王麴文泰所建，在兰州城内西北隅，即今木塔巷北端。高昌王麴文泰是虔诚的佛教信徒。唐贞观年间，高僧玄奘赴印度取经途经高昌国，麴文泰将玄奘奉为上宾，拜为国师，结为兄弟，并经常带着嫔妃、大臣一起听玄奘讲经说法。麴文泰欲留玄奘辅佐国事，但玄奘坚辞西行，并以绝食明志，无奈，麴文泰敬赠玄奘大笔盘缠，送行百里，于交河挥泪相别。贞观九年（635 年），麴文泰派使节到唐都长安晋见唐太宗李世民，唐太宗认麴文泰之妻为宗亲，"诏赐李氏、封常乐公主"。使者回国途中，麴文泰捐资，命使者以他的名义在故乡金城造佛塔一座，此塔即为嘉福寺木塔。嘉福寺木塔是兰州建造最早、最有名望的佛塔，据载此塔带有印度佛寺的风格。宝塔为木结构，密檐十三

层，高50余米，塔身呈八角形，自下而上，逐层缩小。木塔每层每面均雕有佛像及以民间传说为内容的图画，塔刹为宝珠形，生铁铸成，直径约1.7米，上铸"宝塔建于唐贞观九年"9个字。木塔规模可与我国现存最高木塔——山西应县佛宫寺释迦塔媲美。宝塔正南为大雄宝殿，供奉三世佛。殿东为尊胜殿，殿西为准提殿。大雄宝殿南为山门，约略在今木塔巷南段。宝塔正北为毗卢阁，藏有《大藏经》一部。再北为药师殿、斗母殿、文殊殿、普贤殿，左右为廊庑，供奉天龙八部像，绘有千佛壁画。寺院最北端靠近城墙左近，另有香积厨、浴室、库房、粮仓等生活设施建筑。

在兰州，还有一座石窟寺，即阿干镇石窟。石窟位于兰州市七里河区阿干镇苟家湾村。目前，仅存一龛。洞窟依山而建，洞窟内空间较大，宽6.5米，进深5.2米，高4.2米，当在天然洞穴基础上经过进一步的修整而成。顶部略呈方形圆角平顶，四壁出现多处裂缝。窟内正中的石台上，有一尊佛像，仅存石胎。石像高1.55米，肩高1.15米，肩宽1.22米，肩部厚0.38米。石佛形体大体清晰，与身后的石壁、坐下的石台相连，修建时留下的痕迹明显。石胎头部轮廓犹存，面部残损严重。身部肩胸宽壮敦厚，大体可判断是一尊呈跏趺坐的禅定坐佛像。石窟顶部烟火熏色厚重，褐红色斑点显示底层有壁画残留。从残存佛体的体格来看，隐约显示采用"褒衣博带"的装饰风格。洞口外两侧崖面上，可见数个小龛等痕迹。左侧的小龛内，有黑色字迹，可辨识"大魏""供"等。其中，"供"字较为清晰，"大"字也基本可以判定。至于"魏"字，初看不能判定，仅仅从残存笔画可做出大致推断。根据字迹渗入岩体和脱落程度，可判断题记年代较早。窟外崖面有数个方孔坑洞，当为窟檐木构建筑的痕迹。洞口有两层门框，门框上方空间用青砖砌堵，时代较晚。初步判断，阿干镇石窟造像与临近的炳灵寺石窟的早期造像风格有相似之处。再根据佛教在兰州一带的发展情况，阿干镇石窟当开凿于北朝至隋唐时期。石窟依山而建，沿窟前河沟向南可达临洮、临夏。阿干镇石窟为兰州市区目前发现的最早的石窟，是兰州地区佛教发展的重要象征。

（二）边塞诗吟诵兰州

唐代兰州，属于边塞之城，文人墨客对其壮美山川曾经大加吟诵。目前所见，南朝宋时诗人吴迈远在其《棹歌行》中最早提及兰州，其诗曰："十三为汉使，孤剑出皋兰。西南穷天险，东北毕地关。"诗中的皋兰，即今兰州市南面的皋兰山。唐代是诗歌发展的黄金时代，边塞诗更是其间的奇葩。文学史上的"边塞四诗人"中，高适和岑参最能代表唐代边塞诗那种悲壮、洒脱的艺术风格，二人都曾在金城留下诗作。

高适（702—765 年），字达夫，渤海郡（今河北景县）人。唐代著名的边塞诗人，曾任刑部侍郎、散骑常侍、渤海县侯，世称高常侍。天宝八载（749 年），举有道科，任封丘尉，后充河西节度使哥舒翰幕府书记。安禄山叛乱时，拜左拾遗，转监察御史，佐哥舒翰守潼关。肃宗时，任剑南西川节度使、散骑常侍。永泰元年（765 年）卒于长安，赠礼部尚书。高适在金城作《金城北楼》一诗，诗曰：

> 北楼西望满晴空，积水连山胜画中。
>
> 湍上急流声若箭，城头残月势如弓。
>
> 垂竿已羡磻溪老，体道犹思塞上翁。
>
> 为问边庭更何事，至今羌笛怨无穷。

此诗当为天宝十一载（752 年）秋作者赴河西过金城时所作。首联写诗人登高所望见的壮丽景色，起句宏伟。颔联写水流之急、月势之静，生动形象。总体来看，前四句写出了塞外风光的苍凉雄壮。随后，诗人追思历史旧事，对人生际遇、祸福更替有了更深的认识，但内心因不得志而郁结的愁思仍然溢于字里行间。尾联是诗人对边塞生活高度凝练的概括，见解深刻独到。后四句抒发作者饱尝仕途艰辛，前途未卜的心情，起突出主题的作用。全诗以登金城北楼所看到的壮美景观为开头，展现了兰州河山的险峻和边塞残月的凄美，黄河因河床窄深而水流湍急，金城关隘因居高山而险峻，突出了兰州的特殊地形和重要地理位置。

岑参（715—770 年），南阳人。出身于官宦家庭，自幼遍读经史。天宝

三载（744年）举进士。天宝八载（749年）在安西节度使高仙芝幕中掌书记，驻武威，两年后回长安。天宝十三载（754年），又充安西北庭节度使封常清的判官，再度出塞，供职三年。肃宗在凤翔时，任右补阙，后出为虢州（今河南灵宝南）长史。55岁左右为嘉州刺史，罢官后客死成都旅舍。天宝十三载（754年），岑参第二次赴北庭途中经兰州时作《题金城临河驿楼》一诗，诗曰：

> 古戍依重险，高楼见五凉。
>
> 山根盘驿道，河水浸城墙。
>
> 庭树巢鹦鹉，园花隐麝香。
>
> 忽如江浦上，忆作捕鱼郎。

此诗是为金城临河驿楼所作，诗中"古戍"即金城古关。金城关在金城郡治北，"金城关，在州城西，周武帝置金城津，隋开皇十八年改津为关"。今金城关旧地正在北山根，隔河与兰州城相望。因该关南阻大河，北临崇岭，故谓之"重险"。关城壁立于黄河之滨，控扼山河之间蜿蜒曲折的驿道。沿驿道向西北，就是十六国时五凉争雄角逐的河湟和河西地区。金城关下有蜿蜒的驿道和飞流湍急的黄河，山下有独具特色的庭院景致，给人以鲜亮和谐之美。整首诗将时间和空间、色彩和声音有机地融合起来，格调豪壮、意境高远，不仅为我们展示了一座历经沧桑而依然耸立的临河驿楼，并且展示了兰州这座塞上名城的形势和景致。

唐代诗人中，除以经过金城兰州时作诗描述城市景观外，尚有以兰州皋兰山作为地标而写成的诗，极具意蕴，尽管有些作者并未真正到过兰州，但诗作同样展现兰州边塞风光。卢照邻的《紫骝马》即是其中之一。"骝马照金鞍，转战入皋兰。塞门风稍急，长城水正寒。"诗歌通过描写皋兰一带的边塞环境的恶劣严峻和骝马行动的艰难，突出骝马的雄猛，借以歌颂赴边将士转战疆场、英勇杀敌的英雄气概，抒发盼望边疆早日安宁，停止流血的心情。卢照邻用景物的片段组成诗篇，按时间顺序排列，将一匹勇敢的马变成代代相承的勇敢战马，象征着边塞士兵冲向沙漠而英勇牺牲的精神。诗歌用词精当，描绘生动细腻，形象突出鲜明。

安史之乱后，河陇陷蕃，边地荒远，边民颠沛，吐蕃治下的河湟，一片萧索。晚唐诗人刘驾在其诗作中描述了河湟地区的景象。刘驾（821—872年），字司南，江东人。晚唐现实主义诗人之一。河湟收复之时，刘驾正在长安备考，作《唐乐府十首》，"歌河湟之事也。下土土贡臣驾，生于唐二十八年，获见明天子以德归河湟地"。这十首诗，围绕着收复河湟，从各个角度写出了诗人满腔的兴奋和由衷的祝福。其诗作多有关于西北陷落情景的描述，其诗《唐乐府十首·吊西人》曰：

> 河湟父老地，尽知归明主。
>
> 将军入空城，城下吊黄土。
>
> 所愿边人耕，岁岁生禾黍。

《唐乐府十首·田西边》曰：

> 刀剑作锄犁，耕田古城下。
>
> 高秋禾黍多，无地放羊马。

诗人一方面期待"所愿边人耕，岁岁生禾黍"；另一方面希望出现"刀剑作锄犁，耕田古城下。高秋禾黍多，无地放羊马"的景象。作者希望边疆从此和平安定，不再征兵打仗，"东人望归马，马归莲峰下。莲峰与地平，亦不更征兵"。同时，征夫自愿出征，并为此感到快乐和自豪，役夫们也觉得为收复失地的战争服务就如同做家事一般，因为"国"和"家"是紧密联系在一起的，突出了战争的正义性，也写出了万众一心的豪迈气概。刘驾的诗作体现了晚唐中原士人对河湟地区的认同和收复河湟失地的喜悦之情。

唐代边塞诗的主题是当时社会生活的体现，高适与岑参在金城地所留诗作，卢照邻、刘驾等人的边地诗作，在表现边塞生活景象与思乡之情的同时，也以写实的笔触凸显出了兰州景观的雄壮之美及其在西北边塞的重要地位。

二、备御突厥与吐谷浑

北朝末期，突厥强大起来，势力远达中亚，且有"凌轹中夏志"。他钵

可汗时，"控弦数十万，中国惮之"。577 年，北周灭北齐后，他钵可汗声扬报仇，进兵酒泉大掠而去。他钵可汗死后，突厥内部经过争夺，摄图登上汗位，时称沙钵略可汗。隋朝建立后，北边的最大威胁依然来自突厥。另外，活动在青海湖周边的吐谷浑原本与北周就有财物疆域等直接利益的冲突，入隋后，也经常东进。因此，整个隋朝时期，兰州地区既有来自突厥方向的威胁，也有来自吐谷浑方面的进攻。唐朝设在西部的军事防御体系很严密，兰州在地理位置上并不处在最前沿。在兰州东北及北边的原州、灵州及河西走廊一带，在兰州西边及西南边的鄯州、廓州、岷州、洮州等地都有边防驻军。但是，由于突厥的进攻力量非常强大，往往突破前沿防线直接到达兰州地区。李渊从太原起兵的时候，也受到突厥的直接威胁。李渊对突厥妥协求和，以换取支持，赢得占领长安的机会。但突厥不愿意看到李渊集团一家独大，因此，一度准备与薛举、梁师都集团联合进攻长安。武德四年（621 年）以后，唐朝逐渐平定了刘黑闼、王世充的势力，与突厥正面接触。起初，突厥南下进攻唐朝的主要方向在原州及其以东区域。此后，突厥势力不断变化，兰州地区受到袭扰。

（一）击溃突厥进攻

武德六年（623 年）七月，突厥寇扰原州，至武德七年八月一年间，突厥向原州发起了六次进攻。原州在今宁夏固原市一带，位于六盘山以东。游牧民族的习性是"抢劫"，突厥的每次南下，都对所到地区造成了极大的人员伤亡和财产损失。除原州外，突厥曾经进攻了渭州。渭州居六盘山以西，即今天的陇西一带，与兰州相邻。因此，突厥对渭州的进攻，已经开始威胁到兰州的正常社会秩序。为了抵御突厥的进攻，唐朝除做好军事上的防御外，也进行大规模的屯田，比如在并州的屯田，收获颇丰，这样能减少粮食的长途运输，解决军粮问题。

表3-3　武德年间突厥寇扰兰州及周边地区情况表

年份	月份	日期	寇扰地区	年份	月份	日期	寇扰地区
六年	七月	癸未	原州	九年	二月	丁亥	原州
	八月	己未	原州		三月	丁巳	原州
		辛未	陷原州之善和镇		四月	丁卯	朔州
		癸酉	渭州			庚午	原州
七年	三月	丁酉	原州			癸酉	泾州
	七月	戊寅	原州		五月	癸未	西会州
	八月	戊辰	原州			戊戌	秦州
	十月	己巳	甘州				兰州
八年	十月	壬申	蔺州		六月		陇州
			叠州			辛未	渭州
		戊寅	鄯州		八月	己卯	高陵

　　此后，突厥开始向原州以西的唐朝区域发动进攻，首先是兰州以北的河西走廊。武德七年（624年），"冬十月，己巳，突厥寇甘州"。武德八年（625年），凉州胡人睦伽陀引突厥人袭击凉州都督府，进入子城，被长史刘君杰击破。突厥对河西走廊的进攻，使兰州地区的形势也骤然紧张起来。武德八年（625年），唐朝在兰州设置总督府，管辖兰、河（治今甘肃临夏）、廓（治今青海贵德附近）、鄯（治今青海海东）四州的军事，防务范围包括祁连山以南的河湟谷地、洮河流域。兰州总督府的设置，意味着兰州成为唐代西部地区重要的军事中心。

　　兰州总督府设置不久，兰州就遭到了突厥的直接进攻。武德八年（625年），"突厥寇蔺州"。《资治通鉴》为此注曰："突厥既能寇鄯州，则上之蔺州为蘭州，未可知也。"同时，突厥还进攻了叠州、鄯州。叠州在今甘南，鄯州在河湟谷地，均在兰州附近。而蔺州则远在今四川、贵州一带，据此，"突厥寇蔺州"之"蔺州"即"蘭州（兰州）"。突厥的这次南下，表明其进攻的区域已经从唐朝的北部向西北部延伸，而且突破原州、凉州

防线，致使兰州地区也成为唐朝防御其进攻的第一道防线区。

武德九年（626 年），突厥的进攻极为频繁。短短七个月时间，突厥就发起 11 次进攻，仅四月之内就有 3 次。兰州及朔州、原州、泾州、西会州、秦州、陇州、渭州、凉州等九州均受其害，其中兰州遭到突厥的第二次进攻距上次相隔仅仅半年。在 11 次的对抗中，唐军只进行了 2 次反击，一是凉州都督府都督长乐王幼良将突厥打退；一是柴绍在秦州"斩特勒一人，士卒首千余级"。此外，再未见到有关唐朝军队反击的记载。武德九年（626 年）的最后一次进攻，突厥颉利可汗到了渭水桥北，逼近长安。当时李世民刚刚继位，统治不稳，不便大规模作战，只好与突厥和谈结盟，而后突厥退兵。从战争的结果来看，唐朝整体上处于被动应战的守势状态。所以，突厥对兰州的进攻，必然造成极大破坏。

李世民即位后，开始调整对突厥的对策，逐渐寻找战机，主动出击。贞观三年（629 年）十一月，突厥寇掠河西，肃州（治今甘肃酒泉）刺史公孙武达、甘州（治今甘肃张掖）刺史成仁重联合作战，大破突厥，将突厥势力阻止于祁连山以北。随后，李世民派兵 10 余万，打击突厥，俘获颉利可汗，"漠南之地遂空"。东突厥亡后，西突厥的一些种落散在伊吾，但对唐朝的威胁不大。从此，不再见到突厥对兰州地区的寇掠。

（二）击败吐谷浑进攻

大业五年（609 年），吐谷浑被隋炀帝击败后，政权瓦解。隋末唐初，吐谷浑又逐渐强盛起来，不断寇掠兰州一带。史载吐谷浑王伏允"复其故地，屡寇河右，郡县不能御焉"。大业末年，薛举在金城起兵，很快占据鄯州、廓州。薛举进攻武威失利后将进攻目标转向东面，武威的李轨"连好吐谷浑"乘机占据西平、枹罕等地，临近的鄯州、廓州也被控制。武德二年（619 年），李渊打败薛举后，为了消灭李轨并占取河西，遣使吐谷浑。李渊平定薛举和李轨占据兰州、武威一带后，与吐谷浑开始正面交锋。与突厥相比，吐谷浑的攻势相对弱小。但因突厥对长安构成直接威胁，是唐朝的主要对手，因此唐朝对西边的吐谷浑的寇掠采取防御态势，反击不力，结果招致吐谷浑连续不断的进攻。然而，吐谷浑对唐朝的物质财富具有很强的依赖性，在发起攻掠的同时，又多次遣使示好。在处理与唐的关系上，吐谷浑显得反复无常。从武德初直至贞观八年（634 年），吐谷浑遣使入唐朝贡 14 次，寇掠唐朝西境达到 24 次。其中，进攻兰州 2 次。以贞观三年（629 年）为界，吐谷浑对兰州地区的进攻可以分为两个阶段。前一阶段，吐谷浑的进攻主要在兰州周边地区，到达兰州南边的河州和西边的鄯州。第二阶段，吐谷浑直接进攻兰州，最后被唐朝消灭。

表 3-4 武德三年至贞观三年吐谷浑寇扰兰州周边情况表

年份	月份	寇扰地区	联军
武德三年		扶州、洮州	
武德四年		洮州、岷州	党项羌
武德五年	六月	洮州、旭州、叠州	
武德五年	八月	岷州、洮州	
武德六年	四月	芳州、洮州、岷州	
武德六年	五月	河州	
武德七年	五月	松州	羌
武德七年	六月	扶州	
武德七年	七月	岷州	
武德七年		松州	党项
武德七年	八月	鄯州	
武德七年	十月	寇叠州，陷合川	
武德八年	正月	叠州	
武德八年	四月	渭州	党项羌
武德八年	七月	武兴	睦伽陀
武德八年	十月	叠州	
武德八年	十一月	岷州	

续表

年份	月份	寇扰地区	联军
武德九年	三月	岷州	党项羌
	五月	河州	党项
	六月	岷州	
贞观元年		鄯州	
贞观二年	正月	岷州	

武德三年（620年），吐谷浑与党项羌进攻扶州、临洮。从此直至贞观三年（629年）之前，吐谷浑进攻唐境的方向主要在兰州南边、西边，其中以南边为多。

唐初，遭到吐谷浑进攻的有扶州、洮州、岷州、旭州、叠州、芳州、河州、松州、鄯州。除鄯州（今青海海东）在兰州西边外，其余各州均位于兰州以南。之所以如此，主要因为吐谷浑的主要联盟是党项羌，党项羌的活动区域在吐谷浑之南。另外，当吐谷浑及党项羌从兰州以西、以南区域寇掠唐朝疆域时，突厥正在从兰州以北、以东方向发起进攻。如武德八年（625年）九月突厥寇掠兰州，十月吐谷浑寇叠州、鄯州。武德九年（626年）五月，吐谷浑、党项寇河州、廓州，突厥寇秦州、兰州。六月，吐谷浑寇岷州，突厥寇陇州、渭州。吐谷浑与突厥的进攻几乎同时发起，而吐谷浑是臣属于突厥的。武德八年（625年），唐朝设置兰州都督府，负责兰、河、廓、鄯四州的军事防务。武德九年（626年）五月吐谷浑联合党项寇河州和廓州、贞观元年（627年）伏允掠鄯州都是对兰州都督府辖区的进攻。因此，吐谷浑对兰州以南、以西区域的寇掠可以看作吐谷浑与突厥联盟进攻兰州的军事行动的一部分。

贞观三年（629年），唐朝彻底击溃了东突厥势力，突厥与吐谷浑的联盟瓦解，吐谷浑的进攻转向兰州一带。贞观六年（632年）"三月，庚午，吐谷浑寇兰州，州兵击走之"。州兵即驻防在兰州的府兵，也包括一些地方部队。此前，抵御吐谷浑进攻的军队大多数为各地驻军，由州刺史或者都督府都督统领。贞观八年（634年）以后，唐朝开始组建由中央卫府将军统领的军队并寻机主动出击吐谷浑，以求彻底解除吐谷浑的威胁。贞观八年（634年）五月，伏允遣兵寇掠兰州、廓州。鄯州刺史李玄运上言："吐谷浑良马悉牧青海，轻兵掩之，可致大利。"唐朝派遣左骁卫大将军段志玄率领边兵及归属的党项羌等军队进行反击。在距离青海30里处，段志玄等滞留不前，吐谷浑部众驱赶马群逃走。作为亚将的兰州都督府都督李君羡率领精锐骑兵从别道追赶，在青海南悬水镇大破吐谷浑，获得牛羊2万余头。十一月，吐谷浑寇掠凉州，又扣留唐朝的使者。唐太宗多次遣使商谈无果，便决定大举讨伐吐谷浑。唐朝军队兵分三路，总兵力不下10万，同时向青海进军。贞观九年（635年），唐朝军队攻占吐谷浑都城伏俟城，吐谷浑王伏允被部下所杀，吐谷浑最终被唐朝击败。贞观十年（636年），唐太宗将弘化公主嫁给吐谷浑王诺曷钵。至此，兰州西部来自吐谷浑势力的威胁消失。

三、吐蕃占据兰州

6世纪时，吐蕃兴起于今青藏高原。吐蕃"本西羌属，盖百有五十种，散处河、湟、江、岷间；有发羌、唐旄等，然未始与中国通。居析支水西。祖曰鹘提勃悉野，健武多智，稍并诸羌，据其地"。7世纪初期，吐蕃王松赞干布以武力统一各部落，迁都至逻些（今西藏拉萨），并征服北边的苏毗（今西藏北部及青海西南部）、西边的羊同（今西藏阿里地区）及东边的党项羌等，正式建立吐蕃王朝。在吐谷浑逐渐衰败的时候，吐蕃势力不断强盛起来。强盛的吐蕃王朝北边直接与吐谷浑接壤，东边与唐朝的松州相邻。贞观八年（634年），吐蕃遣使入贡并请婚唐公主，被拒绝。松赞干布便派兵攻打吐谷浑、党项羌、白兰羌等，又以迎娶公主为名，进攻唐朝的松州，唐朝派侯君集等领兵迎击。由于吐蕃国内部分大臣反对进兵，力量削弱，被唐军打败。随后，松赞干布上表请罪，同时又继续请婚，得到唐太宗的同意。贞观十五年（641年），唐太宗将宗室女文成公主嫁给松赞干布。从贞观年间到宝应元年（762年），兰州一直处于唐蕃交往的中心区，政局变

化受到双方关系的影响极大。

（一）吐蕃进入兰州

天宝十四年（755 年），安史之乱爆发。除城防守军外，陇右的劲卒大部分被调入关中参加平息叛乱。吐蕃则乘虚而入，把进攻方向从青海、河西地区转至陇右节度东部诸州。

吐蕃的进攻，是从青海向甘肃东南延伸的。肃宗至德元载（756 年）十二月至次年十月，吐蕃接连进攻从青海门源至乐都及甘肃临夏一带。陇右节度使被迫移治廓州，河西地区开始直接暴露在吐蕃的直接威胁之下。至德三年（758 年），吐蕃又"遣使来朝，复请盟，诏从之"。但肃宗的妥协并未换得真正的和平，吐蕃继续向唐施加军事压力，在发兵占领河源军之后，又向秦、成、渭州进兵。乾元三年（760 年），吐蕃又进攻陇右，占领廓州。宝应二年（763 年），吐蕃"陷兰、廓、河、鄯、洮、岷、秦、成、渭等州，尽取河西、陇右之地"。数年间，西北数十州相继沦没，自凤翔以西，邠州以北，皆为左衽矣。至此，兰州进入了吐蕃占领时代。

此后，吐蕃一路向西进攻，于建中二年（781 年）占领沙州之后，已基本完成对唐朝河西、陇右诸州的控制，使其势力自瀚海（今新疆吉木萨尔县北）以东，东至于金城、会宁，囊括五十郡六镇十五军之地。783 年，唐与吐蕃签订《唐蕃清水盟约》，盟约规定："泾州西至弹筝峡西口，陇州西至清水县，凤州西至同谷县，暨剑南西山、大渡河东，为汉界。吐蕃守镇在兰、渭、原、会，西至临洮，又东至成州，抵剑南西界磨些诸蛮、大渡水西南，为蕃界。"由此，无论在事实还是法律上，兰州都归属吐蕃统治。

（二）吐蕃对兰州的治理

德宗贞元年间（785—805 年），吐蕃先后占据唐朝的陇右、河西诸州，包括"自轮海以东，神鸟、敦煌、张掖、酒泉，东至于金城、会宁，东南至于上邽清水，凡五十郡六镇十五军"之地，成为唐王朝西部最强大的敌对势力。吐蕃占领河西、陇右地区后，设东境节度大使，管辖河州节度使、青海节度使（治青海湖东一带）、鄯州节度使（治青海乐都）、凉州节度使（治武威）和瓜州节度使（治瓜州），兰州属河州节度使管辖范围。由于其地位重要，东境节度大使一般由宰相兼任。敦煌出土文献记载，吐蕃统治河西地区的职官由高逐级向下依次为：节度使→乞利本（乞律本）→节儿、监军→都督→部落使→判官→乡部等。从名称看，任职者蕃汉人兼用，以蕃人为主。

宝应二年（763 年），吐蕃占领兰州，之后实行了具有游牧社会性质的部落制。部落最基本的单位是千户（部落），设千户长一人，千户之下是小千户（五百户组织），设小千户长一人。小千户之下为百户（将），百户长称"勒曲堪"，基层是十户组织，十户长称"勒堪"。吐蕃的将相当于唐代的里，将头相当于里正。担任将头，可以豁免本户的赋税差科，并配给一个仆役。可见，将头具有半民半官的身份，是一个高级差役。吐蕃占领初期，对占领区实行民族歧视政策。随后，为缓解矛盾，一方面，他们拉拢唐朝的破落官、汉族世家豪族参与地方治理，封他们部落使等；另一方面，实行"计口授田"等措施，以安定民心。

吐蕃在河陇地区实行的"计口授田"制，又称突田制。"突"是田地计量单位，一突相当于十亩。按照制度，授田标准为每人一突，即一人授田十亩，并以此为标准，向百姓按户征收课税，即"纳突"。吐蕃在河陇地区实行的这种赋税制度，除了部分地保留旧有的奴隶制成分外，主要吸收了唐朝及占领地区原有的赋税制度，并设"税务官""税吏"等来执行收缴任务。在吐蕃的"计口授田"制度下，农户都能按家庭的人数占有一块土地，掌握有一定的生产资料，基本上保持着小生产者的地位。同时吐蕃统治者又下令禁止抄掠汉人。这些政策实施都有利于维护当地汉人的合法权益，为各民族之间的和平共处奠定了坚实的基础。

总之，吐蕃在占领兰州地区之后，也采取了各种措施以稳定社会秩序，改善民族关系，发展当地经济。他们对本族民众仍实行奴隶制统治，其生产仍以畜牧业为主。总体上看，吐蕃统治时期的河陇地区，社会经济发展缓慢。

（三）吐蕃对兰州的影响

随着吐蕃势力的东扩，吐蕃社会文化对被占领地区产生了极大的影响。在其占领的百余年间，河陇地区始终处在吐蕃王朝的有效控制下，而这一局面直到唐宣宗大中二年（848年）张议潮起事之后才告以结束。随着吐蕃势力在河陇地区的巩固与渗透，吐蕃因素也逐步突破单纯的制度层面，不断深入到当地社会的文化中去，对唐及以后西部地区族群关系的发展产生深远的影响。

吐蕃占领初期，强行推行吐蕃政策。生活在吐蕃治下的汉人，要穿吐蕃人的衣服。史书记载："得河、陇之士约五十万人，以为非族类也……皆毛裘蓬首。""牧羊驱马虽戎服，白发丹心尽汉臣。""驱我边人胡中去……今著毡裘学胡语。"其中的"毛裘蓬首""戎服""著毡裘"皆是对汉人穿吐蕃服装现象的反映，这些衣服材质多为毛织品，别于汉人的"麻衣右衽"。在服饰变化的同时，学吐蕃语言即"学胡语"也屡被提及。经过吐蕃政策的强势影响，河陇地区出现了辫发赭面、左衽而衣的吐蕃风俗，但落蕃的汉人并没有因此而完全吐蕃化，他们依旧自称是大唐的子民。当唐使刘元鼎出使吐蕃路过兰州及龙支城时，龙支城耋老千人拜而泣，"问天子安否"，称自从陷蕃以来，子子孙孙都没有忘记自己的祖先是唐人，不忍心舍弃唐朝的服装，盼望着唐兵早日来拯救他们。而在河西，"州人皆胡服臣虏，每岁时祀父祖，衣中国之服，号恸而藏之"。处在吐蕃统治下的汉人虽臣服于吐蕃，身着胡服，但心向唐朝，希冀有朝一日能回到唐朝。

吐蕃长期占领兰州后，该地区的农业生产明显地带有吐蕃的烙印。吐蕃在占领河湟等农耕生产已比较成熟的地区后，虽然保留了当地原来实行的均田制，但是，当地的农牧比例发生了较大的变化，"凡五十郡六镇十五军，皆唐人子孙，生为戎奴婢，田牧种作，或聚居城落之间，或散处野泽之中"；"丁壮者沦为奴婢，种田放牧"。在吐蕃的畜牧业影响下，"种田放牧""牧羊驱马"成为他们劳作的主要方式，畜牧的比例在提高，农耕比例相应地减少。在农作物种植方面，适合吐蕃地区气候的青稞已经成为这里的主要粮食品种，在当时的粮食中占有较大的比例；其次是小麦和荞麦等；此外还有豆类和稻米，如长庆二年（822 年）刘元鼎经过兰州时，"兰州地皆秔稻"就是明证。

吐蕃占领河陇后，当地的饮食习惯受到吐蕃人的影响，"驱我边人胡中去，散放牛羊食禾黍"，其中的"禾"指粟，"黍"指糜子。从敦煌出土文献看，此时河陇地区的饮食种类繁多，有油炸薄饼、果子、切玛（用酥油、奶渣、酸奶揉成的糌粑）、酸奶、糌粑等食品，带有明显的吐蕃风格。这些饮食品种适应了从农耕转向半耕半牧的生产方式，有明显的时代烙印。

吐蕃统治者以吐蕃的治理模式管理兰州地区，是要达到同化占领区人民的目的。但实际上，吐蕃与占领区各族间的矛盾始终未能消除，吐蕃化政策反而激发了落蕃人民脱离吐蕃统治的斗志与决心。汉蕃之间始终存在着矛盾，随着陇右地区汉人实力的增强，汉人逐渐突破吐蕃的控制，而张议潮率领的归义军，将包含兰州在内的十一州地图献给唐朝，兰州的发展进入了新的阶段。

第三节　宋夏金对峙中的兰州

北宋初，兰州地区有大量的吐蕃部落，受到凉州吐蕃六谷联盟的节制。北宋政权建立初，"关中戍守不越秦、凤"，对秦、灵以西地区无意经略，兰州诸部虽依附宋朝，但朝廷对其管辖有限。随着西夏崛起，宋、夏在秦、陇一带展开争夺。宋仁宗景祐三年（1036 年），西夏取河西，后举兵攻兰州诸蕃部，南至马衔山，筑城瓦川会。嘉祐八年（1063 年），活动于西使城（今甘肃定西市）的禹藏花麻将西使城以及兰州一带"举籍献夏国"[1]。兰州地处河湟与陇右地区的接合部，西夏占领兰州，阻断了宋朝内地与西北地区的联系和交通。宋神宗元丰四年（1081 年），李宪收复兰州，北宋在宋

---

①　（清）吴广成著，龚世俊等校证：《西夏书事校证》卷 20，甘肃文化出版社 1995 年版，第 238 页。

夏对峙中取得军事优势。金灭北宋后，接收了宋西北五路，并接受西夏称臣，但沿黄河对峙的格局基本未变。

一、西夏设置监军司

宋大中祥符八年（1015年），党项首领李德明攻下西凉府（今甘肃武威市），六谷联盟灭亡。凉州吐蕃势力衰落，原附属于凉州吐蕃政权的宗哥族兴起。大中祥符元年（1008年），唃厮啰被迎立为宗哥族大首领，在河湟地区建立唃厮啰政权，兰州蕃部亦于此时归服。经过李继迁、李德明两代的不懈努力，至元昊时，西夏势力大增。1038年，元昊在兴庆府（今宁夏银川市）称帝，建立西夏国。从此，西夏成为与宋、辽鼎峙对立的政权，并展开了与北宋、吐蕃在陇右、河湟地区的激烈争夺。

（一）宋夏时期兰州的吐蕃部落

夏宋时期，兰州地区分布有诸多的吐蕃、党项部落以及吐蕃化的党项和汉人部落。这些部族分布在西使城（定西城）、汝遮谷、凫谷川、马衔山、纳迷水和兰州城附近，过着"大杂居，小聚居"的部落化生活。依据活动区域，主要有以下部落。

巴令谒三族和葩俄族。巴令谒三族和葩俄族主要生活在兰州城附近。巴令谒三族，又作"巴凌克三族"或"巴令渴三族"。宋神宗元丰四年（1081年），兰州巴令谒等三族归顺宋朝，并率所部蕃兵攻西夏撒逋宗城。葩俄族，一作"巴鄂特族"，初在廓州，宋徽宗进筑湟鄯后，迁居兰州城附近。

懒家族、章家族、瞎毡族等。懒家族，又作兰家族，是生活在凫谷的兰州蕃部。宋真宗时，凫谷懒家族首领尊毡磨壁余龙等向宋朝献马，宋朝进行了回赐。章家族，又作章唖族、昝唖族。宋真宗时章家族曾随凉州吐蕃大首领厮铎督贡使于宋，宋神宗加厮铎督检校太傅，以厮铎督所属蕃部"小凫谷章家"等49人并为检校太子宾客，兼监察御史，充本族首领并郎将。小凫谷，即凫谷寨。绰克宗族，原居住在西凉府，咸平六年（1003

年），西夏李继迁破西凉府，遂徙居康古。瞎毡族，又作辖戬族，是以唃厮啰长子瞎毡为首的吐蕃大族。唃厮啰族初居宗哥城（今青海海东市平安区），与宗哥族大首领李立遵合谋攻宋，被宋将曹玮击破于秦州三都谷，遂迁居邈川城（今青海海东市乐都区），依附于亚然族大首领温逋奇。不久，唃厮啰杀温逋奇，率部迁居青唐城。唃厮啰长子瞎毡和次子磨毡角因其母失宠，而与其父交恶，唃厮啰族内部发生分裂。宋仁宗景祐三年（1036年），瞎毡率所部居宪谷。此外，生活在宪谷的蕃部还有诸路族和阴坡族。

禹藏六族、注丁和擦令归二族、汪家族。禹藏六族，又称裕勒藏六族，为兰州吐蕃大族。禹藏六族活动的核心区域在兰州和西使城。元丰四年（1081年）十一月，李宪驻兵打啰城川（今甘肃白银市平川区共和镇），禹藏郢成四率汪家等族大首领6人，并蕃部及母妻男30余人来降，李宪将其安置在西使城和宪谷寨。禹藏六族在兰州城、宪谷寨、纳迷水一带也有活动。元祐七年（1092年）二月，熙河路经略使范育有言"纳克迷之蔽裕勒藏六族"。"纳克密"即纳迷（今临洮县大碧河源附近），宋代此地区属兰州辖区。注丁、擦令归等三族，又作旺登、吉凌郭等三族。元丰四年（1081年）十一月，李浩在兰州新招到西使城界归顺西蕃注丁、擦令归等三族大首领厮多罗潘等300余户，1300余口。汪家族，亦作"旺家族"。原为环州吐蕃熟户，宋真宗景德年间被夏州李德明攻破，余部西迁至会州打啰川以至兰州西使城一带生活，成为禹藏六族役属的蕃部。

宪波给家二十二族。宪波给家等二十二族，是生活在兰州境内的党项部落。元丰四年（1081年）八月，李宪驻兵汝遮谷，收降宪波给家等二十二族首领，共1900余户。

马波族、公立族、渴龙族、乞当族、刑家族。马波族，又作马颇族、玛颇克族、马巴族、玛尔巴族。《宋会要辑稿·方域》有"纳迷水马波"之称，说明马波族生活在纳迷水一带。立公族，又作立功族、哩恭族、公立族，也是生活在兰州纳迷水一带的蕃部。立公族本为西夏役属的蕃部，嘉祐三年（1058年）归附河湟吐蕃唃厮啰政权。渴龙族，曾隶属于凉州六谷蕃部大联盟。西凉府六谷蕃部大首领厮铎督所辖蕃部有"马咸山渴龙"。马

139

咸山即马衔山，位于兰州南部。乞当族，又作锡丹族、乞台族、欺当族、样丹族。乞当族本为生活在西凉府附近的部族，隶属于凉州六谷蕃部联盟。六谷蕃部衰落后，乞当族南迁至兰州马衔山、纳迷水一带。刑家族，为凉州吐蕃六谷大联盟的主要成员，《宋会要辑稿·方域》中有厮铎督蕃部"马咸山渴龙、刑家"等记载。

六谷族、李巴毡部、郢城嘉卜、庄浪四族、仁多族。六谷族，又作六谷蕃部，活动在凉州南部的浩亹河（大通河）、喀罗川（庄浪河）以及湟州北部一带的川谷，今兰州永登县西北的连城镇等地属六谷族活动的区域。李巴毡族，又名李巴占族，居黄河北，部族众多，地接西夏，在今兰州市永登县境内。郢城嘉卜族，又作郢成嘉卜族，是河湟吐蕃中势力最强盛的部族之一。史籍载董毡至西夏须经郢城嘉卜族地界，说明该族在兰州黄河北岸。庄浪四族：一曰吹折门，二曰密藏门，三曰陇逋门，四曰厐拜门。北宋中前期，庄浪四族中的吹折、密藏二门生活在泾原路。后来为躲避宋夏战争的战火摧残而西迁，在庄浪河流域定居下来，逐渐形成"庄浪四族"。仁多族，又作人多族、星多族，是西夏卓罗监军司境内的大族。仁多族生活在喀罗川一带，今兰州永登县境内，北部与西夏卓罗监军司接壤。

拶家族、齐暖族、撒逋宗族。拶家族，又作咱家族，是邈川城亚然族所统属的二十八部族之一。湟水注入黄河的河口有把拶桥，把拶桥向西渡过黄河，有把拶宗城，拶家族即生活在把拶桥和把拶宗城一带。齐暖族，又作饯南族、兀征声延族，是活动在邈川与兰州分界一带的吐蕃部族。元祐二年（1087年），邈川东界齐暖城等处部族 1 万口奏请知兰州王文郁内附。撒逋宗族，又作萨卜宗族，生活在撒逋宗城，大约在喀罗川口附近的黄河南岸。

总体来看，宋夏时期兰州蕃部主要分布在兰州城、龛谷川、西使城、庄浪河、喀罗川等地。具体地讲，兰州城附近的部族有巴令谒三族、范俄族等；龛谷川的部族有懒家族、诸路族、章家族、绰克宗族、阴坡族、辖毡族等；西使城及汝遮谷的部族有禹藏六族、注丁和擦令归二族、汪家族、龛波给家二十二族等；马衔山及纳迷水的部族有渴龙族、乞当族、刑家族、马波族、公立族等；庄浪河的部族有六谷族、李巴毡部、鄞城嘉卜、庄浪四族、仁多族等。此外，在湟水、喀罗川口、把拶桥和兰州黄河以北的大定城一带也分布着很多蕃部。

（二）西夏占据兰州与卓罗和南监军司的设立

宋真宗景德元年（1004年），夏州党项首领李继迁死，其子李德明即位。李德明采取"依辽和宋"政策，力图改善与宋辽之间的关系，将拓展矛头指向河西走廊的吐蕃和回鹘政权。宋仁宗天圣六年（1028年），李德明派其子元昊率兵攻破甘州（今甘肃张掖市），灭甘州回鹘，明道元年（1032年），攻克甘州回鹘占据的凉州。景祐三年（1036年），李德明去世，元昊继立，再举兵攻陷甘州回鹘及瓜、沙、肃三州，尽有河西故地。而后，元昊准备侵宋，恐唃厮啰制其后，举兵攻兰州诸蕃部，至马衔山，"筑城瓦川、凡川会，留兵镇守"①。于是，兰州黄河以北、榆中等地为西夏占有。

西夏占据兰州地区后，在喀罗川流域设置了卓罗和南监军司。西夏建国后，将全国划分为十二监军司，即左厢神勇（治在今陕西榆林市东）、石州祥祐（治在今陕西米脂县西北）、宥州嘉宁（治在今内蒙古鄂托克前旗东南）、韦州静塞（治在今宁夏同心县东北韦州镇）、西寿保泰、卓罗和南、右厢朝顺（治在今甘肃武威市）、甘州甘肃（治在今甘肃山丹县）、瓜州西平（治在今甘肃瓜州县东双塔堡附近）、黑水镇燕（治在今内蒙古额济纳旗南）、白马强镇（治在贺兰山后）、黑山威福（治在今内蒙古乌特拉中旗西）。卓罗和南监军司设置在今兰州永登县境内的庄浪河谷，治卓罗城（今甘肃永登县城南），统御附近蕃部。"卓罗"一词与藏语有关，金以后称作"庄浪"，指今庄浪河流域。"和南"是取"和顺南境，止息兵火"之义。西夏监军司命名大多是此类地名后缀一个有吉祥祈福意味的词汇组成。卓罗监军司的辖区十分广阔，东部与西寿保泰监军司隔河为界，南界浩亹河流域和喀罗川流域。兰州黄河以北地区，包括今永登县、皋兰县都属于卓

---

① （宋）李焘：《续资治通鉴长编》卷119，景祐三年十二月辛未条，第2813页。

罗和南监军司的辖区。

卓罗和南监军司治卓罗城，管辖有盖朱城、水波城、朴龙城、大定城、割牛城、醍哆城等。这些城寨堡主要分布在兰州黄河以北喀罗川一带，是西夏控制西域诸国沿喀罗川进入中原朝贡贸易的重要军事堡寨。卓罗城是西夏在卓罗和南监军司辖境内的军事中心。根据宋哲宗绍圣四年（1097年）九月枢密使曾布的奏言，卓啰去金城120里。这个距离正是从兰州溯黄河而上，至喀罗川口渡过黄河，再沿喀罗川北上至卓罗城的距离。

盖朱城是西夏卓罗和南监军司境内仅次于卓罗城的第二大军事防御中心。元符二年（1099年），熙河路经略使孙路奏言，兰州之西喀罗川口有古浮桥旧基，自喀罗川口北四十里至该朱城，又北至济桑约300里间，有古城10余所。可见盖朱城在喀罗川河口北40里，而根据上述卓罗城去金城120里，说明盖朱城处在卓罗城与喀罗口之间。

水波城和朴龙城也应该在靠近盖朱城的庄浪河畔。宋徽宗宣和元年（1119年）四月，宋军从兰州出发进攻喀罗川的线路，即从喀罗川口附近渡过黄河，沿喀罗川北上，先后经过水波、盖朱、朴龙三城。根据孙路的奏言，从盖朱城以北至济桑（今武威古浪县）的喀罗川河谷交通线上有古城十余所，每城相隔不到三四十里，朴龙城应该是其中之一。

醍哆城位于喀罗城附近。元丰五年（1082年）十月，青唐主董毡派阿里骨、鬼章夺回被西夏占领的喀罗城，同时进占西夏醍哆城，说明醍哆城在喀罗城附近。

大定城位于兰州黄河北岸。《读史方舆纪要》载："大定城，在（兰）州北，亦夏人所置，元丰中与宋分界处也。"绍圣四年（1097年）二月，西夏梁太后兵进兰州，屯兵大定城，听闻兰州知州王舜臣率兵出金城关前来抵抗，于是撤退。大定城应该在金城关稍北的宋夏边防线上，扼守着兰州北通兴灵地区的交通要道。在今皋兰县水阜乡，有明朝后期在宋旧基上修筑的铁古城。《大清一统志》载："定火城，在皋兰县北，黄河北四十五里，宋时堡也。明置铁古城堡于其地。"这里提到皋兰县北的定火城，为宋代寨堡，可能就是西夏所筑大定城。

割牛城是西夏设置在屼六岭（甘肃武威冷龙岭）关隘处的一座堡寨。宋徽宗重和元年（1118 年），西夏国主乾顺见宋朝进筑不已，于是在屼六岭分界处筑割牛城，屯重兵戍守，以阻挡湟鄯地区的宋军越过屼六岭威胁西夏右厢凉州与卓罗监军司。

（三）　禹藏花麻献地西夏和西寿保泰监军司的南迁

嘉祐三年（1058 年），宗哥蕃部大首领瞎毡死，其子木征迁居河州（今甘肃临夏市），禹藏花麻控制了兰州诸蕃部。嘉祐六年（1061 年）十二月，夏毅宗谅祚诛杀外戚没藏氏，开始亲政。谅祚继承父祖的外交政策，在对宋修贡的同时，屡次发兵侵扰北宋沿边州郡，并且加强对沿边蕃部的控制。嘉祐八年（1063 年）五月，西使城禹藏花麻以西使城及兰州一带土地，举籍献于西夏，谅祚以宗女嫁于花麻。与此同时，西夏改西寿监军司为保泰军。宋英宗治平三年（1066 年）二月，谅祚为了加强对兰州的统御，一方面在禹藏花麻所居西使城建造行衙，置仓积谷，并移保泰军治于此，命花麻为统军，守其地；另一方面在兰州东南七十里处进筑西市新城（今榆中县三角城乡），驻防重兵，进行统御。

西寿保泰监军司是西夏十二监军司之一，原驻天都山，后迁至西使城。西使城设置于唐代，《旧唐书·职官志》载："凡诸群牧，立南北东西四使，以分统之。"西使城陷于吐蕃后，逐渐讹为"西市城"。关于西使城的位置，《元史·地理志》载："定西州，本唐渭州西市。"《大明一统志》亦载："安定县，在府城北一百八十里，本唐渭州西市贸马之所。"西使城在今甘肃省定西市安定区，在禹藏花麻归附西夏后，成为西夏统治兰州蕃部，保障兰州、会州等黄河以南诸州安全的军事中心。这里不仅川原广阔，可耕地万余顷，而且地处交通要冲，北可应接会州天都山，西可经宗谷寨以攻兰州，南可经古渭寨以达秦凤路腹地秦州，战略地位十分重要。

在兰州黄河以南，西夏西寿保泰监军司辖区内修筑有西市城、瓦川会城、宗谷城、兰州城、阿干城等。

瓦川会城是西夏在马衔山北麓修筑的城寨。景祐三年（1036 年），元昊

举兵攻兰州，筑城瓦川会，留兵镇守。瓦川会城位于今苑川和叶家川接合处的榆中县新营乡。在今天苑川河沿线存在大量以"瓦"命名的地方，如"瓦家川""瓦龙沟""瓦家湾""瓦房川"等。苑川与叶家川结合处的新营乡正好位于马衔山东缘，存有宋代古城遗址。宋夏时期在宋夏交界的西夏一侧出现了一系列以"会"为后缀的地名，如瓦川会、南牟会、白沙会、叶子川会、折姜会等，多为贸易场所，并具有军事防御的性质。瓦川会城处于兰州通往熙州（今甘肃临洮县）、通远军（今甘肃陇西县）等地的十字路口，是西夏阻挡宋军翻越马衔山进筑兰州的重要关口。

龛谷城，在兰州东九十四里。龛谷本是西蕃瞎毡所居城池，瞎毡死后，继任者木征迁居河州，龛谷城成为西市城蕃部禹藏花麻的领地。嘉祐八年（1063年），禹藏花麻归附西夏，龛谷城自此成为西夏的领地。之后，西夏对龛谷城增展修葺，驻防重兵，设置御庄，储藏粮食、武器等，使其成为控扼兰州交通、镇抚附近蕃部的军事堡垒和政治经济中心。

西夏统治时期，兰州古城仍然在使用。元丰四年（1081年）李宪从西夏收复的兰州城，东西600余步，南北约300余步。宋代的城寨堡中一般城大于寨，寨大于堡。根据一般规制，寨之大者，城围900步，小者仅500步；堡之大者堡城围200步，小者仅百步，西夏时期的兰州古城大致和北宋进筑的"寨"相当。兰州城虽然规模不大，也不是西夏在兰州经营的政治中心和军事重镇，但位置十分重要，城中有巴令谒三族等人口居住。西夏在此设置窖藏，储存大量粮食。

西寿保泰监军司管辖的西市城、西市新城、龛谷城等寨堡分布在兰州蕃部聚居的川原中心或进入宋境的交通关隘，是西夏控制兰州蕃部和阻挡宋蕃联系的重要据点。

二、李宪取兰会

宋神宗时期，宋朝对内任用王安石等变法派，改革弊政；对外重用进筑派，积极开拓，"积贫积弱"的局面有所改善，国力得到增强，对夏关系上亦由战略防御逐渐转向了战略进攻。元丰四年（1081年），宋朝五路攻夏，经制使李宪出熙河，一举收复兰州。北宋收复兰州后，在兰州实行了一系列政治、军事、经济措施，巩固了北宋西北边防的安全，也为北宋拓边河湟打下基础。

（一）王韶熙河开边

熙河开边与王韶的建策和努力密不可分。王韶，字子纯，江州德安人，嘉祐二年（1057年）进士及第，曾经客游陕西，采访边事，对河湟蕃部问题有深入的了解。宋神宗即位后，王韶上《平戎策》，提出宋朝应通过威服河湟吐蕃而孤立西夏，这一构想得到宋神宗和王安石的肯定。随后，王韶被任命为秦凤经略司机宜文字著作佐郎、太子中允，秘阁校理，担负起招抚熙、河、洮、兰等地蕃部的任务。熙宁五年（1072年）五月，宋朝升古渭寨为通远军（今甘肃陇西县），作为开拓熙河的重要据点。七月，王韶筑渭源堡（今甘肃渭源县）。八月，占领武胜军，改名镇洮军，设置市易司。十月，宋廷升镇洮军为熙州（今甘肃临洮县），置熙河路，领熙、河、洮、岷等州及通远军，以王韶为熙河路都总管、经略安抚使，兼知熙州。熙宁六年（1073年）八月，王韶先后攻取河州、岷州（今甘肃岷县），岷州蕃部首领木令征以城降。至此，王韶招抚大小蕃族三十余万帐，拓边二千余里，熙、河、洮、岷、叠、宕、通远军等地悉为宋有。

按照王韶《平戎策》的既定战略，兰州也是北宋拓边计划的重要目标。王韶认为，古渭州至兰、洮、河、鄯之间，是宜为耕种的中原故地，应该收复统一。熙宁八年（1075年），马衔山蕃部锡丹族（乞当族）首领达克博脱离了鬼章和木征的阵营，归顺宋朝。于是，鬼章派人袭击了锡丹族，杀害了达克博家属。锡丹族的归顺，是宋朝招抚兰州蕃部的开始，使宋朝在熙河的战局有了转机。达克博不仅劝谕木征弟巴毡角（赵醇忠）及母妻等来降，又诱使洮州（今甘肃临潭县）巴凌酋首居岷州（今甘肃岷县）城北。岷州遂成蕃市，蕃汉贸易逐渐繁荣。宋朝因此下诏补达克博三班差使、巴凌巡检，赠鄯州团练使。

王韶在招抚洮岷一带的同时，派秦凤路钤辖向宝攻打西市城禹藏六族。

担任西夏保泰军统军的禹藏花麻不肯内附，趁王韶统兵进攻河州之机，派遣马衔山后龛谷蕃部，侵扰熙州（今甘肃临洮县），造成恐慌。考虑到进入兰州地区的主要交通被西夏龛谷城、瓦川会城（今甘肃榆中县新营镇）、阿干城扼守，西市城又有西夏保泰军镇守，招抚兰州蕃部，势必与西夏产生正面冲突，王韶在收复洮岷、马衔山南一带后，暂时搁置了用兵兰州的计划。

熙河开边意义重大，不仅防止了熙、河、洮、岷等地蕃族部落倒向西夏，而且将宋军势力推进到洮水流域。但宋军未能越过马衔山进筑兰州，宋夏之间形成隔马衔山而对峙的局面。

（二）李宪收复兰州

元丰四年（1081年），宋朝乘西夏内乱，准备进攻西夏。六月，北宋在陕西、河东五路聚集军马，计划从东北路、西北路、北路三个方向进攻灵州（今宁夏灵武市）和兴州（今宁夏银川市）。西北路由李宪总领，目标是从熙河路进取兰州，然后根据情况或率兵东上兴、灵，或北取甘、凉。李宪本为北宋宦官，宋神宗继位后开始在边防效力，先后在陕西路经略使韩绛、河东路经略使赵卨、熙河路经略使王韶帐下任职，久经战阵，多有建功。熙宁六年（1071年），李宪曾经协助王韶发起熙河之役，对熙、河、洮、岷及兰州的蕃部情况和军事形势较为熟悉，这为其实施收复兰州计划奠定了基础。

元丰四年（1081年）八月，熙河路经制使李宪与熙河经略安抚使苗授率熙河、秦凤七军及董毡兵3万，出古渭寨（今甘肃陇西县），向兰州进发。八月二十三日，李宪大军与西夏军会战于西使城。此时西使城驻防的西寿军大多已调往兴、灵地区，城中只有禹藏六族和汪家族等蕃部，其首领禹藏花麻又不愿与宋朝正面为敌，于是率所部出战，佯败西走，西使城降。李宪夺取西使城，阻绝了关川河谷的西夏援军，解除进军兰州的后顾之忧。九月二日，李宪兵临兰州城下，蕃部巴令谒三族归服宋朝。

李宪攻占兰州城后，分遣前军副将苗履、中军副将王文郁对兰州城和通远军城进行初步修筑，令前军主将李浩提举筑城事宜。九月十三日，李宪奏请将熙河兰会路经略安抚司从熙州移驻兰州，以李浩为熙河兰会路安抚副使兼知兰州，王文郁、苗履为本路钤辖，赵济兼领熙河、秦凤两路财利事。九月十八日，李宪开始着手加强西使城的防卫工作。一方面选募精壮，加强戍守；另一方面将泾原、秦凤、环庆及熙河路弓箭手投换于此进行耕种，以增强西使城的防御力量。十月一日，在宋廷要求下李宪率兵东上兴、灵。经西使新城，至弩扎川（今定西市巉口镇附近），转青石峡（今定西市鲁家沟镇）北上进入西夏会州（今甘肃靖远县）地界。当时青石峡驻扎有西夏数万大军，李宪军与西夏军激战于此，全歼其先锋部队，大获全胜。随后，李宪继续行进至屈吴山，驻营于打啰城川（今白银市平川区共和镇）。十一月，进兵天都山（今宁夏海原县境），败西夏统军星多哩鼎，焚南牟会（今宁夏海原县西安州故城）内馆库，兵锋直指葫芦河。此时，北宋进攻灵州的泾原、环庆两路军队溃败，宋廷急诏李宪全军撤回。

北宋五路伐夏，李宪深入夏境作战，以偏师获胜，使宋疆域越过马衔山推进至黄河边，并远抵天都山。但从宋神宗进讨西夏的既定目标来看，灵州之战可以说以北宋北路军的灵州城下惨败，东北、西北两路军的无功而返宣告结束。

李宪离开兰州后，由知兰州兼熙河、泾原安抚副使李浩接替兰州防守和进筑事宜。李浩留守兰州后，还积极招纳蕃部，争取本地蕃部归附。元丰四年（1081年）十二月十四日，西使城修葺完成，赐名"定西城"。兰州北距黄河，南倚马衔山，北宋除了修筑兰州城、西使城外，还在兰州城东西两面加强防御。元丰四年（1081年），修筑龛谷寨（今榆中县小康营乡）、阿干堡（今兰州市七里河区阿干镇）、东关堡（1081年由恭噶关改，今兰州市城关区东岗镇店子街）、皋兰堡（今兰州市西固区金沟乡山城梁堡）等；元丰五年（1082年），置西关（今兰州市西固区西固城）、胜如（今榆中县清水驿乡东古城村东古城）、质孤（今榆中县来紫堡乡）、洛施、乩洛宗（今西固区东川乡祁家坪）等堡。

堡寨体系的构建加强了兰州及周边的防御能力，也坚定了蕃部归顺北

147

宋的决心。但在元丰六年、七年的宋夏兰州之战中，许多堡寨亦多遭毁弃。元丰五年（1082年），李宪还建议在兰州以东与定西城之间修汝遮城（今定西巉口镇），但此设想因宋神宗病逝而未克全功，直到哲宗元符时期才最终得以建成。

（三）兰州之战

元丰五年（1082年）正月，宋神宗采纳李宪再举之策，设置泾原路制置司，并任命李宪为制置使，知兰州李浩赴泾原路，出任制置副使。李浩调离兰州后，任命姚麟权知兰州。二月，宋廷将"熙河路"改为"熙河兰会路"，显示出宋朝继续保持进攻姿态、准备进筑会州的决心。

元丰五年（1082年）三月，西夏点集大军准备大举攻宋。八月，西夏军在银州（今陕西榆林市横山区）东南十余里永乐城（今陕西榆林县上盐湾镇）打败宋军，并将进攻重点转向兰州。元丰六年（1083）二月，夏军数十万突袭兰州，兰州知州李浩仓促应战，闭城拒守，夏军趁机占领西关堡，几破西城门。熙河兰会路钤辖王文郁请战，招募死士七百余人，趁夜缒城而下，突入夏军阵营。夏兵惊溃，争相渡河，溺死者甚众。西夏围兰州城不破，遂引兵退去。宋军在兰州之战虽取得了胜利，但险被破城，西关堡、质孤堡、胜如堡等兰州城周边堡寨更是遭到严重摧残。元丰六年（1083年）三月，西夏再攻兰州，被李浩、王文郁击退。五月，西夏兵再次攻打兰州，破西关堡，杀管勾、左侍禁韦定。西夏三次攻夺兰州城，均未得逞，进攻势头暂时缓和。闰六月，夏国主秉常遣使开封修贡，以求恢复贡使关系，遭到拒绝。八月，西夏集结三四十万大军再次兵围兰州，宋神宗令熙河路经略使刘昌祚等人灵活应对。西夏退兵后，宋廷调拨战马、增加兵力、修缮堡寨，对兰州的军事再次进行了整顿。元丰七年（1084年）正月，西夏举倾国之师兵临兰州城下，步骑号八十万，意在必取。但兰州方面也做好了应敌准备，宋廷命陕西诸路出兵牵制，又命李宪让董毡、阿骨里出兵。西夏攻围兰州城十昼夜不克，粮尽引兵归去。至此，西夏对宋攻势趋缓。

元丰五年（1082 年）十月以来，西夏五次进攻兰州，折兵数万，无功而返，使永乐城之捷以来高昂的士气遭到很大打击。而宋朝则因兰州之战而士气大振。元丰七年（1084 年）八月二十一日，宋神宗令熙河兰会经略安抚司查访兰州通往灵州（今宁夏灵武市）和兴州（今宁夏银川市）的道路情况，准备以兰州为基地举师攻夏。然而，元丰八年（1085 年）三月，神宗去世，由兰州北举的计划被暂时搁置。

（四）北宋后期对兰州周边的开拓

宋神宗去世后，主持熙河兰会路军政事务的李宪遭到御史中丞刘挚等人弹劾被贬。李宪是收复兰州的最高指挥者和经营兰州的坚守者，他的罢职，是新当政的反变法派在对待熙河路和兰州问题上的重要转变。元祐初，主持朝政的反变法派大多主张息兵弃地，但因兰州地理位置重要，战略地位突出，朝野内外有识之士大多认为兰州不可弃。

在宋廷争论不休的同时，熙河路帅和兰州将佐也逐步加强了对兰州诸堡寨的修复和防护。元祐六年（1091 年）六月，西夏数万人进攻定西城，熙河路经略使范育与通远军代理知军姚雄提出修筑李诺平、汝遮城以加强防御的主张。元祐七年（1092 年）四月，种谊开始修筑李诺平，至五月一日进筑完毕，历时 24 天，朝廷赐名"定远"。定远城的进筑具有重要意义，既可"保金城，扞熙州，控大川"①，据守要害，又可护卫觅谷、质孤、胜如诸堡。定远城修筑后，又在以东修筑纳迷堡（今榆中甘草店一带）。"汝遮去纳迷七十里，李诺平去纳迷百余里。"②

哲宗亲政以后，北宋对夏战略由元祐时的妥协退让向军事进攻转变。绍圣四年（1097 年）四月，北宋趁西夏右厢主力鏖战葫芦河流域的时机，渡河在兰州对岸修筑金城关。钟传率领步卒二万、骑兵三千，在黄河上系桥渡河，仅用了六天时间就完成了金城关的修建。金城关修筑后，宋廷提

---

① （宋）李焘：《续资治通鉴长编》卷 470，元祐七年（1092 年）二月辛巳条，第 11230 页。
② （宋）李焘：《续资治通鉴长编》卷 483，元祐八年（1093 年）四月庚申条，第 11484 页。

出了进筑会州、沟通熙河路与泾原路的战略计划。为实现这一目的，熙河兰会路经略使钟传将进筑重点转向了会州。在钟传集中精力进筑会州的同时，知兰州苗履对金城关进行了展筑，并增加驻军。金城关在兰州城北二里，是黄河上游的主要古渡口。宋代收复兰州，"未有金城（关）以前，每岁河冻，非用兵马防托，不敢开城门"①，修筑金城关后，西夏右厢兵马再也无法威胁兰州了。

元符、崇宁年间，宋廷以收复湟鄯地区为先务，兰州作为紧靠湟鄯地区的重要军事基地，重要性再次凸显。元符元年（1098年）九月，宋军进筑会州。元符二年（1099年），宋军在河湟之役中取胜，使熙河兰会路西部战线西移至湟州地界。这样，湟水运输线建设迫在眉睫。元符三年（1100年）五月，北宋在宗河口进筑关城，赐名京玉关。从京玉关沿湟水谷地可抵达湟鄯前线，也有道路通往西夏右厢监军司。随后，北宋在京玉关以西的湟水北岸又筑通川堡（今兰州红古区），进一步保证了兰州至湟鄯地区的交通。

宋徽宗崇宁时，以继承熙宁、元丰新政为名，推行积极开拓的对外政策。崇宁三年（1104年）三月，王厚兵分三路进攻鄯州。四月，收复鄯州（今青海西宁市），唃厮啰政权瓦解。政和四年（1114年），为缓解西夏对湟鄯的军事压力，北宋向兰州黄河以北庄浪河流域推进，占领夏人据点古骨龙。政和六年（1116年）六月，筑城古骨龙，赐名震武城（今永登连城镇西北），后改震武军。震武军辖有一城一桥三堡：德通城、通济桥、善治堡、大同堡、石门堡。重和元年（1118年），童贯派遣廓州防御使、知兰州何灌攻取割牛城（今永登县民乐乡西），赐名统安。这样，北宋在兰州以西、黄河以北的防御体系进一步完善。

宣和元年（1119年），西夏国主乾顺派察哥统右厢大军进攻统安城，童贯遣熙河路经略使刘法引兵2万抵御。刘法行进至统安城附近时，遭遇夏军围困。双方大战七个时辰，宋军不敌，刘法战死。统安之战后，夏军趁胜

---

① （宋）李焘：《续资治通鉴长编》卷513，元符二年（1099年）七月戊辰条，第12203页。

攻围震武军城。为了救援震武军，童贯至熙州，调泾原、秦凤两路兵往援，又令陇右同都护辛叔詹、熙河统制何灌率熙河精锐直趋震武，又命兰州兵渡过黄河沿喀罗川深入，取水波、盖朱、朴龙三城，察哥闻救兵大集，遂撤军。

湟鄯之役，宋廷攻取了西夏右厢卓罗监军司所统辖的庄浪河流域的大片土地，但也投入了巨大的人力、物力。宋金战争爆发后，宋朝将陕西诸路军队东调，西夏乘机攻取震武军。

（五）北宋时期的文教

宋朝收复兰州后，兰州文教和儒学开始兴盛起来。《元一统志·兰州》载："兰州文宣王庙，在城东南隅，宋哲宗元祐六年州学，有碑，其年六月二十四日，史天常撰。"雍正《陕西通志·选举》载："史天常，邠州人，熙宁九年徐铎榜。"《元大一统志·种谊》亦载："（种）谊在郡，审形势以制敌，简士卒、列器械以强兵，广仓廪、通输籴以足食，公赏罚以申军政，明听断以清民讼，又建立学校以崇教化。"种谊在元祐六年（1091年）正任兰州知州兼沿边安抚司事，可知兰州州学是种谊在任时所建，史天常撰碑以记其事。种谊所建州学实际上是蕃学，本意是招收蕃酋子弟入学为质，西北沿边蕃学的创始者正是种谊之父种世衡。熙宁以后，北宋在熙河路推广蕃学，熙州（治今甘肃临洮县）、河州、岷州、洮州、西宁州都先后建有蕃学，兰州州学也在其列。入学的蕃酋子弟，生活条件优越，学习儒学经典，教科书选用国子监书。蕃学的建立，有力地推动了熙河路及兰州地区儒学文化教育的发展。

兰州地处中西交通要道，佛教很早就通过河西走廊传到了兰州。唐代兰州修建了许多佛教寺院，如庄严寺、普照寺和宝塔寺等，这些寺院在宋代一直存在，成为宋代兰州佛教发展的重要基础。

宋代兰州道教发展很快，不仅有东华观等著名道教宫观，兴隆山也逐渐成为道教圣地。兴隆山和栖云山是马衔山的余脉，两山之间仅隔一条兴隆峡，栖云山在西，兴隆山在东，宋代以来道教十分兴盛。栖云山上的仙

人洞，相传"秦李二仙"曾居于此。"秦李二仙"指秦致通、李致亨。刘一明《秦李二仙传》载秦、李二人为南宋庆元时（1195—1200年）人，《道教大辞典》记秦、李二人为北宋人。《大明一统志·临洮府》载马衔山口有宋人石碣诗，内容即为秦仙的《咏栖云》诗。

三、金朝设置临洮路

1125年，金灭辽朝，遂全力以赴攻掠宋朝。靖康元年（1126年）十二月，金军攻下开封，宋钦宗投降。第二年四月，金军在汴京大肆掳掠后，俘宋徽宗、钦宗二帝并大批人口、财物北返，北宋灭亡。五月，康王赵构在归德（治所在宋州，今河南商丘市南）即位，改元建炎，史称南宋。

北宋虽亡，但陕西五路还保存完整，继续接受南宋政权节制。陕西五路包括鄜延、环庆、秦凤、泾原、熙河，大部分在今甘肃省境内，战略地位重要。宋金从建炎元年（金天会五年，1127年）开始，进行了多次攻防战，并在今川陕甘交界的陇州（治今陕西陇县）、秦州（治今甘肃天水）、华州（治今陕西华县）、同州（治今陕西大荔县）一带相持拉锯，争夺陕西五路的归属权。绍兴三十二年（1162年），宋金德顺城之战后，南宋势力退居秦州以南，尽失包括兰州在内的秦凤、熙河、永兴三路十三州、三军之地。德顺之败，宣告了南宋北伐大计终成泡影，并最终决定了南宋中后期宋金关系发展的基本格局，此后，宋人再未涉足兰州地区。

（一）金朝临洮路及兰州的军政建置

金朝在熙宗（1135—1148年在位）之前，行政建制并不统一。直到熙宗时，才按辽、宋旧制进行改革，确定全国的区域划分，金朝才有了全国性的统一制度。金熙宗在占据河南、陕西地区后，设京、路、府、州、军、县各级政区。金朝时期，秦陇地区主要设有庆原、临洮二路，兰州则属临洮路管辖。

金临洮路包括原宋熙河路、秦凤路管辖地区。金熙宗皇统二年（1142年），改熙州为临洮府，置熙秦路总管府，属于中等的四处总管府之一。世

宗大定二十七年（1187年）改为临洮路，下设府一（临洮府），领节镇一
（巩州，皇统二年升军事为通远军节度使），防御州一（河州），刺史州四
（兰州、积石州、洮州、会州），县十三，镇六，堡十二，寨九，关二。临
洮路北与西夏相接，南与南宋相邻。金前中期，临洮路与南宋战争不断，
后期则与西夏交锋，而"兰于陇右号雄郡，地控边陲"，是军事形胜之地。
金朝初年有一首著名的词，名《望海潮》。《中州乐府》题云"上兰州守"，
描摹兰州形胜，词云：

> 云雷天堑，金汤地险，名藩自古皋兰。绣错云屯，山形米聚，
> 喉襟百二河关。鏖战血犹殷。见阵云冷落，时有雕盘。静塞楼头
> 晓月，犹自玉弓弯。

> 看看定远西还。有元戎阃令，上将斋坛。区脱昼空，兜铃夕
> 举，甘泉夜报平安。吹笛虎牙闲。但宴陪珠履，歌按云鬟。未讨
> 先零醉魂，长绕贺兰山。①

据说这是金国初期，临洮士人邓千江献给镇守西边的张六太尉的。翻
检史籍，只有曾任临洮尹兼熙秦路兵马都总管的张中彦符合张六太尉的身
份。这首词有唐代边塞诗风格，词中追念宋夏战争中兰州雄藩将士英魂，
影射宋金交锋中两军袍泽自相残杀的现实，肃穆中犹有几分故国之思。

金代兰州是临洮路属州之一，有11360户，在临洮路属州中人口较多，
所以定为上州。金废北宋兰泉县，下设定远（治今榆中定远镇）、龛谷（治
今榆中县小康营）、阿干（治今兰州阿干镇古城坪）三县，均是在大定二十
二年（1182年）由寨升县。《金史·地理志》将兰州所辖的宁远、安羌二
城，原川、猪嘴、纳米三镇，东关（今东岗镇店子街）、质孤（今榆中来紫
堡）、西关（今西固，一说在今七里河区河湾堡）三堡，以及京玉关（原名
把拶桥，今西固区毗邻永靖县小寺沟，湟水入黄河处）都系于阿干县下，
显得十分难解。这可能是因为贞祐三年（1215年）以后，兰州城沦陷于西
夏，龛谷县、定远县一度归属会州，阿干县实际上成为州治所在地的缘故。

---

① （金）刘祁撰，崔文印点校：《归潜志》卷4，中华书局1983年版，第32页。

金世宗大定年间，调整兰州地区行政区划，升龛谷寨、定远城为龛谷县、定远县。兴定四年（1220年），会州（治今甘肃靖远县城）被西夏攻占，侨治于会川城（今会宁县郭城驿），于是将兰州下属的龛谷县、定远县划归内迁的新会州。哀宗正大三年（1226年），又以二县地置金州，与兰州、会州并立，新设的金州治龛谷，下辖定远县。

金海陵王天德二年（1150年），重新划分军区，在北方草原地区设三个招讨司，在中原农耕地区的山西、河南、陕西三路置三个统军司，以元帅府都监、监军为使，"分统天下之兵"。陕西统军司设在京兆府（今陕西西安），分设统军副司于巩州（今甘肃省陇西县）、临洮府，所辖镇防军由女真人充任，采用猛安（千户）、谋克（百户）、蒲辇（五十户）等编制，以甲军、马军为主力，待遇优厚，分番屯戍边州。驻守巩州、临洮府的镇防军是金朝在陇右地区的两大军事支柱，这两处的副统军有时兼知临洮府事。金中期以后，与南宋发生战事时，金西路军一般是分兵两路南下：一路从洮州（今甘肃省临潭县）南下宕昌，一路从巩州盐川镇南下西和州。在面对西夏时，兰州、巩州、临洮构成三角形的军事防御体系，顶点在兰州。金代边境置兵之州有38个，临洮路则有兰州、洮州、会州、积石州四州，这里屯驻的镇防军由陕西统军司从巩州、临洮副司诸军中轮流派驻。

金代陕西之临洮、鄜延、庆原、凤翔四路以及河东地区，存在着沿袭北宋将兵编制而来的边将。宋金之际，相当数量的陕西宋军将兵降金。但金朝一直没有完全撤销其编制，而是将其作为防御西夏和南宋的边将予以保留。大致是鄜延九将、庆阳十将、临洮十四将、凤翔十六将、河东三将。金代边将的番号，是以总管府路为单位排序的，采用将、部、队三级编制，每将通常下辖五部。兰州之定远县兼临洮路第十将，质孤堡兼临洮路第八将。此外，巩州定西县兼第五将，会州保川县令兼临洮路第六正将，河州郭下枹罕县称第十一正将城。临洮路各将序号是由东向西排列的，兰州地区应当还有第七将、第九将，其将城在哪里文献没有记载，依情理推测，龛谷县应为第七将城，阿干县应为第九将城。

金代陕西居守边界的还有边铺军，由射粮军充任，属于非正规军。所谓射粮军乃以粮食为报酬，招募 17 岁以上、30 岁以下，身体健壮的百姓从军，实际上是募兵之一种。依据金制，凡州府都募射粮军，每五百人为一指挥使司，长官为指挥使，下分四都，都设左右什将及承局押官。射粮军还兼充杂役，在身上刺字，类似于辽代射粮军、北宋厢军。文献记载金代临洮路以及兰州驻有"绯翴翅军"，大约是由当地蕃族应募编组而成，"绯翴翅"可能用以形容其红色之宽袖，是美称，民间俗称"红衣军"或"红袄军"。临洮路的地方武装喜欢穿僧服一样的红色战袍，在收复会州的战斗中，郭虾蟆麾下的骑兵"皆披赭衲"，像红色波涛自山坡汹涌驰下，西夏人惊以为神。在成吉思汗攻打潼关时，金人以红衣军为前锋把住关口，蒙古语称红衣军为"忽剌安迭格列"，应是来自陇右的地方武装。元代巩昌总帅府军别称红袄军，可能与这一传统有关。兰州的"绯翴翅军"，可能就属于守土作战的边铺军（射粮军）性质。

临洮路的地方武装力量，还有弓箭手这一类型，弓箭手并非指兵种意义上的"弓箭手"，而是一种特殊形式的募兵制度。金朝的弓箭手系承袭北宋制度而来，主要是在陕西、河东与西夏接壤的地区，以授予土地来招募蕃汉豪强耕牧。受田者大致是每 200 亩土地出战士（称"弓箭手"）一名，300 亩或 250 亩加出战马一匹。这些"且耕且战"的弓箭手，刚猛善战，熟悉地形，是守土作战的主要力量。弓箭手多在本族蕃部首领之麾下，战时多由蕃部首领直接统领，归路州官府调遣。

此外，还有"黄河埽兵"。《金史·河渠志》说："凡巡河官，皆从都水监廉举，总统埽兵万二千人。""黄河埽兵"又称"河防军"。金代兰州设有水军千户，其来历可追溯到北宋所置的兰州水军指挥，应该属于河防军（埽兵）系列，负责河防、水运等事务。

北宋初，河湟地区大多为吐蕃青唐政权的统治范围。熙丰开边后，宋廷招抚蕃部效顺，归附的吐蕃部落成为北宋熙河兰会路的基层社会组织。金代的熙河路，蕃部势力仍然盘根错节，是绝对无法轻视的地方豪强势力。但金代临洮路的蕃部社会，汉化程度较深，保甲组织的普及便是其中重要方面。保甲组织创始于北宋王安石变法时，熙丰开边后也推行于陕西诸路，

文献记载金泾原、会州、临洮一带都有保甲组织。金朝的户口制度也规定百姓以五家为保，内有隐匿奸细、盗贼者连坐。保甲战时则编组为军，临洮路就将弓箭手编为保甲，如金末会州名将郭禄大、郭虾蟆兄弟"世为保甲射生手"。保甲制度反映了国家政权对地方统治的深化，对蕃部社会组织的渗透，也是民族融合的体现。

（二）金夏战争中的兰州

金人取宋陕西地后，与西夏议和划界，西夏向金称臣，换取了金的优容政策，双方划境时金对夏多有让步。金天会十四年（1136年），西夏攻占了乐都（治今青海省海东市乐都区）与西宁州（治今青海西宁市）。天会十五年（1137年），金朝接受西夏请求，将乐州（今青海省海东市乐都区）与积石州（治今青海循化县）、廓州（治今青海化隆县）割给西夏。皇统六年（1146年），金朝又从西夏所请，将德威城（今甘肃靖远县西南黄河东岸）、西安州（治今宁夏海原县）、定边军（治今甘肃环县东北）等沿边地赐给西夏。

金夏的议和划界使兰州的防御地位突出起来，双方以黄河为界，黄河兰州段北岸都为西夏所有。故文献记载兰州质孤堡、西关堡等都"临夏边"，金朝设兰州水军千户负责河防。因为夏金交好，双方在兰州设置榷场，开展贸易，关系和睦，边境无事。但是蒙古兴起后，改变了金夏和睦的局面。成吉思汗在南下攻金的同时，也对西夏发动了几次战争，迫使西夏臣服，答应了协助蒙古侵金的条件，这也是金大安年间（1209—1211年）起，西夏开始小规模骚扰金陕西边境的原因。

贞祐二年（1214年），发生在兰州的一个意外事件，使金夏从"小有侵掠"变为大打出手，也将兰州卷入战争旋涡之中。这一年的十一月，兰州地方蕃部首领程陈僧叛变，将兰州城献给西夏，引发了金夏十几年的大战。关于程陈僧的身份，金朝方面轻描淡写地说是一个"译人"，可能在金夏榷场贸易中充当中介和翻译角色，在金夏两方都有一定的话语权。但从他能献城投西夏，曾坚守兰州城来看，他应是兰州蕃部首领，在地方上很有实力。从金朝末年对待陕西蕃部首领的政策看，应该领有世袭蕃部巡检之类的官职，实际控制着兰州城。金朝方面说"叛贼兰州程陈僧""西结夏人为援"，表明两者是合作关系，程陈僧据有兰州，有一定程度的独立性。程陈僧叛投西夏的原因不明，可能与贸易利益有关，也可能与金朝对蕃部首领的待遇下降有关。

程陈僧叛金后，西夏军越过黄河，屯兵兰州，金朝三角形防御体系被突破，临洮路防线瞬间变得岌岌可危。此后，西夏攻击金朝陕西各地的主要突破口一直选在临洮路，金朝防御和反击的重点也针锋相对地放在临洮路，兰州成为双方力争之地。贞祐三年（1215年）九月，为了清除程陈僧，除掉内应，堵住防线缺口，金河州提辖曹记僧、通远军节度使王狗儿攻打兰州，以乌古论长寿为先锋都统。西夏主遵项出师赴救，与金兵对战，夏军以轻兵袭破西关堡，围第五将城（定西城），巩固了兰州突破口。十月，西夏出动10万以上的大军，大举攻入临洮路。二十一日，攻破临洮府之渭源堡，歼灭了前来增援的金军，陕西宣抚副使完颜胡失剌被俘，这是西夏取得的空前胜利。额济纳旗黑水城出土金临洮路军事文书说明，河西方面的西夏军也参加了这次战斗，可谓倾国而出。但是，西夏军会合金叛将程陈僧兵围攻临洮府则半月而不克，师老兵疲，给了金军反击的机会。十一月，金军发起反击。陕西副统军移剌塔不也率镇防军精锐万余从巩州出击，在临洮府与巩州之间的熟羊寨（今陇西县首阳镇内旧堡子）以少胜多，大破西夏军数万，知临洮府事陀满胡土门也在外围金军的呼应下，在临洮府城下击退了8万西夏军。西夏军退出临洮路，但仍据守兰州城，临洮、巩州仍面临威胁。此后，挑起金夏大战的程陈僧失踪。

金宣宗兴定元年（1217年）五月，兰州水军千户李平等不满提控蒲察燕京贪暴，起兵杀蒲察燕京。有头目张宸不愿叛金，虚与委蛇，设计捉拿了叛军。兴定二年（1218年）秋七月辛未，西夏军进攻龛谷，被龛谷提控夹谷瑞及其副将赵防击退。甲午，夏人再攻龛谷，被夹谷瑞击败。十一月戊子，夹谷瑞再败夏人于质孤堡。此时，西夏受到蒙古压力，拼命向黄河以南拓展生存空间，兰州黄河段上下的积石州（今青海省循化县文都乡文都古城)、来羌城(今甘肃省积石山县地)、大通城(今青海省循化县西黄河南岸)、龛谷县均遭到西夏攻击。兴定四年(1220年)八月,夏军攻破金会州城(今靖远县城)。九月,破西宁州(今会宁县东张城堡村),进围定西州(今定西市安定区),并联合南宋军合攻巩州(今陇西县)。金西部防线被击垮,只有龛谷城顽强坚守。兴定五年(1221年)十一月乙未,夏人又攻龛谷,被击退,提控夹谷瑞以功升为元帅。金元光元年(1222年),陕西西路行省(治今甘肃平凉)计划收复大通城(今青海省循化县西黄河南岸),主张以厚赏募河西诸蕃部族寺僧效力。元光元年(1222年)十二月己丑,兰州提控唐括昉击退了西夏人对质孤堡的进攻。元光二年(1223年)秋七月壬寅,西夏又攻积石州,招降了大批积石州蕃族部落,羌界寺族多陷没,只有桑遄寺僧看遄、昭遄、厮没,及答那寺僧奔鞠等拒而不从。金廷赏给诸僧钤辖正将等官,并给以廪禄。丁巳,阴坡族之骨鞠门等叛归夏,遭到金元帅夹谷瑞镇压。十一月,金巩州元帅田瑞与通远军(今甘肃陇西县)节度使郭虾蟆议复会州,郭虾蟆率骑兵突袭至城下,迫使守军投降。

从贞祐二年(1214年)开始的金夏兰州战事,波及金临洮路全境。这一时期,蒙古势力南下,金朝无暇西顾,陇右缺兵少粮,只能依靠当地蕃部首领来对抗西夏。贞祐三年(1215年),金廷允许陕西宣抚司及沿边诸将以朝廷名义发放"空名宣敕",即空白委任状,规定临阵立功者,五品以下官爵可自行封赏。于是蕃部首领和地方大姓多被委以军职,团结为兵,并且出钱出粮,资助官府。于是,一批汉蕃土著崭露头角,成为临洮路名将。王狗儿、张宸、郭虾蟆、汪三郎、汪世显等是其中佼佼者。程陈僧叛降西夏后,派人招降驻守在西关堡(今西固)的金军都统王狗儿,狗儿拒降,斩杀使者,金廷立刻将王狗儿树为典型,诏除通远军节度使,加荣禄大夫,授知平凉府事,赐姓完颜氏。受到激励的王狗儿虽然已是高官显爵,但始终战斗在第一线,屡立战功。贞祐四年(1216年),王狗儿进抵已被西夏占领的西关堡,招集旧部,掩击夏兵于阿弥湾(今安宁区李麻峪沟),杀其将士百余人。兴定元年(1217年),夏人包围羊狠寨,王狗儿先派都统夹谷瑞夜袭夏营,打破了包围,又会合左都监白撒发来的定西锐兵、龛谷副统包孝成绯翮翅军，击走西夏军。张宬原来是兰州水军头目，因为抵制了兴定元年（1217 年）水军千户李平的叛乱，陕西行省破格给张宬升官四阶，授同知兰州事。郭禄大、郭虾蟆兄弟原来是临洮路保甲射生手，初隶兰州刺史赤盏合喜麾下，虾蟆因功授同知兰州军州事，后积战功升为洮河兰会元帅。金州则有蒲察俊家族崛起，蒲察俊为签知枢密院事仪府同三司统军都指挥上柱国封熙国公，其弟蒲察仲为奉政大夫左丞兼翰林承旨，其子蒲察在为大将军监军元帅权知政事。"空名宣敕"所授头衔有些虚夸，受宣敕者却是实实在在的地方实力派。

贞祐四年（1216 年）四月，金廷招降了西夏兰州葩俄族总管汪三郎，葩俄族分布在积石州至兰州一带，是当地大族。汪三郎率众来降，还带动了积石州蕃部首领章罗谒兰冬及铎精族都管阿令结来降，稳定了黄河两岸蕃部。招抚汪三郎的成功，使金廷看到了收复兰州的希望，不断遣官招谕诸蕃族以讨西夏。兴定五年（1221 年），临洮路总管女奚烈古里间招谕炳灵寺、溪哥城（今青海省贵德县）等处的乔家、丙令族等蕃族。然各股势力分散，缺少合作实战能力，难以对西夏形成威胁。

纵观金夏之间，因程陈僧献出兰州城而致战事扩大。金夏战争给兰州地区造成了巨大破坏，"两界无烟火者三百余里"，双方财力、物力消耗极大。正大二年（1225 年）九月，面临蒙古大军的强大攻势，金夏再次议和，约为兄弟之国，夏以兄事金，各用本国年号。次年，中兴府被蒙古军包围，西夏灭亡在即。正大四年（1227 年）二月，元军跨越黄河攻占临洮府，彻底结束了金夏在兰州的争夺。

第四节　元代一统下的兰州

元太宗六年（1234 年）灭金后，兰州正式纳入蒙古统治之下，先归巩昌便宜都总帅府管辖，隶阔端王位下。行省制度确立后，兰州地区以黄河为界，黄河以南的兰州、金州属陕西行省管辖，黄河以北地区归甘肃行省庄浪路所有。在元代，兰州行政级别不高，但交通地位重要，终元之世没

有遭到战乱破坏，商业经济繁荣。

一、蒙古攻取陇右

1225 年（南宋宝庆元年，金正大二年，西夏乾定二年），漠北的蒙古汗国对西夏发动了第六次征伐。在此之前，从 1206 年起，蒙古曾多次攻打西夏，迫使西夏承认了从属关系，并配合蒙古，攻打金国陕西地区。原本金夏和好多年，自此反目成仇，兰州周边的战乱主要根源于此。1217 年，成吉思汗西征花剌子模，征调西夏军队，西夏拒绝履约助军，也不纳质子，成吉思汗对此衔恨极深。因此，成吉思汗西征胜利归来后，便发动了对西夏的灭国之战。1226 年，蒙古军先攻克河西走廊的黑水城、肃州、甘州、凉州、沙州诸城。1227 年，蒙古军攻下兴庆府，西夏宗室尽被俘杀，西夏国亡。

在蒙古灭夏的过程中，部分军队乘势攻入金国境内。正大三年（1226年）七月，蒙古军攻占凉州后，大军向东横扫，攻占应理州（今宁夏中卫）、盐州（今宁夏盐池县）等地。正大四年（1227 年）二月，成吉思汗分兵围攻西夏都城中兴府（今宁夏银川市），自率大军南下，大约在兰州一带渡过黄河，在此分兵，一路南下攻破临洮府、洮州（治今甘肃临潭县），一路西向攻下积石州（治今青海循化县）、河州。此后，成吉思汗回军，拔德顺军（治今甘肃静宁县）、镇戎军（治今宁夏固原市）等城，驻夏于六盘山，不久病逝。

1229 年，窝阔台继立为大蒙古国可汗。1234 年春，蒙古南宋联军攻破蔡州城（今河南汝南），金朝灭亡。金朝灭亡后，秦、巩一带的故金将领在联兵自守的同时，也分别联络南宋、蒙古，寻找出路。灭金后，窝阔台汗在漠北"大会诸王百僚"，决定出兵伐宋。1235 年，蒙古分两路进攻南宋，东路军由皇子阔出等统率，西路军由皇子阔端等统率。1235 年末，西路阔端军由六盘山口南下，攻陷顽强抵抗的会州城（今甘肃会宁县郭城驿镇郭虾蟆城），守将郭斌（郭虾蟆）自杀殉国。阔端军至巩昌（今甘肃陇西），金镇远军节度使、巩昌便宜都总帅汪世显率部降附，至此秦陇地区再无抵抗，金陇山以西地区也纳入蒙古统治之下。阔端整编故金势力，将东起泾州（治今甘肃泾川县北）、邠州（今陕西彬县），西至兰州、河州的秦、巩二十余州全部交由巩昌汪氏管理，巩昌由此成为元代这一区域的行政中心。汪世显也整顿军马，充当蒙古军先锋，南下攻蜀。

二、兰州的建置

1234 年漠北忽里台大会上，窝阔台汗命次子阔端全权负责川陕甘宁青藏一带的攻略征伐，形成了以西凉府为中心的阔端兀鲁思，先后拥有永昌王、荆王等王号。阔端在平定秦、巩各处，南下伐蜀的过程中，扶植巩昌汪世显家族世袭巩昌等处便宜都总帅，从而将巩昌二十四城纳入管辖体。终元之世，兰州、金州作为巩昌二十四城的一部分，始终与阔端王体系保持着不同程度的依属关系。

在 1235 年攻宋的西路蒙古军中，弘吉剌部赤窟驸马作为阔端的副手和附庸，被分封到了西宁，驻牧于黄河以北的湟水、大通河、庄浪河流域，先后拥有宁濮郡王、岐王等王号，其东境到红城子、火儿忽秃，即今永登县红城镇、黑城镇一带。有元一代，蒙古岐王位下也与兰州有密切关系。

窝阔台长子贵由汗死后，汗位转入拖雷系。1251 年，拖雷长子蒙哥登上汗位后，着手打击限制察合台、窝阔台两系诸王。在西部地区，他委任皇弟忽必烈全权经略漠南汉地。忽必烈在关中设藩邸，亲驻六盘山，总兵南攻大理，取代了阔端系对川陕甘宁青藏的控制权。在忽必烈南攻大理、蒙哥汗亲征四川的两次战役中，巩昌汪氏军队均转隶汗系统率。蒙哥汗九年（1259 年）七月，蒙哥汗病死于钓鱼山前线，忽必烈与幼弟阿里不哥争夺汗位，秦陇河西也爆发大战。1260 年，忽必烈在开平宣布即位，建元中统，设十路宣抚司分治汉地。巩昌等处便宜都总帅府不在十路宣抚司之列。巩昌总帅府军成为忽必烈对抗阿里不哥的主力，在亲附忽必烈的蒙古诸王骑兵配合下，将驻守六盘山的阿里不哥大将浑都海、阿蓝答儿等驱赶到河西，解除了其对关陇的威胁。中统元年（1260 年）九月，在山丹耀碑谷会战中，巩昌军大破漠北蒙古军。至元元年（1264 年），穷途末路的阿里不哥

向忽必烈投降，漠北与中原地区恢复了统一。忽必烈坐稳汗位后，元朝政权建设开始走向正轨，在十路宣抚司的基础上，陆续设立行省，陕西行省是较早设立的行省之一。

元世祖至元元年（1264年），元廷颁布了"陕西四川、西夏中兴、北京三处行中书省条格"，此后陕西行省时分时合，时而改置行枢密院或安西王相府，带有部分临时性或半固定性。至元十三年（1276年）全国统一后，行省的设置越来越普遍，行省辖区日趋稳定。至元二十三年（1286年），陕西四川行省最终被分为陕西行省和四川行省，陕西行省辖有京兆等四路五府。《元史·地理志》记载，"陕西等处行中书省，为路四：奉元路，延安路，兴元路，巩昌等处总帅府"。今甘肃东部隶巩昌路便宜都总帅府，计有巩昌、平凉、临洮、庆阳、隆庆五府及秦、陇、会、环、金、德顺、徽、金洋、安西、河、洮、岷、利、巴、沔、龙、大安、褒、泾、邠、宁、定西、镇原、阶、成、西和、兰二十七州。此为全盛时期，根据宪宗壬子年（1252年）的户口统计，当时的巩昌帅府有45135户，369272人。经过多次政区调整，至元二十一年（1284年）以后，巩昌帅府所统者，巩昌、平凉、临洮、庆阳四府，秦、陇、宁、定西、镇原、阶、成、西和、兰、会、环、金、德顺、徽、金洋十五州。至元六年（1269年）河州划入脱思麻路宣慰使司之后，兰州、金州（今榆中）就成为巩昌都总帅府最西端的属州了。

《元史·地理志》载："兰州，下，唐初置，后改金城郡，又仍为兰州。宋、金因之。元初领阿干一县及司候司，至元七年并司县入本州。"又载："金州，下，本兰州龛谷寨，金升寨为县，以龛谷为金州治所。元至元七年（1270年），并县入州。"金朝时，金州治龛谷（今榆中小康营），下辖定远（今榆中定远镇）一县。入元后，金州州治迁至今榆中县城，修筑坚固，号称铁瓮。元朝初年，兰州、金州仍沿袭故金建置，各辖一县，兰州金时为刺史州，还设有司候司。元世祖至元七年（1270年），北方进行了一次人口统计，兰州、金州因户口太少，都被撤并司县入州，定为下州，而且是不辖县之散州。金州更是一度被降为金县。终元之世，兰州地区人口没有明显增长，人口不足是制约这一时期兰州发展的主要原因。不过，有元一代，兰州没有发生过战乱，是历史上少有的和平时期，经济人口都得到一定的积累发展。

　　元代下州设达鲁花赤一员，知州一员，秩从五品。同知一员，正七品。判官一员，正八品。设吏目一员或二员，属流外职。其他属官还有司狱、僧正司、税使司、儒学教授司、蒙古字学教授司、医学学正、阴阳学学正等。达鲁花赤位居知州之上，主要是掌管印信，对政务也有一定的裁决权。担任达鲁花赤者，大都是蒙古人及色目人。州府采取群官圆议联署的方式处理庶政，知州负有全面责任。文献记载中见到元代兰州地方行政班子职衔全称的只有一例，即"至正二年加封孔子诏碑"，题名中有"承务郎同知兰州□□□奉议大夫兰州知州兼管本州诸□□□□□武义将军兰州达鲁花赤兼管本州诸□□□□□□"①，即兰州的长官、次官与再次官（元代碑刻中官员职衔排名是由低到高），"同知兰州"后面的三个缺字应是姓名，"兰州知州兼管本州诸"后面的五个缺字应是"军奥鲁"加姓名，即"兰州知州兼管本州诸军奥鲁"某某，"兰州达鲁花赤兼管本州诸"后面的六个缺字应是"军奥鲁"加名字，即"兰州达鲁花赤兼管本州诸军奥鲁"某某某。金州的情况与此相同，《金县志》所见金州职官有"达鲁花赤兼管本州诸军奥鲁劝农事"麻唐，"知州兼管本州诸军奥鲁劝农事"贾不花，"金州同知"薛有邻，"金州判官傅梦臣"等。兰州、金州属巩昌都总帅府管辖，设有汉军千户翼或百户翼，其家属就是军户，故有奥鲁之设。奥鲁（Auruq）是蒙古语，原义为"老小营""营盘""家每"，"盖本朝军人族属之名也"。元代军户是世袭的，元朝政府设立奥鲁进行管理。与蒙古军、探马赤军奥鲁不同，兰州、金州奥鲁属于汉军奥鲁，由地方管民官兼领，元代北方路府州司县的长官、次官都有兼诸军奥鲁的职衔，所以兰州、金州的长官达鲁花赤、次官知州都带兼管诸军奥鲁职衔。奥鲁官的职责主要是签发军人服役，征取出征军人的盘缠（封椿钱），管理军户词讼等。元代巩昌都总帅府出征镇戍的任务很重，除了镇守本路外，在四川有一个征行万户，在与中

---

　　①　薛仲敬主编：《兰州古今碑刻》，兰州大学出版社2002年版，第5页。

亚察合台汗国对峙前线，有一个征西万户，军户负担沉重，逃亡现象严重，兰州地区也不例外。

元代兰州的辖境，《元大一统志》和《元史·地理志》有明确记载：东南至本路（巩昌府治陇西县）430里，东至金州界横岭（今榆中横岭）45里（此指兰州、金州州界），东（南）到金州90里（此指州治，今榆中县城），金州东（北）至庄浪州界捋麻湾（今会宁县荨麻湾）100里（州界），西循黄河南岸至积石州界骷髅窝（约今永靖县刘家峡一带）135里（州界），西到积石州350里（州治，今循化县文都乡文都古城），西北到庄浪州250里（州治，今永登县城），南至临洮府界摩云岭（今七里河区摩云关）70里（州界），南到临洮府225里（府治）。大体与今天兰州市范围一致。元代兰州地区分属于陕西行省和甘肃行省，大体是黄河南岸之金朝故地属陕西行省巩昌路下的兰州、金州，黄河以北的西夏故地（今永登县、红古区、安宁区和皋兰县部分地区）属甘肃行省庄浪路（州或县）。

三、水陆交通

宋夏时期，西域和河西走廊政权林立，部落分散，战争频繁，再加上海上交通的发展，兰州经济衰落，交通枢纽地位大为下降。元朝统一后，社会安定，兰州成为腹地，虽政治军事地位下降，但在中原通往河西及藏区交通方面仍然发挥着重要作用。

（一）陆路交通

从蒙古灭亡西夏、金国统一北方开始，兰州的交通要冲地位又凸显起来。早在成吉思汗进攻西夏时，察合台部将按竺迩就已设置了从删丹通往察合台兀鲁思中心阿力麻里（今新疆伊犁霍城县西北）的驿路。阔端出镇河西后，也在自己的兀鲁思内设立了站赤，向东与关中站赤连成一体。宪宗二年（1252年），忽必烈统兵南攻大理时，从六盘山口出发，到临洮忒刺分兵南下朵甘藏区，可能就是取道兰州的。中统元年（1260年）浑都海之乱，秦陇河西的驿站系统遭到了严重破坏。中统二年平定浑都海之乱后，元廷立即在西夏故地设立西夏中兴等路行中书省、甘州宣慰司等机构，对西北地区的站赤进行了整顿恢复。《经世大典》载中统三年（1262 年）十月，元廷在甘州、西凉、中兴、兰州、庄浪等处增加添设了驿站。巩昌路所辖驿站 19 处，其中兰州站配备驿马 48 匹，金州站配备驿马 50 匹，都是普通驿站的规模。实际上，《经世大典》关于兰州驿站的记载反映的只是早期情况，兰州驿站后来升格为脱脱禾孙马站。据兰州府文庙所立《加封孔子诏碑》记载，最迟到至正年间（1341—1368 年），兰州至少设有正副两名脱脱禾孙。元代脱脱禾孙设在通使繁忙的驿道枢纽上，即"都会关要之地"，其职责主要包括三方面：一是维持乘驿秩序，盘查驰驿使臣的乘驿牌符或铺马札子，防止没有乘驿资格的人使用驿马，或使者滥起驿马、枉道驰驿；二是检查使者的行李，不许夹带违禁物品或私人物品；三是检查行李重量，避免货物超重损伤驿马车辆。一般来说，脱脱禾孙马站的驿马要多出普通马站的数倍以上，才能应付使臣需要，如巩昌府通安站有驿马 289 匹，临洮府有站马 230 匹，兰州站设立脱脱禾孙，说明元代后期兰州的交通地位更加重要，站马应增加到 200 匹左右。

元代的交通线以大都（今北京）为中心，向四周扩散。其中经陕西往甘肃的驿站有三条：第一条驿路取中线，从陕西凤翔出发，经小川、蛮坊、董店、泾州、白水（平凉东南白水镇）、平凉、瓦亭（固原瓦亭镇）、德顺州（静宁县）、吴家湾、会州（会宁）、定西州，到金州、兰州，再向西到西宁州。另外，从定西州南下，经通安驿（今陇西北通安镇）、巩昌、首阳，可抵达临洮。第二条驿路取南线，从凤翔出发，经沔阳、故关、上邽（清水县）、社树坪（天水社棠镇）、秦亭、伏羌（甘谷）、文盈、巩昌（陇西）、首阳（今陇西首阳镇），到临洮，由此连接进入乌思藏萨迦的驿路。第三条驿路取北线，从陕西兴平出发，经乾州、邠州、宁州、庆阳、环州、萌井（甘宁交界处萌城堡）、灵州、鸣沙、应理州、野马泉（古浪县北野马墩）、永昌府，通往肃州、瓜州、沙州。三条驿路中，兰州居于中枢地位，自然条件好，南可下临洮与南线会合，进入藏区，北溯黄河可至应理州（今宁夏中卫）与北线合，西与岐王辖区站赤相接，直通西宁，西北溯庄浪

河北上，与荆王辖区站赤相接，至凉州。所以，至元二十三年（1286年）以后，元廷以平凉府地区水草丰美、物资补给较好为由，加强了平凉至兰州一线的驿道建设，陕西行省通往河西、西域的交通要道，也转移到长安、平凉、兰州一线。重心转移后的这条交通路线，被明、清及民国各代沿用了七八百年之久，就连后来的西兰公路，也大致沿元代这条路线修建，可见它的历史意义和作用了。

元代西北驿路十分繁忙，除了日常军政事务外，与乌思藏及西方诸汗国的往来，占到驿路运力的一半以上。忽必烈至元十一年（1274年），太子真金陪同帝师八思巴返回萨迦，随从队伍庞大，物资丰富，从大都到临洮，有可能是取道兰州的。至元十九年（1282年），元廷派皇子率军护送胆巴国师前往朵甘思，从宁夏溯黄河而行，经兰州至临洮入藏。除了这两次大规模的出行外，每岁来自乌思藏、察合台汗国的年例职贡，如葡萄酒、酥油、水银、西天布、硫黄、青麦、盐货等类，以及西番僧皮椎驮子，每批动辄运马八九十匹，岁计千余匹。因此，元代兰州驿路上，藏僧络绎不绝。察合台汗国使臣进送葡萄酒，经过河西走廊两兀鲁思站赤后，经由陕西汉站搬运至大都，兰州是必经之路。兰州站户的负担极其沉重，所以往往投奔到附近的蒙古诸王位下寻求庇护，以规避站役。元代文献还记载了兰州站户任再兴用棍棒、鞭子殴打州官刘同知，事后又冒增年甲赎罪的案件，最后被御史台查出，按照部民故意殴打本属长官罪，杖决67下。[①] 案件的起因不得而知，但站户任再兴冒称75岁，经查实为69岁，可证站户之负担实在不轻。

（二）水路交通

元代兰州交通地位的重要性不仅反映在陆路交通上，更体现在水路利用方面。根据文献记载，从青海、甘肃南部等地的黄河支流上出发经兰州、

---

① 陈高华、张帆等点校：《元典章》四四《刑部》卷6"诸殴·部民故殴本属官长"，中华书局、天津古籍出版社2011年版，第1506页。

银川抵达内蒙古包头的航运起步很早。这段航道以今天的宁夏灵武为界可以分为两段。上段峡谷众多，落差大，险滩众多，通航难度大。下段水流平缓，易于通航。由于航道地理条件的限制及各地所需运输物品的差异，黄河上游航道的开发利用基本上是分段进行的，个别航段在公元前就已经得到开发。但从青海境内至内蒙古包头段黄河干流航道全程贯通，则在北宋时期，元代进一步兴盛。

唐代，黄河干流水运已经从灵州上达会州即今甘肃靖远境内。会州通达灵州的水道，不仅可以运送木材，也有少量运客。宋代，兰州至会州的木材水运航道开通。元符二年（1099 年）九月，会州造仓库营房、官廨等所需木材从兰州沿黄河运输。说明北宋后期，兰州至会州的水运交通开通。这样，湟水流域至金城段航道与会州至灵州段航道终于完成对接。至此，由今青海境内经兰州抵达内蒙古包头的黄河上游航道全线贯通。

北宋时期，黄河上游最大的支流洮河也得到开发利用。北宋为了光复唐时的疆域，着力经营西北地区，洮河一线的水上航运进入新的阶段。熙宁五年（1072 年），王韶开边熙河后，利用洮河运输军粮，北宋政府下诏熙州造船置水手，洮河河道开通。王韶拓边熙河，宋人虽从渭水上游推进至洮河流域，但未能过马衔山。宋夏隔着马衔山形成对峙局面。元丰年间，宋朝计划利用洮河交通，水陆并进，收复兰州，为北宋重新打通前往兰州的交通创造了条件。元丰四年（1081 年）北宋收复兰州以后，宋廷开始大规模借用洮河河道漕运粮食。绍圣时期，岷州钱监生产的钱币也利用河道转运。洮河成为北宋岷州（今甘肃岷县）、熙州、兰州之间军事物资的重要运输线。

元代黄河漕运规模远超前代，发展空前。至元十七年（1280 年），忽必烈派都实、阔阔出兄弟探察黄河源，开置驿站，以确保元朝西部边疆人流、物流畅通，汲取财富，进一步密切西部地区与中央政府的关系。由于地理条件和经济条件的限制，忽必烈在黄河上游民族地区建立贸易新城的设想没有实现，只能在已有的城市中选择利用，地理位置适中的兰州实际上承担了忽必烈心目中黄河上游民族地区贸易与物流中心的任务。探察黄河源

的都实兄弟是女真蒲察氏，康熙《金县志》将都实兄弟记载为兰州世族，称"蒲察必达，翰林学士，奉命穷星宿海之源，后人知星宿海自必达始"。作者没有交代这一说法的依据，也没有说明蒲察必达与蒲察都实兄弟的关系，如果他们真是兰州榆中人，由他们来探察黄河源真是再合适不过了。

都实兄弟肩负的任务是根据黄河上游的地理水文条件，选择合宜的地点安置水站。由于甘青黄河上游几乎全为高山深谷与山间盆地交错断续排列，大批量物资运输困难，于是驿传线路采取水驿与陆驿相结合的方式来构建驿传系统，兰州承上启下、水陆兼济的枢纽作用就体现了出来。兰州的蒙古语名为"哈剌木连"，意思是"黄河"或"大河"，就反映了元代蒙古人对兰州水陆要津地位的认识。在至元年间元朝与西北察合台汗国、窝阔台汗国发生战争期间，甘州、肃州屯驻大军，规措粮储浩大，都需要经兰州转运。英宗至治二年（1322年），乃蛮台为甘肃行省平章，当时西北战事已趋缓和，甘肃驻军人数大大减少，但仍然岁籴粮于兰州，使兰州成为当时重要的粮食转输中心。来自陕西与宁夏平原的粮食，先集中储存于兰州，然后运往甘州。乃蛮台下令从宁夏直接运粮到亦集乃（今内蒙古额济纳旗黑水城），取道阿拉善平原，这一带多沙漠，乏水草，大队人马经行困难，节省运费却要付出生命代价，不可能持续。所以，有元一代，兰州粮食转运中心的作用不可取代。

2002年，在韩国庆州孙氏宗家发现的元刊本《至正条格》，印证了元代兰州渡口粮食转运繁忙的景象，其载：

> 大德十年八月，甘肃省咨："本省供给屯驻大军支用粮储，全藉客旅运米中纳，每石官给价钱贰定。于经行兰州比卜，差人赍省降勘合把渡，遇有客旅运到粮米，封装米样，给付勘合，般运前来甘州仓，比对相同，辨验封头米样无伪，收管出给朱抄，验数支价。中间有不畏公法贪图之人，巧生奸伪，将已验过河米粮，封头割下，结构船桥水手人等，用皮浑脱船筏，将米偷般复回，再行诳官，谩赚勘合，果卖米粮。却赍元封口袋，到来甘州，收籴仓米中纳。或于把渡人处，求买勘合封头，逐旋收籴私米，插

合中纳，官民未便。"议拟："受钱虚给勘合封头之人，不计米数，
杖壹伯柒下，罢役。营求勘合封头之人，不计米数，决玖拾柒下。
割坼封头，谩赚勘合，全中私米，壹石至拾石，决杖捌拾柒下。
拾石至贰拾石，杖玖拾柒下。贰拾石至壹伯石，杖壹伯柒下。插
合私米，玖斗之下，（杖）伍拾柒下。壹石至拾石，杖柒拾柒下。
拾石至贰拾石，杖捌拾柒下。贰拾石至壹伯石，杖玖拾柒下。运
到米粮，不问真伪，尽数没官。"都省准拟。

从这条重要资料可见，元代甘肃行省屯驻的大军，需要接济大量的粮
食，除了官方组织运粮外，还鼓励商人运米中纳，即商人自行收购粮食运
到官方指定的地点甘州（今张掖市），赚取官方的高额运费。兰州则是重要
的粮食集散地，内地运往甘州的粮食都要经由兰州黄河渡口。元代兰州黄
河以北，归甘肃行省管辖，所以甘肃行省有权在黄河渡口北岸设立检查站，
持甘肃行省颁发的勘合①把渡，对商人搬运过河的粮食进行检查，合格后封
装入袋，袋口缝有封头，标明斤数米样，并发给勘合（凭证）。商人将粮食
运到甘州仓后，持勘合比对，检查封头无误后，支给米钱及运费。资料中
的"兰州比卜"，即兰州黄河渡口之一的比卜渡，从"船桥"一词看，元代
兰州比卜渡建有船只连接成的浮桥，只有这样，才能满足巨大的运输需求。
"比卜"，可能是藏文"Phyo ba"之译音，浮（水）之意，这里指浮桥。黄
河兰州段适合设置船桥的地点有两处：一是隋唐金城津故址（今城关区中
山铁桥西侧约1公里金城关），北宋时曾在此架设浮桥；一是庄浪河汇入黄
河处的青石津（南岸在今西固区青石村北），北宋人称此地有古浮桥旧基。
比较起来，城区所在的金城津更符合粮食交易储运条件，比卜渡应在金城
关。元成宗大德十年（1306年），甘肃行省在兰州比卜渡北岸差人把渡，元
仁宗延祐六年（1319年），甘肃行省所辖的庄浪巡检司移治比卜渡，表明兰
州黄河渡口的盘查勘合措施制度化了。同时，从材料中可以看出，元代兰

---

① 古时符契文书，上盖印信，分为两半，当事双方各执一半。用时将二符契相并，验对骑缝
印信，作为凭证。

州比卜渡中纳粮米的勘合制度存在严重舞弊行为。把守渡口的官吏军人与奸商水手相勾结，将已经验收的过河米粮袋子上的封头裁下，用羊皮筏子将米粮再偷运过河，重复诓骗封头与勘合，持空袋到甘州收籴仓米中纳，套取高额运费。甚至直接贿买勘合封头，骗取运费。这些行为严重影响和破坏了元政府中纳军粮的大计，受到法律的严厉制裁。但从中也反映了元代兰州城商贾云集，货物丰阜，运输繁忙的景象。

四、教育与文化

在建立健全行政制度的同时，元朝还在兰州实行儒学教育。最初只在路、府两级设府学、府学，元代后期才普及州一级。元顺帝至正二年（1342 年），兰州建州学，在州治东南，置学田一千多亩赡学。并刻大德十一年（1307 年）"加封孔子诏碑"立于文庙大成殿前。金州建州学则早一些，据《金县志》载，英宗至治二年（1322 年），金州判官傅梦臣建儒学于州治西。泰定二年（1325 年），傅梦臣又重修文庙，所建广正殿为五楹，两庑绘先贤先儒像，置乐器，令乐舞生入庙演习。担任过儒学学正的有裴济。同时建立的还有社学，有正庭 5 间，东书房 10 间，西书房 10 间。

元代兰州的藏传佛教十分兴盛。阔端与萨迦班智达凉州会晤以后，大力支持境内的藏传佛教活动，掀起了新一轮的建寺修塔的高潮，蒙古部落开始信仰藏传佛教。忽必烈的帝师八思巴驻锡临洮三年，必然会扩大藏传佛教对兰州的影响。兰州是乌思藏僧进出中原以及北方草原的必经之处，乌思藏僧的来往必然会促进兰州藏传佛教的发展。这一时期兰州比较著名的佛教寺院有嘉福寺、庄严寺、白塔寺。

嘉福寺在城西南隅，唐贞观九年（635 年）高昌王建，有木塔 12 层，名宝塔寺。元至元间重修，赐名嘉福寺，俗名木塔寺。乾隆《皋兰县志·古迹》载："嘉福寺，城西北隅，唐贞观九年高昌王建，有木塔十三层，名宝塔寺，元至元间重修。"明人陈如稷《创建嘉福禅林宝塔毗卢阁并左右楼诸处碑记》载："考俟塔之建昉于大唐，历五代、宋、元，经鼎革者数次，其制高可百余尺，下周二十丈，上可八十围。"说明宝塔寺历宋至元始终香火不断。明永乐年间，沙哈鲁汗的使臣还看到兰州城中"有一座极其壮丽雄伟的佛寺，他们从入境到现在还没有见过像它那样的建筑"。所指的或许就是嘉福寺。

庄严寺在鼓楼西，唐初建，元至元年间重修。传世有元英宗至治三年（1323年）《庄严寺法旨碑》文，是第八任帝师公哥罗思监藏班藏卜发布的法旨，要求地方官、往来使臣依照圣旨规定，不得侵犯寺院所享有的免除差发赋税的特权、不得侵犯寺院拥有的土地人口财产。从中既可看到藏传佛教寺院的富有与特权，也可看到兼领宣政院使的帝师对西北地区的影响力。元世祖至元年间兰州重修的佛寺，也应与帝师八思巴的影响有关。

白塔山上的白塔寺，据嘉靖二十七年（1548年）撰《重修白塔寺记》，明英宗正统十三年戊辰（1448年），镇守太监刘永成在"原有白塔古刹遗址"上重"起梵宫，建僧居，永为金城之胜境"。1448年去元亡不足百年，所谓"白塔古刹遗址"很可能是元代遗址。

第 四 章

肃王移藩与四维重地

　　明代兰州是西北防御带上的边防要塞，其兰州卫、甘州中护卫与庄浪卫（治所在今兰州市永登县）正处于固原镇与甘肃镇的接合部，共同构成这一防御线上的中流砥柱，战略地位十分显要。通过兰州与庄浪卫进入河西走廊是明代内地通往西域的生命线，是丝绸之路的交通孔道。洪武年间架设的兰州镇远浮桥是黄河历史上第一座永久性的桥梁。镇远浮桥架设后，兰州成为名副其实的旱码头，这使得明代兰州不仅是一座边防要塞，更是一座都市，这其中商业功能的兴起发挥了决定性作用。

　　明代肃藩移兰后对于兰州的发展给予了全面提升。肃王迁兰时，甘州中护卫、甘州右护卫、甘州群牧千户所也一同迁来。这不仅大大提升了兰州的军事防御能力，也为明代兰州地区的农业开垦增添了大量的生力军。肃府凭借着强大的政治、经济影响力带动了兰州的发展。明代兰州的城市建设几乎是围绕肃府展开的。兰州城内的主要景观和建筑群均为肃府所建。肃藩移兰还大大推动了明代兰州文化事业的兴盛繁荣，成就了一大批才俊，被誉为"有南土风，士勤读嗜学"。肃藩移兰后虽然被解除了军权，但藩王的地位依然显赫。成化年间，兰县能够升为兰州，肃王的存在是关键因素之一。

第一节 明代的兰州与庄浪卫

明代全国共设十三个布政使司,陕西布政使司是其中之一。明代今甘肃地面没有省一级的行政建制,大体明代兰州以东的府、县归陕西布政使司管辖。河西走廊及西宁卫、庄浪卫等卫所隶陕西行都指挥使司管辖。陕西行省的行政管理归陕西布政使司,下辖府、州、县。散州大体与县平级。成化年后的兰州即是散州。司法监察系统由陕西提刑按察使司管辖。此外由布政使司派出的机构叫分守道,由按察使司派出的机构叫分巡道,均无定数。

明朝的正规军分为三种,即京营、外卫、边兵,其中外卫指京营、边兵以外的卫所军队。陕西的卫所由陕西都指挥使司和陕西行都指挥使司管辖。

明代在今兰州地区设置的行政机构是兰县、金县(治所在今兰州市榆中县),属陕西行省临洮府管辖;军事机构是兰州卫、兰州中护卫、庄浪卫,其中兰州卫属陕西都司(固原镇)管辖,兰州中护卫属肃王管辖,庄浪卫属陕西行都司(甘肃镇)管辖。成化十四年(1478年),兰县升格为兰州,下辖金县,仍属临洮府。明代大部分时间里,兰州地区(包括庄浪卫)的各族人口不超过10万人。

明代兰县的辖境大体包括今兰州市城关、七里河、西固、安宁四区的绝大部分和黄河以北的皋兰县、白银市的白银区以及景泰县西部。金县大体包括今榆中县大部与皋兰县部分地区。明代庄浪卫的辖地包括今永登县全境和今皋兰县、红古区、安宁区部分地区,白银市景泰县的部分地区以及乌鞘岭以西的今古浪县大部分地区、今天祝藏族自治县的全部。

一、四维重地

明代兰州东接秦州、关中,西控河湟、北扼朔方,西北通达河西走廊,被誉为四维重地。明末,朝廷设宁夏镇,又将固原镇以兰州为界分为固原

镇与临洮镇，而兰州卫、庄浪卫正处在甘肃、固原、临洮三镇的交会之处，且与宁夏镇接壤，与明朝人所说的四维重地不谋而合。四镇中甘肃镇与固原镇设置的时间最长，对兰州卫、庄浪卫的影响也最为明显。

（一）甘肃镇与庄浪卫

洪武十二年（1379年），明廷设陕西行都指挥使司于庄浪卫，二十六年（1393年），移至甘州（今张掖市甘州区），并以此为基础设甘肃镇，这标志着甘肃镇组织管理体系的建设基本完备。甘肃镇是明朝"九边"中最西端的边镇。明孝宗说，本朝边境唯甘肃为最远，亦唯甘肃最重。祖宗屯兵于此，非但制驭境外"生夷"，也为了抚绥境内之熟羌。《肃镇志》形容甘肃镇是关乎全陕之动静，系夫三晋之安危。一旦甘州、凉州失守，则关中难保。只有甘肃镇守备得安，不仅庄浪卫，乃至整个河西走廊地区、中卫、靖远、兰州等地亦不被侵扰。故明臣杨一清说：甘肃一镇，自兰州渡河，所辖诸卫绵亘两千里，"番""虏"夹于南北。

庄浪卫是一个军政合一的军卫，属陕西行都司管辖。有军事出征任务时，则由甘肃镇总兵调度。庄浪为藏语"野牦牛谷"或"野牦牛沟"之意。藏语称野牦牛为"庄"，称沟谷为"浪哇"，简称"浪"，这与当地曾经有藏族庄浪部在此游牧有关。元代在此设庄浪州，属陕西行省。洪武五年（1372年），明军平定河西走廊，改庄浪州为庄浪卫（一说洪武十年改庄浪州为卫），治所在今甘肃省兰州市永登县城。《秦边纪略》形容庄浪卫是"其地狭，其山宽，其土瘠"。杨一清诗云："平沙落日路漫漫，千里风光一色看。刚道雨来翻见雪，偶然热后忽生寒。城非据险兵犹少，地屡经荒食更艰。稍喜沿边诸将吏，肯甘清苦慰凋残。"

庄浪卫是兰州进入河西走廊的门户，谓之"甘肃咽喉"。庄浪卫为甘肃馈道，又称为庄凉大边道。在与北元对峙中，庄浪卫成为连接北部与西北防御线上的支撑点与衔接点。庄浪卫东北至三眼井，与靖虏卫之芦塘相连。自芦塘而东375千米至中卫、宁夏卫，凡甘、肃、凉、湟之趋河东者，舍庄浪更无他途，故曰统会。庄浪卫西北通往河西走廊，西与西宁卫连接，守护着内地通往河西走廊的必经之路和通往西宁的主要道路。庄浪卫南部依托兰州卫。祁连山向东延伸至乌鞘岭，从乌鞘岭的镇羌堡、岔口堡到东部的松山堡之间有约 140 千米的开阔地带，庄浪卫面对并守御着这一开阔地带，所以从防御北元的角度看，明代庄浪卫所处的战略地位比兰州卫更为前沿和险要。

明初庄浪卫的设置颇为周折。洪武二年（1369 年），明军攻陷兰州后，故元庄浪州宣差老关笃坚诣大将军处归降，徐达命笃坚仍权知庄浪州事。直至洪武九年（1376 年），明廷才调遣兰州卫的官军守御此地。庄浪卫领左、右、中、前、后五所。建文元年（1399 年），甘州右护卫随肃藩移兰后，将甘州右护卫改为庄浪卫，仍属陕西行都司管辖。有明一代的庄浪卫均不属兰州（县）管辖。

庄浪卫作为甘肃镇最东部的卫所，其所面临的军事压力更艰巨，如从成化二十一年（1485 年）到正德年间（1506—1521 年），仅《明实录》记载的达延汗部大规模南下甘、凉、永昌、古浪、庄浪等地就达 30 余次。正德、万历年间，庄浪、凉州等地不断有蒙古军队入边的奏报。

明初庄浪卫兵员较一般军卫多。洪武十年（1377 年），陕西都指挥使上疏称庄浪卫有旧军 4000 人，后又增新军 4000 人。地狭人众，难于屯驻。请求将新军 1000 人调往碾北（亦称碾伯，今青海省海东市乐都区）守御千户所，1000 人于西宁修城。战备之余，俱令屯种。只以旧军守御庄浪卫。朱元璋诏从之。① 此时庄浪卫仍有官军 6000 余名，与普通军卫相当。嘉靖《全陕政要》卷 37《职官》载，庄浪卫有参将 1 员，指挥 3 员，军户 2580，人口 14895；官军原额 8728 名，实在 3061 名；汉、土官军 5802 名。

明朝中后期，随着募兵制的推广，庄浪卫的募兵人数逐渐增多，约 2250 名。个别营堡中募兵人数已经超过了祖伍军，如阿坝营有祖伍军 446 名，招募军 658 名，武胜堡有祖伍军 41 名，招募军 100 名，岔口堡有祖伍

---

① 《明太祖实录》卷 115，洪武十年（1377 年）九月丁丑。

军 37 名，招募军 171 名。①

嘉靖以来，由于北元蒙古军队的频频南下，庄浪卫的防御压力倍增。经总制三边兵部尚书王琼奏请：朝廷在庄浪卫设置分守道，以便更好地督办与监察地方军政。隆庆四年（1570 年），甘肃行太仆寺少卿刘时被荐举为陕西按察司副使，以本官兼整饬庄浪兵备，这是庄浪兵备道的雏形。万历四年（1576 年），朝廷以湖广佥事李克敬为甘肃行太仆寺少卿兼兵备佥事，改驻庄浪，这是庄浪兵备道之始。在庄浪卫与兰州卫两个相邻如此之近的地方相继设置了兰州与庄浪两个兵备道以及一个分守道，足见明廷对于这一地区的重视。

明代的庄浪卫是一个土流参治的卫所，境内有著名的鲁土司等。鲁土司家族自称为元末武定王兼平章政事脱欢后裔。洪武四年（1371 年）归明，朱元璋授其首领巩卜失加为百夫长，统领所部，居庄浪。永乐九年（1411 年），失加升副千户，赐姓鲁，名贤。正统二年（1437 年），升指挥使。庄浪卫鲁土司是甘青土司中最为显赫的家族之一，"河西巨室，推鲁氏为最"②其部众号称鲁家军。鲁家军多次受征调参与朝廷军事行动，功勋卓著。鲁氏家族先后有鲁鉴、鲁麟、鲁经等以总兵官、副总兵官、都指挥佥事、指挥使等职，镇守于甘肃、庄浪、延绥等要地，极受朝廷倚重。崇祯十七年（1644 年），李自成农民军"左金王"贺锦部经略河西，鲁家军拼死抵抗，为此遭受了灭顶之灾，从此一蹶不振。鲁氏家族历经十五世、二十任，五百余年。③

甘肃镇的防御机构主要是卫所，防御工事则由墩堡、驿站和边墙三部分组成。明初庄浪卫有堡 28 个、寨 6 个、营 7 个、隘口 32 个、墩 85 个、墙壕 1 段。据《庄浪汇纪》记载，万历时庄浪卫除庄浪城与阿坝营外，仅辖有 11 堡，其中平城堡、武胜堡、通远堡、西大通堡、红城子堡、苦水堡

---

① （明）王之采纂：《庄浪汇纪》卷 1《庄浪城》，甘肃省图书馆藏，第 445 页。
② 《重续鲁氏家谱·序》，转引自王继光《安多藏区土司家族谱辑录研究》，民族出版社 2000 年版，第 167 页。
③ 王继光：《安多藏区土司家族谱辑录研究》，民族出版社 2000 年版，第 167 页。

在今永登县境内，沙井堡在今兰州市安宁区。苦水堡、西大通堡、红城子堡是兰州通往鲁土司衙府所在地连城堡的必经之路，尤其是红城子堡在明代已发展为兰州以西的一所军事与商业重镇。

驿站方面，兰州至凉州段，沿途布设的驿馆、递运所有 13 处。由兰州卫城过镇远浮桥，西北有沙井儿驿递，设在沙井堡（今兰州市西北 25 千米处）。由此循庄浪河东岸而上，苦水湾驿递设在苦水湾堡（今永登县庄浪河口东面）。红城子驿递置于红城子堡（今永登县红城子镇）。南大通山口驿递设在南大通山口堡（今永登县城东南 15 千米处）。庄浪卫在城驿在今永登县城。武胜驿递置于武胜堡（今永登县西北 15 千米处）。岔口驿递设在岔口堡（今天祝县打柴沟东面）。镇羌驿递驻镇羌堡（今天祝县南的庄浪河谷地）。驿路从此离开庄浪河谷，北趋乌鞘岭而进入河西走廊的古浪境。

庄浪卫与西宁卫之间有 7 个驿站。由庄浪城（今永登县）向西跨庄浪河，抵通远堡（今永登县城西 20 千米处）。西大通河驿驻西大通河堡（今永登县西南 60 千米的大通河东岸），而递运所则设在大通河西岸的大通河站堡。再向西进入西宁卫境。甘肃镇驿站的分布走向基本与边墙平行。换言之，边墙是驿站的保护伞。

（二）固原镇与兰州卫

明代兰州卫属陕西都司管辖。正统以后，西北防御渐趋紧张，经常有蒙古军队南下，沿清水河（萧关道）袭攻固原、靖远、兰州等地。为防御北元势力南下，明朝设固原镇，为"九边"之一。此后集军政于一体的三边总制府驻节固原，并与延绥、宁夏、甘州成掎角之势，最终成为西北军事中心。

固原镇之初辖有固原卫、靖虏卫、兰州卫，守护着环县、庆阳、靖远、兰州一线。弘治年间又将河州卫、洮州卫、岷州卫以及西固、文县、阶州三个守御千户所划归固原镇。

1. 甘凉喉襟兰州卫

明代固原镇总兵驻固原，在兰州卫、靖虏卫设有参将，负责兰州、靖

远一线的防务。

兰州卫地处固原镇与甘肃镇的交界处，与庄浪卫一道承担着乌鞘岭与大小松山之间开阔地段的军事防御任务。战略地位十分显要。《明实录》中有许多对兰州重要性的描述，如"兰县逼临黄河，路当要冲，贼若入寇，此先受害""兰县系甘凉之喉襟，固原为平巩之屏蔽，而平巩又关陕之藩篱"。这里北元军队时常南下，如天顺年间，孛来数度大举入侵庄浪、西宁、兰县等地，杀掠军民数千人，明军无力抵抗。明人黄谏《金城关记》载，自金城关以北至定火城（在今兰州皋兰县水皋），以及由凉、庄抵宁夏，正德、嘉靖以来，蒙古军队常常南下，尽占松山前后，饮马黄河。兰州卫不仅要直接面对北元的南下，还要支撑和兼顾庄浪卫的军事防务，同时又是连接固原卫、靖虏卫与河州卫之间的中间地段，故明代兰州卫是甘肃北部与西北部军事防御体系中十分关键的军事要镇，被朝廷称为陕西军行之处，非止一途，兰县至于庄浪尤为紧要。

明代兰州卫设于洪武二年（1369年），时都督冯胜平定陕西，元兰州守将志敬率众归附。是年改兰州为兰县，并设兰州卫于县内。①《明通鉴》卷4载，洪武五年（1372年），宋国公冯胜率副将陈德、颍川侯傅友德师至兰县，傅友德率骁骑五千，击败元兵，进入河西走廊，而这条线路日后成为明朝通往河西走廊的主要通道，兰州卫是这条大通道的桥头堡，而镇远浮桥则是要道咽喉。尤其是明中期北元军队占据大、小松山后，频繁深入兰州黄河以北地区，对镇远浮桥造成巨大压力。

从地理方位看，从兰州卫过镇远浮桥经金城关、沙井驿、苦水、野狐岭、红城子即可进入庄浪卫以及西宁卫。兰州卫经河口向西北通往河西走廊各卫。向东南可达秦州、西安；东北方向经靖虏卫直抵中卫、宁夏（今银川市）；西南方向为临洮、河州。这足以说明明代兰州卫的战略地位十分重要，兰州卫的军事防御任务愈加艰巨。洪武二十七年（1394年），明廷命北起延安、绥德，西至兰县，悉听从卫国公徐辉祖节制。由此兰州卫与周

---

① 《明太祖实录》卷51，洪武三年（1370年）四月丁丑载，兰州卫设置于洪武三年四月。

边临洮卫、靖虏卫、庄浪卫、西宁卫、凉州卫、延安卫、绥德卫、宁夏中卫等组成一道防御带，相互策应、相互应援，确保西北边境的长治久安。永乐四年（1406年），明廷革兰州卫桃花等90关，置摩云岭关，命兰州卫分兵守之。至此，兰州卫的军事建构基本完成。

明初兰州卫的兵员不少于5600人。加之建文帝时又将肃王府及甘州右护卫、中护卫、甘州群牧守御千户所迁至兰县，所以明初兰县、金县境内的军队数量至少在1万以上。即使是明中期以来卫所士兵大量逃亡，兰州卫兵员仍不在少数。据《皋兰县续志》卷17《武备上》载，万历时驻守兰州的军队共有三支：第一支是隶属于固原镇的兰州参将营官兵，称为"正兵"，有兵员2525名，设参将1员；第二支是兰州卫官军，称为"备御"，包括指挥使1员，官军1364名；第三支是属于肃王的甘州中护卫官兵，设指挥1员，官军530员名。三支总约4500名。若考虑到军余（家属），则与军事有关的人口在2万以上，而同期兰州的民户仅为1107，人口6342；金县民户仅336，人口1372。远少于军事人口。

嘉靖之后，募兵制广泛推广，并逐渐取代明初推行的军户兵役制度。《皇明九边考》卷十《固原镇》详细记载了嘉靖年间兰州卫募军的情况：兰州驻扎防守河桥、兰州等卫所马步官军并招募民壮士兵共1918名。

为了抗拒北元的南下，永乐十二年（1413年），明成祖命兵部、都察院遣官巡视宁夏、甘肃。令其地"每小屯五、七所，或四、五所，择近便地筑一大堡，环以土城，高七、八尺或一、二丈，城八门；围以壕堑，阔一丈或四、五尺，深与阔等，聚各屯粮于内。其小屯量存逐日引用粮食，有警即人畜尽入大堡，并力固守"[①]。这是明朝用于军事目的的堡。堡即是位于中心的大屯，是军事防御的中坚据点，归卫所管辖。按规定只有堡可筑有土城墙，寨是不可以的，所以堡的防御功能明显强于一般屯寨，遇有战事附近屯寨的军民可以携带牲畜躲进堡内避险。明中期后，蒙古鞑靼部每每深入兰州。为了保境安民，明廷在兰州黄河两岸重筑、新筑了若干堡，

①　《明太宗实录》卷93，永乐十二年（1413年）八月壬戌。

主要有：正统十二年（1447 年），筑哨马营堡、大岔沟堡（均在今十里店桥培黎广场深沟口）；景泰年初，重筑东关堡（在今兰州东关以东至东岗镇一带）；成化二十年（1484 年），筑新城堡（在今西固区黄河南岸新城乡城子村）；弘治八年（1495 年），在今皋兰县黄河东岸什川镇筑什川堡；弘治十一年（1498 年），修复西古城堡（今西固区西固城）。弘治十八年（1505 年），总制三边经略都御史杨一清上奏获准，兰州隔河即房，乞修河北诸城堡。[①] 于是在今安宁区修补安宁堡，在今皋兰县水阜乡水阜村筑铁古城堡，也称定火城。此前，在今城关区黄河北岸筑盐场堡，万历二十七年（1599 年），修筑边墙，建有三井堡，属兰州卫。这些堡城不是筑在黄河渡口，就是筑在鞑靼骑兵南下的沟口，足令蒙古军队不得饮马黄河。

据顾炎武《天下郡国利病书》卷 4《陕西备录·临洮府志》记载，万历时兰州卫所辖军事城堡共 16 座，即把石沟堡、什字川堡、西古城堡、芨芨滩堡、马家湾堡、安宁堡、十里店堡（哨马营）、东关镇堡、东古城堡、夏官营堡、柳沟店堡、朱典营堡、石头沟堡、甘草店堡、三角镇堡、茨坪刘家堡。

2. 兰县与金县

元朝时兰州属巩昌总帅府管辖，领阿干县及司候司。洪武二年（1369 年），兰州降为兰县，属临洮府管辖。兰州降为兰县的主要原因是人口不足、经济衰退，但朱元璋仍称"兰州乃西北重地"，这代表明廷对兰县战略地位的认可。

明朝县以下的机构为里，但不属于国家正式的行政机构。每里标准建制为编户 110 户。明初兰县有四里三坊，后省黄笋里，为三里三坊。据《兰州志》卷 1《地理志》载，三里为东川里、西丰里、阿干里，三坊为东南坊、东北坊、西北坊。东川里即宋代东关堡，阿干里宋代为阿干堡，在阿干河两岸，西丰里宋代为西关堡，在今西固城一带。据顾炎武《天下郡国利病书》卷 4《陕西备录·临洮府志》记载，万历时兰州旧辖民堡八座：

---

① （清）顾炎武：《肇域志四》，《顾炎武全集》第 9 册，上海古籍出版社 2012 年版。

桑园儿堡，柴家台堡、达家台堡、张家湾堡、黄峪沟堡、八盘堡、阿干镇堡、小马莲滩堡。

明代金县是兰州的东大门，元朝称金州。洪武二年（1369 年），金州亦因人口不足降为金县，治所从苑谷（今榆中县小康营乡）移至今榆中县城关镇。康熙《金县志》卷上《形胜》总结金县地貌为："北据天堑，西枕马寒，三山（苑谷山、兴隆山、栖云山）共翠，二水（大峡水、苑谷水）分流。"金县东南通往秦州，与会宁（今甘肃会宁县）为邻，东北方向为靖虏卫（今甘肃靖远县），西南通临洮府。成化十三年（1477 年），兰县升为兰州，金县隶属兰州。

明初金县有十二里，即在城里、平地里、烽火里、小苑里、野罗里、清水里、定远里、三角里、结家里、太平里、马家里、源（苑）川里。成化年间，由于岁歉民逃，十二里并为八里；正德十三年又并为五里，即在城里、平地里、烽火里、小苑里、野罗里，但"名为五里，不足三里之数"。据《全陕政要》载，嘉靖时金县有民户 289，人口 1151。这较之明初的河州有编户四十五里，民户 5208，人口 98045，狄道县有民户 3000 余、人口近 2 万而言，兰县、金县的规模的确不大。

明代金县辖有四镇十八堡。四镇为定远镇、清水镇、新营镇、三角镇。十八堡为南关堡、北关堡、山峡堡、刘家堡、弘崖堡、窦家堡、地石堡、老庙堡、上年堡、水家坡堡、源川堡、康谷寨堡、双树堡、小苑峪堡、连搭沟堡、石头沟堡、白马寺堡、十字川堡。

（三）临洮镇与兰州卫

临洮镇是万历年间从固原镇分设出来的，辖兰州卫、河州卫、洮州卫、岷州卫、阶州、文县守御千户所。主要防御包括河湟地区在内的甘青民族走廊的"西番"以及兰州以北的北元势力。

临洮镇设置后，明廷在兰州卫设有临巩兵备道，主要职责为分理军务、操练卫所军队和地方民快、缉捕盗贼镇压民乱、管理卫所兵马、钱粮和屯田等；主要职权为监察权、司法权，包括监督官兵、问理刑名、禁革奸弊

等。明廷将临巩兵备道设置于兰州，而不是临洮府，凸显出嘉靖以来兰州在防御北元军事体系中的重要性得到进一步提升。

（四）宁夏镇与兰州卫

明代宁夏地区初设有宁夏诸卫，后设宁夏镇，与固原镇的靖远卫比邻。宁夏镇孤悬朔北，与庄浪卫、兰州卫、靖远卫等一道固守着明朝西北边防。由于崇山峻岭阻隔，宁夏镇与西安方面的联络远不及与兰州便捷，故宁夏镇的防卫与庄浪卫、兰州卫、靖房卫密不可分。

二、兰州黄河镇远浮桥

黄河兰州段早在唐朝时就建有广武梁。北宋在金城关、喀罗川口（今兰州市西固区河口乡庄浪河汇入黄河处）建过两座浮桥，均为临时性的。只有明初架设在兰县黄河段的镇远浮桥使用了500多年，称得上是兰州历史上第一座较固定的桥梁，也是明代黄河上游唯一的一座浮桥。

明初，明廷出于军事防御目的，先后两次在黄河兰县段修建浮桥，军队返回后浮桥废置。洪武八年（1375年），邓愈为便利出征西宁、河西等地的后勤保障，曾在城西5千米处修造"镇远浮桥"。洪武十七年（1384年），兰州卫指挥金事杨廉经实地考察，最后确定在金城关下重新架设浮桥。过浮桥西侧有金城关，北有白塔山，易守难攻。浮桥仍命名为"镇远浮桥"。浮桥建造用木船28艘，常用25艘，河水上涨时加3艘。每年冰解时搭桥，巨绳系舟从上游缓放，舟系大筐四五个，在筐内盛满石块，等到舟船漂浮到恰当的地方，立即把盛满石块的筐（时称石鳖，即石锚）抛至水中，以此固定28艘巨舟。巨舟在河中稳定后，即用芨芨草绳和两条铁缆交结，如此一一牵缀而桥成。为了固定浮桥，冯胜和邓愈先后铸造了四根粗长的铁柱竖立在黄河两岸（至今兰州黄河铁桥南岸边仍立有1根建桥时所遗存的重10吨、长5.8米的铸铁浮桥柱，人称"将军柱"），系拴120丈铁缆，以固定浮桥。

与过去靠木船、羊皮筏子渡河相比，黄河镇远浮桥不仅方便了兰州黄河南北两岸的交通与经济交流，更重要的是它控扼冲要，对改善明代西北交通和巩固西北边防发挥了至关重要的作用。时人徐兰形容说："治桥以制西域，申威千里，自古而然。"马文升评价说："陕西之路可通甘宁者，止兰州浮桥一道，贼若以数千人据河桥，则粮运难通，援兵难进，而甘凉难守，关中亦难保无虞矣。"

明代兰县之所以能够升为兰州，镇远浮桥的建成极为关键。明代以前从长安通往西域的道路大体分为北线、中线、南线与交叉线。其中北线由平凉越六盘山，在靖远迭烈逊渡黄河向西至民勤；中线由陕西陇县越关山（亦称陇山），在兰州渡黄河，经庄浪卫进入河西走廊；南线由宝鸡至天水、临洮，在临洮与河州交界的康家崖渡洮河，经河州积石关、循化、西宁、大通、门源，过扁都口进入甘州。三线在甘州合为一线后进入肃州。长安—平凉—会宁—兰州一线被称为交叉线，整体形成于唐代，是陕西通往河州、西宁的主要驿道，史称"奉元北路""兰州（皋兰）官路"。四条线路中北线最为捷径，明代以前西安诸府运送粮饷赴河西走廊，多经六盘山蝎蛰岭，但此路山涧陡绝，人力艰难。而开城县（今宁夏固原以南）经迭烈逊渡黄河，直抵民勤，可节约路途约 250 千米，是历史上中原王朝用兵西北的主要军事通道之一，也是汉族与北方、西北游牧民族开展贸易和朝贡的主要通道之一。但由于北线在明朝大部分时间里被北元占据或受其侵扰，难以使用，而南线虽是通往河州、西宁的官道，但并不适合通往河西走廊。所以交叉线成为明代内地通往河西走廊的主要通道，也是陆路丝绸之路的最佳选择，而镇远浮桥的修通则大大提升了这一通道的运输能力，兰州也因为守护镇远浮桥而战略地位进一步凸显，这是明代兰州有别于历代的特殊点，也成为明代兰州发展不可或缺的关键因素。故成化三年（1467 年）甘肃巡抚徐廷章奏曰："万一有警，兰县河桥被阻，粮运不通，极为可忧。"巡抚甘肃右副都御史唐瑜称："虏之出没路径既多，我军惟兰州一路，不据而守，使虏知先据河桥，则我之援饷俱绝，为今之计，宜宿重兵于兰州，加轻兵于古浪、镇番、镇夷、高台等处。"明朝藩王的封地几乎都选在府治，唯有肃藩内迁选中的是人口不足、经济衰败的兰县，而不是较为发达

的临洮府、巩昌府等地，这其中加强镇远浮桥的军事防务是主要考虑的因素。

三、兰州卫城与明长城

明长城东起辽宁丹东虎山，西至甘肃嘉峪关，穿越了 10 个省、市、自治区，总坡面长度为 8851.8 千米，包括人工墙体为 6259.6 千米，天然段 2232.5 千米，壕堑 359.7 千米。[1] 明人亦称为"边墙"。

明代的城是地方军事防御体系中的关键节点，可分作镇城、路城、卫城、关城和堡城。固原镇所在地称镇城；镇以下各路的城堡叫作路城；卫指挥使所在地称卫城，如兰州卫城。

（一）兰州卫城

明代兰州卫城是在宋代兰州城的基础上，经过多次扩建而成。明初，兰州卫城历经战火，加之原城墙为黄土夯筑的版筑，早已破损不堪。洪武十年（1377 年），在指挥同知王得主持下，扩筑兰州卫城。扩筑后的兰州卫城东西长约 590 米，南北长约 530 米，周长约 2350 米，高约 11.6 米，宽约 8.6 米，为东西略长的矩形。卫城东、西、南均有护城河，深约 10 米。城北临黄河。城墙三面土筑，北面砖砌。有城门四座：东曰承恩门（在今张掖路东城壕北口稍东），南曰崇武门（在今酒泉路金塔巷东口稍南），西曰永宁门（在今张掖路西城巷北口稍西），北曰广源门（在今永昌路北口）。宣德年间，陕西都指挥金事卜谦、兰州卫指挥戴旺在内城的东、南、西三面增筑外郭，周长约 4630 米，俗称东关、南关和西关。兰州城从此有了内外城之分。正统十二年（1447 年），守备兰县都指挥金事李进奏准修造城北门及瓮城，增筑承恩门外郭，自东至北 280 米，称新关。修筑后的兰州卫城外郭共有 9 个郭门：东为迎恩门（俗称东稍门，在今东方红广场东口），东

---

[1] 陈军、金舒平、廖安平等：《明长城资源调查与测量综述》，《地理信息世界》2011 年第 3 期。

北为广武门（在今秦安路与金昌路相交处），再往东北为天堑门（后改为庆安门，在今静宁路北口），南为拱兰门（俗称南稍门，在今酒泉路兰州卷烟厂稍南），东南为通远门（俗称小稍门，在今静宁路与畅家巷西口相交处），西南为永康门（后改为安定门，在今胜利饭店与市交通局楼之间），再往西南为靖安门（后改为静安门，在今临夏路通下沟路口稍南），西为袖川门（后改为解放门，在今临夏路西口清真寺南侧），北为天水门（后改为通济门，在今中山路北口，中山桥稍南）。① 这次扩筑使兰州卫城外郭面积进一步扩大。弘治十年（1497年），都指挥使梁暄又扩建兰州卫城外郭，至此外郭城基本建成，并将兰州卫城向东延伸至今东方红广场东口。外郭城面积大于内城，有"关比城大"之说。兰州卫城经历代修葺和扩建，不仅防御坚固，成为名副其实的"金城汤池"，而且一改明初兰州衰落凋敝的城市面貌，使得兰州卫城更加宏伟俊秀。

（二）明代兰州境内的边墙

甘肃境内的明长城除主干线外，还有两条支线：一条起于兰州黄河北岸，一条从黄河南岸纵贯兰州。兰州黄河南岸长城属固原镇，黄河北岸长城到沙井驿为甘肃镇和固原镇分界。

据明人赵英《城新城记》和彭泽《西古城记》等考证，兰州黄河南岸长城的修筑年代应在明代弘治年间。嘉靖二十六年（1547年）张雨《边政考》"兰州卫"条下："墙一道，河南岸，东八十里，西九十里。"

兰州黄河北岸长城修筑的年代大体在成化年间，修成于正德年间。《辛卯侍行记》载，旧边墙自咸水河北至乌鞘岭……筑于正德时。万历二十六年（1598年），三边总督李汶发动了著名的松山战役。战后踏勘地形，于翌年自靖虏卫哈思吉至大靖（今甘肃古浪县）泗水堡筑边墙200千米。

从走向上看，兰州黄河北岸长城起于兰州黄河北岸盐场堡，西行经金

---

① 光绪十年（1884年），兰州城最后一次修葺。抗战期间，日机不断轰炸兰州，为便于疏散市民，于1937年决定开通内城三官庙等处三门，外城开通南滩寺等处五门，至当年底实际开通两门。

城关、安宁区十里店、刘家堡、安宁堡、沙井驿，北折经皋兰县中心乡九合村南的福儿沟入大路沟，经西固区河口乡大滩村老爷庙，西行翻白土坡，至永登县苦水乡东咸水河，又西北经苦水乡土槽沟村、新屯川村、红城镇、龙泉寺乡、大同乡、柳树乡、城关镇、中堡镇、武胜驿镇，至华藏寺入天祝县境。① 这条长城又称为黄河北边墙。

兰州黄河北岸长城以永登县境内保存较多。保存较好的在大同乡、柳树乡、中堡镇，总长约 10 千米。

兰州黄河南岸长城呈"丫"字形，连接了东、东北两个方向来的边墙：东向来的边墙称为"内边"，起自固原镇饶阳水堡（今陕西定边县姬原乡辽阳村），向西经青铜峡、甜水堡、下马关、半个城，由靖虏卫干盐池堡东北的绵沙湾口进入甘肃境内，继续西行经打剌赤堡，至靖虏卫花儿岔为止（今甘肃靖远县水泉镇黄河东岸），这条边墙并不是长城支线分出的，且在长城南侧，故称为"内边"；东北方向来的边墙称为"裴家川边墙"，在宁夏中卫由长城主干线向西南分出，至靖虏卫迭烈逊堡（甘肃靖远县水泉镇西空心楼村）为止。这两条边墙在靖虏卫附近会合后继续沿黄河岸南行，经平滩堡、金家台、一条城堡（今甘肃榆中县青城）、什字川堡，由桑园峡而入兰州东岗镇、拱星墩、五里铺、水车园，西进接广武门北城墙、小西湖、土门墩、西固、西柳沟、梁家湾、新城、小茨沟、上铨、盐锅峡、草树坪、红柳台、巴米山。沿途皆建有堡、墩、台等防御设施。

兰州黄河南岸长城在兰州境内长约 200 千米，大多已毁坏，仅在西固区梁家湾、西固城、七里河区崔家崖、城关区拱星墩、榆中县来紫堡乡桑园子、罗泉湾村及青城乡下磨庄等地有数段长城遗迹，残长约 1.5 千米。

明代长城是由边墙、壕堑、城、堡、墩、关等组合而成的一个综合防御工程。城堡规模较大，多建在长城内侧地势平阔处，有驻军把守。据《边政考》《庄浪汇纪》等记载，兰州地区明代长城沿线共有 24 座城堡，即一条城堡、什字川堡、买子堡、笋萝沟堡、黄峪堡、崔家堡、西古堡、茇

① （清）《陇边考略》卷 2《全陇边卫》，见《中国方志丛书》，台北成文出版社 1970 年版。

笈滩堡、盐场堡、安宁堡、沙井堡、苦水湾堡、野狐城堡、红城子堡、青寺儿堡、南大通堡、黑城堡、大柳树堡、马厂沟堡、铺沟堡、汉属郎堡、武胜堡、岔口堡、镇羌堡等，分属兰州卫、庄浪卫。烽燧，又称烟墩、墩台，是明代长城防御体系中的重要组成部分。烽燧又分为兵墩和田墩两种。田墩又叫屯庄墩，负责守备清野。兵墩负责守望。万历《临洮府志》卷11《烽燧》载，兰州参将营所辖墩台17座，兰州卫所辖墩台27座，中护卫所辖墩台4座。据专家考察，兰州黄河两岸长城遗存的烽燧墩台，除少量兵墩外，大部分是田墩。保留至今的明代长城沿线共有烽燧115座。①

明代对长城沿线的墩守有明确而详细的规定。大体"每二里余筑打墩台一座""各选拨官军六员名，令其常轮流哨守"。1947年，何乐夫先生在兰州十里店西北师范学院水塔区发现一块万历墩军石，现收藏于西北师范大学博物馆内，为研究明代长城的墩堡设置提供了实证。这块墩石上所刻男子五人，他们是垛集的军士；女子五人，是军士佥解之妻子。明人韩霖在《镇守要略》卷6《申令篇》载有明廷相关法律："军士应起解者，皆佥妻""墩军于贼情紧急时，及闻警报，务要尽数在墩。敢有下墩回家，或虽住近墩下而不在墩者，无贼至，捆打一百，割耳；有警，军法示众""应备什物军器，欠缺一件者，墩军捆打一百，割耳；仍罚月粮置办"。这样看来，深沟儿墩军石的刻制有两个目的：一是防止墩军及妻子逃逸；二是防止器物缺失，检阅之人凭石点检，以为明证。明代长城沿线防守措施之严密，军法之严酷，由深沟儿墩军石可窥一斑。

第二节　肃王经略兰州

明初，朱元璋认为天下之大，必建藩屏，以卫国家。诸子既长，宜各有封爵，分镇诸国。从洪武三年到洪武二十五年（1370—1392年），朱元璋共封24个儿子和一个侄孙为藩王，实现"分茅胙土，以藩屏国家"的目

---

① 《兰州市志》卷51《文物志》，兰州大学出版社2006年版，第84、89页。

的,这其中就包括封于北方重要军事要塞的秦王、肃王等九王。"藩王守边"虽因局限性注定不可持久,但在防范"藩镇"坐大方面所起的作用仍然无可替代。

一、肃王坐镇兰州

肃王家族与兰州有不解之缘,他们在兰州生活、繁衍了二百四十多年,几乎与有明一代相始终。肃王的踪迹遍布明代兰州的各个角落,如夜雨岩(今后五泉)、抱龙山、平顶峰等,对兰州的历史产生了重大影响。

(一)肃王建藩与迁藩

肃王是朱元璋第十四子,名朱楧,出生于洪武九年(1376年),母部氏,没有名号,想必地位较低。洪武十一年(1378年),年仅三岁的朱楧被封为汉王,食邑安陆(今湖北钟祥市)。由于诸王年幼,他们仍留在京城接受教育。洪武二十四年(1391年),朱楧与卫、谷、庆、宁、岷诸王一起被派往山东临清练兵。经过一年的锻炼,朱楧以"善骑射,能诗文,谋勇兼资"受到朱元璋的赏识,被改封为地位更为重要的肃王,食邑西北军事重镇甘州,暂驻平凉,同时开始营建肃王府。洪武二十六年(1393年),陕西行都指挥使司由庄浪卫徙置甘州,甘州军事建置也进行了调整。洪武二十八年(1395年),肃王添设右、中二护卫。六月,朱楧就藩甘州。朱元璋命他督理陕西行都指挥使司的军务。洪武三十年(1396年),朱元璋诏令朱楧屯田养军,要求朱楧凡征伐,必以长兴侯耿炳文从之。

建文元年(1399年),肃藩迁驻兰州,直至明朝灭亡。关于肃藩迁兰的原因,有记载认为是肃王以"边地苦寒"为由,向朝廷乞求内徙的。实际上若以"边地苦寒"而论肃藩迁兰,理由显然不充分。因为明初兰州历经兵燹,残破凋敝,被降为兰县,其生存环境和军事地位与重镇甘州不可同日而语。且肃藩迁兰并不是朱楧的主动要求,而是迫于建文帝的压力做出的无奈选择。建文帝害怕诸王叔觊觎皇位,成尾大不掉之势,遂大行削藩。他先后废周、齐、代、岷王为庶人,迫使湘王自焚,又派人监视包括燕王在内的诸王行动，肃王自然不能幸免。建文帝即位之初，曹国公李景隆"以肺腑见亲任"，积极帮助建文帝推行削藩。李景隆对甘肃肃王、河南周王非常熟悉，而建文帝削藩的第一步就是从周王开刀，李景隆则具体实施了突袭逮捕周王的行动。不难想见，建文帝和李景隆君臣肯定对处置肃王也有过谋划。肃王拥重兵于甘州，朝廷鞭长莫及。所以李景隆建言朝廷应防备燕王与肃王暗中串联，宜将肃府内迁兰州，以便朝廷驾驭。《甘镇志》卷2《建置志·公署》载，建文元年，肃王"以曹国公李景隆奏复，移国于兰州，并以右、中二护卫内徙扈从"。朱棣即皇位后，为了安抚政局，对诸王大加封赏，以示区别于建文帝。在这些封赏中，肃王受到的关注引人注目。由此窥测，肃王与燕王或有某种联系，个中细节因朱棣销毁了大量史料，已不可考。

明成祖朱棣由藩王起家，深知藩王势大之害，所以政局稳定后马上又恢复削藩政策，厉行藩禁，改藩王守边为天子守边。他主要从移塞王于内地、禁止诸王节制武臣、严禁藩王干预地方事务三个方面入手，加强对诸藩的控制。建文帝时，辽王府由广宁移往荆州，肃王府由甘州移往兰州，开启了迁塞于内的先河。朱棣虽然表面上恢复了诸王旧爵，但禁止移驻内地的藩王回到原册封地。这样肃王府直至明末就一直驻在兰州。

肃王坐镇兰州，虽被剥夺了军权，但毕竟是亲王，所居之地自然不可小觑，仅此一点就使得兰州的政治地位在周边地区中赫然屹立。巡抚余子俊在升兰县为兰州时就提出，肃王封国在其地，政繁官卑，事多掣肘，这其中就道出了肃王的王公身份与兰县卑微地位难以对称的尴尬。

肃王移藩后，其特权主要体现在经济待遇上。明初，肃府的岁禄为500石，较之诸藩要少，原因是甘肃地处西北边塞，经济落后，民力不支，物资转输困难。明仁宗时，为了笼络宗藩，给肃府增加岁禄500石，达到1000石。然而仅凭岁禄还不足以满足肃府奢华的物质生活。肃府通过扩充田庄、经营畜牧、工商市利、奏讨受赏等形式，广积钱财，富甲一方。移藩兰州后的肃王拥有大量庄田和牧场。据《题中贵张养吾创建贡马营碑记》等多个碑文记载，肃王在今兰州、榆中、定西等地都拥有规模巨大的牧场。

肃府仅兰州一地就有庄田 2000 余顷，房店铺面 3311 间，水磨 34 轮，船磨 3
只，煤窑 6 眼，琉璃瓦窑 8 座。① 万历时，肃懿王不但拥有甸子川等处的田
庄，在兰州东川等地还拥有园囿、水磨坊、店房、绒机坊、磁窑等实业。
万历四十三年（1615 年），肃王绅尧一次奏还五所屯田 1000 余顷，以资助
新边兵食。历代肃王多次向朝廷奏乞庄田、宅舍、墓茔、药材、书籍等实
物，皇帝一般都依制赐予。另外，每逢新君即位、诸王来朝、亲王成婚、
藩王丧葬等时机，皇帝都要赏赐宗藩大量金银币钞、丝织品、药材、田地
等项。王公贵族经营商业，开办店坊；王府的佃仆耕种土地，经营园艺。
在开发农业的同时，也将先进的农业与手工业技术、煤炭开采技术带到兰
州。这对于兰州经济的持续发展和带动城市生活消费无疑是巨大的推动。
正德十四年（1519 年），兰州知州筹资维修溥惠渠，肃王得知后，"给木以
助之"。木质水槽修成后，"利益广远，公家赋税及一方蔬果所需，仰给此
水以为生者，不啻万口"。

　　肃王迁兰，为兰州带来了难得的历史机遇，注入了新的活力。历代肃
王对兰州城市建设做出了巨大贡献。肃王迁兰后，将位于旧城正北的原县
府改为藩府，规模宏大，是当时兰州最辉煌的宫殿建筑群。肃王还在兰州
修建了金天观、凝熙观、玄妙观、东岳庙、斗姆宫、北斗宫、白衣寺、萃
灵寺、望河楼等。重修了普照寺、庄严寺、华林寺、五泉山皇庆寺（崇庆
寺）以及兰州学宫。肃昭王重建了白塔寺。肃王在兰州二百多年间，极大
改变了兰州城市面貌。明代兰州的城市建设自秦设榆中县以来，第一次得
到史无前例的迅速发展，城市市容焕然一新。

　　由于明朝宗室在政治上受到严厉管束，所以他们远离政治，把精神寄
托在文化艺术修养方面。优厚的生活待遇为他们的文化艺术活动提供了物
质保障；良好的教育背景使得他们在吟诗填词、琴棋书画、戏曲音乐、校
订群籍等方面展露才华。历代肃王留下了许多诗文作品，其中成就最高的

---

　　① 邓明：《兰州史话》，甘肃文化出版社 2005 年版，第 89 页；另《明神宗实录》卷 20，万历
元年（1573 年）十二月丙辰也有相关记载。

是肃靖王朱真淤，他的诗格调高古，颇有盛唐遗风。其他如肃靖王所著《沧浪亭集》行于世，肃昭王所著《星海集》行于世，肃懿王所著诗文盈笥，朱识铉草书《千字文》等。

（二）肃府右护卫改建庄浪卫

《明太祖实录》卷238"洪武二十八年（1395年）四月"载，朱元璋诏调甘州在城官军置肃王甘州右护卫。凡有差遣从肃王调用。这是《明实录》中唯一提到甘州右护卫的记载。建文四年（1402年），明廷"改肃府护卫为庄浪卫"[①]。这个肃府护卫正是甘州右护卫。理由是：第一，《兰州古今碑刻》收录有正德九年（1514年）的《明故四川灌县主簿杨公墓志铭》，墓主杨锡的祖先来自浙江严州府建德县。曾祖杨荣在洪武间累立战功，历升肃藩甘州右护卫百户，随侍来兰。宣德间捕获巨盗，升群牧千户所副千户。这是直接记载肃藩甘州右护卫随肃王来兰的事实。第二，明廷"改肃府护卫为庄浪卫"中虽然没有明确说这个"肃府护卫"就是甘州右护卫，但随同肃府迁兰的只有甘州中护卫与甘州右护卫，而甘州中护卫直至明朝灭亡名称未变，且一直驻防在兰州，归肃王统辖。所以这里的"肃府护卫"当指甘州右护卫。第三，宣德七年（1432年），肃王瞻焰上奏："甘州中、右二护卫官军，皆闻逸无差遣，欲止留一卫，请以一卫归朝廷助备边。"宣帝得奏复书："护卫以卫王国，王国以藩屏朝廷。今叔以国中无事而为朝廷虑边，足见至亲体国之笃。特遣都督金事王彧、副都御史贾谅赍书以复，听简留一卫所归朝廷者，令挈家属赴甘州，补前、后二卫守备之数，仍敕彧、谅加意抚绥，所过给口粮、车辆，毋令失所。"[②] 这一记载表明宣德年间肃王曾将自己的一个护卫归朝廷，但上文提到建文四年（1402年）时就已"改肃府护卫为庄浪卫"，这其中最大的可能就是"改肃府护卫为庄浪卫"后直到宣德七年（1432年），甘州右护卫才归朝廷指挥。以上这三个理由足

---

① 《明太宗实录》卷13，洪武三十五年（140年）十月丙寅。
② 《明宣宗实录》卷93，宣德七年（1432年）七月壬申。

可证明甘州右护卫随同肃王来兰后改建为庄浪卫。

二、肃王家族在兰州

从洪武二十五年（1392 年）第一代肃王朱楧受封，到崇祯十六年（1643 年）末代肃王被李自成农民军所杀，明肃王共传袭九世十一王，延历252 年。自肃庄王楧而下计有：康王瞻焰、简王禄埤、恭王贡錝、定王弼桄、怀王绅堵、懿王缙㷫、宪王绅尧、末代肃王识鋐，另有追封的靖王真淤、昭王缙炯。明太祖朱元璋行事规矩缜密，家法甚严，对后世子孙的姓名取字皆有明文规定。据《明会典》载，肃王这一宗支的子孙，名字第一字依辈序次为"瞻禄贡真弼，缙绅识烈忠，曦晖跻富运，凯谏处恒隆"，名字第二字的偏旁按"木、火、土、金、水"顺序排列取字。朱元璋这样做原本是希望自己的后世子孙能传袭万世，延绵不绝，然而没有想到，他第十四子这一支只传了六世就遭绝嗣。

第一代肃王朱楧迁藩兰州后，在政治风浪中几经起伏，最后郁郁而终。先是建文帝怀疑他与燕王勾连，将肃府内迁。接着永乐帝又对他不放心，打拉结合，并最终削其护卫，不允许他再回甘州。然而政治打击并没有就此结束，朱棣登基后掀起的削藩风潮，比之建文朝更为猛烈。他对肃王也不掉以轻心，而是派人秘密监视，暗中搜罗罪名。永乐六年（1408 年），有人揭发肃王朱楧动用私刑，捶杀卫卒，还私受哈密进贡的马匹等事。朱棣耍起明保暗谴的手法，将罪责归于肃王的下属朱典构谗杀人，长史不能辅导规正，并责令悉械送京师。表面上是祖护肃王，实际上是杀鸡儆猴，敲打朱楧。这年四月，又有人告发朱楧听信百户刘成谗言，罪罚平凉卫军卒不当。永乐帝故技重施，批复道"此下人所为，未必尽出王意"。肃王僚属再次成为替罪羊，但是"未必"二字已经从语气上表露出对肃王的不满。通过这两件事，朱楧也体察到上皇对自己的猜疑和提防，政治上更是俯首帖耳，不敢有所妄图，行事上收敛了许多。永乐十六年（1418 年），朱楧去世，谥为庄王。

朱楧的正妻为指挥孙继达之女孙氏，受封为肃王妃。他还有一侧室张氏。永乐四年（1406年），张氏生一庶子，这就是第二代肃王朱瞻焰。朱瞻焰于永乐二十二年（1424年）袭封王爵，时值永乐帝晏驾，仁宗朱高炽继嗣。九个月后，仁宗又驾崩。即位的宣宗更是加紧削除藩王的军事力量，相继剪除了楚、蜀、赵等王府的护卫，以减轻他们对中央的威胁。在这样的政治背景下，拥有右、中二护卫的肃府将两支护卫军的一支上归中央，以表示肃府绝无政治企图。肃府交出军事力量后，大肆在经济上扩展。朱瞻焰上疏朝廷，请求给肃府增加岁禄。宣宗以仁宗已加岁禄500石，守祖制不敢违命为由，驳回了肃王的请求，目的还是要限制肃王的发展。这一时期，肃府繁育了大量马匹，正统、天顺间，朱瞻焰先后五次向朝廷进献马匹，受到朝廷称赞和回赐。他还捐助黄金，维修了凉州卫白塔寺。白塔寺为元朝时阔端与萨班举行"凉州会谈"的旧址，是西藏正式接受中央政权管理的重要历史见证。朱瞻焰对白塔寺进行重修保护，为后世子孙留下了一份珍贵的历史文化遗产。

朱瞻焰历宣德、正统、景泰、天顺四朝，于天顺八年（1464年）去世，谥康王。庶长子朱禄埤于成化四年（1468年）袭封，为第三代肃王。朱禄埤在成化十五年（1479年）去世，谥简王，王位传给庶长子朱贡錝，是为第四代肃王。

第四代肃王朱贡錝在父王死后八年才袭封，原因是他曾经犯过罪，被罚俸一半。他在位50年，历成化、弘治、正德、嘉靖四朝，于嘉靖十五年（1536年）去世，谥恭王。早在弘治十四年（1501年），他就以"年老有病"为由，请朝廷恩准世子朱真淤代行肃王职权。此后的25年间，朱真淤广修德政，布济施惠，造福桑梓，受到兰州百姓的爱戴。他博学能文，留有大量诗文作品。然而不幸的是，他在嘉靖五年（1526年）先于父王辞世，没能正式继承王位，直到他儿子朱弼桃承爵后，才追封他为肃靖王。

第五代肃王朱弼桃于嘉靖十七年（1538年）袭爵，他是第四代肃王的嫡孙。他在位24年，于嘉靖四十一年（1562年）去世，谥为定王。王位本应由他的嫡长子朱缙炯继承，然而朱缙炯也是先他父王于嘉靖三十六年（1557年）辞世，故而第六代肃王就由朱缙炯之子朱绅堵继承。朱缙炯被追

封为肃昭王。

第六代肃王朱绅堵于嘉靖四十二年（1563年）袭封。他自幼体弱多病，在嗣位时就已经病入膏肓，继位仅6个月就病逝，年仅17岁，谥为怀王。他的短命而无子嗣，引发了肃府王位继承的危机。

肃王爵位传至第六代就绝嗣，只有从近属旁支中选择继承人。这时，肃靖王朱真淤第四子朱弼柿之子朱缙𤏲请求袭爵。朝廷以他为怀王从叔父，不合辈分为由，不予册封，只命他暂理肃府事务，并收回肃王册宝，撤销官属，大有借机革除肃藩之意。面对撤藩的困境，肃藩宗室停止纷争，联合起来反复上疏奏请，以保全肃府。隆庆皇帝最终让步，于隆庆四年（1570年）同意朱缙𤏲袭封，但岁禄按缙𤏲原职辅国将军禄额支取。肃藩势力渐趋衰落。

第七代肃王朱缙𤏲于万历十六年（1588年）去世，王位由他的儿子朱绅尧继承。第八代肃王朱绅尧为人孝贤，孝母尊师，礼士爱民，有较好的社会声望。他有较强的家国观念，对明朝江河日下的国势非常忧心，几次捐出银两和田地，犒赏边兵，赞助边饷，受到朝廷表彰。朱绅尧非常重视文化的传播，主持了《淳化阁帖》的摹刻工作，将秘藏《淳化阁帖》副本摹刻成石版，公诸天下，传诸后世，为保存和传播文化遗产做出了重大贡献。摹刻《淳化阁帖》历时7年，耗用富平石145块，每块石板长27—34厘米、宽36—40厘米、厚5—8厘米，至今保存完好，1996年被定为国家级文物。朱绅尧没能等到摹刻工作全部完成，就于万历四十六年（1618年）去世，谥为宪王。这一艰巨任务由他的儿子末代肃王朱识鋐最终完成。

末代肃王朱识鋐于天启元年（1621年）被册封为肃王。他受过良好教育，能诗文，精书画，把摹刻《淳化阁帖》的工作圆满完成。朱识鋐在位时，明朝统治大厦将倾，时局纷乱，社会动荡不安。崇祯十六年（1643年）十一月，李自成农民军贺锦部攻陷兰州，肃王朱识鋐陷于乱军之中，被执身死。也有认为混乱之际，肃工校尉张鼎背朱识鋐从王府水洞中逃出，潜行至哒什铎椤（今永靖县他什堡）被贺锦部下擒获，送至西安李自成处被处死。而张鼎被认为忠义可嘉，释放而归。王府宫人大多自尽，末代王妃颜氏头触王府后花园肃宪王诗碑殉节而死。

三、肃王府与肃王墓

肃王因先建藩甘州，后徙兰州，所以明肃王府遗址有甘州和兰州两处。甘州肃王府址在今张掖市甘州区，东至县府街，西至劳动街，南至青年西街，北至人民西街。这一带旧称王府街，今张掖中学第二部就是当年肃王府的一部分。在清代，肃王府旧址成为行台衙署，其后有池，是王府花园的遗迹。后人于盛夏游王府旧园遗址时，留有"池水为满，野凫游泳，偶从池畔过，凉气袭衣襟"的赞语。

肃王移兰后，把县城正北旧县治所在地改建成肃藩府（今东至会馆巷、西至通渭路、南至张掖路、北至黄河，含今甘肃省政府及兰州市委大院）。府墙高1丈，周围3里，东、西、南各有一仪门。王府东北为凝熙园，园中奇石假山，错落剔透，嵯峨跌宕，通称大、小山子石（今山字石）。凝熙园明末被贺锦部焚毁，清初重建，称凝熙观。王府北墙即旧城北垣，上有拂云楼（望河楼），登楼远眺，黄河如带，旧时兰州八景之一的"河楼远眺"即指此处。入清，王府先后改为巡抚署、陕甘总督署，经历任官员改建，已非藩府原貌。民国初年，这里是督军署，1927年改为省政府。门前栅栏、月牙桥、照壁被拆除。1941年辟为中央广场。抗战时，府内二堂因失火焚炸毁。1949年8月26日，原王府的中心部分成为甘肃省人民政府驻地和后花园成为兰州市人民政府驻地。

明代肃王家族的墓园主要有两大部分：一为肃王墓，一为肃藩墓。肃藩墓即肃王诸亲族墓地，墓园主要分布于兰州市上西园一带。

肃王墓分为两处，除安王朱弥柿墓在圃子湾（今兰州市七里河区上西园）、宪王墓在周家山（今兰州市七里河区西果园镇西津坪）外，其余均在今榆中县来紫堡乡上伍营与黄家庄之间的平顶峰南麓，自北而南排列，南北宽约300米，东西长约3000米。墓区内埋葬有肃庄王朱楧等10位藩王，以及两位妃子和一位夫人共11座墓葬，俗称"小十三陵"。2006年，被确

定为第六批全国重点文物保护单位。目前已经发掘的是庄王墓和怀王墓，其余大部分被盗，只有用青砖箍起来的一号墓墓室比较完整地保留下来，此为第一代肃王朱楧与王妃孙氏的合葬墓。

第三节　明代兰州的经济与社会

明代兰州经济的发展主要体现在农业开发、水利建设与商业功能渐至完备等方面，其中又以农业开发最为重要，而农业开发中戍边屯田无疑为龙头。明代迁入兰州地区的移民主要是卫所军户，以洪武、永乐两朝居多，来源地遍布全国，但主要集中在江淮及山西等地。据《明史》载，明代军户实行的是世袭军户制。军户分卫三个类型，六个来源。第一类是老军户，即元代的军户到明代仍保留军籍。第二类是新军户，有四个来源：一是从征，即随军队转战而来的戍边屯田的将士；二是归附，即降归或俘获的官兵；三是谪发，即以罪迁隶为兵的人，称为恩军；四是抽籍，即非军籍民户丁多者抽一丁为军。第三类是为补充军户，称为垛集军户，是在军队严重缺伍时实行。

一、农业的开发

明代甘肃属陕西布政司管辖，农耕面积的统计亦归陕西布政司名下。明代陕西布政司耕地面积大体维持在 30 万顷上下，其农业开发与人口增长主要集中在明初，兰州亦如此。

（一）戍边屯田与人口增长

明初兰州卫、庄浪卫的设置以及甘州中护卫迁兰，使得大批戍边军士迁移至此，进而大力开展军屯，耕地面积以及人口大幅增加。

1. 戍边军屯

军屯是明代兰州地区农业开发的主要形式。明初兰州卫、庄浪卫、甘州中护卫共有官军约 1.5 万名，若按朝廷七分屯田、三分守御的规定，约有

1万余将士参与屯田。明朝甘肃军屯通常为每个军户提供50亩屯田。依此计算，兰州地区仅军屯耕地就有5000余顷。军屯的发展，使得军粮供应迅速好转，如洪武十八年（1385年）时庄浪等卫所需军粮仍由外地运转，但洪武二十二年（1389年）时，庄浪等卫的"累年丰熟"，除自给外，还可接济甘州、山丹等六卫军饷。洪武三十年（1397年），屯田初见成效，庄浪、凉州等11卫共有屯军3.4万人，屯田1.6万余顷，所获收成以十之二输官，八分给士卒。

明初朝廷规定守城军士每月口粮为米1石，屯田者减半，在边地者减3斗。军屯的赋税，洪武二十九年（1396年）"诏定屯卒种田五百亩者，岁纳粮五十石"。建文四年（1402年）定制，均田1分（50亩），赋粮24石，其中正粮12石，余粮12石。正粮上缴屯仓后，按月发给屯军本人作口粮；余粮上缴后作为本卫官军的俸粮。洪熙元年（1425年）更定税则，余粮减半，只纳6石。正统初年进一步规定，正粮不再上仓，只纳余粮6石。但正统年间的赋税优惠仅为昙花一现，此后"粮料渐减"。至明中后期，兰州地区军卫屯政大坏，屯种军余（将士家属）苦于赔补，相继逃亡，屯田抛荒，屯粮失额，严重危及边防稳定。而军余相继逃亡，屯田抛荒的主要原因是势豪侵占，如成化十二年（1476年），巡按陕西监察御史奏称，河西十五卫……绵亘几二千里，所种田苗，全资灌溉。近年来水利多为势豪所夺，所司不能禁。弘治年间，巡抚甘肃都御史罗明上奏"势豪侵占，武臣不能禁治"，明廷为此增设临洮、巩昌二府通判各一员，专督屯田水利，并相继出台了一些卓有成效的改革措施。主要有：侵占屯田者缴纳屯粮并帮办军装；抛荒田土悉听尽力开耕，给与执照，世为己业，永不起科；屯田可租给民户耕种；屯田照民田例征收税粮；不许擅役屯丁。与明初相比，国家对屯田上军户的超经济强制因素相对减弱，屯田民田化趋势明显，屯田科则有所减轻，佃户对国家的人身依附关系也有所松弛。

这一系列的改革措施在一定程度上得以贯彻执行，如嘉靖时，兰州卫有军户1330，人口4963，已接近正常编制。万历七年（1579年），神宗接受临洮兵备暴孟奇"请每军仍给地一顷，熟荒各半"的建议，屯田复兴，

卓有成效，以至于兰州地区"兵民相安者又四十余年"。万历二十六年（1598 年），荆州俊任临巩兵备兼管分巡带理屯粮，专管临洮府属兰州、河州、狄道、渭源、金县五州县粮储及各卫夏秋屯田粮草。整顿后屯田数额有所增长，其中嘉靖年间庄浪卫有屯田 9.6 万亩，至万历间已增至 15.2 万亩；兰州卫屯田增加了 5.7 万亩，增幅达 16.7%。万历三十二年（1604 年），临巩一带大丰收，得谷两万石有奇，而皋兰约四千石需要存储。荆州俊趁机建立济军仓。这一举措为日后兰州抗灾荒、度饥馑、济军需发挥了显著作用。

万历中叶以后，随着边事日繁，军屯管理日益腐化，军户逃亡严重，军屯日渐衰落，域内各卫的屯粮也无法满足需求，军粮不得不依靠民运及京运维持。当屯田生产已无法保证稳定的军粮供应时，其所起作用也就大大减弱。

除正军屯田外，此时期余丁及军卒家属的屯田也发展成为军屯的重要组成部分。余丁及军卒家属参加屯田是军户子孙日益繁衍的必然结果。明初，甘肃军士多来自江淮等地，他们携带家小，举目无亲。为了能让军士安心戍边，洪武二十八年（1395 年），明廷允许余丁及军卒家属"寄籍屯种""供给正军"，并规定三年后与土著军户一体输租应役。

2. 民屯

明代兰州地区的民田开发也有一定的发展。明人黄谏在《大岔口堡记》中记载：兰州西北大岔口外二十里，平川一望如掌。但兰邑近城地多瘠，非得灌溉之利，锄治之勤，则其获也鲜。河北之地多在山阪，每遇时雨方霁，邑人竞往播种，不待灌溉锄治，而所收者十倍。明军在大岔口设置哨马堡前，当地百姓往往因临近边敌，不敢前往耕种。哨马堡设置后，百姓安全得以保障，守备者则不禁其耕种矣。万历十三年（1584 年），明廷在庄浪以北、通云、马日以南草丰土沃之地，招人垦种，并给予牛种，所垦之田作为世业，使移民屯田活动一度有所恢复。

表4-1　嘉靖、万历年间兰县、金县民田面积及田赋统计表

州县名	嘉靖间				
	夏地（亩）	秋地（亩）	夏粮（石）	秋粮（石）	总亩数
兰州	26078.366	17342.16	1268.77	1668.19	43420.53
金县	83845.38	50419.46	3979.25	4898.20	134264.84
庄浪卫	6057		315		6057

州县名	万历间				
	官地（亩）	民地（亩）	夏粮（石）	秋粮（石）	总亩数
兰州	135	42117	1266.7	1165.1	42252
金县	691	128810	3921.2	4693.4	129501

资料来源：万历《临洮府志》卷7《食货考上·田赋》。

（二）移民入兰

明初兰州卫、甘州中护卫、庄浪卫近1.5万官军大多是从内地征战而来的戍边将士，加之随军家属约10万人。今兰州地区传世明清家谱多载东南诸省移民落籍兰州的情景，如彭泽撰《段柏轩先生年谱》载，段鸣鹤，山西太原人，为明肃庄王随扈锦衣卫力士，落籍兰州。彭泽《长沙彭氏宗谱》载，彭成，官兰州卫千户，明初落籍兰州。陈兆鹏《陈氏族谱》载，常州府无锡陈氏，明初随扈肃王落籍兰州。丁晋，昆山人，洪武间，谪戍庄浪。永乐初，选授肃府校尉。包节，江南华亭人，嘉靖壬辰进士，遭诬陷戍庄浪卫。沈绎，吴县人，宋代医官沈良惠之后。洪武年间其外舅谪戍兰州卫，无子，沈绎遂被逮捕军伍。杨志善，杭州人，洪武间以河东盐运使谪戍兰州卫。陈质，江西广信人，洪武间谪戍兰州卫。田中，北直隶蠡县人，洪武间举家谪戍兰州，任肃府仪卫司校尉。《甘肃通志》中也曾记载数位明季流寓于此的人士，如徐兰，浙江开化人，洪武初因事谪戍兰州卫。游坚，应天府人，永乐间谪戍河西，后居住于兰州。今榆中县金崖镇及其附近夏官营镇一带的梁、宋、周等姓氏居民，相传其祖先也是在明洪武年间从山西大槐树下迁来的。《皋兰县志》引《彭泽旧志》云："除夕，男祭于木主，妇哭于大门之内，说者谓有明之初，兰人自江南等省迁徙丁口者十居七八，妇人除夕遥祭母家亲属，天涯望哭，遂成风俗云。"此外，《兰州古今碑刻》中亦记载有许多来自全国的戍兰将士。

《全陕政要》详细记载了嘉靖年间西北地区各府、州、县及军卫的户口、田赋、屯田等，其中关于兰州卫的记载为：军卫户 5350，人口 10046；官军原额 8613 员名，实在 2519 员名。庄浪卫军户 2580，人口 14895；汉土官军 5802 员名。《全陕政要》所记录的兰州卫军户实际上包括了肃王中护卫中的军户。

表 4-2 洪武、嘉靖年间兰州卫、庄浪卫官军统计表

卫所	洪武军户数	嘉靖军户数	嘉靖人口数	原额官军数	实在官军数	官军缺额数	实在官军比例
庄浪卫	6000	2580	14895	8728	3061	5671	35%
兰州卫	5600	1330	4963	8613	2519	6094	29.2%

资料来源：本表据嘉靖《全陕政要》卷四及上文之数据综合而成。

据上可知，至嘉靖年间，兰州卫、庄浪卫军户数出现大幅下滑。《皇明九边考》各边镇下"军马考"亦载：兰州卫实在马步官军 927 员，事故在逃等项 171 员名。庄浪卫实有官军舍余 2570 员名，事故官军舍余 4242 员名。

兰州卫、庄浪卫等军户人口下降的主要原因有两点：第一，卫所将官奴役军士，隐占余丁，致使军人"逃亡接踵"。第二，战争频繁，官军伤亡甚重。天顺七年（1463 年）七月，西宁"番族"入寇庄浪，杀伤官军，抄掠马匹。成化六年（1470 年），庄浪境内发生蒙古军队劫掠官私财货的事件，其中巡哨千户被杀，明军死伤惨重，明廷以分守庄浪都指挥王震提督不严，将其治罪。成化二十二年（1486 年）三月，蒙古军队深入金县等地杀掠，军民伤亡甚重，被抢夺的牛羊以万计，明廷以失机罪逮问守备太监蓝蕙及都指挥于升等人。

面对军队缺额问题，明廷渐以募兵制取代世军制。与军户制度不同，募兵制人人皆可应募，虽从军为兵，但并不注军籍，役非终生，如有老弱病残者，可视情裁汰，应募者按月领饷，不授屯田，多无家室之累，所以便于召集，出征迅速。嘉靖之后，募兵制广泛推广，并逐渐取代明初推行的军户兵役制度。

明代兰州地区的民户人口增长较快。万历时，"兰州户八百七十五户，今舍、杂、役共一千一百七户，男女共六千三八四十二名口"。户均丁口7.09 人。据《全陕政要》载，嘉靖时金县3 里的民户共有289，人口1151，户均丁口为4.08。

表 4-3　嘉靖与万历时期兰州、金县民户统计表

府	县、州	嘉靖二十一年			万历三十三年			变化情况	
		户数	口数	户均人口	户数	口数	户均人口	户数	口数
临洮府	兰州	875	6164	6.96	895	6342	7.09	+10	+178
	金县	289	1152	3.99	336	1372	4.08	+47	+220

资料来源：嘉靖《陕西通志》卷 33《户口》；嘉靖《全陕政要》卷 3《临洮府》；万历《临洮府志》。

二、农田水利建设

兰州"北滨大河"，背靠皋兰山，地理条件并不优越。洪武二年（1369年）六月，徐达部下西征经过兰山时，曾遇到皋兰山暴崩，军士多人被压死。朱元璋为此专门遣使祭兰山压死军士并命恤其家属。明代甘肃黄河水利工程的修建以兰州为中心，上达河州，下达靖虏卫。彭泽在《溥惠渠记》中写道，兰州"北滨大河，自昔无兴灌溉之利"。

（一）修渠引水

明代兰州因黄河水位较低，"东西两川田亩，水不能上"，致使两岸百

姓引黄河水灌溉的难度较大。在水车使用前，兰州东西两川良田、菜地和果园的灌溉只能靠五泉水、红泥沟水（均在今城关区）、阿干河、笋箩沟水、黄峪沟水（均在今七里河区）、金沟水、马泉沟水（均在今西固区）等。这其中发挥主干作用的是阿干水诸渠。万历《临洮府志》载："阿干河，在州西三里，源出马衔山，自分水岭为二：南流金县为浩亹河，北流兰州为阿干河。"明人陈祥的《兰州卫重修水利记》载，兰州地方官员开渠并引阿干河水有三条：其一，自龙尾山麓经关王庙，下灌东川田圃；其二，自西郭入注东、西、南三面城壕，"以固城垣，御冲突"；其三，自高崖子经古峰寺下，"入灌西川田圃"。正德年间，阿干河分为东、西两渠，一绕龙尾山麓，一绕华林山麓，流经处多为沙砾、墓穴，加之久旱渠坏，年久失修，经常渠崩水泄。遇有水涝、旱灾难以正常发挥作用。正德十四年（1519年），兰州地方官多方筹措经费，购置木材制作渡槽五十余，准备以渡槽置沙砾、墓穴处代渠。时肃王世子亦"给材木以助之"。在陇右道文武各方的协力下，共解决工料木槽144段。翌年，久旱渠坏的东渠92段木槽、西渠52段木槽最终修成，置槽放水，"群情大慰，咸踊跃腾汴"。地方视为庆典。彭泽欣然将该渠命名为"溥惠渠"，意指该渠成后，利惠广远。阿干河为利颇广，兰州城之东、西、南、北四个方向，从事蔬菜、瓜果种植者占到九成，种田者仅为一成，阿干河渠水灌溉高达数百顷的良田，城中及周边百姓的日常饮食皆仰仗其利，公家赋税及一些蔬菜所需，仰给兹水以为生者，不啻万口。水利兴修对兰州园艺业的发展由此可见一斑。

成化年间，兰州城西水渠被泥沙淤塞，隍堑久涸，识者病之。为此，兰州地方官府组织人力顺着西城故道疏通之，又开小渠以利城居者，余悉由东郭出，一月有余，城周边的护城河中便灌满了水，田间菜园沟渠纵横，"凡官民蔬圃暨艺业者，无不沾其利"。万历时，阿干河由西园至城内，灌阿干等里田园近百顷。由此可见，阿干河的开发利用不仅使兰州东西两川良田菜地得以灌溉，而且还可用来加强城防。

明代庄浪卫境内亦兴修了大量水利工程，成化年间，任巡按陕西监察御史上奏说，河西地方，东起庄浪，西至肃州，绵亘两千多里，所种田苗全资灌溉。嘉靖《陕西通志》详载庄浪卫各水渠名及大致方位，共计31渠，均用于农田灌溉。万历《庄浪汇纪·水利》所载更为详细，其载，庄浪卫城北四渠可灌屯科地100余顷，城南五渠可灌屯科地39余顷，六渠至八渠可灌屯科地94余顷，南大通河西六渠可灌屯科地256余顷，七渠至十三渠可灌屯科地229余顷，合计700余。这对于地处苦寒之地的庄浪卫而言，已是非常值得炫耀的成绩。

（二）水车的引进与改良

明嘉靖年间，水车（亦称翻水车、翻车、筒车等）的出现将兰州的水利灌溉推向高峰。水车在宋代已普遍使用，但均分布在南方。将水车技术引入兰州的是兰州人段续。道光《皋兰县续志》卷三《水利》载，段续考中进士后，任湖广（今湖南、湖北省）参议。在湖北钟祥督修显陵时对湖广地区竹制水车产生了浓厚兴趣。嘉靖二十年，段续退休回到兰州后，致力于水车的改良与推广。

段续改进的水车取材于本地所产榆、柳、槐木等，以取代竹子。由于黄河水与岸边存在较大的位差，所以兰州水车的直径较南方大。为驱动形制巨大的水车转动，段氏开创性地在水车底部开凿深坑，镶嵌硬石，使流水因落差而产生较大冲击力，以推动水车运转。段续还通过增加水车辐条数量，使其更为牢固，进而抵抗河水的冲击，黄河水车由此成为一种廉价高效的灌溉工具。兰州水车小者直径十七八米，大者直径二十多米，有单车、双车和多车等类型。一辆水车大者可浇田六七百亩，小的也可浇二三百亩。水车引进后很快成为兰州黄河沿岸唯一的提灌工具。清人黄云《劳薪录》赞云："照得黄河两岸水车，是为百姓养命之源。"明末以后，大水车在黄河流域的皋兰、白银、泾川、平凉、银川及陕西得到了广泛使用，促进了这些地区农业生产的发展，成为黄河文化的重要组成部分。

三、手工毛纺业

甘肃基本不产葛纻、布絮。明代甘肃以生产裘褐为多，因此，手工毛

纺织业是明代甘肃最著名的传统手工制造业，其生产的绒褐闻名遐迩，素有"拈毛成绒，织褐为衣"之说。绒者，细毛布也；褐者，粗毛布也。《皋兰载笔》云，兰州物产唯有绒、褐最佳。选择羊毛细软者纺线，斜纹织为绒；毛之粗者亦以织之为褐。当时一种名为"裔芍羊"（藏语）的新品种自西域传入，该羊"外毛不甚蓑长，内毛细软，取织绒褐，秦人名曰山羊，以别于绵羊"。山羊传入临洮后，饲养范围逐步扩大，以兰州饲养最多，所以织褐之细者皆出兰州，称"兰绒"，藏语谓之"孤古绒"。

《天工开物》谓"兰绒"独盛一时，在全国享有盛名，其生产达到空前繁荣。《天工开物》不仅对羊的品种加以介绍，而且还指出山羊毛剪毛方法的不同，决定了绒、褐品质的高下，如山羊毛分为两等：一曰掐绒，用梳栉掐下，打线织帛，曰褐子、把子诸名色；一曰拔绒，乃毳毛精细者，以两指逐茎拔下，打线织绒褐。此褐织成，揩面如丝帛滑腻。每人穷日之力，打线只得一钱重，费半载工夫，方成匹帛之料，若掐绒打线，日多拔绒数倍。

宋元之前，虽也有士大夫衣褐的记载，但往往受到鄙视，有"贫士被毛褐，寡妇无完绸"之说。明代兰州纺织的绒褐已成为达官显贵竞相夸示的珍品。《皋兰载笔》说，兰州绒褐之佳，公卿贵人每当寒月风严，闲居谈宴，簪裾相映，莫不以此雅素相尚，而身份低下者，竟不敢僭彼于礼也。明中叶以后，因宫廷传造，毛褐成为皇室及贵族享用的贡品，当时市面上的织金，"一袍费至百金，一匹价十余两"。

兰州绒褐生产工艺在当时已达到非常高的水平，不仅在质量上为上乘之物，而且产量亦相当可观。刑部左侍郎吕坤于万历二十五年（1597年）在兰州看到绒褐生产盛况时写到，兰州小民织造货贩以糊口，自传造以来，百姓苦于催逼，弃业农而捻线者数百万人，提花染色，日夜无休。有数百至万人"弃业农而捻线"，可见明代兰州绒褐的生产规模空前巨大。又据《明史》卷82《食货六》记载，陕西织造羊绒的数量高达"七万四千有奇"，这也佐证了兰州毛褐业产量之大。

然而，随着绒褐生产的日益扩大，明廷派太监在西安开局，催科洮、

204

兰间绒褐，剥民脂膏，痛苦入骨，绒褐生产在甘肃又成了极大的灾难，以致廷臣中不断有人上疏限制宫廷对绒褐的需求。弘治年间礼科都给事中宁学上疏："陕西织造绒褐，袍服大为一方之害。夫褐乃毛布，非至贵者所宜服用……计其工价每绒褐一匹所费不下一二百两。况今陕西边报日至，民力已竭，岂能堪此。及苏杭等处织造近来颁降花样数万，追征尤急，乞将织造绒褐暂为停止。"弘治五年（1492 年），巡抚御史张文言："陕西岁歉之后，民病未苏，司礼监下帖子降图式织造数百事，并宜停止，以其振无业贫民。"鉴于绒褐生产对农业生产造成的巨大冲击，明廷或"命减陕西织造绒褐之半"，或停止甘肃织造绒褐，罢陕西织造中官。但即便如此，明代依然是兰州毛纺织业的一个极为重要的发展阶段。

四、城市与商业

明代兰州从一个人口不足的边防要塞，逐步变成一个"内有宗室，外多商贩，人烟凑集，畜产蕃盛"的都市。其中的缘由按照巡抚余子俊在"复置为（兰）州"的奏折中给出的理由是兰县"政繁官卑"，在与肃王打交道时"事多掣肘"，且兰县为陕肃喉襟，战略地位十分紧要。但肃王早在建文帝时就已迁兰，且兰县作为陕肃喉襟也是由来已久，为何要在 100 多年后的成化年间才提出将兰县升格为兰州，可见明代兰州的崛起远不止上述两点，还应有更多的因素发挥作用。现在看来，商业功能与文化功能的逐步完备是兰州从单纯军事功能的边防要塞向都市化转变的关键因素，而这也是明代兰州有别于前代的突出标志。

明代兰州地区的农业大开发与人口增长虽然为兰州向都市化转变奠定了基础，但如果没有兰州城市商业功能与文化功能的渐至完备，明代兰州的都市化进程将会相当缓慢。明代兰州城市商业功能的渐至完备主要归功于黄河上游旱码头的形成与兰州成为丝绸之路的贸易节点。

（一）黄河上游的旱码头

明代兰州虽濒临黄河，但水陆运输并不发达，反倒是通过镇远浮桥的

陆路运输才是主要运输通道。镇远浮桥的架设，使得河西走廊与内地的货物交流逐步汇集到兰州，并完成仓储与中转，兰州遂成为西北地区主要的货物集散地之一，名副其实的旱码头。而镇远浮桥则为兰州商业贸易的兴盛立下头功。

镇远浮桥建成后，明廷在兰州相继建设了广济仓等一系列粮食储备设施，以确保内地以及周边的粮食等物资聚集到兰州，然后转运河西。而在明廷相继实施的"开中法""纳粮赎罪法"、夏秋二税转输法中，将粮食集中到兰州是其主要考虑的内容之一。"开中法"亦称"纳米中盐"，是明廷为解决河西走廊以及北部边关缺粮问题而制定的以纳粮边关换取食盐销售权的一项措施。这其中，朝廷鼓励商人将粮食运送到兰州等地，然后根据运达粮食的多少，从当地官府换取相应的盐引。盐引是朝廷给予盐商运销的许可凭证。商人只有凭盐引才能在指定的地点购买食盐并销售获利。明廷规定，商人将 1—5 石的粮食运至兰州，可换取 1 小引（约 200 斤）的盐引，如洪武四年（1371 年），中书省募商人于延安、庆阳、平凉、宁夏、临洮、巩昌纳米 7 斗、兰县纳米 4 斗、灵州（今宁夏灵武）纳米 6 斗，于灵州给盐 1 引；于巩昌、临洮、兰县纳米 1 石 5 斗、漳县纳米 1 石 8 斗、西河纳米 2 石，于漳县、西河给盐 1 引。[①] 永乐五年（1407 年），朝廷命甘肃盐场听商人于兰州黄河以南"纳米中盐"。

永乐十年（1412 年），陕西秦州民张源向朝廷建议，巩昌、临洮等府夏、秋两季征收的税粮，原规定每年令百姓自行运至甘州，运途 1000 余千米。百姓困苦不堪，途中牛、驴甚至民夫疲惫而死者不在少数。真正运到的粮食并不多，而损耗的民力、物力十分巨大。所以请求朝廷将夏、秋两季征收的税粮储于当地，待农闲时，令附近州、县百姓将税粮运输到兰县粮仓，再从兰县至甘州，每 25 千米设一粮食转运站，由役刑徒或令官军将税粮转输至甘州，如此可以节省许多民力。朝廷采纳了这一建议[②]，遂在兰

---

① 《明太祖实录》卷 65，洪武四年（1371 年）五月甲子。
② 《明太宗实录》卷 128，永乐十年（1412 年）五月丙申。

州广置粮仓，接纳附近州、县征收的税粮。宣德七年（1432年），又令甘州诸卫将官军俸禄粮集中在兰县、凉州二卫粮仓接收。[①]正统元年（1436年），明朝定边务四事：第一条就明确规定各府将征收的税粮运至兰县，然后发军夫自兰县运至凉州，再由凉州运至各卫，如此百姓免凋敝而军食足矣。第二条规定往年招商于庄浪、凉州各卫"纳米中盐"，缘于路远价高，商旅不至，请减其斗数于兰县中纳，每盐1引，米、麦、豆4斗，于淮浙运司不拘资次支给，则商旅必集，边储可实矣。[②]这些规定既解决了粮食运输中常常遭遇北元军队劫掠的问题，也完善、充实和规范了"纳米中盐"的运作。正统六年（1441年），因陕西、甘肃、宁夏、延绥等地支用浩大，遂增赴兰县、环县、延安等处缴纳税粮。万历十八年（1590年），为解决河西粮饷本色不足，明廷责令大户持银在兰州就地买粮上仓。

除上述措施外，纳粮赎罪也是兰州广济仓的粮源之一。纳粮赎罪即犯有死罪及徒流以下的罪因将自筹的粮米运付至朝廷指定地点，输粮赎罪。正统元年（1436年）规定，罪犯纳粮至兰县仓，死罪需纳粮30石，三流并徒三年罪需25石，徒二年半罪需22石，徒二年罪需20石，徒一年半罪需17石，徒一年罪需15石，杖罪需11石，笞罪需15石。同年十二月，命河南罪因于陕西兰县纳米赎罪，死罪20石，三流并徒三年18石，余四等递减2石。[③]

为了确保粮食储运的安全，宣德十年（1435年），明廷增置行在户部郎中员外郎往甘州、宁夏、凉州、庄浪、兰县监督仓粮。正统五年（1440年），明廷令户部每年派遣一名主事或员外郎于兰州专门负责监督甘肃粮饷转运。第二年，又在兰州添设督粮部官，移置仓场，以便出纳。成化十一年（1475年），明廷在兰县增设县丞两员，金县增设县丞一员，负责收粮。万历《临洮府志》卷1《总叙》载：嘉靖四年（1525年），明廷设钦差户部

① 《明宣宗实录》卷87，宣德七年（1432年）二月庚戌。
② 《明英宗实录》卷21，正统元年（1436年）八月戊辰。
③ 《明英宗实录》卷22，正统元年（1436年）九月戊戌；《明英宗实录》卷25，正统元年（1436年）十二月乙酉。

郎中驻兰州，督理甘、固边储。自是为常。可见，朝廷十分重视兰县的粮食运输。

（二）丝路贸易的重镇

兰州地区早在宋元时期就设有榷场，镇远浮桥建成后，青藏、河西、西宁、河套、河曲等地各民族的商业贸易逐渐汇聚于兰州，兰州一跃成为黄河上游区域经济的重镇，是茶马贸易与朝贡贸易的重要节点。明初内地运往河西、西宁、河州等地的茶叶大多通过兰州。洪武年间，驸马都尉欧阳伦贩运私茶正是被设置在镇远浮桥的河桥巡检司拦截。欧阳伦被处死，朝野震惊。永乐六年（1408年），明廷规定，"回回"、鞑靼来进贡马匹者，若三五百匹，止令在甘州、凉州以茶易马，若超过千匹则"听于黄河迤西的兰州、宁夏等处交易，勿令过河"。兰州因此成为西域朝贡贸易指定的交易市场。至万历年间，除原有的西宁、河州、洮州、甘州等茶马司外，明廷又相继设立了岷州、庄浪、兰州茶马司，可见明中期以后，庄浪、兰州已成为茶马贸易的重镇。明廷为此在兰州设置了课税局，以便进一步监督和管理内地与西宁、河西的茶马贸易。《天下郡国利病书》卷三六《陕西备录·临洮府志》载，兰州税课局的任务是代收甘州官茶。先是，甘州因孤悬河外，茶叶运输较为困难，亦无招中事规。嘉靖年间，巡茶鲍御史看甘肃镇藏族、蒙古族众多，从而比照洮州、河州、西宁卫事例，准于甘州建设茶马司。但苦于商人长途运输不便，调停折中，收储于兰州。自隆庆年间，将洮、河、西宁三茶司商人，择其节年完茶数多者，各给甘州茶一引，运至兰州税课局代收。属于以茶易马者，将茶叶运至甘州；有供应给商人的，令商人将茶叶运至西宁等处货卖。如此商人可以节省一半脚力，堪称两便。兰州税课局设置后，兰州作为黄河上游商埠码头的重要地位得以进一步凸显。

明初庄浪卫的藏族虽不在"纳马差发"之列，但明中叶以来，当地的藏族普遍与朝廷保有"输贡"关系，且穿梭于庄浪卫的大小商路，并以西大通堡（今青海门源回族自治县）为中心，将青海、甘肃紧密连接在一起。

《秦边纪略》卷1《庄浪卫》载，西大通堡，北有连城土司，西部森林茂密，商人采伐，从不考虑国家仓卒军储所需。连城附近的藏传佛教束尔阁隆寺有僧侣五百人，于连城纳茶中马，其余藏族部落则纳夷添巴。桌子山之夷，即上仙密族，皆纳达赖、卖力干添巴。这表明当地部分藏族也与北元保持纳贡或贸易关系。由西大通堡向东有小径通于红古城，是兰、湟旧路，商人为逃避征税，每取道焉。红古城往东有山僻小径，通兰州、西宁之捷径。明代时私商自南而至红古城，向西往大通，上川口，往往趋此路以避税。

除官方主导的茶马贸易及朝贡贸易外，本区域各卫所中的民间贸易亦十分繁忙。《秦边纪略》卷1《庄浪卫》载，庄浪卫东通金城，西处凉、湟两歧分合处。土汉之所杂居，藏族之所出入，络绎不绝，盖九达之区，河西之都会也。明廷曾于庄浪卫城南关设税课局，以便向各地行商征税。万历年间，庄浪卫税课局每年所收税银300余两，是嘉靖年间的十倍。松山战役后，明廷不断招募百姓前来垦荒，民户人口持续增加，并吸引内地商人来此易买货物，以致发生了内地商人串通当地土民及军堡操官，大量采伐西山木植"希图营利"之事。明廷为此严令"不许砍山放筏""贩卖远方"，只许"本处居民樵采木植，修盖房屋"①。

明代兰州地区及沿边卫所中设有番厂等贸易市场。万历《庄浪汇纪》卷1《庄浪城》载："番厂，每年属番发卖番货税银，岁无定数。"《秦边纪略》卷1"庄浪南边"载："郛郭之间有番场"，由红城、野狐岭、苦水、沙井而至兰州凡110千米，番场在城外，以助藏民换取茶叶、粮食、布匹、日杂百货等。

明代中亚各国商人仍视陆路为通中国之捷径，所以通过河西走廊的陆路贸易十分繁忙。有明一代，通过陆路与中国贸易的有意大利、西班牙、波斯、土耳其、撒马尔罕等国商人，至于西域一带的商人更是络绎不绝。永乐十八年（1420年），沙哈鲁王遣沙的火者率使团过黄河镇远浮桥进兰

---

① （明）王之采：《庄浪汇纪》卷6《事实》，中国书店出版社1987年版，第526页。

州，称其为"美城"。《明史》卷330《西域传》描述撒马尔罕等与明朝交往时云："驿站相适，道路无雍，远国之人，咸得其济。"在这条商路的带动下，兰州逐渐培育成西北茶叶、药材、皮毛、粮食等物资的集散中心与通往中亚、西亚的国际商道。

上述表明，明代兰州正逐渐成为黄河上游一个具有多功能辐射的区域经济中心，并不断向城市化迈进。它与周边地区形成了一条条紧密的供应链，兰州是这些供应链的龙头。

五、教育与文化

明代兰州地处边塞，不是府治所在地，但文化教育事业的发展却远超周边。除州学、县学、兰州卫学、宗学外，成化元年（1465年），连城土司鲁鉴还捐俸修建了庄浪卫儒学。明代兰州已开办有书院，景泰五年（1454年），段坚于东关段家台（今东方红广场西口）设讲坛，收徒讲学，后人称为"容思书院"，这是兰州最早的书院，也是甘肃最早见于史籍的书院之一。之后又有崇祯七年（1634年），金县知县张星在金县城东郊创建的"增秀书院"。

说到明代兰州文化教育事业的发展，离不开肃王的贡献。这其中值得一提的是肃府本《淳化阁帖》。肃府本《淳化阁帖》为朱元璋赐予肃庄王的宋本《淳化阁帖》，重摹于明朝后期。万历年间，陕西右参政分巡临巩张鹤鸣得阁帖别本，曾向肃宪王朱绅尧借藏帖校对，因请姑苏温如玉、南康张应召双钩。次年，宪王乃令摹刻，未成而薨，世子朱识鋐成之。先后历时七年，用富平铜磐石145块刻成，收藏于肃王府东书院遵训阁内，视为珍宝。倪苏门《古今书论》云："淳化帖在明朝，惟陕西肃王府翻刻石最妙，谓之肃本""与宋本无异"。

肃王大多有才，带来和带动了更多的饱学之士，推动了明代兰州文化的兴盛与繁荣。肃王在兰州设有宗学，收宗室子弟年10岁以上者入学就读，同时也招收一些地方俊秀。随肃王迁兰的江南士人，有不少儒学之师，如肃府教授周麟通五经，学识渊博，尤精于性理，启迪后学。他及弟子收徒授业，大兴文教，成就了一大批才俊，间接和直接培养了 28 位进士、131 位举人、205 位贡生，人数之多乃周边州、县望尘莫及，其中佼佼者有黄谏、段坚、聊让、彭泽、邹应龙等。士人群体的形成极大推动了兰州地区文化的提升。《临洮府志》云：兰州"有南土风，士勤读嗜学"，这正是肃王移兰后带来的新气象。学术界的研究认为，在明代兰州才出现了真正意义上的士人群体，并对兰州地区经济、社会的发展发挥了积极作用。兰州特有的风俗民情受肃王各种礼仪规制的影响，特别是在理学家段坚等儒士的身体力行和大力倡导下，加之东南移民习俗的兰州化，使兰州人的思想观念、社会风习、人生理念和节庆礼俗等各方面都产生了明显的变化。而兰州也因此成为远近闻名的文化重镇，为明代兰州的城市化发展添加了浓墨重彩。

总之，明代是兰州政治地位提升、军事地位突显、城市商业功能渐至完备、城市建设颇具规模、文化事业卓然而立的重要阶段。明代兰州的崛起绝非是兰县简单地升格为兰州，更重要的是兰县已从一个边陲要塞蜕变为一座具备了政治、军事、商业、文化等多功能的新兴都市，为清代兰州成为省会奠定了坚实基础。

第 五 章
甘肃省会与西北军政

进入清朝后，兰州被选定为甘肃省会，这是清代兰州政治生活中最重大的事件，而兰州之所以成为省会与陕甘分省密不可分。为了应对陕甘分省后甘肃省日益增多的军政事务，清朝于康熙五年（1666 年），改巩昌布政使司为甘肃布政使司，不久移驻兰州。兰州遂有省会之实。雍正三年（1725 年），清廷裁陕西行都司及所属甘州、肃州、凉州、西宁等卫所归甘肃布政使司管辖。乾隆三年（1738 年），临洮府迁至兰州，改为兰州府，设皋兰县为兰州府治、省会。至此，名副其实的甘肃省出现在清朝省级序列中。乾隆二十九年（1764 年），陕甘总督镇守兰州。兰州集总督府、省会、府治于一地，其军政地位在西北地区无出其右。可以说，陕甘分省为兰州的提升带来了绝佳的历史机遇。

新设的甘肃省包括今甘肃、宁夏全境，青海大部分地区以及新疆东部地区。清代兰州府辖有皋兰县、金县、渭源县、靖远县、狄道州、河州。明代庄浪卫在雍正三年（1725 年）时改为平番县，属凉州府管辖。

清代兰州仍然属于以小农经济为主的自然经济，但玉米、马铃薯等新品种的引进与推广，带动了新一轮的垦殖运动；"砂田"等技术的成熟应用，增强了旱地作物的产量；水车制造技术的普及，扩大了灌溉面积。

清代兰州经济最值得称赞的是商业贸易的繁荣。清代兰州商业已逐步摆脱以官方粮食储运、茶马贸易、朝贡贸易为龙头的链状商业模式，最终形成了以兰州为中心，辐射陇西、陇中、陇东、陇南、河西以及青海、宁夏、新疆等地的区域经济圈，并与其他区域经济圈一道融汇到全国市场体系中。在兰州经济圈中，水烟、百合、毛褐等地方特产充分发挥了自身优势，产品遍销全国。

晚清之际，近代机器制造业开始在兰州出现。它不仅为兰州经济发展带来新气象，也对当地社会生活产生深远影响。

清代兰州依然是中西经济、文化交流的孔道。中外商队、使节、僧侣、行旅、边塞诗人沿丝绸之路东来西往，大多要从兰州渡黄河，再赴征程。兰州人民以博大的胸襟，兼收、消化、并蓄着各方文化，使兰州成为多元文化的城市。

辛亥革命爆发前后，兰州一度是保皇势力拒守的后方。陕甘总督长庚为堵截陕西义军，防止革命在甘肃蔓延，组织东征军分三路向陇东、陇南进军，企图剿灭陕西革命力量。但随着全国革命形势的发展，1912 年 3 月11 日，由同盟会成员黄钺领导的"秦州起义"爆发。八天后，兰州宣布独立，承认共和，成立"甘肃军督署"。兰州由此进入新的历史发展时期。

第一节　陕甘分省与陕甘总督迁兰

元代就设有甘肃行省，治所在甘州。明朝建立后，甘肃属陕西行省与陕西行都指挥使司管辖。明朝这样做的考虑在于：第一，将甘肃境内的军政管理整齐划一；第二，明代甘肃为抗击北元的前线，为了有效地防御北元进攻，将陕甘整合在一起，从而将西北防御衔接在一起；第三，将防"番"与防"蒙"分隔开来，各司其职，以河西诸卫及西宁、庄浪、兰州、靖虏等卫防御北元，以河、湟、岷、洮诸卫专主防"番"。

清初甘肃的军政建制依旧，但也有一些变化悄然发生。清初朝廷曾在陕西行省设有陕西、甘肃、宁夏、延绥四个巡抚，旋即裁减为陕西、甘肃两巡抚。康熙二年（1663 年），又将陕西右布政使迁至巩昌。至此，在陕甘尚未分省前，甘肃境内已有巡抚一员，三边总督一员，右布政使一员，并保留了陕西行都指挥使司，这在清王朝的统治序列中是一个特例。它使得

清初的甘肃实际上已成为省一级的军事"特区",为后来甘肃设省埋下伏笔。

一、陕甘分省

清朝将陕甘分省乃大势所趋。这其中既有治理理念的变化,也有甘肃的重要性日渐凸显以及固疆稳藏与控制青海的因素,更离不开明代以来兰州地区的发展。

就治理理念而言,陕甘分省前,陕西行省的边几乎都在甘肃境内。明末对于这一区域的防御主要分为三大部分:一是甘肃镇防御的河西走廊以及西宁卫、庄浪卫等;二是固原镇防御的兰州卫以东的地区;三是临洮镇防御的兰州、河州、岷州、洮州等卫,以及"土流参治"下的甘青土司。进入清朝后,随着疆域不断向外拓展,甘肃不再是陕西行省的边。清政府需要像管理腹地一样,对这一地区进行深化管理,进一步加强中央集权,这必然导致清初统治者在治理甘肃的理念上与明朝大为迥异。首先,清初建立的总督、巡抚、八旗、绿营兵等军政体制与陕西行都司军政合一的卫所体制不能很好地兼容。陕西行都司的主要任务是防边、固边,而清朝在这里已基本无边可防。如果不能将陕西行都司的管理模式转变为府、州、县的管理模式,清政府很难在这一地区进行深化管理。其次,清初统治者对于甘青土司的管制是"土流分治",这与明朝的"土流参治"日趋相悖,继续沿用难以维持。正因如此,清初统治者才会在没有省级建制的甘肃设甘肃巡抚、巩昌右布政使司等。这表明清初统治者要想更好地实践自己的治理理念,强化甘肃地方的军政管理,将甘肃的地方治理从陕西行省分离出来,应当是最佳的选择。

就甘肃的重要性日渐凸显而言,清军虽然顺利进入甘肃,并很快肃清境内的"土寇",但清初的甘肃并不平静:李自成曾视甘肃为大后方,兵败后李自成余部仍在甘肃频繁活动,清廷不可掉以轻心;以丁国栋、米喇印为代表的甘肃反清势力伺机欲动,左右着政局的安危;清初甘肃"生齿繁庶"带来的繁杂军政事务,使得原有的管理体制与措施很难适应,力不从心。顺治五年爆发的丁国栋、米喇印反清斗争就彻底暴露出清初统治者在治理甘肃时所面对的两大困境：一是清统治者对于甘肃军队的控制远未到位，相互掣肘。清初驻扎在甘肃的军队大多是明末降附的军队，这些军人对于清政权的认可程度尚未达到死心塌地的地步，大多骑墙两望，稍有风吹草动极易动摇哗变。二是甘肃地方政权对于百姓的控制亦远未到位。丁国栋、米喇印之所以能够一呼百应，反映出当地政权对于百姓的控制软弱无力，尤其是作为此次反清斗争的重灾区河西与陇右地区所暴露的问题更是彻底惊醒了清朝统治者。为此，清廷在甘肃实施了一系列整治措施，包括裁撤卫所，改设府县，实行军政分离；改屯丁为屯民，减轻军事负担和消除潜在威胁等。而要完成这一切，既需要地方政权的强力支撑，同时又为地方治理增添大量工作和职责。事实证明，面对如此繁杂的局势，陕西行省既要大力清剿李自成、张献忠余部，维护陕西境内的安全，又要兼顾甘肃境内不期而发的反清事件，不可避免地陷入了捉襟见肘、首尾难顾的困境。而康熙初年将陕西右布政使移驻巩昌，设置巩昌布政司，并最终迁往兰州成为甘肃布政使司，正是在这一背景下应运而生。所以清初朝廷变"陕甘合治"为"陕甘分治"，完全是迫于清初甘肃日渐凸显的重要性而不得不采取的措施。它体现的是清政府对甘肃重要性的高度重视。

就固疆稳藏与控制青海而言，陕甘分省前，青海广大牧区与新疆（主要指北疆）、西藏主要是由蒙古卫拉特各部所控，清军尚未进驻一兵一卒。这看起来与陕甘分省并无直接关系，但实际上早在崇祯八年（1635年），蒙古和硕特首领兼卫拉特盟主固始汗就已遣使后金，代表卫拉特归附清朝，成为满蒙联盟的一部分。此后数年，固始汗控制了青海牧区；征服了苯教政权的顿月多吉，将势力发展到西康；突袭西藏，攻占了日喀则，灭噶举派藏巴汉政权。清朝建立之初，青海、西藏、新疆的大部分地区事实上控制在和硕特部与准噶尔部之下。然而清廷对于甘青地区的关注目光却从未离开过。如何向西发展将蒙古卫拉特控制的区域变由清朝直接控制，始终萦绕在清统治者的脑海。而要想实现这一目标，甘青是一个无法绕过的关键地区。以甘青为踏板，向西通过河西走廊即可进入新疆，向西南、西北

又与青藏高原相连，是进入青海、西藏涉藏地区的主要通道。所以甘肃在固疆、稳藏、控制青海方面具备得天独厚的地缘优势。清廷在甘肃建省不仅为日后清朝向新疆以及青藏高原拓展奠定坚实的基础，也使得清朝在西北的统治中心大大向西推进。

二、兰州成为甘肃省会

陕甘分省之初，陕西右布政使司的治所选在巩昌，但很快迁至兰州，那么是什么原因促使清廷将兰州选为甘肃省会，这首先缘于清初兰州已具备有不可替代的地缘政治中心的优势。清初，围绕兰州分布着几大政治板块并制约着当地的地缘政治，其中包括河西走廊、宁夏地区、蒙古和硕特部控制的青海牧区、河湟地区在内的甘青民族走廊、陇右地区。

陇右地区的临洮府与巩昌府所辖的河州卫、洮州卫、岷州卫是甘青民族走廊上的重要节点，而此三卫的后方支撑点正是巩昌府，所以明朝巩昌府的战略地位远在兰州之上。但是到了清初，随着甘青民族走廊上各民族的长期交融、交往，少数民族大多汉化，甘清土司也从明末的殉道士摇身变为清初的卫道士，故来自安多涉藏地区的威胁大为减弱，巩昌府的战略地位也随之明显下降。与此同时，兰州的战略地位却因清初疆域的拓展而迅速上升。此时的兰州正处于固原、甘肃、临洮三镇的交会处，向东与宁夏镇毗邻。而康熙年间设置的甘肃省只管辖平凉、庆阳、临洮、巩昌四府，宁夏与河西走廊均不在甘肃省管辖范围内。如此，陕西省的行政与军事防御被分割得十分凌乱。第一，清初三边总督及四镇总兵官仍大权在握。顺治十四年（1657年），清廷曾将三边总督移驻陕西，并陆续将四镇所辖卫所有所裁撤，但总体格局未变，这不仅与清朝欲建立的八旗驻防与绿营兵的军事体系相抵触，也与清廷建立的巡抚制度格格不入，更与清廷严防封疆大吏割土裂疆的宗旨相违背。受此影响，陕甘总督常常游离于陕西、四川、山西之间，其关注的重点或在陕、或在川，但不在甘。第二，由于甘肃省横亘在关中与河西走廊之间，后者成为陕西省的飞地，无论是军事防御，还是行政管理均有鞭长莫及之虑。一旦军队调往内地，河西走廊孤立无援。

第三，从宁夏到西安的交通历来不便，而明代宁夏与兰州的道路又长期为北元占据或干扰，难以使用，所以在明朝，宁夏大多是通过固原的平凉与西安、陇右方面联络，十分不便。甘肃设省后，宁夏与陕西省之间的联络又被平凉府的固原州所阻隔，交通依然不便。第四，陕西行省与青海牧区也是被甘肃省阻隔，很难管理。

面对如此凌乱的局面，清廷裁宁夏巡抚并入甘肃巡抚，极大地削弱了宁夏镇的军权。康熙五年（1666年），为方便居中调遣，甘肃巡抚由凉州还驻兰州，称甘宁巡抚。康熙八年（1669年），甘肃布政使司与按察司一道移驻兰州，兰州居中的地缘优势逐渐被朝廷认可。第二年，权重一方的宁夏镇被撤，甘肃、宁夏、西宁等处官兵总由甘肃巡抚统辖。雍正二年（1724年），宁夏裁卫设府，归甘肃省管辖。翌年，清廷在平定罗布藏丹津事变后，裁撤陕西行都指挥使司，所辖诸卫改设为凉州、甘州、西宁三府及肃州直隶州，归甘肃省管辖。同年，清廷设驻青海办事大臣，建旗置盟，将青海牧区的蒙古和硕特部与当地众多藏族部落划归理藩院直接管辖。至此，兰州周边的地缘政治整合基本完成。兰州成为地缘政治的中心，得天独厚的优势和不可替代的战略地位终于确立。乾隆三年（1738年），为进一步理顺省会与临洮府的关系，将临洮府移至兰州，改为兰州府。乾隆二十八年（1763年），在平定准噶尔事变后，清廷设迪化府，归甘肃省管辖。次年，陕甘总督最终选定在兰州驻署，从而完成了甘肃境内军事与行政管理的高度重合。至此，甘肃省以兰州为中心，向西可控制河西走廊、新疆，西南可辐射西藏，向南可填补陇右地区的军事空白，向东北可兼顾宁夏的安全，向东以秦州、西安为依托，保持声势相望。从这一意义上讲，没有陕甘分省，省会兰州无从获得如此之高的政治地位。而相比之下，巩昌府则因远离宁夏、河西，无法兼顾东西各端，尤其是无法兼顾西藏、新疆方向，不得不为兰州所取代。

清代兰州作为地控东西、扼守南北的交通枢纽，也是促成兰州成为省会的重要因素。兰州的历史定位大体基于两大功能：一是西北边郡要塞；一是内地通往河西乃至西域的交通孔道，尤其是明初镇远浮桥架设后，兰

州更是成为内地连接河西走廊的咽喉要道。清朝建立后，来自兰州以北的威胁基本消失，兰州不再为防御北部与西北部的强敌而困扰，遂成为甘肃境内地控东西、扼守南北的交通总汇，为兰州最终入选省会创造了得天独厚的条件，也为兰州进一步发展带来新一轮优势。

就东西交通而言，宁夏位于兰州的东北部。清朝建立后，宁夏通往兰州的道路不再绕道平凉、陇西便可直接到达，十分安全便捷。由此继续向东穿过呼和浩特进入北方各地亦成可能，如康熙三十三年（1694 年），陕西总督佛伦疏准：自宁北横城（今银川市兴庆区）抵庄浪，驿站旧路通计 950 余千米，若进横城口出胜金关（宁夏中卫市东 30 千米），由中卫渡河直抵庄浪仅 505 千米，较旧路近 450 千米有余。应于胜金关添设一站，中卫添设一站。自中卫渡河由黄沙坡西行，于大涝坝、沙圪堆、芦塘、松山四处各添设驿站。北方威胁消失后，另一条通往河西的道路亦得以开通，即由陕西榆林、延绥一带，自安边、靖边入宁夏花马池，沿宁夏北边西行至河西。清军出兵新疆后，这条大道更是后方补给的生命线，其战略地位乃重中之重。从兰州经西宁，又是清军入藏的主要道路。

就南北交通而言，明代兰州一直处在西北边防前沿，向北难以交通。进入清代后，兰州向北绕过大、小松山可通蒙古诸部。明代的临洮、巩昌、河州一向是兰州西南的大后方。从关中通往河、湟、岷、洮地区的道路，大多汇聚于巩昌，然后分头通往岷洮与河湟。其中通过临洮渡黄河至河州，再由河州经积石关、循化至西宁是明清以来内地通往河湟的官道。如果仅从交通而言，巩昌之于这条路较兰州更为便利，但就通往河西走廊与新疆方向而言，巩昌的交通优势略显逊色。乾隆六年（1741 年），甘肃巡抚黄廷桂奏准：驻扎于庄浪的满兵，每岁粮料于河州买运，山路崎岖，运价不足，民间帮赔银至每石二钱五分。查河州至庄浪有水程一道，距河州 25 千米，地名莲花河，顺流 55 千米至焦家河，又 15 千米至庄浪河口。起旱，又陆行 70 千米至庄浪城，共计 165 千米。莲花河及焦家河均隶河州，每岁额征粮共有四千余石，请将此二处应纳粮米就近按数征收，其余不敷粮料即在此一带采买，统由水路运至庄浪河口，转运庄浪。较之从前陆运甚便，原定运脚足敷，可免民间帮赔之累。

　　明代河西走廊是一个狭长的军事防御带，在防御北元南下、阻隔蒙古与涉藏地区的交往上发挥了关键作用。进入清朝后，蒙古、西藏相继归附，河西走廊的军事防御压力大为减轻，但随着天山南北的平定，新疆、蒙古、西藏各部成为藩属，河西走廊成为连接关陇与新疆的大通道，是清廷治理新疆的大动脉，而这一大动脉的交汇点正是兰州。

　　清初陕甘分省时，新疆还不是甘肃设省考虑的主要因素，但在康熙后期，为防备准噶尔向东进发，清政府的防御重心进一步向北、向西推进，尤其是在清廷收复新疆、进军西藏的过程中，河西走廊作为战略大动脉，以及甘肃省作为大后方与大本营的重要性越发显现，而这一切又进一步巩固和拉升了甘肃省的战略地位，兰州作为清朝用兵新疆的中枢，其战略地位亦随之拉升，以至于成为关键。

　　清代兰州经济的迅猛发展为兰州成为甘肃省会创造了有利条件。清代兰州依然是西域各民族朝贡贸易的市场之一，如顺治初，吐鲁番部遣使进贡方物于北京，每次百余人，30人留甘肃，70人进京，进京者除在京师购买大量货物外，返回时还要在兰州等处贸易，出售牛羊，购取犁铧、铁锅等物后一并出关。康熙六十年（1721年）的《修建北山慈恩寺碑记》曾如此描述兰州：从北山下瞰城郭，见兰州城山环河绕，炊烟出屋瓦者万家，廛居鳞次，商民辐辏，扼敦煌、酒泉诸郡，此则总其枢纽，成一大都会而居其形胜地也。光绪十年（1884年），到兰州考察的俄国人波塔宁在《中国的唐古特西藏边区和中央蒙古》中写道："这座城市给我们的印象是一座真正的省会城市，宝鸡府以西再没有见过这样大的城市。"当时的兰州贸易市场已有明确的分工，《陇右纪实录》云：本处人经商者多业烟行，外省人除山西票商四家外，钱业、布庄、杂货、木行，陕人居多。京货，直隶、陕人各居其半。绸缎，河南人居多。茶业分东、西、南三柜，南柜为湖南帮，东、西柜为陕帮。当商30余家，本处及山陕人相等，然资本甚微，过万者绝少。市面贸易以银计算，为官钱局发行银钱纸币，约计10余万。土产输出者水烟、土药（鸦片。——引者注）而外，别无他物。输入品为大布、

茶叶、洋货、海菜、杂货，皆由此脱卸，分销各处者半，发运新疆者半，盖全省商务之总汇区焉。

清代兰州的茶叶大多来自四川、湖南，销售去向包括甘肃、新疆、青海、宁夏、西藏、蒙古等地，每年征收茶税 8 万余两，统由兰州道管理。同治兵燹后，左宗棠推行以票代引，商人领票后到产茶地采购茶叶，运到陕西泾阳压砖成封，然后转运兰州，行销各地。清廷规定，每票征税银 258 两，即为"官茶"。

水烟是清代兰州最大的输出商品，行销全国各地，其中由兰州、西安、汉口、苏州、南通而抵上海，谓之东线；由兰州、天水、广元、成都、重庆而达云贵各地，谓之南线；由兰州、武威、敦煌、哈密至乌鲁木齐，谓之西线；由兰州、宁夏、包头、大同、张家口而达京津各地，谓之北线；由上海船运至烟台、营口等地，谓之海线。

除茶叶、水烟外，绒褐也是清代兰州贸易之大宗。据《皋兰县续志》载，道光初年，各地客商来兰州收绒褐者岁以万计。光绪、宣统时，甘肃百战余生，城乡残破，经济困惫自不待言，但兰州仍不失为本省商务之总汇。德国人福克曾受左宗棠之命逗留兰州，其《西行琐录》写道：省内极为繁华，南方各货物悉可购办。本地独产水烟、羊皮、雪梨、苹果、大鲜葡萄、大西瓜，并种杂粮，故民颇丰富。其通西藏之货买卖甚大，藏货均由兰州而下。同时期的索斯诺索夫斯基在《1874—1875 年俄国商贸考察队在中国的考察》中提道：作为工业中心，兰州与西藏有着贸易往来。从唐古特、撒拉等族那里获取大黄，从嘉峪关、阿拉善蒙古处获得牲畜，从宁夏府获得细羊毛。兰州的水烟也很有名。城内有 500 家店铺，其中有一百多家经营丝绸制品，一百多家经营茶叶。西关为粮行、山货铺、客店、车马店、饭馆，多为穆斯林经营。外国产品数量不多，且价格昂贵；俄罗斯绒的零售价为 67 两，质量中等的波里斯绒售价 19—20 两不等。

清末兰州已发展成甘肃银钱业和票号的中心，有门市钱庄、驻庄钱庄和普通钱庄数十家。光绪年间，兰州票号达到极盛时期，不仅票号数量大大增加，而且经营规模也迅速扩大。除汇兑外，还有存放、借贷、信托等业务。兰州票号还曾为左宗棠汇兑协饷，在集资融资等方面发挥了重要作用，业务量高达几千万两。

清末的兰州还是甘肃近代机器工业的发祥地。清代甘肃最早出现的机器制造业就是兰州机器制造局。同治十一年（1872年），左宗棠将西安机器局迁至兰州，改为兰州制造局，主要制造铜引、铜帽、大小开花子弹、枪炮等武器。它是左宗棠用兵新疆的一个战略举措。与此同时，左宗棠还在兰州创办了民用企业——兰州机器织呢局。

所有这些均从不同方面大大发展和壮大了兰州经济，使之最终发展成为甘宁青地区最大的区域经济中心。

清代兰州最终成为督宪、藩司、臬司、抚台、府治的共同选择，还与明代以来兰州在各方面的积淀密不可分。明代兰州作为边防重地，大量的戍边将士迁徙至此，从而带动了当地人口的迅猛增长和农业的大开发；明初镇远浮桥的架设让兰州成为内地通往河西走廊、西宁乃至西域的咽喉要道；肃藩移兰更是全面提升了兰州的城市建设和文化繁荣，使得有明一代的兰州早已不是周边州县可比。明代兰州通过"纳米中盐""纳粮赎罪"，夏秋两季税粮集于兰州，诸军卫俸粮皆于兰州仓收等措施，将兰州发展成为西北地区最大的粮食集散地之一。明代兰州还是重要的茶马贸易之地，河西一带茶马贸易所需要的茶叶大多经转于兰州。而商业以及文化的发展使得兰州从一个西北边防重镇向城市化迈进，这是明代兰州有别于历代兰州的重要标志，而这一切均为清初选择兰州作为省会奠定了基础。

三、藩司、臬司、抚台汇聚兰州

陕西布政司在明中期就已分设左、右布政使，但此时左、右布政使的区别只是分掌不同的职能部门，而不是分掌不同的地域，这种分掌体制一直沿用到顺治朝。康熙二年（1663年），清廷移陕西右布政使司于巩昌府。翌年，添设甘肃按察使司于巩昌。这种由左、右布政使司分管不同地域的设置，打破了原有的行政管理模式，被视为陕甘分省之先声。康熙六年（1667年），陕西右布政使司更名为巩昌布政使司，仍治巩昌。康熙八年

（1669 年），改巩昌布政使司为甘肃布政使司。同年，被称为藩司的甘肃布政使司和被称为臬司的甘肃按察司由巩昌移驻兰州，管辖范围不变。

甘肃布政使司迁兰之初只领有 4 府、9 州、28 县。雍正三年（1725年），依总督年羹尧奏请，裁陕西行都司及所属卫所归甘肃布政使司管辖。至此甘肃省辖境覆盖了今甘肃、宁夏全境及青海大部分地区。乾隆二十八年（1763 年），迪化府归甘肃省管辖，甘肃的版图基本确定。

巡抚作为省级地方最高军政大员，又称抚台。明末清初，巡抚往往是临时派出的朝廷大员。康熙朝成为固定的封疆大吏，总揽一省军事大权。清朝甘肃境内的巡抚最早出现在顺治二年（1645 年），以黄图安为都察院右佥都御史巡抚甘肃，驻甘州卫。康熙五年（1666 年），甘肃巡抚移驻兰州。康熙九年（1670 年），统辖甘肃、宁夏、西宁等处官兵。乾隆二十九年（1764 年），陕甘总督移驻兰州，裁甘肃巡抚，以陕甘总督治兰州，行巡抚事，遂为定制。

第二节　清代兰州的军政

一、临洮府改设兰州府

乾隆三年（1738 年）前，兰州已是甘肃布政使司、甘肃按察使司、甘肃巡抚的驻扎之地，成为实际上的省会，但此时的兰州仅仅是一个县级散州，甚至都不是临洮府的府治。将省会设置在一个县级州这在当时绝无仅有，即使整个清代也非同寻常，可谓名不副实。这种设置对于兰州知州而言的确带来诸多难言之隐，同时又置临洮知府于尴尬之地。然而这种尴尬的格局在康熙、雍正两朝被顽强地保持了 80 多年，直到乾隆三年（1738年），在西北政局初步稳定后，时任甘肃巡抚元展成才向朝廷奏请：第一，将临洮府移驻兰州，改名兰州府；临洮府兰州改为皋兰县，为兰州府治、省会；兰州知州移驻狄道，改为狄道州。第二，新设兰州府之各官衙署，将兰州空闲钱局改建为兰州府署。第三，各府、州、县学校请酌定规模；

原隶府、州、县各学教官各随府、州、县移驻；兰州儒学升为府学，狄道县儒学改为州学，入学名数照府、州学额取进。第四，巩昌府属之靖远县改隶兰州府；金县准于附近之临洮营酌拨把总一员，领兵 60 名。乾隆帝批准了此奏议。新改置的兰州府包括皋兰县、金县、渭源县、靖远县与狄道州、河州，这其中皋兰县虽与今皋兰县同名，但县域包括今兰州市城关区、七里河区、安宁区、西固区、皋兰县及榆中县、永靖县、景泰县、白银市白银区的一部分，远较今皋兰县为大。金县与今榆中县变化不大。今兰州市永登县清初为庄浪卫，不在兰州地面，其统计数据亦不在兰州之内。乾隆三十七年（1772 年），兰州府有户 60276，人口 400546。

在监察方面，康熙八年（1669 年），甘肃按察司移驻兰州后，其所属临洮道由兰州移驻临洮府。乾隆二十八年（1763 年），鉴于临洮道管理通省驿传事务，清廷改临洮道为驿传道，兼巡兰州府。乾隆四十四年（1779 年），临洮驿传道又改为分巡兰州道，移驻兰州，主管兰州府所属仓库、钱粮、屯田、水利、道关防及庄浪、甘州、西宁三处经销茶引。

由临洮驿传道转为兰州分巡道，不仅意味着监察中心的转移，而且也表明兰州由单项监管向综合监察转变。经过上述政治体制的变革，兰州逐渐成为西北政治、军事中心，用以"节制三秦""怀柔西域"。

（一）皋兰县

乾隆三年（1738 年），皋兰设县，这是皋兰县建置之始，其县名源自境内的皋兰山。其形胜有马衔阻其东，榆谷抵其西，皋兰峙其南，黄河经其北。山川形胜，险拟金汤，关右一雄郡也。翌年，原隶兰州之沙井驿归皋兰县管辖；设皋兰县红水分县，由县丞管理红水、永泰、宽沟、镇虏四堡，驻宽沟堡（四堡均在今白银市景泰县境内）。乾隆七年（1742 年），将原隶于庄浪卫沙井驿的芦塘松山驿丞裁去芦塘二字，归皋兰县管辖。乾隆二十二年（1757 年），经陕甘总督黄廷桂、巡抚吴达善题准，将皋兰县原设宽沟县丞移驻边要之红水堡，辖红水、永泰、宽沟、镇虏四堡，并将三眼井、白墩子塘驿归其管辖。至此皋兰县的建制与版图基本固定下来。

清代皋兰县辖东川、西丰、阿干、东南、东北、西北、兰泉、丰润、郡所、盈山、河北、安边共十二乡。清廷将原属兰州卫、甘州中护卫以及兰州所辖的三十座堡整合为十四堡、五营、二店、一镇、一城，统归皋兰县管辖。十四堡即东关堡、买子堡、一条城堡、西古城堡、积积（箕箕）滩堡、盐场堡、安宁堡、沙井堡、保定堡、镇房堡、永泰堡、宽沟堡、三眼井堡、红水堡；五营即夏官营、大柳树营、春旗营、新营、贡马营；二店即十里店、甘草店；一镇即三角镇；一城即铁古城。据宣统元年（1909年）《皋兰县地理调查表》载，清末皋兰县分城内、附城北、附城西川、东乡、东北乡、西乡、西北乡、南乡、北乡等九个乡镇。

皋兰设县后，全省公银司库亦随之建在兰州。乾隆三年（1738年），将新设分驻凉州将军、庄浪副都统各衙门书役、工食等项，请自本年为始于兰州司库存公银内动支，以600两交将军，300两交副都统分给。作为粮食中转与仓储的中心，皋兰设县后其功能依然发挥作用。乾隆六年（1741年），依照巡抚元展成奏请，建皋兰县仓廒。道光十五年（1835年），皇帝诏谕：皋兰县为省会之区，仓储最关紧要。现在该县仓储匮乏，请以附近仓粮运储省城，以资储备。令拨西宁县常平仓斗豌豆3万石，碾伯县常平仓斗小麦一万石运送省城，另廒存储，遇赈济平粜方准奏明动用。

在人文方面，据《皋兰县志》卷五《形胜》载，皋兰县被誉为仁渐义摩，沦肌浃髓，经文纬武，风气中和，全省楷模。故与西安、天府并为省会名区也。不过也有人认为皋兰县关障狭小，未足为省会之区。

清代皋兰县与兰州府同为一城，县治在省城附城东。兰州城在明末清初的一系列战事中受到很大程度的破坏。康熙年间曾两次大规模修建兰州城。乾隆二十八年（1763年），巡抚常钧遵旨补葺皋兰城郭。补葺后的皋兰郭城周长7.3千米，内城周长3.1千米。乾隆四十六年（1781年），平定苏四十三事变后，清廷就兰州城如何加强防御展开过一次大讨论。钦差大学士阿桂、署理陕甘总督李侍尧鉴于兰州城北临大河，西、南两面山岭重叠，唯城东平衍，请将大城向东展扩，劝谕两关厢居民移住，空出地面，宽留火道。同年十二月，军机部核议侍郎德成勘估兰州城垣、营堡后，认为苏四十三反清时华林山等处并未设立塘汛驻守。今既添建营堡墩台，移驻重兵，则两山声势联络，可以环卫大城，何必再费帑金将旧有土城拆去改缮。况且西、南两关厢民居稠密，若概令迁移，彻去房屋，小民恐多未便。朝廷最终认可了德成奏议，只在兰州华林山建筑土堡一座，造官署兵房1340余间，并于龙尾山相对大城西南一带安设空心墩四处（原名四墩坪，今伏龙坪之望垣坪），分兵驻防。乾隆五十六年（1791年），总督福康安奏请的皋兰县城郭拆建方案经过一番争议后获朝廷批准，即拆去旧城全行改建。皋兰县城经此番全行改建后，规模更加恢廓壮观。道光十三年（1833年），陕甘总督杨遇春修葺兰州城后，将部分城门易名。内城改承恩门为来煦门（俗称东门）、永宁门为镇远门（俗称西门）、崇文门为皋兰门（俗称南门），外郭（关城）改天堑门为庆安门（俗称下水门）、天水门为通济门（俗称桥门，门北正对镇远浮桥）、永康门为安定门、靖安门为静安门。保留原名称的有广源门（俗称水北门）、袖川门（俗称西稍门）、拱兰门（俗称南稍门）、通远门（俗称小稍门）、迎恩门（俗称东稍门）、广武门（俗称新关门）。

（二）金县

兰州成为省会后，金县的地位随之上升。金县在康熙二十四年（1685年）时仅有162户，885人，虽地当孔道，却向无弁兵。直到乾隆六年（1741年），清廷认为有必要拨临洮营把总一员，守兵60名移驻金县，并为此修建把总衙署一所，兵房100间。

清代金县赴省城的路径有四条：一由定远驿路；一由北路之太平堡，经金家崖至东岗坡；一由南路马衔山，经皋兰属之阿干镇直抵省城；一由极北之一条城黄河，平日无法通行，冬季黄河结冰，这条路堪称至省城的捷径。由金县小龛峪（今小康营）、新营镇（今新营乡）而南，虽山径崎岖，而捷足者半月可抵成都，为秦陇赴川之捷径。

明末金县下辖不足三里，康熙时金县下辖五里。将顺治十二里中的在城里、三角里、结家里、马家里并为金川里（在附城），烽火里、定远里并

为丰和里（在县西北），太平里、平地里并为广积里（在县北），清水里、野罗里并为长乐里（在县东），小龛里、源川里并为泰康里（在县南）。将定远镇、清水镇改为定远递运所与清水递运所。雍正九年（1731年），又将临洮卫的一部分粮地划归金县，名为临化里。明代新营镇入清后归兰州厅，三角镇仍属金县。道光二十二年（1842年），金县有户3.9万，人口32万。

金县旧城规模不大，变化也不大。有城门二：南曰阜安门，北曰清安门。外郭有城门二：南曰永绥，北曰咸宁。道光二十二年，官绅士庶因坍塌过甚，踊跃捐输，将内城外郭以及碉楼等处一律修筑坚固，增建东门一座，名曰承恩，加筑瓮城，城门曰迎旭。

（二）平番县

今兰州市永登县在雍正三年（1725年）后称为平番县，属凉州府管辖，其地域包括今永登县、红古区全部及天祝县、古浪县大部。

平番县清初为庄浪卫，康熙二年（1663年），庄浪卫改为庄浪守御千户所，属凉州卫。雍正元年（1723年），青海和硕特部罗卜藏丹津举兵反清。居住于庄浪卫西部甘青边界诸山中的谢尔苏等六部举事策应。清政府派年羹尧、岳钟琪率兵前往平定。第三年，清廷裁庄浪守御千户所，设平番县，并在河桥驿附近设浩亹分县（后改名为西大通分县），隶凉州府。同年，改巩昌分府监屯厅为庄浪监屯厅。乾隆十八年（1753年），又改庄浪监屯厅为庄浪茶马厅，管理当地藏民及茶马贸易。

清代平番县南接兰州，东应宁夏，西援西宁，西北套凉甘。广200余千米，袤150余千米，相较皋兰、金县，平番县的地域更为辽阔。其境自平番而南，由大通、红城、苦水尽于皋兰；平番西北，由武胜、岔口、镇羌以抵古浪，进入河西走廊；自南迤东，由哈家嘴、咸水河至平城、松山、双井；迤东至阿坝、裴家，连大靖之界。自南迤西，由通远、大通至水沟交碾伯之境。迤南至皋兰张家河湾、河州之思家台、碾伯之川口等处，路长约75千米；迤西至西宁水沟口，路长5千米；迤北至镇羌喜鹊岭，路长70千米。平番县境内设有土司专管区域，大体为连城迤东至平番交界，路长

70 千米。

　　与明代庄浪卫相比，清代平番县的重要性有所减弱。平番县以北不再有北元的威胁，其作为抗击北元支撑点的战略地位业已消失；在陇右战略防御体系中平番县也失去战略门户的作用。但平番县仍然是内地进入河西走廊的必经之路，是交通意义上的"甘肃咽喉"。不仅如此，随着清朝疆域的扩展，平番县已成为向东通往宁夏的主要通道，凡甘、肃、凉、湟之趋河东者，舍平番则无捷途。

　　平番县的军事防御较为复杂，其中南大通至苦水等地的防御归河州营；通远堡至西大通等地的防御归西宁营。土司则自主防御。

　　乾隆《平番县志》载，平番县辖 19 堡、43 个村社。乾隆三年（1738年），平番县有户 1.7 万，人口 6.2 万。鲁土司辖有土民 10 旗（含藏民八族），0.33 万户（含藏民 453 户），2.2 万人（含藏民 2365 人）。人口较皋兰县、金县为少。

　　乾隆时的平番县城分内外两城，共八门。县城周围内外包砖，围长 4 千米；郭城周围 4.5 千米，西南有关厢一座。城东有满城一座，围墙周长 2.3千米，以砖包砌。

二、陕甘总督镇守兰州

　　清初总督的设置并不固定，统辖一省或数省之行政、经济及军事，为正二品，但可通过兼兵部尚书衔高配至从一品。乾隆以后总督成为定制。全国共设八个总督：直隶、两江、陕甘、闽浙、两湖（湖广）、两广、四川、云贵。

（一）陕甘总督迁兰

　　清初陕甘总督的设置屡经迁改，颇为周折，但总体上讲是随着西北、西南地区，尤其是新疆战事的变化而不断迁移、分设、合并。陕甘总督统辖的省份以陕西、甘肃为主，兼顾四川、山西两省，地域涵盖或部分涵盖今陕西、甘肃、四川、宁夏、青海、新疆、山西等省和自治区。

顺治元年（1644年），清朝设陕西三边总督，驻扎在固原，兼辖四川。顺治十四年（1657年），陕西三边总督更名为川陕三边总督，辖陕西（含今甘肃、宁夏、青海）、四川，总督府迁往汉中。这表明当时战局的重点在四川。三年后，川陕三边总督更名为川陕总督。康熙年间，陕甘总督之称不断在川陕总督、山陕甘总督、甘宁总督、陕甘总督之间更换。雍正九年（1731年），陕甘总督专辖陕甘两省，另设四川总督。乾隆元年（1736年），再度废除四川总督，改名为川陕总督。乾隆十三年（1748年），西陲连续用兵，川陕总督再次分为陕甘总督和四川总督，陕甘总督驻肃州。乾隆二十四年（1759年），陕甘总督与四川总督合并，分成两部分：一部分为川陕总督，一部分为甘肃总督。甘肃总督驻肃州，兼管陕西。川陕总督移驻四川，旋即又还原为陕甘总督与四川总督。陕甘总督、四川总督、山陕总督设置的频繁迭改，引起朝廷上下的关注，并就陕甘总督"驻扎地方究于何地最为扼要"展开讨论。陕西固原提督、延绥镇总兵张接天认为，新设陕甘总督应驻凉州。这样既可以弹压藏族诸部，控制口外，又能与甘州、肃州声势联络。军机大臣认为，就内地而论则凉州固为适中。凉州地近腹里，商贾云集，居处乐就便安。若就统驭新附各部落而言，则肃州尤为近地，而凉州则相距转遥。陕甘总督杨应琚奏报，凉州地近腹里，未足控制西陲。肃州虽为扼要，而增置标营，办理供支，诸多掣肘。唯甘州距肃止200多千米，紧要文报，不日可达。若以总督驻扎，即将提标五营改为督标，一切妥便。乾隆帝一度认可了这一建议，但随着新疆大功告成，甘肃巡抚常钧奏议将陕甘总督移驻兰州，依据是一方面陕甘总督驻肃州，则距西安较远，于腹地属员案牍控驭转多有隔碍；另一方面陕甘总督府移驻兰州，则东至西安，西至安西程途约略相等，东西道里适均，一切官方吏治皆可居中统摄，无须更设甘肃巡抚。乾隆皇帝认为该建议更为可行。不久，清廷裁撤甘肃巡抚。兰州由此成为集总督府、省会、府治于一地的西北巨镇。

陕甘总督职官系列为：陕甘总督一员，统辖本标（督标）兼节制陕西、新疆两个巡抚（抚标），三个提督（提标），即陕西、甘肃、新疆各一员，八个总兵官（镇标），即陕西总兵官二员，新疆总兵官、宁夏镇总兵官、西宁镇总兵官、河州镇总兵官、凉州镇总兵官、肃州镇总兵官各一员，管辖本标及分防各营。至此，甘肃绿营建制体系在乾隆二十四年（1759 年）大体确定，为一提督五镇，即甘肃提督辖肃州、凉州、宁夏、西宁、河州五镇。

（二）甘肃绿营兵

清代总督所统辖绿营兵作为国家常备兵，以营为基本单位。绿营兵分马兵、战兵、守兵和水兵四种，兵额不定，嘉庆年间最多，达 66 万余人，是八旗兵的三至四倍。在康熙至乾隆中叶的历次战争中，绿营兵发挥了重要作用。绿营兵主力虽然以汉族为主，但重要官职仍由旗人担当。各地驻防的绿营兵要受驻防八旗兵的监视与控制。

由于甘肃是历次新疆军事行动的用兵通道和粮饷兵源基地，在西北边防体系中处于重要地位，所以清代甘肃驻防军事力量远大于其他行省。雍正三年（1725 年），甘肃增定兵额有马、步、守兵约 8.3 万名。乾隆二十四年（1759 年），以西陲重要，全省马、步、战、守兵凡 6.6 万人，兵额独多于他省。苏四十三反清斗争后，甘肃增兵 1.3 万人，并移固原总兵驻河州。此时甘肃境内的绿营兵总数接近 10 万，约占全国绿营兵总数的 1/6。同治年间，左宗棠坚持兵贵精而不贵多，一举裁兵近 4 万人，光绪年间再次裁汰冗兵 1.25 万人。

（三）兰州绿营兵

清代驻扎在兰州的绿营兵可分为两大类：一类是总督或巡抚直属的绿营兵；一类是负责守城的绿营兵，多为城守兵。清初，驻扎在今兰州地区的绿营兵主要包括兰州营、兰州卫、甘州中护卫、庄浪卫以及城周边各营堡的将士。兰州营设游击 1 员，领兵 500 名。乾隆二十五年（1760 年），兰州营改称兰州城守营，设游击 1 员，守兵约 200 名，驻扎在兰州城东，辖堡寨 8 座。乾隆二十九年（1764 年），督标取代抚标后，遵旨复设兰州城守营，先属固原镇，后属甘肃提督；兰州城守营游击升为参将，新添守兵 148

名。乾隆三十八年（1773 年）遂为定制，包括参将 1 员，守备 1 员，千总 1 员，把总 1 员，经制外委 4 员，额外外委 3 员，马、步兵 147 名，守兵 238 名。乾隆四十七年（1782 年），为加强河州军事防务，改河州协为河州镇，设总兵官，辖兰州城守营、金县营等。道光年间，兰州城守营有参将 1 员、守兵共 593 名。光绪年间，兰州城守营仅有马、步、守兵 253 名。

清代金县驻兵不多，乾隆五十年（1785 年），由兰州城守营移拨经制外委 1 员，守兵 50 名，道光二十二年（1842 年），有把总 1 员，守兵 95 名，属河州镇标。

清代平番县的军队驻扎较为复杂，除八旗驻防外，绿营兵以庄浪营为主。雍正十三年（1735 年），清廷裁西大通镇旧设兵 3600 名。乾隆五十八年（1793 年），陕甘总督勒保奏准，改庄浪参将为协副将。道光九年（1829 年）后，庄浪营常设参将 1 员，守兵 200 余名。此外，庄浪境内各堡驻有绿营兵及外委兵 1972 名。

三、八旗驻防

八旗兵归中央统辖，直属于皇帝，但从本质上讲仍属于世军制。入关之后，清朝将八旗军分为两部分：一部分是禁旅八旗，主要负责拱卫京师和保卫宫廷，约 10 万人；一部分是驻防八旗，分别驻防于全国各地。根据驻防地方的不同，驻防八旗又可分为"畿辅驻防兵""东三省驻防兵""各直省驻防兵""藩部兵"四部分。在甘肃的八旗兵属于各直省驻防兵，分别由驻防将军或都统统领。顺治年间，驻防各地的八旗兵有 1.5 万人；康熙、雍正年间有 7.9 万人；乾隆、嘉庆年间有 10 万余人。由于八旗军人数有限，驻防八旗以重点驻防和集中机动相结合，主要驻扎在各个战略要地，并监视周边绿营兵。兵力时有增减。

（一）甘肃驻防八旗

清代甘肃驻防八旗主要分布在凉州和庄浪两地。康熙十三年（1674 年），甘肃王辅臣起事，参与平定的清军主要由绿营兵承担，八旗军于宁夏督战。雍正、乾隆两朝，八旗兵大量部署在甘肃，这与清朝进军新疆，征讨准噶尔部有直接关系。雍正七年（1729 年），川陕总督岳钟琪出嘉峪关进剿准噶尔部，清廷命西安将军常色礼率 1000 名八旗兵移驻凉州。雍正九年（1731 年），清廷以西宁地方最关紧要，调八旗兵、绿营兵各 1000 名驻扎庄浪。雍正十三年（1735 年），设凉州将军，移满、蒙官兵 2000 名，汉族八旗 1000 名于凉州。又将原本移驻西宁之旗营官兵改驻庄浪。驻防庄浪八旗满、蒙、汉兵凡千人，最终形成了以宁夏为重心，与凉州、庄浪构成"品"字形的甘肃八旗军驻防格局，以强化新疆、蒙古、青海、宁夏各方防御。

乾隆十一年（1746 年）时，凉州、庄浪驻防官兵合计 3200 名。乾隆二十八年（1763 年）后，新疆平定，清朝西北驻防向西推进，设伊犁将军。凉州、庄浪八旗的重要性有所减弱。乾隆帝遂命凉州、庄浪旗营官兵 3334 名携眷分三年移驻新疆。此后虽然很快又将西安旗营内拨 2000 名移驻凉州、庄浪，并设副都统 1 员于凉州，设城守尉 1 员于庄浪，但这次调动的主要原因是不至于将凉州、庄浪的营房空置，以致妨碍观瞻。乾隆三十六年（1771 年），为安置 17 万蒙古土尔扈特部的回归，清朝将凉州、庄浪旗营全部 4400 名官兵移驻乌鲁木齐一带。截至乾隆五十一年（1786 年），凉州、庄浪驻防八旗兵共有 2300 余名，其中包括凉州 1510 名，庄浪 844 名，八旗兵、绿营兵总数合计 5962 名。

道光、同治年间，甘肃驻防八旗遭受重创，军民人口锐减，官兵人数由 5962 名锐减至 1000 余名。庄浪、凉州满营军民由 12500 余人锐减至 5000 余人。光绪年间，宁夏、凉州、庄浪三处驻防官兵总数为 5842 名。其中宁夏驻防官兵 3488 名，凉州驻防官兵 1510 名，庄浪驻防官兵 844 名。驻防官兵总数基本恢复到乾隆末年的规模，但战斗力远不如从前。

（二）庄浪驻防八旗

庄浪八旗驻防只是西北防御体系上的一个据点，只有将相关据点连接起来才能显示出整体效应，即在抗击和防御蒙古准噶尔部进攻、平定新疆、进军西藏中担当中坚力量，是勘定西北的重要基地。单就庄浪而言，庄浪

驻防八旗是肩负着西北防御的重要支撑点之一，所谓"准夷未平，凉州、庄浪等处为西陲冲要"，但是庄浪驻防八旗还有一个特殊的使命，那就是清廷防御西宁方向最前沿的据点，它与驻青海办事大臣及当地绿营兵、土司兵一道构筑了河湟地区的防御体系。这一点也是庄浪驻防八旗得以存在的主要依据。清政府选择庄浪作为八旗驻防，看中的就是庄浪的重要战略地位，而庄浪驻防八旗的设置调整也始终围绕着维护西北地区的安全。

庄浪满城驻有满、蒙、汉八旗三部分。初设副都统进行辖制。乾隆二十八年（1763年）改设城守尉，此后一直沿用此制。清廷对于驻防八旗的挑补十分严格，在民族成分上规定："初制内外群僚，满、汉参用，蒙古、汉军次第分布。累朝鹰阃外重寄者满臣为多。"庄浪八旗兵的主要来源为满族，挑补对象亦为满族人。满族官兵实行"以族统人"的世袭制。八旗男子16—60岁皆为兵。16岁以上即可按甲当差。平时除集合操练外，散处各户，战时满洲出兵三丁抽一。不满16岁和未被抽调的人编为养育兵（最初称"教养兵"，是清朝设立的八旗预备兵），以充后备。乾隆十九年（1754年），天山南北平定，清朝将军事防线西移，准许凉州、庄浪的汉兵出旗为民，调拨绿营。乾隆五十一年（1786年），凉州增设佐领、防御、骁骑校各两名，这是苏四十三反清斗争的后续影响所致，反映出凉州、庄浪的八旗驻防任务由经略新疆，震慑蒙古、藏族，增添了威慑周边回民的职能。

庄浪八旗除强烈的军事色彩外，其政治功能也不可小觑。满城内驻防长官不仅是军事首领，也可担任地方行政首领。驻防旗人有相当高的社会地位。按照清廷规定，旗人禁止从事农业、手工业、商业活动；清代驻防旗人实行严格的地域限制，不得随意离开营地；禁止旗汉通婚；重视满语、骑射。

清廷曾给予庄浪八旗较为特殊的优惠政策，即旗、民、商三者相互依赖。乾隆三年（1738年），清廷允许凉州、庄浪兵丁赏给滋生银两，为红、白之资。这是能够给予的不多几处驻防八旗的特殊待遇。清廷给八旗官军所发的月饷和岁粮（称为"旗饷制度"）是八旗兵的主要收入，但是庄浪八旗兵从其设置之初到光绪二十一年（1895年）间，一直享受着"双口双粮"的优惠待遇。后因贻误战事，优惠被取消。

庄浪八旗驻防对于加速当地经济的开发与城乡建设做出了不小的贡献。庄浪满城坐落于平番县城南 2 千米处，傍依庄浪河，初建于雍正年间，完成于乾隆初年。庄浪满城南北长 752 米，东西宽 527 米，呈长方形，面积 0.4 平方千米。该城建有内外 8 门、门楼 8 座、角楼 4 座、铺楼 16 座、官厅军房 50 间、马步兵房 2492 间。东门外有一开阔平地，辟为教场。有马厂一处，在永登县高沟龙源地方，离县城 35 千米。庄浪满城建成后，城内很快就成为商贾云集之地。城内东西、南北两条大街有纵横数条小巷相通，大什字建有关帝庙，全城设计合理，布局整齐。远近行商汉民前来贸易，加之满城位于丝绸古道，又离平番县城较近，很快便形成南、北门（现柳树乡复兴村、城关镇满城村）两大街市，比较繁荣。乾隆三十年（1765 年），随着庄浪八旗移驻伊犁，庄浪满城剩余大量空房。清廷将空房交与地方作为官学，将马圈分给家口众多之兵居住，并以多余的铺房出租，所获租金用于庄浪八旗学子的膏火纸笔之费。道光初，清廷曾贷款俸银给庄浪驻防官员，修理衙署及坍塌兵房。民国四年（1916 年），裁庄浪城守尉。民国八年（1920 年），甘肃提督张广建强令城内满人迁往坪城满洲营耕种自食。城内满族人大部分分散谋生，少数仍留住城内西侧。如今的庄浪满城遗址保存完好。

四、捐监冒赈案

甘肃捐监冒赈案因贪污数量之大、延续时间之长、牵涉官员之多、惩处罪犯之严，被称为"清朝第一大贪污案"。

清朝有捐监成例，甘肃省尤其重视收捐监粮以补储粮之不足。所谓捐监就是让那些不好好读书，却要走科举仕途的人通过捐缴定额粮以获取监生名号，凭此参加乡试。而正常乡试者，先要通过县、州、府学考试，方可获得乡试资格。乡试考中者为举人，从此步入仕途。而官府所收的"捐监粮"应用于充实仓廪与救灾赈济。乾隆之前，清政府对于捐监是有所保留的，乾隆帝曾下谕停捐。

乾隆三十九年（1774年），新任甘肃布政使王亶望通过一系列手段，取得乾隆帝同意，于是打着钦命的旗号，在甘肃全力开办捐监事宜。王亶望这次开捐改变了以往规定，将每名监生捐粮43石改为收银47两（40石粮折色，每石合银1.375两），同时收办公费、杂费银、手续费13两，合计60两，略低于其他开捐省份。各省捐监生图甘肃捐监便宜，闻风而来，仅半年时间，甘肃省收捐监生1.84万名，收捐监银110.4万两。

实际上，甘肃捐监尽管有买卖名号之嫌，但将捐监银确实用于救灾赈济也不至于发展到之后如此严重的罪行。问题就在于王亶望将收来的捐监银以"冒赈"的方式中饱私囊。他指意各县谎报、多报灾情，然后按照各县报灾的轻重发放捐监银。这些捐监银除少量象征性赈灾或设场施粥外，大部分被各级官员贪为己有，王亶望当然是最大的贪主。至此捐监变质为冒赈。全省官员沆瀣一气，上行下效，蔚然成风，肆无忌惮地捐监收银、冒赈贪赃。乾隆四十二年（1777年），被蒙在鼓里的乾隆帝甚至因王亶望办理监粮"有功"，一道谕旨将其调往浙江升任布政使兼署巡抚。继任者王廷赞曾与陕甘总督勒尔谨商议欲请停捐，但终究经不起利益诱惑，非但不据实陈奏，反而又将私收折色一事，由各州、县办事改为兰州知府总办。至此，王廷赞在任期间又办理捐监粮500多万石，复蹈泥潭。

清军在平定苏四十三反清时，数万官军会聚省城兰州，军费兵饷是大问题。此时王廷赞主动将廉俸银四万两缴储甘肃藩库，以资兵饷。而前任王亶望更是在乾隆四十六年（1781年）浙省海塘工程中捐银50万两，朝野为之咋舌，乾隆帝也怀疑一个穷省的两任布政使何以家道如此充裕，遂下旨调查是否与甘肃捐监一事有染。

王亶望、王廷赞等人在捐监冒赈中究竟收了多少银两，经查至乾隆四十六年初，甘肃省共有27.4万名报捐监生，收银1509万两。按王亶望的交代，收捐800余万石，合银1000余万两，但王亶望家产被抄后，主办者闽浙总督兼浙江巡抚陈辉祖只报了300万两，又有多少被陈辉祖私下侵占不得而知。此后陕甘总督李侍尧奉旨清查甘肃各地监粮，发现不仅没有储存监粮，甚至连平时国库应存储的正项存粮也已亏空。

在捐监冒赈一案中，查实在案侵吞白银 1000 两以下者 102 人，1000 两至 1 万两者 30 人，1 万至 2 万两者 11 人，2 万至 10 万两者 20 人，10 万两以上 10 人。可以说全省几无官员是干净的，然而竟无举报者，真可谓千古奇观。乾隆四十六年七月三十日，王亶望被立即正法，总督勒尔谨自尽，王廷赞等候绞刑，陈辉祖等人令其自尽。十月，陆续押赴刑场正法者多达 56 人，而后陆续免死流放者 46 人，甘肃官员为之一空。一次斩杀、绞决、流放如此多的贪官，这在整个清朝也是闻所未闻。无怪乎乾隆帝惊叹："甘肃此案，上下勾通，侵帑剥民，盈千累万，为从来未有之奇贪异事。"乾隆四十六年八月，甘肃捐监被立即禁止。

鸦片战争后，清政府财政支出激增，战争、灾荒时时发生，不得不重开捐例，将捐款纳入正式的财政收入。清政府明定章程，京官自郎中以下，外官自道台以下，均可按规定的价格购买，如知县身价为白银 1200 两，通判 700 余两。一些利禄熏心者，甚至组织所谓"股份公司"，由数人合捐一知县，约定将来到任后根据收入分成，或经管地丁钱粮，搜刮民脂。甘肃向为贫瘠地区，捐输所获更是财政收入的重要组成部分。仅同治八年（1869 年）至光绪元年（1875 年），甘省直接办理捐输所获白银为 742 万两，委托办理所获 131 万两。这笔款在左宗棠的地方军费收入项下占 94%。

第三节　清代兰州的经济与社会

清代兰州地区生活着汉族、藏族、蒙古族、回族等众多民族，本区域更成为汉文化、伊斯兰文化、佛教文化的交汇之处。其特殊的地理区位及民族多元格局，受到明清历任统治者的高度重视。明清政府通过对本区域实施有效控制及管理，使其从"边城"渐成"腹地"，与全国各地的联系日益紧密。持续不断的经济开发推动了兰州地区人口、农牧业、工商业的发展，并对域内的社会结构、风俗习惯、文化教育等产生极大影响。

一、农田水利事业

因战乱等原因，清初兰州地区的农业生产尚处于恢复期，所以各方志所载实在熟地均远低于原额地亩数。清廷为恢复极度残破的地方社会经济，相继出台一系列措施，以鼓励人民回归土地并开展农业生产。主要有：招民垦荒，永准为业；"更名田"与"屯田归县"；调整赋税政策，"滋生人丁，永不加赋"；抑制豪强地主，严惩贪官；推行"地丁合一"；调整民族政策，安定开发环境。清初统治者正是采取了上述一系列有利于扶持生产、缓和民族矛盾的积极措施，从而稳定了社会秩序，为清初兰州地区经济的恢复和发展提供了安定的社会环境。

（一）耕地面积的扩大

历经康乾盛世的休养生息，以及地方官吏继续推动各地农田的开拓，至乾隆年间兰州地区的农业进入极盛时期。乾隆年间，兰州地区的耕地已超过清初。《甘肃通志》载，康熙年间，兰州已垦民田 4.6 万亩，金县 6.6 万亩，兰州卫有屯田 16.1 万亩。乾隆年间，兰州民田、屯田共 70.4 万亩。雍正初平番县境内有耕地 15.8 万亩，乾隆三十六年时（1771 年），耕地扩大为 30.4 万亩，增幅高达 93.1%，若考虑到清初田地大量抛荒的情况，增幅可能会更高。

（二）水车的普及

在水车尚未普及之前，兰州的水利灌溉主要依靠南面山脉的河流，如明代已充分利用的阿干河，至清朝仍然发挥浇灌园圃的作用且利用规模不断扩大。据《甘肃新通志》记载，阿干河水北流县境至阿干镇，共灌溉田地 20 余顷，园圃数十亩，又浇灌水磨沟以南田地 10 余顷，菜地 5—6 处，余分为 2 渠，名为溥惠，分别灌溉田园 20 余顷，如此算来，仅阿干河水就灌田 7000 余亩，远超明代之规模。又如明时已经利用的笋罗沟水，此时共灌田 20 余顷，规模上也有所扩大。此外，兰州地区的水渠还包括庄浪河水渠，灌东西两岸共 1000 余亩耕地；水皁河水渠灌田 20 余亩等。除此之外，以泉灌田在兰州也极为普遍，如水磨沟水"河滨平底小泉十余处，灌田二三顷"；五泉水位于皋兰山下，乾隆时灌园二十余顷，至清末仅能溉田 10 余顷；方家泉溉田二三顷。① 清代兰州地区引泉成渠，不仅对农业生产起到促进作用，同时也不失为人畜饮水的重要来源。清中期的兰州"古树参天，清流遍地，幽旷绝尘，宛若武陵桃园"，这是赞誉当时的兰州尚保持良好的自然生态环境。

入清后庄浪卫撤卫设县，军事作用逐渐削弱，此时的水利建设主要是满足民间的农业生产需要。从整体上看，清代平番县的水渠体系仍以明代遗留下的旧渠为主，依托庄浪河兴修部分新的水渠，灌溉的面积也有大幅增长。

表 5-1　乾隆年间平番县渠系灌溉面积统计表

渠系名称	干渠（道）	支渠（条）	灌溉面积（亩）
城东渠系	4	8	7352
城东北渠系	3		8723
城东南渠系	16		48539
城北渠系	4		5757
城西南渠系	12		41753
泉水灌溉	3		3300
合计	42	8	115424

资料来源：乾隆《平番县志·水利》。

乾隆《平番县志·地理志》载："平邑万山环绕，河贯其中。其源自分水岭下，历镇羌而会火石沟，历岔口而会石门河，历武胜而会小川水暨东来之龙潭河，历大通合转轮、衍谷、灵泉，历红城会清水、苦水南流而入

---

① （清）升允、长庚修，安维峻纂：《甘肃新通志》卷 10《水利》，甘肃省图书馆藏，宣统元年（1909）刻本。

黄河，两岸村堡，支分派引。"大致勾勒出乾隆年间平番县水利网络的轮廓，此时的水利工程以引庄浪河水为主，至乾隆年间已经形成东、东北、东南、西南、北部四大渠系。

清代是兰州黄河水利发展成效最为显著的时期，其突出贡献就是水车的普及。明代兰州就已使用水车，但使用范围有限，至清代才广为普及。道光时，皋兰县境内有水车150辆，灌地10万余亩。《兰州府志》卷2《食货志·水利》载，黄河经历一州三县，而其利唯皋兰受之。与此同时，水车还推动了兰州地区园圃蔬果种植的发展。清代兰州瓜圃菜园之多，在西北地区首屈一指。

清代的金县亦不乏使用水车者，如什川堡、一条城等处俱用水车倒挽黄河之水以灌田亩。

除兴修水利外，康熙元年，兰州地方政府在金城西津之地还修建了一座西津桥。《副宪张公重修西津桥记》载：金城东南约百里，天都之山有水出焉，由阿干来经袖川门外，北注大河。此西津之名所由昉（由来之意）也。传说西津桥唐代就已有之，明嘉靖年间，肃藩承奉田成领王命输金重修，后数次修建，旋建旋颓，难以经久。原因是水出溪谷，消涨不常。每遇淫霖暴雨，高可过额（脑门儿），有时日燥水干，浅不盈尺，而且沙洲善涣，土阜易倾。浮以一叶之舟，既难承水，砥以千金之柱，又惧障流，非架木横津无以为也。而新修的西津桥，其状如烺蝀（明朗的彩虹）垂空，虹霓吸水。俗称卧桥，又名三公桥。该桥不唯往来利涉，亦为皋兰景物一盛观也。在修建的过程中，庄浪土司曾于产木之地，选用巨木而梓材待用者，顺流而下运至兰州。解决了架桥所需的木材。入清以来，该桥岁久倾圮，嘉庆二年（1797年），县民刘汉捐银三千两重修，嘉庆十一年（1806年），布政使蔡廷衡修桥西迤南堤岸。道光二十一年（1841年），绅士曹晓霞补修。光绪三十年（1904年），公募重修。

实际上，除上述西津桥外，清代兰州城西还有两座桥亦被称为西津桥。一个在西园西南，又名上桥；一个在西园西北，又名下桥。两桥均以木为之。道光九年（1829年），里人杨应魁等捐砌石桥。这在《甘肃全省新通志》卷九《舆地志》"关梁"中有载。

（三）农业技术的改良

1. 砂田

明清以来，兰州地区的劳动人民在长期推行旱农耕作制的基础上，结合本区域特殊的自然、气候条件，发明了举世称奇的"砂田"技术。砂田，又称石子田，主要分布于皋兰县、金县、平番县等地。这些地区平均海拔1500米左右，年无霜期仅150天，降水量约300毫米，蒸发量1800毫米，兼具干旱与半干旱地区的不利因素。所以注意保持土壤水分是当地农业生产的重中之重，而砂田技术正是基于这种需求而产生的一种蓄水保墒的方法。

砂田的具体方法是将鹅卵石或粗砂铺盖在农田之上，然后播种。砂田的优势在于：可以阻止烈风酷日的直接暴晒，减少土壤水分过度蒸发；压砂层极易吸热，可增高土壤温度，有助于高寒农作物的生长；压砂可阻止土壤盐碱化；砂石可保持土壤肥分，防止流失；砂田杂草较少。至清末，砂田技术已出现"大砂田"与"小砂田"之分。"大砂田"又名旱砂田，常铺设于远离水源之田或山坡旱田。砂层厚达20厘米，且砂砾较大，使用年限较长，最多可达40年之久。此类砂田多种植粮食作物。"小砂田"又称作水砂田，常铺在黄河沿岸及近水之地，砂层为10—14厘米，且砂砾细小。"小砂田"使用年限为4—5年，因其可以浇水，所以多种植瓜果、蔬菜等作物。

砂田技术普及后，逐渐成为兰州地区干旱农业耕作的重要方式，使大片不毛之地得以开垦。左宗棠督甘期间，曾目睹兰州北山秦王川等往日五谷不生之地，因砂田的推广而产粮甚多，省会民食取给于此。同治、光绪年间，左宗棠希望各地积极仿效秦王川的砂田技术，以恢复农村经济。为此，左宗棠"贷出些饷库粮，令民旱地铺砂，改良土地，由是各地流行，成为甘肃特有之砂田"。

2. 玉米种植

玉米引入甘肃大体在明中叶，但未广泛种植。清初随着农业的开发，玉米被迅速推广。乾隆时兰州府开始大面积种植。道光年间玉米更是发展到与五谷并列，跃升为"六谷"，成为主要粮食作物。民国《甘肃调查记》载，永登县产玉米493石。可见，随着康乾盛世，兰州人口的激增，百姓不断开山垦荒，玉米以其高产、耐旱的特性成为人们首选的粮食作物之一，在农作物结构中占有较为重要的地位。

与其他农作物相比，玉米之所以能够快速传播，主要因为：玉米的适应性极强；玉米的种植可以减缓人口压力；玉米的推广为大规模垦殖活动创造了条件；玉米的多种经济效益。

3. 水烟

烟草传入我国大体有四条线路：一为台湾、漳州、泉州传入；一为广东传入；一为辽东传入；一为新疆传入。新疆传入约在18世纪下半叶至19世纪初。

我国种植的烟草类型分为两大类：内地及沿海地区栽培的烤烟多为普通烟草，而西北地区栽培的晒烟为黄花烟。黄花烟生育期较短，耐寒，被广泛种植于亚洲西部，其中苏联种植的最多，称为莫合烟。新疆黄花烟加工后亦称莫合烟。兰州种植的水烟属黄花烟，其入境途径一说自东南沿海逐渐向西传播，其时间大体在晚明；还有一说来自新疆，但传入时间较晚，一般认为晚清时才传入兰州。

晚明时兰州已开始栽培黄花烟，水烟加工业亦随之兴起，称为"烟坊"。乾隆年间，兰州水烟盛行。《本草纲目拾遗》载，水烟真者出兰州五泉。兰山书院山长吴镇《行香子·刘时轩司马送斑竹烟管》云："斑竹一枝秋老，呼吸湘烟袅袅。泪痕宜湿淡巴菰，渠是相思草。"乾隆时，兰州民间敬烟已成习俗，导致水烟价昂，需求量大。《粤志》云："兰州水烟，以水注入吸之，经火荡能解蛇毒。"清人著《食烟考》载："烟既行百年而水烟出矣。水烟者，起于甘肃之兰州。兰州五泉山下产烟草。既制必隔水吸之，入腹而后吐，醉人尤易。"王光晟有诗云："瀺瀺溪声流泽远，巴菰种遍水花田。"该诗描写的是乾隆末年五泉山下种植烟草的场景。《皋兰县续志》卷4《土产》载："五泉山水清土沃，性宜种水烟。"《甘肃新通志》卷12《物产》亦载："（水烟）皋兰五泉山下产者特佳。"清末民初人黄钧宰在《金壶七墨全记》中说："乾隆中，兰州别产烟种，范铜为管，贮水而吸之，谓之水烟。"

兰州水烟叶分绿烟、黄烟两种。绿烟叶厚长而扁圆，色深绿，花簇聚于叶端，色黄，又名蓝烟。黄烟叶薄而微尖，色碧绿，茎端另抽枝条开淡红色花，又名棉烟。每年春播前种秧苗，初夏移栽成条状畦。开花时节，烟农除留一二成开花收子外，余皆摘去顶穗不使开花，使其全株聚力于叶，所留叶大而厚实，含尼古丁成分足，茎高3尺以上，则卡顶不让暴长，而至摘叶。

水烟所用的烟丝与旱烟不同，它是将晾晒过的烟叶用开水湿润后，抽去筋脉，再喷上开水，使含水量在30%左右，加入麻油（或其他食用植物油）、食盐、香料等配料。待烟叶将配料吸附后，再放入特制的木箱中，压紧成砖头大小的烟捆，然后用专门的烟刨刨成细烟丝，晾干之后就可吸食。

明清以来，兰州地区开发了一整套水利设施用于种植烟草。除利用五泉山等泉水灌溉外，还兴修溥惠渠，引阿干河水灌溉城外北园、南园、东园，以种植烟草。在黄河两岸及黄河滩上，利用水车进行浇灌，其中尤以新城、郑家庄、东岗镇、南园、东十八滩出产最多，且品质最优良。

水烟袋的构造并不复杂，但根据使用者的身份，在用料上有很大区别。一般水烟袋用铜制，少数也有锡制，富有之家用银制，更有在上面镀金，或在烟嘴部分镶嵌翡翠、玛瑙等宝石。生活较贫困的则用竹制。

水烟袋的烟斗较小，吸完之后需要另装另点，这就需要与之相适用的火源。这种火源多用草纸卷成的纸卷，称作"纸捻"或"纸媒"，俗称"捻子"。这种"纸捻"点燃之后无明火，一吹之后明火就会燃起，使用起来比较方便。

4. 兰州百合

百合属百合科，为多年生草本植物，其花可供观赏，其根茎可食用或

入药及制作药膳。东汉医圣张仲景的《神农百草》中就提到百合具有清热、宁心、安神之效。百合在全国大部分地区均可种植，但是将百合开发成食用蔬菜则是在清末的兰州，兰州因此成为百合种植较为集中的地区，如《重修皋兰县志》卷11《物产》就将百合列入蔬菜类。兰州百合多种植于海拔1700米以上的山坪。这里五六月百合发芽出土期间，落雨较少，但七至九月气温回升，落雨较多，对百合发育极为有利。光绪《甘肃新通志》卷12《物产》载："百合，皋兰向不产此，近年人试种之，得利甚优，今种者渐多。"兰州因得天独厚的土壤条件和多年积累的栽培技术，所产百合纤维少、水分多、鳞茎肥大，重常在400克以上。若冬季煮食之，则味甘如蜜。这些特点使兰州百合成为百合中的佳品，兰州也被誉为"百合之乡"。

二、人口

相较于明代甘肃人口记载的匮乏，清代人口的相关记载则较为丰富。就清前期而言，保存至今的志书较多，多成书于康熙年间，其统计人数皆以"丁"为单位，而非"口"。在如何使用这些以"丁"为单位的人口数据上，目前学界有两种截然不同的观点。第一种，在丁的基础上乘以相应的丁口比，所得数字即当时所在区域的总人口数；另外一种观点则认为"丁"仅是纳税单位，与真实的人口并无关联。何炳棣认为"到各地编修《赋徭全书》时，丁实际上已取代户和口成为重要的赋税人口"，其同时指出，清初至雍正中期，全国大多数县内的丁已经与成年男子逐步脱离，既不是户数，也不是人口数，而是赋役单位。[①] 本书主要采用何炳棣的观点，不在"丁"的基础上推算总人口数，而仅从"丁"的变化中探寻人口的发展趋势。

清代甘肃人口从清初500万左右，到嘉庆年间发展到顶峰为1600万（不含西宁府、宁夏府、迪化府）。清初关于兰州地区人口记载较早且相对

---

① 何炳棣著：《明初以降人口及相关问题》，葛剑雄译，生活·读书·新知三联书店2000年版，第28—41页。

完整的史书为康熙《陕西通志》，其载：兰州监收厅，原额上、中、下实在3948丁。清初的户口统计与明代有所不同。明代以户口为单位，康熙至乾隆前期登记户籍时，并未统计全部人口，仅登记壮丁，即民年16以上增注，60以上开除。从本质上讲，清朝人丁编审的目的并非掌握全国的人口数字，而是要确定赋役的征派对象。

清军入甘后，厘革弊政，先后推行轻徭薄赋、招集散亡、鼓励垦荒以及更藩王庄田为民田等一系列恢复社会生产的政策措施。但不久爆发了丁国栋、米喇印领导的反清斗争以及康熙十三年（1674年）的王辅臣起兵反清，一时间陇右皆陷，对于社会经济发展造成极大破坏。兰州地区人口数量迅速降至谷底。康熙《临洮府志》卷7《食货上》载，顺治七年（1650年），兰州实有人丁3025，金县实有人丁1899。康熙二十六年（1687年），兰州实有人丁1178，金县实有人丁992。这还是在清廷新增招回并编审之后的人丁数。可见这两场浩劫导致兰州地区人口严重下降。康熙三十年（1691年）后，社会趋于稳定，人口持续增长。乾隆五年（1740年），兰州府滋生人丁3273。

此时期，平番县人丁数也有较大增长。据《平番县赋役全书》载，康熙五十五年（1716年），平番县实在丁5298。而《平番县志》载，乾隆十三年（1748年），平番县共有民户17018，人口61690。所谓"自此日增月盛，生齿必愈繁焉"。

雍正、乾隆年间，摊丁入亩政策在全国大部分地区推广，清朝户籍登记制度也有所变化。乾隆五年（1740年），清廷宣布在全国范围内基本停止户口的定期编审，改由保甲统计户口，同时改变此前仅统计成丁数的惯例，使统计范围涵盖全部社会人口。

乾隆三年（1738年）改临洮府为兰州府后，人口也随之发生变化。这一时段相关兰州的人口记载主要集中于嘉庆《大清一统志》及各方志中。乾隆《皋兰县志》卷9《赋税》载，乾隆三十七年（1772年）编审民户为6万，人口45万。道光《兰州府志》卷5《田赋志·户口》载，道光十年（1830年），皋兰县有户7.3万，人口46.8万；金县有户3.9万，人口32.1

万。对比可见，皋兰县人口虽持续增长，但增幅从 2.7‰减至 1.9‰，金县同时期无论是户数还是人口数增速均处于停滞状态。而整个甘肃地区在经历了康乾盛世人口大爆炸后，增速也明显放缓，进入所谓人口滞胀期。

三、民营商业

入清以来，兰州地区商业经济发生了一系列变化，主要表现为：从重农抑商向重农重商的转变；商业发展的模式由链条状贸易向区域经济圈转变；清代兰州及周边地区经济布局的调整及优化；客帮商人的强劲表现，促进了兰州与全国市场的链接；相较于中东部地区，本区域商业发展仍显滞后；兰州市场的区域性塌陷。这其中民营商业，尤其是外来商帮主导兰州商贸市场是明代以来兰州商业经济最突出的变化。

（一）区域经济的中心

清初的兰州就全国而言算不上大都市，但就西北而言已颇具规模，算得上是一大都会，可谓区域经济中心之一。

兰州定为省会后，兰州市场的辐射范围迅速扩大，由南至北，自东向西的商品皆汇聚于此，兰州遂成为甘、宁、青三省的中心市场。

清代兰州人口稠密，粮食交易十分发达，如西宁及河州的粮食多运往兰州销售。周希武在《宁海纪行》中介绍："湟中民人稀少，一岁之入，足以供一岁之食而有余，故商贩常漕谷东下，以济兰州之苦。"清代兰州城内有三处专售粮食的市场，一处在南门内，一处在东关，一处在西关。

清代兰州因与周边市场的联系日渐广泛，市面上销售的产品琳琅满目。兰州市面上销售的大宗产品既包括本地及周边所产水烟、药材、皮毛等，还有内地输入的茶叶、布匹、杂货等。

茶叶贸易是兰州历史悠久的行业，对清代兰州的市场亦产生重大影响。清初，朝廷仍沿袭明朝的茶马互市制度。康熙以后，民间亦可经营茶叶，由国家向从事茶叶交易的商人征收课银，即商人经营茶叶贸易须先纳银请"引"，以获取合法的茶叶购销权，然后赴产茶地采购茶叶，在陕西泾阳加工成砖茶后，到指定的地区销售。"引"按照销茶的地区而言有"长引""短引"之分。清初甘肃的茶务大多为"长引"，其销售范围包括甘肃、青海、西藏、蒙古等地。道光年间，甘肃茶务的大致情况是：茶叶每一引为50千克，允许带损耗茶7.5千克，称为"附茶"或"副茶"。茶商领引多少并无严格限制，但必须按引缴税。茶引制度实行后，甘肃每年行引2.87万道，销售茶叶3万石，约150万千克。按每引年课银3两，杂课1.4两，每年征收税银10余万两，统由兰州道管理。至咸丰年间，甘肃茶叶产销兴旺，税收日增。兰州一跃成为茶叶商麇集之地，形成了"东南则盐为巨擘，西北则茶为大宗"的格局。

同治元年（1862年），西北回民反清斗争爆发后，官茶片引不行，不仅使甘肃地方政府的财政收入大为减少，而且也使西北的茶叶供应更加困难。针对这一窘况，同治十三年（1874年），左宗棠改革西北茶政，推行以票代引制度。每票准贩茶40包，每包净重正、副茶57.5千克，并运到陕西泾阳的茶压砖成封。一茶票800封，每封2.5千克，计重2000千克。清廷规定，每票征税银258两，初领时先收100两，待茶叶由陕西泾阳运到兰州入库时，再交158两。卢坤《秦疆治略》记载，泾阳县官茶进关，运至茶店，另行检作，转运西行。检茶之人，亦万有余人，各行店背厢负货，闲人亦多至数千。茶叶运抵兰州，装入茶库，即为官茶。出库时需交盘茶费，然后行销各地。

自左宗棠改革西北茶政后，甘肃共印发引票835张。为了鼓励湖南茶商运茶，左宗棠经与湖南省协商，对于领有甘肃省茶票的茶商运茶过境，只征厘金二成，其余八成由甘肃省政府负责补赔，在湖南应解甘肃的协饷内划抵。这个一举两得的措施，既激发了湖南茶商运茶的积极性，又解决了甘肃协饷历年被积欠的问题。

输入兰州的茶叶分为官茶与私茶。私茶（又称散茶）主要有云南的普洱茶、陕西的紫阳茶、川北的巴山茶和龙井茶。湖南茶大多为官茶。左宗棠规定，客商领茶票后要到湖南安化、湖北汉口采办，装包运至陕西泾阳。然后用味道微咸的泾阳井水加药焙制成茶砖，具有特殊的优势。

左宗棠整理甘肃茶务，推行以票代引制度期间，正值湘军驻扎在甘肃各地。兰州茶商旧设东、西两柜，东柜茶商均籍山陕，西柜则回民充商，而陕籍尤重。同治反清斗争后，回商存者寥寥。山、陕各商逃散避匿，焚掠之后，资本大多荡然。于是湖南商人组成兰州南柜。湖南所产茯茶异军突起，成为兰州茶销的大宗。南柜鼎盛后，西柜的魁泰通、镇番（今甘肃民勤县）马合盛等则成为当时仅存的茶商。

数额巨大的茶叶贸易不仅壮大了兰州市场，同时也造就了一批资本雄厚、数量众多的茶商，并在兰州三十六行中占据主要地位。

在输入兰州市场的商品中，布匹亦是主要商品，尤其是清末，大布（洋布）更成为大宗贸易。兰州市场上的大布多来自关中三原一带。光绪、宣统年间，每年通过兰州市场销售及分销者多达 10 余万卷，最多时达 60 余万卷。[①]

清代兰州贸易市场中最具代表性的、输出量最大的商品莫过于水烟，其销量远远超过皮毛和药材。水烟不仅是输出量最大的商品，同时也是甘肃民众最喜欢的商品之一。当时甘肃有名的水烟房有兰州的锦川和、羲聚隆，金县之保寿堂、张千堂，靖远之海源通、元丰浚等不下数十家，执兰州本土市场之牛耳。

兰州烟草种植历史悠久。清军入关后，以满洲贵族为主的上流社会嗜好水烟，成为时尚，以至于各地生产的水烟皆冠以"兰州水烟"之名。清代兰州水烟生产主要集中于五泉山一带及金县的金家崖，每年产 3 万余担，每担 150 千克左右，是当地农民的主要经济作物。

兰州水烟在清中期以前基本处在自产自用阶段，外销量并不大。真正成为一个专门的产业，形成覆盖全国的商业网络，是在清朝中期以后。乾隆时上海客商德隆彰看到贩运水烟是个发财致富的好行当，于是携巨资来兰州运销水烟。之后，水烟运销的巨额利润吸引了陕西同州商人的目光。他们把大量的资金注入兰州水烟的运销中。兰州水烟业开始借助内地商帮

---

① 王致中、魏丽英：《中国西北社会经济史》下册，三秦出版社 1996 年版，第 192 页。

的商业网络走向全国。尤其是甲午战后的十余年间，由于各国列强忙于分割世界，一度放松了对中国的纸烟倾销，兰州水烟得以畅销，兰州水烟的发展出现了前所未有的黄金时期。这十余年间，兰州水烟厂规模较大的有80多家，小烟坊更是星罗棋布。

兰州水烟厂的经营与管理均为封建家族式管理，有陕帮与兰邦之分。陕帮多是陕西同州、朝邑人，又称同朝帮；兰帮多是兰州、榆中人，又称本地帮。同朝帮商人来兰之初并未设厂生产，仅仅是收购当地小型烟厂的烟丝装箱运往全国，但主要销售在上海，故有"丝子客"之称。后来资本雄厚的陕帮开始合资建厂，开办烟坊，逐渐形成兴记（丰盛记）、德隆全记（德隆彰）、源记（丰盛源）三大行家鼎立的局面，其中兴记与源记均属同朝帮商号。自此陕西大荔、朝邑、邰阳各县有资力者多逐利于烟叶一途。兰州市面上大小烟坊有数十家都是同朝各县的企业。资方既是同朝人，遂以亲朋关系互相援引，坊内的管理人员也是同朝一色。同朝帮商人几乎垄断了兰州水烟的运销两途。

乾隆时，皋兰县青城镇的水烟业也逐步发展壮大起来，至道光年间达到鼎盛，成为远近闻名的水烟之城。当地水烟从最早的黄烟，陆续增加了青烟、棉烟、麻烟等品类，烟坊多达200余家，水烟业逐渐成为青城镇经济发展的支柱，并带动百业兴旺。当时镇内店铺林立，山陕客商云集，街道繁华，镇内市场主要有东西街，长里余，而以东西井台最为繁盛；镇外有东滩之碑亭子市场、河北金沟口市场、河北五条沟市场三处。

兰州水烟中的青丝烟主要销往华北、东北和华东一带；棉丝烟则盛销于西北各省及四川、河南、内蒙古、山东等地；黄丝烟主要销往广州、贵州、四川、陕西、湖南、湖北等地；麻烟主要在本省销售。兰州水烟在长期对外销售中，逐渐形成了几条比较固定的外销路线，即由兰州、西安、汉口、苏州、南通而抵上海，谓之东线；由兰州、天水、广元、成都、重庆而达云贵各地，谓之南线；由兰州、武威、敦煌、哈密至乌鲁木齐，谓之西线；由兰州、宁夏、包头、大同、张家口而达京津各地，谓之北线，从而形成了遍及全国的经营网络。

毛皮号称甘肃六大特产之首，亦是清代兰州输出商品之大宗。清代兰州是西北地区重要的毛皮集散地之一。兰州皮货输出主要靠陆路和水路。水路输出皮货多用皮筏沿黄河顺流而下至包头，然后经绥远至天津出口；陆路则从兰州用大车经陕西转运到汉口、天津。陆路皮货多为陕西同州客商收购。据《民国续修大荔县旧志存稿》记载："商贩之皮货，惟同州硝水泡熟者则较它处所制者愈格轻软鲜柔。此乃水性关系。一货而工商兼需，故同城羌镇以造皮驰誉者自昔已然。"可见独特的水源和传世之技术使得同州的皮货加工业一枝独秀。同州虽是一个重要的皮货加工中心，但原材料却是从兰州采购而来，两者之间形成一条依存程度相当高的皮货产销链，一荣俱荣，一损俱损。同治兵燹后，同州皮货行业受到沉重打击。史载："甘肃口外物产，如皮货、水烟等项，均属大宗。今其地既残破……由是西路贩运出关者，更数寥寥。关税又因至什细其二三矣。"①

清末民初，兰州商业再度繁荣。城内东大街市场，商人多业杂货，次花布、估衣，次铜、铁器。其钱号庄、绸缎庄、京杂货、皮货庄、海菜肆、军服庄在侯府街及西南两大街，大药房在道升巷，烟房多在东关，计有90余家，工人数逾万。行店在南关，平市、官钱局在东大街与银行比邻，平准本市银价，经汇兑为商业重要机关，地方货陈列馆在城隍庙，陈列全省物产及人工制造品。

客商在兰州商业贸易中获取利润后，大多又投入新的市场运营，以求得更多的商业利润。陕西茶商在兰州茶叶市场赚取大量利润后，又大批采购甘肃地方特产，运回家乡加工制作为成品，或者直接进行转口贸易。同州皮货商在兰州市场大肆采购皮货加工后销售，又收购布匹、茶叶重新返销兰州市场。同州水烟商以在江南销售兰州水烟的收入，采购当地的茶叶、布匹等日常食用品，将茶叶在陕西泾阳加工成西北人喜爱的茶砖、茯茶，然后运往兰州市场销售。从而形成了完整的商业圈。

以上可见，清代兰州已逐渐发展成为商旅云集、贸易繁盛的区域性商

---

① 彭泽益主编：《中国近代手工业史资料》第1卷，中华书局1962年版，第600页。

贸中心，在地区性的商品贸易及转运中发挥着重要作用。

清代平番县境内的红城子是甘青驿道上的主要站口，东来西往的商旅皆在此"打尖"或留宿，久而久之，这里便成为繁华的旱码头。红城子市场繁荣，商业门类齐全，大到商行、小到地摊，品类涉及日杂百货、绸缎布庄、山货土产等。除本地商人外，大量陕西、山西、河南、四川等地的客商也入驻于此，其中尤以晋商为多，今天红城中街的古晋会馆便是明证。

（二）商帮主导兰州商业经济

清代兰州商业经贸最突出的特色就是从明代官府主导的商贸转变为商帮主导着市场百业，这其中外地商帮发挥了至关重要的作用。

1. 牙行与行栈

牙行自古有之，兰州人多称牙子、牙侩。明清两代经营牙行者须有一定数量的资产，经官府批准并发给执业凭证和账簿。清廷规定牙商必须为殷实良民，有联保甘结，一个牙行只许一人经营。官厅发给牙行盖有关防的文簿，以登记客商住所姓名，逐月送报官厅。各地对于牙行有种种俗称，如华中、华东等地称"行栈"。就兰州市场而言，牙行是乡村集市贸易的产物，一般为殷实土著充任，地域大多限于本地。行栈是城市经济的产物，多由外地商帮经营，为行帮、外地商帮、洋行服务，在兰州市场交易中处于统治地位。行栈虽具有牙行的属性，但与牙行相比，兰州行栈经营范围广、规模大，不仅与内地有大宗货物的远程贸易，还为洋行穿针引线；就地域而言，行栈的业务立足兰州，遍及全国，在东西部商品贸易中发挥着桥梁作用；就资本而言，兰州行栈资本雄厚，能够为各地商帮在兰州经营提供信贷支持，其牙税大多在百两以上，而兰州牙行的牙税则在13—20两之间。

从牙行到行栈既可以观察到两者之间分工合作的一面，又标示着在兰州市场上外地商帮与本土商人此消彼长的两极。本土商人太过弱小，其本应履行的商业功能常常被外地商帮所取代。清代兰州客商行栈一方面将商业触角伸入兰州的乡村，如民国《甘肃省各县经济概况》第1集载，金县

"本市各商资本，客帮商人较本帮者雄厚，信用均佳"，外地商帮行栈遍布兰州，他们把内地较为先进的技术、管理方法和思想理念源源不断地输入和渗透到兰州，引领兰州市场；另一方面，外地商帮的行栈业又将兰州市场纳入全国市场的大网络中，以兰州为中心，在我国西北组建了商业交流的市场网络。许多行栈为了便利客商，以兰州为总店，在西安、平凉、酒泉、迪化等地开设分店或联号，完成将货物运销至西北各地的运作。

2. 客商与本土商帮

入清后，内地商帮在兰州活动频繁，其中尤以山陕商帮实力最为雄厚，并控制着西北大部分市场。其中缘由：一是甘肃地方经济落后，百姓多以农牧业为生，偶有从商者亦因缺少资本，难与竞争，以至于资本雄厚的内地富商在兰州鲜有对手。二是清代兰州地区的手工业仍处于旧法造作的阶段，产品品质远逊于内地，且产量有限，大部分生活日用品严重依赖内地。三是陕商帮与甘肃毗邻，具有区位优势。四是甘肃各地土产丰富，诸如皮毛、水烟、药材等产量较大，质优价廉，客商可以收购外销，并将内地之布匹、茶叶、日用杂货等输入售卖，从中获利颇丰。光绪三十二年（1906年），时任兰州道尹兼甘肃农工商矿总局总办的彭英甲在《陇右纪实录》中说，兰州户口三千有奇，为北五省一极小都会。本地居民并无富商大贾，亦无巨室世家。所以省会及各属，凡商业稍有可观者，山陕人居多，而直隶人次之。未闻陇上行商战胜于上海、京都之说。况澳、美、英、法远在外洋，其足迹更梦想不到也。

随着兰州客帮商人的持续增加，这些远离故土的同乡人开始创办会馆以抵制外帮的竞争，扶持本帮在当地商界的势力，并兼办同乡公益事业，敦睦乡谊。康熙四十七年（1708年），兰州城内修建了首座会馆，即位于城东北角山子石关帝庙的山陕会馆。道光时兰州城内共有三处会馆，均在南府街，即江西会馆、江南会馆和浙江会馆。《重修皋兰县志》记载，光绪时兰州共有11处会馆，分别为山陕会馆、江南会馆、江西会馆、江西豫章会馆、浙江会馆、陕西会馆、两湖会馆、四川会馆、广东会馆、八旗奉直豫东会馆、云贵会馆等，其中山陕商帮除建有山陕会馆外，还建有三晋会馆和山西会馆。这些会馆多为商业巨头和权贵把持，成为客商控制和影响兰州市场的一个重要途径。商人会馆的普遍设立标志着客商群体走向稳定，这对于加快兰州市场的商品流通，提高区域经济水平，创造社会财富有着积极的作用。

晚清以来，商帮逐渐成为清末兰州区域市场中一支不可忽视的市场力量。他们拥有相对庞大的资金和商业网，几乎掌握了所有进出口贸易和金融钱庄。他们推动了清末兰州商品经济的发展，也直接分享了兰州市场发展的成果。

清末甘肃商务总会成立后，居住在兰州各地的商帮又通过自己的商业实力控着了商务总会。甘肃商务总会原本由政府派官员任职，到宣统二年（1910 年）改由商人公举商董专司其事。并规定省内客商、土商，所有自立各本行会首均归商务总会管辖。这表明商务总会的实权已为商帮所夺。

清代兰州市场上外地商帮的存在也带来一些消极作用，除外地商帮的垄断性外，外地商帮资金和利润的外流也是相当严重的，他们对于当地建设并不十分热心，普遍存在赚钱回乡的心理。还有外地商帮一旦遇到局势变故，会迅速撤走资金，导致兰州市场混乱，不稳定性扩大，甚至出现断崖式崩溃。

（三）商路的开辟

清代兰州的对外商路大多依托驿道，并逐渐形成以兰州为中心的区域性交通网络，在推动商业经济繁荣与发展中发挥了关键作用。

笼统地讲，清代进出兰州的商路有五条：东通秦豫为东路；南达巴蜀为南路；北通宁夏、包头、归绥为北路；西通新疆俄领地为口外；西南通青海、西藏为西路。就商品总量与价值而论，东路与南路最为重要，是兰州与内地商品交流的主要通道。兰州城的东门与南门因此成为大宗商品进出的主要关口。

就输入商品的地域而言，清代输入兰州市场的商品主要来自陕西、京津、四川、湖北、江西、新疆等地，其中陕西的大宗商品为大布，主要由

陕西三原出发，过泾州、平凉、静宁、会宁、安定到达省会兰州，然后再由此继续向西进入青海，向西北至河西走廊。兰州的茶叶多来自陕西、四川与湖南，其中湖南茶叶的运输路线自湖南益阳始，沿水路至老河口，改陆运至陕西三原，最终到达兰州。四川的绿茶、砖茶先汇集于成都，再经绵阳、汉中，经秦州至兰州。陕西紫阳茶则从陕南紫阳、西乡、洋县、汉阳等地分别装运，用牲口驮运至汉中，后经秦州、平凉抵达兰州。巴山绿茶由安县、平武运至碧口镇，经阶州分别运往岷州、秦州等地，最终至兰州。京洋杂货输入本境主要经张家口、包头、宁夏，抵达兰州后再继续向西分销。

据民国《兰州商业调查目录》载，兰州输出的商品主要为水烟、药材、皮毛、土药等。同治之后，兰州水烟逐渐形成陆路东、西、南、北及水路的较为固定的销售路线。而甘青一带盛产的药材是出口之另一大宗商品，其出口路线除陇南的两条南下入川路线外，各地的药材也汇集于兰州，如河州地区的土货、药材等由当地的脚户先运送至东乡，后至漫坪，最后到达兰州，继续走东线，经平凉、泾州，抵达三原。

清中期以来，兰州水路筏运逐渐成为重要的运输方式。水路筏运主要集中于黄河及其湟水、大夏河、洮河等河段。水运分木筏与皮筏，皮筏是用牛、羊皮胎及木架制作的羊皮筏与牛皮筏。其中牛皮筏负载量大，运程较长，既可运输粮食，也可运送羊毛等大宗商品。粮筏以 24 个牛皮胎组成，每筏可承载 60 石粮食。牛皮筏由 120 个牛皮胎构成，每筏约载 3.8 万斤羊毛。

四、书院与贡院

清代儒学、书院已成为科举取士的重要场所。清代兰州学子登科甲者甚多，计有进士 76 人，举人 362 人，贡生 650 人。

（一）书院

兰州的书院兴起于明，盛于清。明景泰五年（1454 年），段坚创办了容思书院，这是兰州乃至甘肃较早见于记载的书院。崇祯七年（1634 年），金县知县张星在城东郊创建"增秀书院"。雍正十一年（1733 年），清廷正式明令各省建书院，逐步成为科举取士的预备学校。清代兰州共建 8 所书院，其中兰山书院、求古书院、五泉书院和皋兰书院享有盛誉。

1. 兰山书院

兰山书院，初名正业书院，于雍正二年（1724 年）在兰州新关路北明肃王花园内（今兰州市第三中学校址）创建。书院规模宏大，经费充裕，藏书丰富，师资雄厚，列全省书院之首，蜚声内外。雍正十三年（1735 年），改正业书院为兰山书院，是最大的省立书院。书院招收全省各府、厅、州、县学生。光绪三十一年（1905 年），清廷推行新政，停止科举取士，各省改书院为学堂。翌年，兰山书院改为"甘肃省立优级师范学堂"。宣统三年（1911 年）春，又改为"甘肃两级师范学堂"。旋即又改为"甘肃初级师范学堂"。民国二年（1913 年），改为"甘肃省立师范学校"。民国六年（1917 年），迁入畅家巷甘肃陆军小学堂（今兰州市第一中学院内）。同时，兰州女子师范学校从南府街（今金塔巷）迁入兰山书院旧址。1964 年秋，兰州女子师范学校改为兰州市第三中学，延续至今。

2. 求古书院

光绪九年（1883 年），省立求古书院正式建成，地址在兰州府贡院（今贡元巷三洲公司家属院）。此地明代为陕西行都指挥司署，清乾隆初改为兰州府贡院。书院招考全省各府厅州、县贡生员入院肄业，准备考取举人。考虑到西部五郡因距兰州较远，来书院学习者较少，于甘州设置"河西讲舍"。光绪三十一年（1905 年），求古书院改为甘肃初级师范学堂。宣统三年（1911 年）春，初级师范学堂并入省优级师范学堂（原兰山书院），改办甘肃存古学堂，后改为贡院巷小学。"文革"后改建为城关区文教局与城关区少年宫东楼。

3. 五泉书院

五泉书院为兰州府立书院，在皋兰县治北后街（今城关区贤后街东口北端）与省立兰山、求古和县立皋兰书院并称兰州四大书院。雍正年间，

清廷命各省城设立书院。甘肃省遂建立兰山书院，而兰州府却没有自己的书院。为此甘肃布政使屠之申、兰州在籍翰林秦维岳等人于嘉庆二十四年（1819年）创建了五泉书院。

五泉书院设山长一名，监院一名。秦维岳、卢政、马世焘、刘尔炘等人曾为山长。书院主要招收兰州府皋兰县、金县、狄道州、渭源县、靖远县、河州生员、童生肄业，以考取举人或进学（获得生员资格）。光绪三十一年（1905年），五泉书院改为兰州府中学堂。民国十七年（1928年）由榆中进士杨巨川改为五泉图书馆。这是兰州仅存的保护完好的书院古建筑。1998年兰州市通渭路拓建，经市政府审议批准，将书院讲堂、明道厅等主要建筑迁至雁滩公园。

4. 皋兰书院

皋兰书院是皋兰县立书院，创建于道光二十二年（1842年），原址在城东南曹家厅（今城关区检察院所在地）。道光二十九年（1849年），前营游击移驻于此，书院移建于其西。

书院只招考皋兰籍生员、童生入院肄业，以考取举人或进学。光绪三十一年（1905年），皋兰书院改为皋兰县高等小学堂。辛亥革命后改为皋兰县立小学，民国三十七年（1948年）皋兰县政府移入。1949年后为改为曹家厅小学。"文革"后成为城关区检察院。

5. 青城书院

私立青城书院创建于道光十一年（1831年），地址在皋兰县东北青城（一条城）。光绪三十年（1904年），甘肃省督学杨汉公来书院视察，与地方士绅王海岸、张乐天、杨巨川、刘觐丹、魏紫垣等商议，将青城书院改名为皋榆联立高等学堂。皋兰、榆中两县200多名学生在此受到正规教育。

6. 其他书院

乾隆三十二年（1767年），在平番县城葛衣祠内创建肇兴书院。咸丰八年（1858年），改名为寿山书院。光绪三十年（1904年），迁址新城湾（今永登县城关镇小学校址），因其附近有青龙山、黄龙岗而更名为龙岗书院。

道光二十五年（1845 年），皋兰县李凯德在一条城东北蒋家湾捐款创建私立六德书院。咸丰三年（1853 年），皋兰县丞冒蕖在县北宽沟堡建光四书院，又名宽山书院。

同治三年（1864 年），战事频发，金崖文庙遭兵燹被毁，义学停办。光绪七年（1881 年），地方绅士张敬铭等联合创办丰广书院，是榆中县最早的四个书院之一。

这些书院兴学启智，为西北建设培养了大批人才，为兰州现代教育发展奠定了坚实基础。

（二）贡院

贡院是明清两代举行会试、乡试的地方。明代乡试于洪武十八年（1385 年）后在各直（隶）、省进行，清代乡试基本在各省举行，甘肃虽然在康熙初年就已分立为省，但乡试却不能单独举行。此后二百余年间，甘肃的乡试一直与陕西合闱举行，闱所在西安贡院。甘肃（包括宁夏、青海、新疆）生员需千里迢迢赴陕西应试，受尽跋涉之苦，所费不赀，能抵陕西完试者在有资格参加乡试的生员中最多只有十之二三。针对这一情况，陕甘总督左宗棠上奏说：甘肃自建省以来，有识之士不乏其人，但能登第者，能以文章经济取重当世者，却不多见。这并非甘肃士人独安固陋，不求闻达，而是甘肃边塞路程悠远，加之路途惊沙乱石，行路较中原艰难得多。甘肃士人赴陕西应试，没有一两个月的时间是很难到达的。途中所需车驮雇价、饮食、刍秣诸费，旅费，卷费，少者数十金，多者百数十金。甘肃生员赴乡试的费用大体与东南各省举人赴会试的费用相等。所以，甘肃生员在取得府、厅、州、县学籍后，竟有许多因旅途费用繁重而终生不能参加乡试，"穷经皓首，一试无缘，良可慨矣"！这严重限制了甘肃各地士子通过科举考试进入政界的道路。因此，左宗棠主张仿效湖广、云南等省分闱取中的办法，将陕西、甘肃乡试分闱。光绪元年（1875 年），适值新皇帝登基，清廷令甘肃乡试分闱，独自筹办。为此，左宗棠亲自督率官员择定

在兰州袖川门外修建贡院。① 贡院修建费白银 50 万两，可同时容纳四千多
人参加考试。第二年，甘肃考生在此举行了分闱后的第一次乡试。参加考
试者达三千余人，较以往赴陕西考试人数多出数倍，使科举制度在甘肃得
到推广和普及，如顺治二年至道光二十年（1645—1840 年），甘肃考中文武
进士、举人者 3532 人，平均每年中第 18 人；道光二十年至光绪三十一年
（1840—1905 年），甘肃共考中文武进士、举人 2200 人，平均每年中第 33
人，中第人数后期比前期平均高 83%。科举制虽然在清末已遭到许多有识
之士的批判，但对于甘肃教育，科举制度仍具有积极的意义。甘肃首次乡
试的第一名解元，就是为左氏所赏识的兰山书院高才生安维峻。安维峻也
不辜负左氏厚望，中举后又考中进士，为官期间以敢于上奏言事而名噪一
时。其他如刘尔炘、张林焱、秦望澜、杨思、范振绪、邓隆、慕寿祺等都
是当时优秀人才的代表。

第四节　晚清兰州的变局

　　甘肃作为西部省份，远离统治中心，加之自然条件限制，唐代以后就
有"苦甲天下"之说，经济发展相对滞后。兰州作为甘肃省的手工业、商
业中心当时也不过是"北临河滨，南对兰山，地面狭隘，周围五六里，户
口约三千有奇，为北五省一极小都会"。但在洋务运动和清末新政热潮的推
动下，在左宗棠、彭英甲等一批开明官僚的努力下，兰州开始走上了近代
工业发展之路，为甘肃的近代化带来曙光。

一、左宗棠与兰州近代工业

　　同治六年（1867 年），左宗棠受命以钦差大臣兼任陕甘总督。十余年
间，在他的主持下，兰州制造局、甘肃制呢总局等一批近代企业相继在兰

---

　　① 在明清时期的一些甘肃地方志中常常把试院也称为"贡院"，如洪武二年（1369 年），"巩
昌府治所陇西县设立府贡院"。雍正八年（1730 年），"阶州知州葛时政买贡生杨藻房屋一所，创修
贡院，规模极宏敞"。

州创办。这是甘肃最早出现的以蒸汽为动力的近代机器工业，是甘肃近代工业发展史上的重要篇章，也是西北近代机器工业的发端。

（一）兰州制造局

兰州制造局的前身是同治八年（1869年）左宗棠在西安筹建的西安机器局。同治十一年（1872年），西安机器局随左宗棠迁至兰州，更名为兰州制造局，地址最初位于兰州城南畅家巷，任命总兵赖长主持局务。赖长早年在福建从事洋务事业，是杰出的工程师。来兰州任职时，他带来了一批机器设备并招募了一些熟练工匠。

兰州制造局以仿造、改进与研制相结合，技术水平较高。制造局能依靠本厂力量制造出铜帽和大小开花弹，还能仿造普鲁士螺丝及后膛七响枪。兰州制造局自产的山炮设计合理，与洋人所产相差无几。新式中国劈山炮在平定西北、收复新疆的战场上一鸣惊人，发挥了奇效。光绪七年（1881），新疆收复，左宗棠随之调离陕甘，兰州制造局暂停生产。此后，制造局勉强维持了30年。

（二）兰州机器织呢局

甘肃有大片牧场，是中国四大牧区之一。家庭毛纺业向来比较发达。左宗棠任职陕甘总督后，为解决驻军的军需问题，产生了因地制宜，兴办机器毛纺织产业的想法。尤其是赖长通过自造的一台水轮织毛机，成功织成了质量上乘的羊绒后，更是坚定了左宗棠创办毛纺织企业的决心。新疆大规模军事行动结束后，左宗棠在兰州通远门外修建厂房200余间，建立了中国第一个机器毛纺织企业——兰州机器织呢局。根据赖长所画图样，左宗棠委托胡光墉从德国购置60多台机器，并雇用外国工匠调试安装。光绪六年（1880年）九月六日，兰州织呢局正式投产，共有1200多个纺锤。主要生产军呢、军毯、西班牙条纹布，日产最高达100丈。左宗棠憧憬通过织呢局大力发展西北毛纺织实业，但是开工后由于西北羊毛品质不够、井水质量不好，加之运途遥远、成本高昂等种种原因，兰州机器织呢局经营惨

淡。光绪八年（1882年），左宗棠调离后，兰州机器织呢局开始衰败，以致完全废弃。兰州机器织呢局虽然以失败而告终，但是作为中国第一个机器毛纺织工厂，兰州机器织呢局为日后兰州毛纺织业的发展开创了先声，在中国近代纺织工业的发展史上写下了浓墨重彩的一笔。

二、清末新政与黄河铁桥

光绪初年，时任陕甘总督左宗棠带领10万湘军集结兰州，准备过黄河奔赴新疆。不料浮桥被河水冲断，大军只能望河兴叹。为了便于军饷运输和新疆战事的需要，左宗棠上书朝廷，提出在兰州黄河上修建铁桥以替代浮桥，并与技师福克接触，协商修桥事宜。

（一）筹备建桥

光绪二十六年（1900年），"庚子事变"爆发，慈禧太后率光绪皇帝等百位皇亲在忠臣随扈下出宫避祸西安。一年后重回北京。回銮之后，接受八国联军提出的《辛丑条约》，此举对清政府打击巨大。如何维护清王朝的统治成为统治者面临的首要课题。当时的洋务派领袖刘坤一、张之洞、袁世凯等不断从内部敦促清政府实行新政。迫于压力，光绪二十七年（1901年），慈禧太后正式宣布实行新政，力图在军事、官制、法律、商业、教育和社会方面进行一系列改革。

清末新政鼓励使用外国新技术兴办实业，正是在这个稍纵即逝的历史机遇下，时隔三十余年之后，修建兰州黄河铁桥的动议最终得以实施。光绪三十二年（1906年），德商泰来洋行经理喀佑斯来兰州，陕甘总督升允当即令兰州道彭英甲与喀佑斯谈判建桥事宜。经过商议，德商泰来洋行愿承修兰州黄河铁桥，并签订了以白银16.5万两为承建总价的意向书。陕甘总督升允收到代理兰州府傅秉鉴呈上的《请考究喀佑斯包修黄河铁桥陈》后，反复推敲、修改，最终形成定稿。光绪三十二年（1906年）九月十一日，清朝代表彭英甲与德商泰来洋行经理喀佑斯正式签订建设铁桥合同，并报备朝廷。

（二）铁桥建设

建桥需要的所有转运任务全部由甘肃洋务局派员办理。在路途遥远，交通十分落后的情况下，转运建桥材料的确是一项巨大而又艰难的工程，这其中总重达 100 余吨的设备都需要从德国购进，然后转运至兰州。在当时的条件下，材料转运之艰辛超乎寻常，尤其是从西安到兰州的运输既无铁路，亦无公路，仅有通行大车的驿道，而潼关以东至六盘山等地，更是坡大沟深，崎岖不平。前后 36 批桥料只能靠骆驼和大车等简陋工具，甚至是人力手推车转运，其艰难程度非一般运输可比。根据宣统三年（1911 年）二月二十九日《甘肃洋务总局包修兰州黄河铁桥说明书》统计，建造兰州黄河铁桥全部经费为白银 30 余万两，而由天津到兰州的运费、各种税费就花去 12 万余两，几乎占去整个工程经费的一半。光绪三十四年（1908 年）五月，历经十个月的转运，100 余吨材料、机具设备全部运至兰州。同年，铁桥开始动工。铁桥长 70 丈，宽 2 丈 2 尺，架桥四墩，中竖铁柱，桥面两边翼以扶栏，旁便徒行，中驰舆马。宣统元年（1909 年）六月，这座由美国人设计、德国人承建、兰州人参与建设的"天下黄河第一桥"，历时三载，终成大功。铁桥建成后定名为"兰州黄河铁桥"。升允撰文立碑，以记述建设黄河铁桥始末。铁桥建成后，在南北各建了牌楼（1941 年，为方便汽车通行，将两端的牌楼拆除），分别悬挂刻有"三边利济"和"九曲安澜"的匾额和"第一桥"的匾额。民国十七年（1928 年），为纪念孙中山先生，将兰州黄河铁桥命名为"中山桥"，由甘肃省主席刘郁芬手书的"中山桥"匾额，悬挂于铁桥南面的牌厦上。

三、新式学堂的兴办

光绪十七年（1891 年），兰州电报总局局长谈震临在局附设电报学堂，招皋兰青年 10 余人入学，毕业后分发全省各分局。此为甘肃办职业学堂之先声。《辛丑条约》签订后，清政府推行新政，废科举，兴学校。光绪二十七年（1901 年）八月，清政府颁布兴学诏书，要求各省废原有书院，于省

城改设大学堂，各府、厅、直隶州均设中学堂，各州、县均改设小学堂，并多设蒙养学堂。陕甘总督崧蕃任命候补知府杨增新为提调，创办甘肃文高等学堂，由此拉开了甘肃近代教育发展的序幕。此后又相继建立了甘肃省师范学堂、兰州府中学堂、甘肃省优级师范学堂、甘肃农林学堂、甘肃矿物学堂、皋兰县高等小学堂、兰州织呢艺徒学堂、兰州仵作学堂、甘肃省高等巡警学堂等近代学堂。

（一）甘肃文高等学堂

甘肃文高等学堂创办于光绪二十九年（1903 年）五月，校址位于兰州西关萃英门旧贡院内，学生约 20 人，是为甘肃最早建立的近代学堂。同年秋迁入畅家巷旧兵营（原甘肃织呢局东厂），修建校舍上课。不久改名为文高等学堂，聘兰州刘尔炘等为总教习。两年后改为陆军小学堂。民国元年（1912 年）改建为全省中学堂。次年改名甘肃省立第一中学校，即今甘肃省兰州市第一中学的前身。

刘尔炘在甘肃文高等学堂曾担任过九年的总教习，培育出赵元贞、水梓、邓宗等一批进步人士。其中水梓、邓宗等人在辛亥革命之初，对推动甘肃省临时议会的成立发挥了很大的作用。甘肃文高等学堂主张中西兼学、通经致用。课程设置有修身、经学、外语、史学、数学、地理、理化等14 科。

（二）甘肃法政学堂

宣统元年（1909 年）一月，甘肃提学使司在兰州创办甘肃法政学堂，由提学使陈曾佑兼任学堂监督。法政学堂的前身是兰州府发审局附设的课吏馆，为该局百佐各员学习政治、法律的机构。光绪三十三年（1907 年）改为法政馆，移校址于城内西大街，开始对外招生，培养法政官吏，已初具法政专科的规模。改办法政学堂的主要任务是在科举停废之后，主要招收省内外的官僚和绅士入学。学堂设法政讲习科一班，招收现职下级官吏受法制训练，亦称为"官班"。设法政别科生两班，本地绅士编入"绅班"，外地学生编入"客班"，另有自费生若干人。学堂共有学生一百余人。学制三年，开设律例、宪法、民法、民诉、经济、法学、政治、国际刑法、监狱等课程。民国元年（1912年）冬，马邻翼来兰任校长，一切学务悉加整理。翌年正月，蔡大愚主任教务，始将教授、试验等事，按部令规定。三月，复委任为校长。七月，法政学堂改为甘肃公立法政专门学校，即兰州大学的前身。蔡大愚任校长。

（三）师范学堂

文高等学堂附设师范馆，该馆是短期速成性质的师资训练机构，为解决中小学堂师资紧缺而临时设立，修业期限一年，选调各厅、州、县举、贡生员进行短期学习，毕业后即分赴各地担任中小学教习。光绪三十一年（1905年），甘肃学务处对师范教育进行调整，停办了文高等学堂附设的师范馆，并于次年将兰山书院改建为优级师范学堂，将兰州求古书院改办为速成师范学堂。优级师范学堂以培养中学堂和初级师范学堂的教习为目标，修业年限为预科三年，本科二年。速成师范学堂主要培养小学堂师资，为应急需，一年毕业。宣统元年（1909年），速成师范学堂改为初级师范学堂，两年后并入优级师范学堂。甘肃优级师范的毕业生中有陇右志学家、史学家张维，甘肃教育界名师杨汉公、辛国麟、郭汉儒等。

清末废科举、兴办学堂之际，甘肃教育从形式到内容都有很大变化。首先，教育结构突破了旧的封建传统教育的框框，改变过去为科举服务的片面教育制度。各级学堂规定了学习年限和学习目标，形成了从小学堂到高等学堂新的教育体系，特别是师范学堂和实业学堂的产生，为教育结构增添新的成分。其次，教学组织从传统的个别教学制转变为近代的课堂班级制。教学内容从单纯学习中国传统的四书五经、括帖制义等课程，扩展到自然科学、社会科学及与职业教育有关的新领域。这些新学堂的产生，标志着传统的封建教育制度开始在甘肃解体。

四、辛亥革命在兰州

鸦片战争后，鸦片输入成为西方列强对华进行经济掠夺的首要方式。西方列强的侵略魔爪伸入甘肃地区久而长者为英国，其次为沙俄。据记载，为平定西北各族人民的反清活动，左宗棠从同治六年至光绪七年（1867—1881年）十数年间，先后向英国汇丰、怡和等洋行六次借款，总额达1770万两①，而且利率之高超过一般惯例。这些借款虽为朝廷偿还，但无疑加重了各族人民的负担。

20世纪初期，洋商为大量倾销商品攫取暴利，他们从西北地区掠取各种生产原料，运回国内加工，然后再以商品形式高价倾销回来，从而加速了兰州地区自然经济的解体。

除了西方列强的经济掠夺，兰州人民还要忍受清政府的苛税盘剥。光绪三十四年（1908年），甘肃（附青宁两省）实有土地18.3万顷，较清初减少4.8万顷；征银22.5万两，较清初多征0.54万两。② 土地减少，地丁银反而多于往昔，这大大增加了甘肃人民的负担。除地丁税外，各种杂赋名目极为繁多，这些杂税大多是清朝各地的特产和各种免役代金，实际上是对甘肃人民的直接勒索和超经济掠夺。

甘肃由于交通不便，军民粮食从内地运输极为困难，于是实行仓储制度。然而仓储制度却成为官僚土豪鱼肉人民、勒索生财的一种苛政。同治以前，甘肃财政多依赖"协饷"。同治以后，"协饷"大为减少，甘肃地方政府遂以"新政"为名，加税加征进行搜括，如统捐、大布统捐、罂粟、地税、烟、酒税等，无一不加重了甘肃百姓的负担。《辛丑条约》签订后，清政府将对外赔款分摊各省，甘肃每年要担负30万两，财政更是捉襟见肘。

---

① （民国）慕寿祺：《甘宁青史略正编》卷24，甘肃省图书馆藏，俊华印书馆1936年版。
② 中国人民政治协商会议甘肃省委员会文史资料研究委员会编：《甘肃文史资料》第八辑，甘肃人民出版社1980年版，第208页。

（一）新旧思想交锋

晚清的中国思想界主张革命与保皇的新旧两种势力交锋剧烈。光绪二十七年（1901年）以来，甘肃创办了文高等学堂等，实行新政。浙江人俞明震任甘肃学政时，受当时激进思想影响，倾向于革命。很多进步青年也借学校为宣传阵地。他们深受梁启超、康有为等人君主立宪主张的影响，对清王朝腐朽统治表达出极端不满。当时邓宗、王之佐、周之翰、周希武、牛载坤等进步学生，以天下为己任，积极撰文宣传革命思想。兰州优级师范学堂的学生积极宣传民主革命思想，组织讨论会及学生社团针砭时弊，主张彻底推翻反动政府才能真正振兴中国。这些都说明当时的学堂之风已悄然发生转变。

（二）推行新政

《辛丑条约》的签订进一步激起了全国人民对清政府的不满，为此清政府于光绪二十七年（1901年）一月发布变法上谕，开始了新政之路。甘肃在上谕发布后，逐渐开始奉命推行新政。从光绪二十七年至宣统元年（1901—1909年），崧蕃、升允、长庚先后任陕甘总督。三人在任期间从政治、军事、文化教育、经济等多方面进行了一系列改革与建设，其中成立甘肃咨议局，讨论禁烟、回汉关系、衙役、税警、蚕桑、种棉、水利、矿务等问题的提案。宣统三年（1911年）九月，咨议局举行第三次全体议员大会期间，辛亥革命爆发，省咨议局名存实亡。为了推行新政，省政府在兰州增设了一些新机构。光绪三十二年（1906年），设农工商矿总局。宣统二年（1910年）十二月，裁兰州道，改设劝业道并增设了巡警道。

宣统元年（1909年），陕甘总督升允实行新的军队编制，成立马步四标：马队的标统为马安良，所属各营由镇南军和督标部队改编成立。步兵第一标标统为张定邦，后调署西宁镇，标统由陆洪涛担任；步兵第二标标统为马福祥，所属各营由西宁镇、河州镇和固原镇所属部队改编成立；步兵第三标标统为周务学，所属各营全系招募的新军。同年十月，新任命的

陕甘总督长庚又将军队改编为东、西、南、北四路巡防队。

清政府在推行新政过程中，急需大量懂得现代科学技术和社会管理的人才。为此甘肃于光绪二十七年（1901年）成立临时性的教育行政机构"学务处"，后改为"提学使司"。兰州在清末新政期间，以兰州道彭英甲为甘肃农工商矿总局总办，主持兴办劝工厂等地方实业。新政的推行让晚清的兰州社会面貌为之一新。新技术、新思想的不断传播，让兰州人民看到了不同于往日的社会新气象。尽管新政最终未能如清廷所愿，绵续国祚，但广大百姓却愈加期待一场更为彻底的变革。

（三）同盟会在兰州

光绪三十一年（1905年），中国同盟会在日本东京成立。来年，同盟会在东京成立"陕甘支部"，由陕西留日学生井勿幕负责，甘肃留日学生张赞元任事务员。陕甘留日学生创办《秦陇报》《关陇》《复声》，以通风气，涤除弊俗，灌输最新学说。鼓国民独立之精神为宗旨。光绪三十三年（1907年），甘肃籍留日学生阎士璘、杨思、范振绪及京师大学生为学生捐款，支持刊物。刊物陆续邮寄到省内，新思想逐渐传播。第二年，武威齐振鹭领导武威农民大暴动，失败后外逃。宣统三年（1911年）三月，齐振鹭再次暴动，被长庚派兵镇压。同年，甘州农民三千余人聚众对抗当地豪绅。与此同时，河南人王莲清受孙中山指示，在张掖一带组织暴动，由于计划被提督马进祥得知，王莲清、王良卿及头目三十余人均被搜捕杀害。

（四）武昌起义后的兰州

宣统三年（1911年）十月十日，武昌首义打响了辛亥革命第一枪。武昌起义的消息传至兰州，陆军学堂学生在学堂门首张贴革命告示，以示声援。十月二十二日，陕西革命党人张凤翔、张益谦及哥老会首领张云山等起兵反正，成立"秦陇复汉军"，建立临时司令部，并发表檄告，号召各州县举行起义，响应革命。数日之间，关中、陕北、陕南各地纷起响应。陕西的光复极大地鼓舞了甘肃人民的斗争意志，各地纷纷举行起义。革命声浪波及省垣兰州，陕甘总督长庚火速召集各司、道商议对策。彭英甲提出"招募回师，以抗陕师"，遂招募河州、循化、化隆等地回勇编练成军。长庚召集原甘军旧部，起用升允为陕西巡抚统率甘军，彭英甲掌管营务，组织"勤王"军队，分三路"东征"。陆洪涛率兰州常备陆军第一标为振武军，马安良率河西回军添马步十营为精锐西军，固原提督张行志领十营出凤翔，从陕西长武、凤翔等地直趋西安，派统领黄钺、崔正午驻防天水，并在徽县、两当等地分别派兵驻守，以防川军入甘。以马福祥、周务学部及肃州柴洪山部驻守兰州，在各县成立保卫团稳定地方局势。

民国元年（1912年）一月一日，孙中山在南京宣誓就职临时大总统，改国号为"中华民国"。二月十二日，清帝被迫退位，统治中国达276年的清王朝宣告覆灭，在中国绵延两千多年的封建帝制也终于结束。但辛亥革命的胜利果实很快被北洋军阀袁世凯窃取。三月十日，袁世凯在北京就任临时大总统。清王朝的覆灭让甘军内部大乱。一度紧张的陕甘军事急转直下。陆洪涛、马安良、马麟等甘军将领与秦陇复汉军达成停战协议，并遵照袁世凯的电令，向甘肃撤返。至四月中旬已全部返回甘境，分别驻扎于陇东、陇南及兰州一带。

三月十一日，驻守秦州的黄钺与陕西革命军取得联系，发动起义，宣布独立。黄钺出生于湖南宁乡，早年留学日本，与革命党人黄兴过从甚密。回国后认为西北地处僻远，革命力量薄弱，但西北战况关乎全国大局。于是黄钺由湘来甘，以投奔长庚为名从事革命准备活动，受长庚赏识，被任命为督练公所参议。借此机会他秘密组织了革命组织"大同会"。甘军攻陕时，黄钺率六营驻守秦州。在全省风起云涌的革命形势和陕西危急情况下，他联合秦州、伏羌（甘肃甘谷）军学各界人士举兵反正，成立甘肃临时军政府，黄钺任都督，巩秦阶道向燊任副都督。消息传至兰州，社会各界强烈要求拥护共和，成立共和政府。

民国元年（1912年）二月二十六日，兰州地方人士在甘肃法政学堂集会。王之佐、慕寿祺、水梓、邓宗、聂守仁等28人参会。会议决定选出四人面见长庚，请求宣布支持共和，下令停止进攻陕西，要采用阳历民国共

和年号。三月六日，甘肃布政使赵惟熙与甘肃省咨议局议长张林焱联名致电袁世凯，表示拥护共和。袁世凯接电后立即任命赵惟熙为甘肃都督。三月十二日，政军各界人士在文庙（今兰州第二中学）大厅召开甘肃临时议会成立大会。投票选举李镜清为议长，刘尔炘、周务学为副议长，马福祥、周务学、王之佐、慕寿祺、邓宗、水梓、王振鹏、卢应麟、聂守仁、王天柱、周之翰等39人为议员。① 马安良、周务学等为主的地方实力派为了保存自己的地位和实力，仿效各省立宪派和投机分子实行假共和。宣布共和后，甘肃地方当局"满印未换，满制不改，翎顶衣冠悉如其旧"。率先在甘肃树起共和大旗的黄钺则在北京的政治压力下放弃领导权，而地方军阀马安良担任了甘肃国民党部部长，驻守兰州。赵维熙就任之后无视临时议会，派建威军赴秦州，武力压服黄钺。在临时议会会长李镜清的呼吁下，赵维熙同意和平解决秦州事宜。此后，李镜清展开对赵维熙的弹劾，并查办马安良、马麟在宁夏残杀百姓之事。七月十七日夜，省议会议长李镜清在临洮家中被刺身亡。甘肃社会完全处于封建顽固势力和新兴地方军阀的控制之中，仅多了块"共和"的招牌而已。在袁世凯结束复辟闹剧后，北洋政府陷入军阀混战，兰州被马安良等地方军阀控制。

---

① 《甘肃咨议局临时会会长会员姓名录》，甘肃省图书馆西北文献部藏。

第 六 章

抗战后方与近代转型

　　近代以来中国处于"三千年未有之变局"的大时代，地处西北的兰州迎来了新的发展机遇。北洋政府时期，兰州一度成为政府和社会舆论关注的焦点。赵惟熙、张炳华、张广建、陆洪涛等人轮番执政，兰州在时局动荡中获得一定发展。1925 年，国民军进入兰州后，对政治、经济、教育与社会风俗等方面进行大力革新，推动了兰州近代化的进程。抗战爆发后，兰州的地位日益重要，一度成为西北大后方的政治中心、国防中心、交通中心、民族交融中心、商贸中心和文教中心。1941 年 7 月 1 日，兰州市正式建立，市政府除接收旧有的部分机构外，还新设社会局、财政局、秘书处、会计室等机构。市区管辖范围东至东岗镇桥头，西至七里河，南至皋兰山麓，北至庙滩子，城市面积仅 16 平方公里。1944 年，市界面积扩大至146 平方公里。

　　民国时期兰州的发展是整个中国西部城市发展的一个缩影：传统与现代交织，救亡与建设并存，进步与落后共生，发展因时、因人、因事的影响较大，开发建设带有很强的军事性、政府主导性和阶段性特征，缺乏制度治理和长期规划。1949 年 8 月 26 日兰州解放，人民民主政权建立，兰州自此进入新的发展时期。

第一节　北洋政府时期的兰州

1911 年武昌起义爆发，革命浪潮涤荡全国。10 月 22 日，陕西响应革命。消息传至兰州，陕甘总督长庚当即在兰州部署军队准备攻打陕西，捍卫清廷统治。但事与愿违，革命形势发展势如破竹。因着宁夏和秦州的相继独立，长庚等人的抵抗土崩瓦解。随即开启赵惟熙、张炳华、张广建、陆洪涛和刘郁芬等的主政时期，兰州政治生态在此期间经历了博弈、缓和、妥协与基本稳定的局面。受此影响，兰州社会、经济、文化也在转型中缓慢发展。

一、民初兰州政局

1912 年 3 月 15 日，袁世凯任命赵惟熙为甘肃都督。1912 年 3 月 19 日，兰州正式承认共和，自此开启"共和时代"。

赵惟熙上任伊始，着力废除前清陋习，颁布了一批法令，如开始实行阳历，要求民众剪除发辫，禁止妇女缠足，废除都督庞大的仪仗队和专制时代对官员的称谓等。这些改革措施与废除龙旗，悬挂象征共和体制的五色旗一起，成为兰州和甘肃由专制走向共和的标志。与此同时，赵惟熙还下令禁种罂粟，成立兰州垦殖协会，颁布种树章程，通令各县植树造林，以改善甘肃干旱缺水的环境状况。

赵惟熙督甘期间不仅担任甘肃都督，也兼任甘肃民政长。民政长下设内务、财政、实业、教育四司，统领甘肃各项事业发展。其中，教育司在马邻翼任司长后，大力推广新式学校教育，通过对原有私塾教师的培训，顺利解决了兰州部分学校师资短缺的问题①，为兰州的教育发展带来新的生机。财政司在司长田骏丰的领导下，大刀阔斧地进行全省财政改革，破除旧的陈规陋习。同时，设置征信局，收取房产契据税，增加屠宰税，缓解

---

① 宋仲福、邓慧君：《甘肃通史·中华民国卷》，甘肃人民出版社 2009 年版，第 13—14 页。

政府财政困难。更在全省普遍设立邮局，停止驿站；整理官银钱号；创设皮毛公行，兴办实业，使甘肃财政事业走上新的发展轨道。

此时期也是甘肃民意机关——甘肃省临时议会成立与发展的开端时期。临时议会由临洮人李镜清任议长，由刘尔炘、张林焱任副议长，议员包括王之佐、水梓、邓宗、邓隆、慕寿祺等30余人。这些议员来自不同阶级和阶层，多数是倾向进步的开明人士，有留学外国和外省的经历，受先进思想熏陶较深，故而对兰州政坛影响较大。他们相继提出一系列重要提案：诸如向全省公开宣布甘肃承认共和；提议维持宗教团结，联络民族感情；倡行宪政教育；实行官吏考核、裁汰制度，"量能授职"；开设报馆、启迪民智等，有意识地将兰州政治、经济、文化的发展引向近代化的轨道。甘肃省临时议会作为重要的议事机关，为兰州开明士绅、进步力量提供了指点时政、推动民主发展的重要平台。

赵惟熙在任期间，出现了兰州发展的较好局面。但赵惟熙在执政后期，因争权夺利、贪污敛财等行为，甚至一度陷入暗杀议会议长李镜清的政治风波当中，引起舆论哗然，致使兰州政局陷入动荡。国内各大报纸指责赵惟熙脑海陈腐，行为卑劣，思想醒醒，以致民怨沸腾。[1] 在舆论和现实的迫使下，1913年5月赵维熙黯然离兰。

赵惟熙离兰之后，张炳华接替甘肃都督一职。张炳华主政期间，其主要施政措施有四：第一，增加税种、平抑物价，为政府创收；第二，解散中国国民党甘肃支部，下令查封其政治机关报《大河日报》，将主笔聂守仁下狱，通缉总编辑郑濬，追缴国民党党员证书；第三，以议员法定人数不足为借口，解散甘肃省议会和各县议会；第四，大兴尊孔复古运动，在兰州设立尊孔总社，在各地设立尊孔分社，要求各县于每年二月、八月的丁日祭祀孔子。张炳华的一系列措施，使刚刚跨入民主共和的兰州政局再次陷入落后的泥沼，在统治8个月后，于声名狼藉中退出甘肃政坛。

1914年3月6日，张广建被任命为甘肃督军兼民政长，由此开始其7

---

① 马旌善、黄向秦主编：《黄钺年谱》，2016年，第167页。

年的督甘生涯。来甘之前，袁世凯告诫张广建到甘后应注意实力派，做到回汉一致，"如有不和者，学木匠做桶，哪块木板不合适，用锤打打，就能做好"。到任后，张广建大力扩充自己的势力，对地方实力派软硬兼施，既打又拉，分化瓦解，很快稳定了甘肃政局，坐稳了督军之职。

张广建督甘时期注意发展兰州及甘肃地方经济。1914 年，张广建任命鲁绍周为场长，在兰州续办甘肃农事试验场，筛选优良品种。在试验基础上，将优良种子发给各县农民广为试种，引领甘肃农业发展。该试验场还向兰州及甘肃民众推广小麦肥料种类、选种试验、播种方法以及农作物病虫害防治等农学知识，帮助农民增产、增收。1914 年 10 月，张广建任命蒯寿枢为局长，在兰州成立花定榷运局，甘肃自此有了管理盐务的专职官员，甘肃盐业发展进入正规化。①

文化教育方面，1917 年，张广建任命前清翰林罗经权在兰州筹建甘肃省立甲等农业学校，招收农本科学生 1 班，培养农业人才。同年，在临洮、天水、平凉、酒泉、宁夏等地设立 8 处师范学校，辅助并带动甘肃师范教育发展。张广建选用甘肃测量局局长彭立钧兼任甘肃测量学校校长，学制二年，开设地形测量学、制图学、测绘专业用数学、印刷、实习等课程，供学员学习，1919 年首届毕业生即达 40 余人。张广建督甘期间，甘肃教育经费逐年增加，由 1915 年的 10 万元，上升至 1918 年的 50 万元。截至 1919年，兰州有法政、中学、女子师范、中等师范、甲种农业学校等各 1 所，高等小学 8 所，初等小学 17 所，手工传习所 1 处，回民小学 1 所，且全省共有百余名留学生，留学日本者多达 29 人。② 大力兴办教育之余，张广建将前清兰山书院、求古书院、五泉书院的藏书进行收罗，筹拨兰银 1 万两，创办甘肃省公立图书馆，供民众阅读、学习之用，首任馆长由阎士璘担任。该馆的建成，为甘肃图书资源的保存和文化资源的传承做出了重要贡献。

张广建在禁烟方面法令森严，"下级官吏，经实行之试验，绝不敢敷衍

---

① 刘郁芬等修：《甘肃盐法志略》10 卷（铅印本），1930 年，第 1 页。

② 林竞：《西北丛编》，《近代中国史料丛刊续辑》第 11 辑，文海出版社 1974 年版，第 128—129 页。

对付，人民方面，经事实之告诉，亦不敢藐视功令，上下一体如是，'阿芙蓉'几绝迹于甘肃"。对此，慕寿祺曾赞誉，自张督军就任以来，认真禁烟七年，各县鸦片几乎禁绝，民间虽有部分存土，但相较之前，数量较少。①

张广建督甘期间，民族关系较和谐稳固，兰州及其周边未曾发生大的社会动乱，百姓生活总体安稳，远离战乱。1918年，随着甘肃各地抗捐运动的兴起，甘人治甘呼声的出现以及张广建的支持者段祺瑞下台，张广建在1920年底结束其督甘生涯。

张广建离任后，甘肃一度群龙无首，争督风潮迭起，其中尤以陇东镇守使陆洪涛和宁夏镇守使马福祥的争夺最为激烈。陆洪涛发动陇东、陇南绅民联名致电甘肃旅沪同乡会，强烈反对马福祥督甘，陇东巡防各营帮统张兆钾也以武力威胁拒绝马福祥督甘，声称将身率六十营健儿相与周旋到底。在衡量各方势力之后，中央最终任命陆洪涛督甘，马福祥就任绥远都统。

陆洪涛上任之初，正值甘肃八镇割据时期。为稳定地方局势，陆洪涛亲自向八大镇守使发送电报，邀请其来兰议事。甘肃名绅刘尔炘也出面调解，使僵化的政治局面暂得缓和。陆洪涛注重发展实业，1922年，他聘请留美归国学生赵元贞主持兴办甘肃矿师养成所，在省教育厅内修建可容纳50人的教室、实验室和宿舍等，并在上海购置一套完整的无机化学药品、仪器，在阿干镇定制"火分析"用的坩埚和闷炉。又从河南聘请留学生石心圃、张人鉴两位工程师担任采矿冶金课程教师，该校同时开设英文、语文和结晶学与分析化学课程。② 矿师养成所的开办，对甘肃实业发展起到一定的助力作用。

1920年12月，甘肃海原发生里氏8.5级特大地震，民众损失惨重。地震使竭蹶的甘肃财政雪上加霜，无奈之下陆洪涛开放了烟禁，命令按地征收烟亩罚款。陆氏大开烟禁是饮鸩止渴之举，虽短期内解决了甘肃的财政困

---

① 慕寿祺：《甘宁青史略》第30卷，兰州俊华印书馆1936年版，第31页。

② 赵元贞：《一九二二年甘肃矿藏初勘经过》，《甘肃文史资料选辑》第8辑，甘肃人民出版社1980年版，第105—106页。

难，但造成了烟毒再次泛滥，粮价飞涨，民众生活陷入困苦之中。

陆洪涛开放烟禁，备受责难，加之部下张兆钾、李长清、黄得贵等背叛，他深感大势已去，遂向北京辞职，1925年10月离开甘肃督军职位。

二、新文化运动在兰州

当甘肃政坛风云变幻之时，国内、国际形势都发生了巨大变化。随着第一次世界大战结束，中国再次陷入被列强宰割的境地。巴黎和会上列强不顾中国代表强烈反对，肆意践踏中国领土主权，干涉中国内政，将德国在山东的权益转让给日本。主权丧失的事实，让国人清醒地认识到"弱国无外交"的深刻道理。一场以"外争主权，内惩国贼"为主题，以爱国青年为主体，联合工人、群众等的五四新文化运动，在全国各地陆续展开。兰州的爱国青年与民众也积极参与了这一划时代的运动，为推动兰州地区的思想解放贡献卓著。

1913年起，临洮人牛载坤在兰州张掖路创办了传播新思想的正本书社。牛载坤借助自己与上海商务印书馆创始人张元济之间的故交关系，与商务印书馆签订长期购销合同，引进进步书籍。其中，新文化运动时期风靡全国的《新青年》就是正本书社订购的主要刊物。《新青年》的引进，点燃了兰州青年的爱国与革命激情，成为宣传马克思主义的主要阵地。对此，时任《大公报》记者林竞曾高度评价牛载坤，称其是"在封建主义莽丛中，披荆斩棘进行开拓发行事业的人"，是"甘肃艰苦卓绝之实行家"。

此时一批跨出甘肃的新青年组织社团、发行刊物、心系桑梓。1920年初，旅京甘肃籍学生发起节衣缩食运动，筹募资金，向家乡购置进步书籍，组织出版进步刊物，宣传新思想。同年3月，由甘肃学生张明道等人发起在北京创办《新陇》杂志，以服务桑梓、改造社会为初衷，立志唤起"甘肃之进步，即中国之进步"的国家意识。《新陇》采取赠阅形式，以学院街（今武都路东段）邓宗所开合兴印书馆为代派所发行，主要发往兰州、平凉、宁夏、天水、西宁等地以及各处师范类学校、小学和各县教育机关。其刊登文章主题多为传播新思想，启发民智，反对封建礼教，追求自由、民主等，在兰州乃至全国都有重要影响。

传播新思想，探索新征程并非一帆风顺，而是荆棘丛生，有人甚至遭受驱逐，但他义无反顾，持续奋斗，此人便是四川成都人蔡大愚。蔡于辛亥革命后来到甘肃，宣传民主自由，与当时封建官僚、军阀等反动势力做不懈斗争。他在兰期间和马邻翼于1913年倡议设立"兰州回教劝学所"，下设4所初等小学和1所高等小学，为兰州培养了第一批回民学生，对兰州回民普及教育起了重要作用。1915年，蔡大愚任甘肃公立法政专门学校校长，他迎难而上，迁移校址，建设校舍，改组科别，使法政学校逐步成为一所正规学校。截至1916年8月，该校已有专职教员35人，其中8人曾留学日本，其余教员也多毕业于北京、天津等国立法政专门学校。亦有进者，该校还集中了一批当时甘肃教育界的著名人士与优秀分子：如任《国际公法》《宪法》《西洋历史》的教员水梓，任国文教员的杨思，任《经史学》教员的慕寿祺，以及任《心理学》教员的马邻翼等。学校还将近代欧美国家法学体系中的重要课程《民法物权》《民法概论》《伦理学》《政治学》等囊括其中，"成为传播新思想、新学说的重要场所"①。

在主持甘肃公立法政专门学校期间，蔡大愚十分关心青年学生的学习与思想进步情况，对后进青年不仅要求其加强科学知识学习，更随时随地对青年学生宣讲马克思学说。因而，无论是赵惟熙，还是张广建都曾对蔡大愚下达驱逐令。在封建势力的强逼下，蔡大愚出走兰州，但其传播的革命思想却影响深远。

新文化运动期间，在甘肃众多的有为青年中，不乏站在时代前列的杰出女性，邓春兰就是其中一员。1919年，邓春兰率先替女性发声，公开上书北大校长蔡元培，要求大学开女禁。邓春兰的上书一经《晨报》《民国日报》发表，便在社会上引起广泛关注，得到李大钊、胡适等人的积极支持。1919年9月，蔡元培明确表示从1920年开始，北大对于资格条件相符，考

① 马明晖：《一生致力于民族教育的蔡大愚》，《成都文史资料选辑》第30辑，四川人民出版社1997年版，第100—101页。

试成绩合格之女生择优录取。1920 年 2 月，北大首次招收 9 名女学生，邓春兰名列其中，被分在哲学系，实现了自己的大学梦想。大学"女禁"也因此被冲破，时人称为"中国教育史上一大纪元"①。求学期间，邓春兰于《少年中国》《新陇》等杂志发表多篇文章，要求废除姜婢、娼妓制度，改良婚姻制度，以此阐发自己的妇女解放观点，为妇女争取更多权益；她联合邓春膏、邓春芩、邓春霖等家庭成员，创办《春晓学社季报》，注重妇女问题和家庭问题研究，倡导"自由、平等、奋斗、坚韧"的精神。

受大批走出省门、国门先进知识分子的影响，兰州青年和广大民众备受鼓舞，随之发起各类爱国救亡运动。五四运动爆发后不久，兰州中等学校的爱国学生即在校内举行演讲宣传，抵制日货。自此，每逢"五七国耻日"，兰州爱国青年学生都要走上街头进行游行示威，宣讲爱国主义。1923年 5 月，为纪念五四运动四周年，兰州各校学生率先组织开展反对帝国主义的爱国斗争。5 月 9 日，兰州有 2 万余名市民响应运动并参与其中，声势浩大，震惊省城。

五四运动后，张一悟、张亚衡、丁益三、胡廷珍和吴鸿宾等外地求学学生陆续回兰，他们在武昌、北京等地求学过程中初步接受了马克思主义，并加入中国共产党。因着他们的大力宣传，马克思主义在兰州传播迅速。1925 年 12 月，张一悟、宣侠父、钱崝泉等在兰州召开会议，宣告中共甘肃特支正式成立，张一悟任特支书记，宣侠父、钱崝泉任委员，所属党员有贾宗周、邱纪明、寿耀南、李印平等。特支主要工作是执行党的方针政策，以"联俄、联共、扶助农工"的新三民主义为旗帜，以建立广泛的革命联合阵线和推动反帝反封建斗争发展为目标，把公开帮助国民党整理党务和秘密发展壮大党的组织作为两项基本任务。1927 年 3 月，中共甘肃特支改为，中国共产党兰州特别支部（简称"中共兰州特支"）决定由胡廷珍任兰州特支书记，王孝锡、马凌山分任组织委员和宣传委员。主要工作是联

---

① 孟国芳：《邓春兰吁请大学解除女禁》，《甘肃文史资料选辑》第 17 辑，甘肃人民出版社1984 年版，第 128 页。

合国民党左派等进步力量，组成革命的联合战线，推动兰州地区反帝反封建革命运动的蓬勃发展，继续发展壮大党的组织。但随着冯玉祥势力入主兰州，兰州的革命活动受到了阻挠。

三、冯系集团入主兰州

1925年，甘肃督军陆洪涛中风卧床不起，甘肃政坛不清，争督风潮迭起。是年8月，北京临时执政段祺瑞任命冯玉祥兼办甘肃军务善后事宜，免去陆洪涛督军职位，专任省长。9月，冯玉祥派部下刘郁芬、蒋鸿遇率国民军向甘肃进发。10月底，国民军正式进入兰州，先后剿灭李长清集团，收编孔繁锦、张兆钾部队，不仅迅速稳定了兰州政局，而且给兰州社会以新的发展契机。

首先，移风易俗，改革旧有陋习。20世纪20年代，兰州地区官场中仍有沿袭清朝旧制的恶例。张广建督甘时期，为宣扬官员之华贵尊严，要求文武官员及同级处、局、所长等出门一律乘坐绿呢大轿。一时间兰州全城绿轿往来，招摇过市，百姓为之侧目。刘郁芬下令废除此陋习，于是"厅道皆步行，虽骡车亦无人敢坐"①。官员吸食鸦片等恶习，也被严令禁止。对于有鸦片嗜好者，要求一月之内一律禁绝，逾期者，一经发现，永不录用。对于兰州存在的部分供官员享乐、消遣的娱乐场所，如妓院、烟馆、酒馆、京剧馆以及绸铺街等，也都被关闭或要求停业整顿。

冯系集团对放足一事极为重视。1927年4月，甘肃省成立放足处，由民政厅长杨慕时担任处长，后刘郁芬兼任。各县亦成立放足分处，由县长兼任处长。9月，甘肃放足处颁布《甘肃省政府饬令妇女放足办法大纲》，分劝导、强迫、罚办三期进行。兰州举行放足运动大会，散发印刷品并组织演讲，由小学生演出新剧《天足》，带领群众唱《天足歌》。兰州女师教师潘素琴不仅带领学生上街宣传放足运动，还动手为缠足小姑娘解开缠脚布，宣传效果甚佳。针对早婚现象，政府发布通令，要求男子16岁，女子

---

① 慕寿祺：《甘宁青史略》第31卷，兰州俊华印书馆1936年版，第27页。

14 岁以上，始准订婚。男子 18 岁，女子 16 岁以上，方能结婚，违者严惩。[1] 省长薛笃弼要求各机关领导带领主任以上官员，于每日五更天时齐集司令部，举行朝会礼；要求公务人员，在城关内外街道指定地点躬身扫除，为民示范；对于一般民众，要求其不能随地吐痰；组织捕蝇队、清道夫、卫生防疫队等加强对城市环境的管理。对诸如算命先生、江湖郎中等借助封建迷信骗取民众钱财的职业和人员，则坚决予以打击。

其次，开办民众教育馆等，活跃民众生活。1926 年 2 月，薛笃弼到甘肃上任不久，改造兰州千年古刹庄严寺，将其作为甘肃省立教育馆。教育馆直隶省长公署，由省政府秘书长兼任馆长。薛笃弼将庄严寺的山门改建为砖券门，修整出大殿和厢房四十余间房屋，以及空阔场地专供教育馆使用。大雄宝殿悬挂薛笃弼撰写的楹联"因时制宜开通明智，旁求博采发扬国光"，表明设馆的目的。冯系集团注意民众教育，薛笃弼在省长公署设置"进思堂"，免费为民众放映电影，传播新思想，丰富其日常生活；开设夜校，组织民众学习科学文化知识；设立公共体育场，举办体育运动会，增强市民强身健体意识；创办省秦腔训练班，表演剧目《放饭》《走雪》《伍员扫墓》《二堂舍子》等，活跃市民文化生活；自编《劝民歌》，教育民众尊老爱幼，遵守社会道德；印发《烟赌害》小册子，劝诫民众远离毒品、赌博；宣讲三民主义，介绍马克思、列宁及共产主义知识，提振民众革命士气；开办养老院、孤儿院、收容所等，收容孤寡老人、流浪儿童与受迫害妇女，改善民生，并加以教育。

再次，植树造林，绿化兰州环境。刘郁芬进入兰州后，组织动员政府机关人员和在校学生，用以工代赈的方式开展植树造林活动。1926 年 3 月 12 日，适值孙中山逝世一周年纪念日，刘郁芬主持召集民众会议，为缅怀孙中山革命功绩，纪念革命先行者，特将"五泉一带新植林区命名曰'中山林'"，即日举行植树仪式。"中山林"林区东起红泥沟东北之方家庄，西到东龙口西侧之塔子坪、二郎岗、狼洞子，沿龙尾山麓西北直达西北大

---

[1] 李泰棻、宋哲元：《西北军纪实》，大东图书公司 1978 年版，第 453 页。

厦。今西北民族大学、甘肃日报社等许多机关和居民用地，皆为其腹地所在。林区栽种各种树木约 10 万余株，以白榆为主，另有臭椿、洋槐、山杏等。林区周边设有凉亭，又有山泉，风景秀丽，引人驻足。

最后，发展经济，推动市政建设。冯系集团进驻兰州后，对发展建设兰州颇为用力。冯玉祥认为西北乃"国之锁匙"，陕甘为西北革命发源重地，必须达到建设新甘肃之目的，"表现革命之真精神，以为天下倡"[1]。刘郁芬特别遵循这一方针，在经济上采取了一系列有成效的措施。国民军入甘 5 年间，兰州增设了 50 部电话，添置了两台 100 门电话交换机；在甘肃旧贡院创办甘肃造币厂，铸造银币，部门齐全，管理完善；加强交通建设，从 1926 年 9 月开始，先后下令修建兰宁、兰西汽车路，修筑兰宁、兰平、兰秦、兰固等简易公路，使兰州向东、北、南三方向的汽车均能达于外省；成立交通部，专负交通之责；恢复兰州织呢局，其产品精良，产量较高，生产销售十分火爆；开办济贫工厂，教养兼施，以济贫民；迁移天水工艺厂制革部至兰州，建立甘肃制革厂，发展制革业；设立惟救工厂，生产各色毛线、毛织品、帆布、毛毯等。

刘郁芬在兰期间，开始了民国时期兰州第一次大规模的城市建设，而且通过"中山"二字命名城市空间和建筑设施，让孙中山纪念符号更加深入人心，达到意识统治的目的。除前述开辟中山林林区外，刘郁芬还下令清除兰州辕门前的地摊市场，所有摊贩迁至新开辟的中山市场内。在万寿宫街（今通渭路）省教育协会广场前修建中山纪念碑，并将该路段命名"中山路"。督署后花园和政报局后花园亦被开辟为中山公园。兰州黄河第一桥改名为中山桥。鉴于"甘肃向无大学"的现实，1928 年将甘肃法政专门学校扩建改名为兰州中山大学，宣告甘肃历史上第一所综合性本科大学就此落成。[2]

① 《令陕甘两省主席电》，《冯玉祥选集》编辑委员会编：《冯玉祥选集》（中），人民出版社1998 年版，第 511 页。

② 吴宏韬、汪洪亮：《民国时期兰州城市的"中山纪念空间"》，《民族学研究》2019 年第2 期。

冯玉祥集团入主甘肃期间，借着强大的政治、军事力量，有效压制了地方实力派，进而稳固了统治。而且，冯系要员将外界的新思潮引入兰州，移风易俗、除旧布新，开辟了兰州社会发展的重要思想通道，为兰州社会发展注入了新活力。诸如交通、经济、市政、风俗等方面的鼎革举措成效甚彰，影响深远，促使兰州逐渐跨出封闭的境地，加速其近代化步伐。但不可否认，冯系集团主甘期间，为了问鼎中原，大肆扩充兵源，继续征收烟亩罚款，不遗余力搜刮民财，加之天灾频仍，甘肃人民生活在水深火热之中。

1929 年 1 月，蒋介石召开全国编遣会议，削减非蒋各派系的武装，引发了国民党内部各派新军阀之间的混战，冯玉祥部牵涉其中，随着 1930 年中原大战冯玉祥败退，冯系势力逐渐淡出甘肃，南京国民政府的统治在甘肃渐次确立并巩固。

第二节　西北抗战大后方的中心

1927 年 4 月，南京国民政府建立，蒋介石拉开了统治全国的序幕。对于西北，囿于冯玉祥势力强大，暂时无法深入管控，但蒋时刻不忘伸展权势于西北。随着中原大战的结束，冯系集团败走西北，甘肃逐渐控制于南京国民政府之手。这一时期，派往甘肃的军政大员均为能吏干将，诸如邵力子、朱绍良、贺耀组和谷正伦等，蒋介石希图以甘肃为基地，钳制宁夏、青海，遥控新疆。而作为甘肃省中心的兰州，更成为国民政府重点把控之地。加之抗战爆发，兰州的地位进一步提升，国民政府加大了兰州的开发力度。七七事变后，中国共产党在兰州设立"八办"，宣传党的抗日方略和民族政策，兰州"八办"成为中国共产党领导甘肃民众抗日救亡、实现全民族抗战的重要基地，被周恩来誉为"革命的接待站，战斗的指挥所"。因着战时中苏西北国际通道的开辟，苏联援华抗战物资和中国偿债易货物资集聚兰州，兰州成为名副其实的战略中转站；国民政府在兰州设立第八战区司令部，蒋介石自兼司令长官，后又派得力干将朱绍良接掌，主要控御青海马麟、马步芳、马步青以及宁夏马鸿逵，且为全面彻底控制新疆盛世才势力做好准备，进而联合西北各派势力反抗日本侵略。斯时，一批教育文化和科研机构崛起于兰州，如国立西北技艺专科学校、国立西北师范学院、国立西北医学专科学校相继成立，省立甘肃学院升格为国立甘肃学院，国立西北图书馆、国立甘肃科学教育馆、国立敦煌艺术研究所、西北防疫处等相继建成，这一批机构的出现使兰州成为西北抗战大后方重要的文化、教育和医疗卫生基地。1941 年 7 月，兰州设市，蔡孟坚任第一任市长，建设规模进一步扩大，一批国内外政要、名人莅临兰州，建言立说，指点迷津。总之，此时的西北成为中国抗战的重要大后方，而兰州成为西北抗战大后方的政治中心、文教中心、交通中心和民族交融中心，谱写了抗战时期浓墨重彩的一笔。

一、西北国际通道的枢纽

西北国际通道，是抗日战争爆发后中国政府接受外国援助最可靠、最重要的物资和人员运输通道之一。西北国际通道有三条线路：一为中苏陆路运输线，这是西北国际通道的主干道。从苏联的萨雷奥泽克车站起，经过霍尔果斯口岸进入国内，沿天山北侧行进，经过乌鲁木齐、哈密，再沿河西走廊直达兰州；二为中苏空中航线，从阿拉木图到哈密再到兰州；三为中苏、新印驿运线，中苏驿运线在新疆境内为伊犁至星星峡间，甘肃境内为兰星线（兰州—星星峡），新印驿运线则是从印度的列城到新疆的叶城，再走公路运输经乌鲁木齐到达兰州。以上三条线路，兰州都是西北国际通道的终点，同时兰州又是国内偿债物资集聚的重要节点。

为顺利开通此路，中苏双方领导都从各自的国家利益最大化出发，密切合作。此时西方国家对中国抗战的支持态度暧昧，而苏联担心日本占领中国，北上进犯其国土，所以对中国的支持比较积极。1937 年 8 月 21 日，《中苏互不侵犯条约》签订，条约规定一方受一个或数个第三国侵略时，另一方在冲突期间对于该第三国不得直接或间接予以任何协助。根据条约规定，苏联很快断绝了同日本的贸易关系，禁止向日本出口军事战略物资。

1938—1939 年，中苏签订了三次借款合约，中国向苏借款总额 2.5 亿美元，苏联以此款向中国提供最为急需的军火物资；中国由于外汇紧缺，则以苏联所需的矿产品和农产品原料作价偿还，按苏联开具的清单供货。1941 年苏德战争爆发后，苏联为全力对付德国法西斯的侵略，单方中断了第三次对华信用借款的使用，总计三次苏联对华信用借款的实际动用数为173175810. 36 元。①

中苏经西北国际通道运输的物资缺乏精确的统计，仅列举大概数量。苏联援助的飞机与军火物资数量大约为：各类飞机 904 架，坦克 82 辆，汽车 1526 辆，牵引车 24 辆，各类大炮 1190 门，轻重机关枪 9720 挺，步枪 5 万支，步枪子弹 16700 多万发，机枪子弹 1700 多万发，炸弹 31100 颗，炮弹 187 多万发，飞机发动机 221 台。② 苏联向中国所提供的 N-15、N-16 战斗机是当时世界上比较先进的战斗机，一直在苏军前线使用，T-26 坦克也是 20 世纪 30 年代苏军主战坦克之一，其他如飞机、车辆备用零件、汽油、航油等物资也有很多，这些军火物资有效地改善了中国军队的火力配备，增强了中国军队的战斗力。

除军事物资外，苏联还派出援华军事顾问和志愿飞行员，他们中许多在本国也是拥有赫赫战功的英雄。1937 年至 1939 年夏，苏联先后派出 3365 名军事顾问和专家来中国指导抗战，并抽调数百架飞机和空军大队的飞行员（每次 200—300 人，前后合计 2000 余人次），组成"苏联空军援华志愿队"来到兰州，他们在兰州训练休整后奔赴前线对日作战，有 200 多位苏联志愿空军勇士在空战中壮烈牺牲。③ 苏联援华物资和志愿者对内外交困，积贫积弱的中国帮助极大，粉碎了抗战初期日本对华速胜的论调。

中国方面用于易货的物资对苏联也是极为重要的。国民政府偿还物资

---

① 李嘉谷：《关于抗日战争时期苏联援华借款问题》，《近代史研究》1992 年第 3 期。

② 李嘉谷：《抗战时期苏联援华飞机等军火物资数量问题的探讨》，《近代史研究》1993 年第 12 期。

③ 陈开科：《中苏外交战略协调背景下的苏联援华空军志愿队》，《抗日战争研究》2015 年第 4 期。

主要是矿产品和农产品，矿产品中的钨和锑可以制造特殊钢材，是兵器制造必不可少的重要材料。国民政府在极为困难的情况下，仍能按苏联的要求满足钨、锑等矿产品的供应，有力地支援了苏联的"卫国战争"。另外，纳粹德国侵略苏联时，苏联大部分领土落入德国手中，生活物资匮乏，中国易货物资中有大量的羊毛、棉花、生丝、粮食、药材，这在一定程度上保障了苏联的经济和社会生活。据统计，抗战期间中国对苏出口矿产品中钨砂 38394 吨，锑 11038 吨，锡 11642 吨，汞 609 吨，锌 700 吨。输出生丝301 吨，羊绒 304 吨，绵羊毛 21295 吨，驼毛 1026 吨，茶叶 31486 吨，各种皮货 5407000 张，桐油 8626 吨。[①]

为了安排好苏联援华人员的饮食起居，1937 年 10 月 20 日，全国经济委员会在兰州成立中央运输委员会，负责苏联军援人员的接待工作。星星峡以东到兰州，由国民政府军事委员会励志社在甘新公路沿线的安西、玉门、酒泉、张掖、武威、永登、兰州等地设立招待所，既招待苏联援华车队，也接待过往车辆和行旅。接待站的日常工作为登记过往车辆，给汽车加油、添水、抢修，供应过往人员食宿。由于接待的是援华车队、飞机、人员，各级政府都极为重视这项工作。各接待站多占用当地最好的建筑，配备最好的接待条件，工作人员也以接待为荣，尽心尽力，情绪饱满。

兰州招待所请来会做苏联主、副食品的厨师，建成西餐食堂，供应列巴（苏式面包）、火腿、马肠、苏波汤（苏联传统的汤），厨师还专门学习制作尔布斯（苏式小菜，用莲花白和苹果、花椒叶子腌制而成），极受苏联官兵欢迎。罗宋汤、肉饼、牛排、点心、苏联糖果等应有尽有。招待所也给来往于甘新间的旅客提供了许多方便。1939 年，萨空了前往新疆时途经永登招待所，他还记得招待所提供丰盛的西菜。卧室墙和屋顶涂布了雪白的石灰，室内铺一长炕，炕上铺雪白的褥单和棉被，地上铺苇席，洁净整齐。招待所内还有淋浴设备，整体设施比西北民屋及其他旅社条件好出

---

① 孟宪章：《中苏贸易史资料》，中国对外经济贸易出版社 1991 年版，第 489—491 页。

许多。①

兰州民众对远道而来的苏联援华空军十分热情，1938 年 8 月 28 日，兰州空军新生社成立，这是专门服务中苏空军将士的生活娱乐团体。新生社时常开展各种娱乐活动，增进中苏将士友情。1939 年 8 月 28 日，新生社举办了一次规模盛大的中苏空军将士联欢会，兰州各界要人都来参加，会场上提供苹果、苏联香烟、红茶等。周恩来在延安跌断右臂，当天缠着绷带在民政厅长施奎龄陪同下也参加了这个联欢会。② 时值中日战况激烈、命运未知之时，在兰州这个中国的西北角，中苏将士携手并进，展现了中国乐观向上、积极抗敌的精神。

1938 年初，中国空军共有作战飞机 390 架，大部分为苏联援助的飞机。中国空军在兰州设立了空军第七总站，下辖拱星墩机场、东古城机场、西固城机场、中川机场和临洮机场，负责空军在西北地区的地勤补给。兰州成为西北地区最大的航空中心和重要的运输中转站。从苏联来华的飞机都在兰州机场加油、检修后，再飞往各地机场。兰州设有空军第三工厂，专门修理各式飞机。兰州机场上经常堆满了卸下的援华物资，中苏部分空军在这里休整和训练，苏联空军驻华的代表处也设在兰州。为保证兰州空军基地的安全，基地内驻扎了防空部队和一支精锐的苏联歼击机中队，担负着保卫运输基地和护送苏联飞行队的任务。苏联志愿队的多名高级指挥官在战斗之余经常在兰州空军基地指导中国飞行员学习飞行技术。援华军事总顾问崔可夫、空军大队长库里申科、布拉戈申维斯基等空军英雄，都曾驾驶飞机在兰州机场停留过，在天空留下他们的印迹。

由于兰州重要的战略地位，中日战事甫一展开，日军便从北平、包头，后来从山西运城机场连续派出大批次飞机，大肆轰炸兰州，其目的在于炸毁兰州以及西北国际通道上的其他重要城镇，使苏联援华物资难以运抵战场；炸毁设在兰州的第八战区司令部和甘肃省政府，使西北军事指挥中心

---

① 萨空了：《由皋兰到迪化》，《半月文萃》1942 年第 1 卷第 7 期，第 24—31 页。
② 影尘：《忆兰州中苏空军将士联欢会》，《青年空军》1941 年第 4 卷第 1 期，第 46—47 页。

陷于瘫痪；炸毁兰州几个飞机场和战机及高射炮阵地，使兰州失去防卫能力；轰炸兰州及各地的民房、民众，迫使甘肃军民失去抵抗信心。

1937—1943 年，日本空袭甘肃 93 次，出动飞机 1285 架，投弹 4153 枚；日机对甘肃的轰炸和侵扰主要集中在兰州，共轰炸兰州 54 次，出动飞机 870 架次，投弹 2798 枚。轰炸甘肃共死伤人数 1426 人，其中兰州死伤 406 人。据统计，日军轰炸造成兰州的直接财产损失折合成当时的国币，房屋损失 11150800 元，器具 910704 元，现款 408690 元，附着物 1575211 元，古物、书籍 588475 元，其他 1230358 元，共计 15864238 元。[①]

面对日军的无差别轰炸，中苏空军将士在兰州上空与敌军展开了殊死搏斗，有不少飞行员付出了生命。据有关统计显示，在兰州空战中，阵亡或因其他原因死难的中苏两国飞行员共有 63 名。[②] 有名可查的苏联飞行员有罗曼诺夫、郭尔皆耶夫、波拉技诺夫、伊萨耶夫、雅士、司切帕诺夫、马特烈士，他们至今埋骨陇原，谱写着中苏友情。

抗战时期日军轰炸给兰州人民造成了不可估量的损失，创痛巨深。中苏空军奋力迎敌，重创了日军，兰州空战在抗日战争史上具有重要的地位和作用：挫败了日寇的战略企图，保障了西北国际通道的安全畅通；重创了日本空军，遏制了其远程进攻西北内陆、掌握制空权的战略；支援了正面战场作战特别是其他战区的空战；对推动兰州乃至甘肃人民踊跃支援和参加抗战产生了重要影响。

二、"八办"设立与中共的西北战略

九一八事变后，日本侵占我国东北，后又强占华北，继而觊觎整个中国。外敌虎视眈眈，国内蒋介石却紧追红军不放。1936 年 10 月，由红四方面军组成的西路军在河西走廊遭到战败，大部分战士壮烈牺牲，只有 400 余人在李先念、李卓然等同志的率领下到达新疆，其余被俘或流浪河西各地，

---

① 《甘肃省历年遭受敌机空袭损害统计表》，甘肃省档案馆藏，档案号：16-2-459。
② 王亚民：《甘肃省抗日战争时期人口伤亡和财产损失调研报告（节选）》，中共党史出版社 2015 年版，第 523 页。

故营救西路军成为党的重要工作之一。全民族抗战爆发后，日本加紧侵略步伐，中华民族命悬一线。中国共产党一边积极寻求与国民党建立抗日民族统一战线，一边广泛动员民众，激发全民族抗日热情。斯时，兰州因其为西北政治、文教和交通的中心，国防意义重大。兰州又是西北国际通道的枢纽，担负着党中央与共产国际中途联络站的任务。为了扩大和宣传党的抗日民族统一战线主张，方便营救被俘和失散的西路军，同时为笼络西北各军阀，团结少数民族，开辟西北战略空间，为延安提供坚实的大后方，党中央决定在兰州设立办事处。

1937 年 3 月，张文彬、刘秉琳二人携周恩来给国民党高级将领、护送班禅进藏专使赵守钰的亲笔信，到西宁、武威等地了解西路军被俘人员的情况，并通过赵守钰与马步芳交涉释放被俘红军问题。4 月下旬，张文彬以党中央代表的身份到兰州拱星墩军营看望被俘红军，并着手准备兰州办事处设立的相关事宜。6 月，党中央派彭加伦、张文彬、朱良才、况步才等七人从西安到兰州，在兰州成立办事处。① 初来时，七人住在中央广场附近的陇海大旅社，十天后迁到南滩街 54 号（今甘南路）前院办公。成立初期的兰州红军办事处还只是一个半公开机构，对外称"彭公馆"。负责人为彭加伦、张文彬，秘书为朱良才，副官况步才，译电员黄文彬，警卫员王大成、刘富秀。8 月 25 日，红军正式改编为国民革命军第八路军，兰州红军办事处随之更名为国民革命军第八路军驻甘办事处，简称"兰州八办"或"八办"。从此，"八办"成为我党设在甘肃的一个公开合法机构。9 月 11 日，八路军按照国民政府各战区的编制序列改称第 18 集团军，办事处也改为第 18 集团军驻甘办事处，但人们习惯上仍用旧称。

"兰州八办"成立后，党组织派谢觉哉为党中央驻兰州代表，他立即开展营救西路军工作。谢觉哉与当时甘肃省主席贺耀组为同乡，且同为同盟会会员。在大革命时期，谢觉哉曾以国民党党员的身份做过贺耀组的统战工作，争取其参加了国民革命军。因有这层旧交渊源，所以谢觉哉到达兰

---

① 中共兰州市委党史资料征集办公室编：《兰州党史资料汇集》第 6 册，1983 年，第 4 页。

州后积极展开对国民党甘肃上层的统战工作，为营救西路军创造有利条件。他多次与贺耀组交涉，并根据吴鸿宾对被俘西路军的调查，写信给贺耀组，通过贺向马步青、马步芳索要被俘人员。1937 年 8 月，谢觉哉、彭加伦、朱良才在兰州会见进步人士高金城，请其前往河西协助营救西路军。高金城痛快答应，并在张掖重开福音堂医院作为掩护，建立营救基地。此外，高金城还将 100 多张写有兰州办事处营救西路军信息的纸条散发到张掖、民乐、山丹等地，找到部分失散红军干部。在谢觉哉、吴鸿宾及"八办"其他成员的共同努力下，数千名被俘西路军得到营救。"八办"还对一些散落各地，辗转来到兰州的红军积极收容，并为其沐浴理发，更换衣物，安排医院检查身体，治疗伤病，尽力在生活上给予关怀。谢觉哉等"八办"工作人员经常到医院看望慰问，使他们感受到党的关怀与温暖。

1925 年 12 月，中共甘肃特别支部在兰州成立，这是中共在甘肃建立的第一个组织，张一悟任特支书记，宣侠父和钱崝泉任委员。1932 年春，中共甘宁青特委在兰州成立，吴鸿宾任书记，常黎夫和王建三分别任组织部长和宣传部长。但由于受国民党的打击破坏，在"八办"成立初期，兰州地下党组织涣散，党员人数十分稀少。国民党上层惧怕共产党深入群众，扩大影响，故他们表面上虚伪应付，暗地里监视刁难，办事处的很多工作只能在半公开半合法的状态下进行。同时，"甘肃群众一般的都极为落后，过去受革命影响很少，进步思想不易反映进去，封建势力还极深厚，加之过去当局的压迫，所以群众到现在还是非常怕"①。在此情势下，"八办"一边谋求在兰州站稳脚跟，争取与国民党甘肃上层建立抗日合作关系，一边宣传马克思主义及党的思想，发展党员，扩大党的组织，同时又广泛开展抗日救亡运动。

"兰州八办"根据党理论联系实际的优良作风，对甘肃的政治、军事、经济、文化教育、民族关系等进行多方面考察了解。在此基础上有针对发

---

① 《彭加伦关于在兰州三个月工作情况给张闻天、毛泽东并转中共中央的报告》，《中国抗日战争军事史料丛书》编审委员会：《八路军新四军驻各地办事机构》第 5 册，解放军出版社 2016 年版，第 34 页。

展抗日民族统一战线工作，将军政界具有决定性影响的贺耀组和新一军军长邓宝珊作为重点争取对象。谢觉哉和彭加伦多次向贺耀组宣传我党的抗日主张，并及时提出许多抗日的具体措施。在"八办"人员的共同努力下，贺耀组公开召集省党部特派员邓宝珊、田昆山、田炯锦、戴愧生等人讨论办事处提出的开放民运问题、军队整顿问题，以及甘、宁、青、新的团结问题。

甘肃是多民族聚居地，处理好与少数民族的关系对党的发展和抗战活动的开展至关重要，故"八办"十分重视民族团结工作。谢觉哉让吴鸿宾拟订回族问题的具体方案转送贺耀组，并向贺耀组提出实施正确的民族政策，团结少数民族中优秀分子的问题。此外，办事处向曾任青海省民政厅长的马凤图和时任甘肃省政府参议的马公章等人宣传我党的抗日主张，使其明白我党的抗日思想，并通过青海民和县长马腾云、大通县长刘希古和宁夏民政厅长李翰园分别对马步芳、马鸿逵进行争取。对额济纳旗的旗长图布新巴雅尔（图王），办事处派周祥生前去劝说，争取共同抗日。在"八办"的积极接触和努力争取下，西北地区全民族共同抗日的意识普遍提高，许多少数民族对共产党的政策和主张有了进一步了解。不少进步的民族人士纷纷表示对党的支持和拥护，有些回族将领甚至准备召集旧部参加抗日，在政治上接受共产党的领导。

抗战时，大批苏联友军来华支援抗战。为方便他们的工作及生活，苏联在兰州设立军事代表处和外交代表处。"八办"积极与代表处取得联系，极力配合相关工作。为方便沟通，谢觉哉和彭加伦电请中央改派"能俄语者"为驻兰代表。于是伍修权化名吴寿泉，于1938年2月6日来兰接替彭加伦任处长。在党中央的批准下，"八办"与苏联方面互通情报，并以此地为接送来往苏联人员的据点。当时，党的许多领导人如周恩来、邓颖超、邓发和萧三等去苏联治病或回国工作，都通过"八办"和苏联联系办理。还有许多去苏联学习的同志如冼星海、袁牧之、孙维世等，都由办事处联系筹划。"兰州八办"与苏联的直接接触不但很好地支援了抗战，还与共产国际的思想及时接轨，为党的发展提供了理论支持。

在"八办"的努力活动下，兰州的抗日救亡团体如雨后春笋，纷纷成立，如甘肃青年抗战团、留外学生抗战团、伊斯兰学会、妇女慰劳会等。一批宣传抗日救亡的刊物，如《西北青年》《热血》《妇女旬刊》等创办。王氏兄妹小剧团在兰州街头演出抗日戏剧《放下你的鞭子》和演唱抗日歌曲《流亡三部曲》等。"八办"在兰州的工作得到群众的广泛支持，使党在人民群众中树立了很高的威望，大家"都说八路军才是真正抗日的部队，将来收复华北、东北和保卫西北，还要靠第八路……有些人说西北没有共产党来做是弄不好的，将来西北是共产党的"①。在"八办"的积极介绍和安排下，许多先进青年纷纷赴延安抗大学习，不少同志后来成为党的重要领导干部。

1941 年以后，国民政府对共产党的态度不断恶化，"八办"在被限制、刁难、破坏的困境中坚持战斗。1943 年，共产国际宣布解散，国民党顽固势力立刻向共产党发难。1943 年 10 月 22 日，朱德致电八路军驻甘肃办事处与驻陕西办事处合并，结束兰办一切事务。至此，"八办"及留守人员全部撤离。

三、兰州设市

进入民国后，兰州设市提上日程。1923 年，兰州市政筹备处成立，张维任总办，筹备建市。因甘肃时局动荡，两年后陆洪涛下令裁撤市政筹备处。刘郁芬主政初期，1927 年 8 月再次成立兰州市政筹备处，任命水梓为总办，但由于连年大旱，财政困窘，省级人事更迭频繁而作罢。1937 年，朱绍良第二次主政甘肃，鉴于"兰州地位冲要，人口激增，交通渐盛，顿成西北国防重镇，市政建设为省治繁荣所关，中外观瞻所系，亟应早日兴办"②，于是兰州设市问题再次被提上日程。

---

① 《谢觉哉关于甘肃省情况给中共中央的报告》，《中国抗日战争军事史料丛书》编审委员会：《八路军新四军驻各地办事机构》第 5 册，解放军出版社 2016 年版，第 51 页。

② 《兰州市政报告》，甘肃省政府建设厅编：《甘肃建设年刊》，1940 年，第 223 页。

1940年，谷正伦主政甘肃。他认为建设兰州与建设西北有直接关系，因兰州为西北军事、政治、经济、文化的中心，扼甘、青、宁、新四省咽喉，并且兰州是通向苏联的国际孔道，其地位十分重要。因此，他呈请国民政府行政院将兰州设为省辖市，归甘肃省政府直接领导。

1941年7月1日，兰州市成立，蔡孟坚担任第一任市长。来兰之前，蒋介石召见蔡孟坚，嘱咐其将"兰州市建设为开发西北的模范市"。蔡孟坚向行政院请求核定兰州市的组织规程，并希望比照特别市的组织规模建设，以此争取建设人才。国民政府权衡利弊，内政部核定兰州市为省辖市组织，特别市规模，并首先划定市区界市区范围：东至东岗镇桥头，西至七里河，南至皋兰山麓，北至庙滩子，面积16平方公里，人口17.2万余人。1944年，市区范围扩大至东区仍以东岗镇桥头为界，西至土门墩，南至五泉以迄皋兰山顶，黄河北岸西至刘家堡，东到盐场堡，面积扩大为146平方公里。市政府下设置秘书处、警察、社会、工务、财政五个局及卫生事务所、参事室、会计室等。兰州市区的扩展，使得原属省会驻地的皋兰县迁移县政府。1945年，皋兰县政府由今城关区武都路迁到盐场堡。1946年，又迁至今城关区曹家厅。另外，兰州设市后，省政府随即于同年8月，调整甘肃行政督察区，兰州市及皋兰县都由省政府直辖。此后，甘肃省虽多次调整全省行政督察区，但兰州市及皋兰县仍隶属于省政府。1949年8月，随着兰州市、皋兰县的解放，二者直属于甘肃行政公署。同年12月1日，兰州市开始管辖皋兰县。[①]

在市区建设方面，蔡孟坚一上任便抱定决心，"拿出战斗的精神，保姆的心肠，移山的意志"来改造这个还固执地保留着许多封建传统习俗的地方。在就职宣誓时，蔡孟坚大声疾呼"建信第一，建市第二""我不是兰州的市长，我是兰州的工头"。他将改善交通、促进市区繁荣作为工作的重点，采取"先拆后看"的措施，即先从拆马路、促进市区建设做起。工务

---

① 皋兰县县志编纂委员会编：《皋兰县志》，甘肃人民出版社1999年版，第72页。

方面首先集中力量拓宽七条旧马路，又新辟林森路（今永昌路南段）。该路由黄河边经城内直达西北大厦，沿线需要拆除的房屋甚多，尤其此路北段的18所房屋为宁夏省主席马鸿逵所有。为了让马鸿逵主动拆屋，蔡孟坚灵活处置，将此段马鸿逵之父马福祥的别号命名为"云亭路"，以示纪念其功勋之意。马鸿逵闻之无偿同意拆除，该路顺利完工。

在蔡孟坚的带领下，家家动员、人人做工，兰州市区道路建设取得比较好的成绩。1941年起，兰州开通了公共汽车。公交车由新绥公司的6辆汽车改装而成，虽车身高、窗户小、无座位，但可容纳30多人，并且开通了两条运营线，由中央广场可直达十里店。1942年8月，蒋介石携夫人宋美龄巡视西北来到兰州，见修整后的马路十分整洁、宽敞，认为在这保守性很强的地区，能拆通马路，取得如此成绩，实属不易，于是召见蔡孟坚并勉励他主政下的兰州能成为整个大后方的示范。

除整修马路外，蔡孟坚还将日机炸毁后的普照寺中山市场辟为兰园。他发动市民在原址中心修建了一座可容纳500余人的抗建堂，然后在旁边开辟广场，内分网、篮球场等，四周改建公共浴池、灭虱站、弹子房，供应市民娱乐。因建造兰园时蔡孟坚亲自挑土，报社撰写《市长挑土记》一文被传为美谈。除此之外，将接近该处的房屋设为模范小学及一处招待所，命名为"思危斋"，取"居安思危"之意，目的让大家了解其为日军轰炸后所建。因兰州为西北后方军事、交通和文化教育重镇，名人政要来此者甚多，故市政府在皋兰山下建筑了一所国际性现代化大饭店，取名"西北大厦"。该大厦除客厅、餐厅、娱乐场所外，还有旅客卧房80余间，交由中国旅行社经营。1944年，美国副总统华莱士来兰便下榻在此。

为全面改变兰州的落伍气象，建设新时代都市，市政府颁布了十项禁令：第一，禁止两人坐人力车、自行车及牲畜；第二，禁止在行人道上停车走马；第三，禁止沿街摆设摊担，呼叫兜卖；第四，禁止铺户门首张悬破烂布篷；第五，禁止在规定地点以外张贴壁报广告及招贴；第六，禁止在马路上倾倒垃圾，泼洒污水；第七，禁止儿童赤身裸体；第八，禁止行路吸烟及随地吐痰；第九，禁止乞丐贫民沿街乞讨；第十，禁止行人摇折

行道树。① 当时兰州市郊许多男女孩童因为贫穷而不穿裤子，蔡孟坚决议缝制若干布裤，分发救济。此外，针对旧式厕所不卫生及蝇蛆问题，1944 年，市政府积极修建新式公共厕所。至 1945 年，兰州市共有公厕 27 座。

在蔡孟坚及全市人民的共同努力下，兰州市建设取得了一定成就。道路整洁，新式建筑林立，市民素质有所提高，遗风陋习得到部分改善，整体呈现出与以往大为不同的现代化都市气息。1946 年春，孙汝楠继蔡孟坚担任兰州市长，在已有基础上，兰州建设进一步走向新生。

四、国立西北师院迁兰

全民族抗战以前，我国高等教育主要集中于平、沪一带，西北、西南广大地区大专院校为数甚少。1931 年，全国共有 76 所公立与私立高校，其中上海 18 所、北平 12 所、河北 8 所②，而西北地区却只有地处乌鲁木齐的新疆学院和位于兰州的甘肃学院两所高等院校，就连当时经济相对发达的陕西省也无一所高校。为加强西北高等教育建设，1933 年，国民政府教育部欲将国立北平师范大学迁往西安。但此计划因种种困难，未能落地实施。全民族抗战爆发后，华北、华南地区被日军侵占，偌大的华北地区竟无法安放一张平静的书桌，而西南、西北地区成为重要的抗战大后方，成为支援中国抗战的重要战略回旋空间。为了维持中国高等教育命脉，保持战时高等教育不辍，高校西进成为迫在眉睫之事。

1937 年 9 月 10 日，国民政府教育部电令"以北平大学、北平师范大学、北洋工学院和北平研究院等院校为基干，设立西安临时大学"。接到命令后，北平师范大学校长李蒸经青岛、济南到达南京，与教育部进行接洽，然后会同北平大学校长徐诵明，新任命的西安临时大学常委陈剑翛同车前往西安，着手西安临时大学的筹备工作。西安临时大学建立仅数月，晋南战事吃紧。出于对师生的安全考虑，也为促进后方建设生产，增强国家抗

---

① 《市府昨日例会重申整饬市容十项禁令》，《甘肃民国日报》1944 年 6 月 22 日。
② 教育部：《第一次中国教育年鉴》，开明书店 1934 年版，第 19 页。

战力量起见，西安临时大学迁往汉中，途中接教育部命令改名西北联合大学，并选址城固。迁往城固的西北联大，因地盘狭小，交通不便，政争党争不断，以及国民政府开发西北的既定方针，遂逐步将西北联大分立为国立西北工学院、国立西北农学院、国立西北师范学院、国立西北医学院和国立西北大学五院校。国立西北师范学院 1939 年 8 月成立，由西北联大师范学院（北平师范大学）整体改制组建，校长仍为李蒸。

全民族抗战时期的甘肃，除了原有的甘肃学院一所高校之外，1939 年，教育部又在甘肃创设国立西北技艺专科学校。尽管如此，甘肃省的高等教育资源仍十分短缺，高等师范教育更是阙如。抗战军兴，为国家培养和输送有志知识青年为教育头等大事。时人认为"最低限度，各省须有一个师范大学或师范学院，每县须有一个师范学校或简易师范，然后才谈得到普及教育"①。因是之故，为谋大量培植西北中等学校师资，平衡我国教育资源，解决陕、甘、宁、青等省中等学生升学困难，建立西北高等教育基础，改善办学环境和推进大学分布均衡等问题，1940 年 4 月，教育部长陈立夫签署训令，对汉中地区的大学进行了重新规划，力促西北师院进一步西迁至兰州。得到国立西北师范学院迁兰的消息，甘肃省各界极为振奋，甘肃省临时参议会快速发电邀请，"贵院历史悠久，成绩卓著，海内飞声，比闻有奉令迁甘之议，将于西北整个文化推进贡献重大力量，本会代表全甘民众欢迎并愿切实赞助，盼早来临"②。

国立西北师范学院继续向西迁往兰州，不少师生对此颇有微词，面对此情，教育部长陈立夫致信李蒸："西北师范学院实为师大之支衍"，"要借助你们北平师大的力量发展西北教育事业"，希望师院以"吾道西行"的精神，"共图师范教育使命之完成，为民族复兴奠立精神之基础，则非徒为西北一隅"。李蒸院长从国家大局出发，一边耐心说服动员教职工，一边恳请教育当局予以经费上支持和时间上宽限。1940 年 6 月和 1941 年 4 月，李蒸

---

① 邓萃英：《建国应注意师范教育》，《国立西北师范学院校务汇报》1945 年第 81 期，第 2 页。

② 《为代表全甘民众欢迎贵院早日迁甘请查照由》，甘肃省档案馆藏，档案号：33-6-7。

两次前往兰州勘察校址。在时任甘肃省教育厅厅长郑通和及师院校友郭维屏等人的帮助下，李蒸最终选定城西十里店作为新校址所在地。李蒸讲兰州校址的选择应符合以下要求：第一，学校不能设在城内，应该选择离城10—15里的地方，一是防止日军空袭；二是考虑到国立西北师范学院作为一个师范教育机关，不太适合设在城内。第二，要交通方便，最低限度能通汽车和人力车。第三，必须能见到黄河，一则为风景问题；二则为吃水问题。当校址勘定后，李蒸的心情异常兴奋。他独自坐在十里店的沙滩上，想象一座现代化的高等学府即将拔地而起，那是多么有意义的事啊！

由于经费支绌，教育部和学校决定自 1941 年"在兰新招、城固停招"的方式逐年迁移。1941 年 12 月 3 日，兰州分院开学，李蒸亲自从陕南到达兰州，主持典礼，兰州各界派代表出席，因为"该院此次奉命在此设立分院，为抗战以来，国立大学迁甘之第一个"，意义非凡。①

西北师范学院迁兰后，一批知名教授也随之而来。李蒸院长多方求贤，以真情感化了当时国内一批名流莅院，如聘请教务主任兼国文系主任黎锦熙、训导主任兼体育系主任袁敦礼、英语系主任张舜琴、史地系主任谌亚达、公民训育系主任王凤岗、数学系主任赵进义、理化系主任刘拓、博物系主任郭毓彬、教育系主任李建勋、家政系主任齐国樑，以及金澍荣、马师儒、郝耀东、鲁世英、程克敬、谭戒甫、王耀东、何士骥、高文源、方永蒸、胡国钰、唐得源、董守义、徐英超、黄国璋、陆懋德、邹豹君、殷祖英、李镜湖、刘朴、刘亦珩、张德馨、傅种孙、张贻侗、朱有宣、汪堃仁、孙之淑、王非曼、杨立奎等知名教授。进一步，由于这些知名教授的邀请，国内外一大批学术名流如顾颉刚、向达、夏鼐、李约瑟等莅临师院讲学论道，堪称佳话。他们将我国文化教育的优良传统和长期积累的办理高等学校的经验带到了兰州，为兰州增添了新的文化活力，缩小了兰州地区和东部地区教育的差距。

历时四载，截至 1944 年暑假，国立西北师范学院全部迁至兰州。12 月

---

① 《西北师范学院兰州分院开学》，《西北文化日报》1941 年 12 月 6 日。

17 日，学校举行建校 42 周年纪念，李蒸院长别有意味地提出了"收复失校"的使命，他说："自二十九年起，本院奉令迁兰，历时四载，艰苦备尝，但幸能于本年暑后完成迁校大计，奠定西北高等教育基础，粗具规模。此后自当秉承教育部意旨，负起培养西北各省中等学校师资，促进文化建设之重大使命。"1944 年底，在校学生数 1010 人，教师 159 人（其中教授51 人，副教授 26 人），职工 66 人。西北师院附中于 1943 年在兰州十里店设立分校，1945 年全部迁到兰州。《西北学报》介绍西北师院："上至研究所，下至小学幼儿园，无不具备……从它的历史以及目前的规模看来，实在是西北的一个庞大而完整的最高学府。"

由于较强的教学科研实力，西北师范学院还是部分高校的直接创建者。1944 年，西北师院教育系郝耀东教授直接参与筹建了陕西师范专科学校，即今天陕西师范大学的前身。1946 年，袁敦礼教授担任新筹组的北京师范学院院长。1953 年，中央体育学院（今北京体育大学）成立，其筹建者即为西北师院体育系徐英超教授。1954 年，由原西北师院体育系和西北体育干部训练班合并建立西安体育学院。这些高校至今都是国内外有重要影响的教育机构，其中西北师院的筚路蓝缕之功不可磨灭。[①]

从北平师范大学到西北师范学院，从燕山脚下到黄河之滨，中国优质高等师范教育向西推进了 1000 余公里，成为抗战时期西北地区第一所国立高等师范学院，亦是国内最大的师范学院，被时人誉之为"西北教育的拓荒者""开发西北教育的急先锋""西北师范教育的摇篮"，初步改变了中国高等教育东多西少的基本格局，为西北开发做出了重要贡献。揆诸后来史实，西北师范学院在抗战的艰难困苦中，为国家培养了大批人才，促进了中国师范教育的发展壮大，为战后中国师范教育均衡布局提供了典范。1946年，国立西北师范学院 300 余名师生前往北京，组建北平师范学院，后发展成今日的北京师范大学；一部分师生继续留在兰州，发展成今天的西北师范大学。两所姊妹学校同气连枝，共同谱写了中国师范教育的华丽篇章。

---

① 张俊宗：《近代西北师范大学与中国高等教育》，《团结报》2021 年 8 月 26 日。

五、名人政要访兰州

全民族抗战爆发后，兰州作为西北重镇，名人政要纷纷来此考察访问、留下了诸多名篇佳话。

1934 年夏，著名小说家张恨水来到兰州，在他的笔下，提到了诸多兰州的风物名胜，如中山铁桥、白塔寺、五泉山、小西湖、庄严寺、牛皮筏子以及民生民情，他认为"兰州虽是边省的省治，可是指古时而言。现在我们把中华全国地图打开来一看，在正中的地方，书一个十字，那么，我们就可以在十字中心点附近，发现兰州这个地名。所以到兰州来，名义上是繁华边界，实际上是到了中国的中央。这里在西方人看来，也是西北的上海，西向新疆、青海，以及西藏北部，都由这里，运了货物去。北向宁夏、蒙古，也有买卖，所以在商业上，兰州是很有地位的"。

1935 年，地质学家孙健初与周宗浚在兰州时，看到兰州市面萧条，民众贫苦，乞丐处处可见，更有市民街头卧吸鸦片的惨状。这让孙健初更加坚定实业救国的思想，坚定考察西北地质的决心。1937 年初，中国煤油探矿处的美国专家韦勒博士看到兰州"城墙外紧挨着黄河，城内重要商业区人口稠密，但街道很窄，道路没有铺设路面，两旁是一个挨一个的小商店。两层楼房很少，不论城墙还是房屋都是泥土筑成，看起来异常单调。漂亮一点的建筑则是在中国很普遍的灰砖和灰瓦房屋。这里靠黄河，但没有供水设施，大街上每天可以看到成排的挑水苦力，他们用扁担和木桶挑河水，这里一年前才有电灯，但电力很不足，只是到天黑才开始供电"。[①] 1938 年，孙健初请缨第三次前往玉门主持油矿勘探及开采工作，路过兰州时，发现短短几年时间，兰州整体比以前变化许多，"街道也热闹的多了，增加的旅馆不少。原来这里只有秦腔剧团，现在京剧、豫剧的海报也贴在街头。这

---

① ［美］J. M. 韦勒著：《戈壁驼队——中美地质学家西北找油纪实（1937—1938）》，赵辛而译，石油工业出版社 1992 年版，第 59 页。

是由于战时以来，西兰公路与兰新公路畅通，苏联援华物资多从这里集输。不少沦陷区的有钱人也来到这里避难"。

1938 年 4 月，萧军来到兰州担任《民国日报》副刊《西北文艺》编辑。其间他先后发表了《补白二章：造奇的精神？左右做人难》《应该怎样准备我们自己》等文章，以激发兰州大众的抗日热情。当时榆中县县长王云海之女王德芬在兰州表演抗战戏剧《放下你的鞭子》，二人一见倾心。萧军喜欢纯朴天真、思想大胆的王德芬，王德芬也倾慕才华横溢、真挚热烈的萧军。1938 年 6 月，萧军因左翼作家身份被迫离开兰州，王德芬含泪辞别父母随萧军离开。此后两人风雨同舟，相互扶持走过了 50 年。

1939 年 1 月，茅盾来到兰州做题为《抗战与文艺》的讲演。他告诉兰州文学青年"前线将士是应当描写的，但后方民众生活状态，也都与抗战有连带关系，我们能够把握住后方的现实去描写，那末写出来的东西也是抗战的"①，这给大后方的文艺创作指明了方向。1939 年 6 月 28 日，老舍以中华全国文艺界抗敌协会代表的身份，随全国慰劳总会北路慰问团从重庆出发。历经五个多月，来到兰州，虽然只短短停留了四天，但他对兰州抗战文化的发展充满信心。他在兰州做了《两年来抗战中的文艺运动》的演讲，鼓励西北各地的文艺青年不要害怕，放胆去写。回到重庆后，他在《归自西北》中写道："从富源，从历史，从国际路线，从时局，从民族与宗教，这几方面来看，我们都应当立刻矫正一向对西北的误解与望而生畏的态度，而且，特别值得我们注意与兴奋的，便是在抗战中我们已经有了一个新西北。"因此，他倡议有识之士"注意西北，到西北去"。他认为"建设的心理已在西北存在，人才，还差得很多。那才是西北的真正问题"②。

抗战时期，大批艺术家也来到兰州，采风作画，影响颇大。1938 年 4 月，音乐家王洛宾辗转来到兰州，住在当时的炭市街（今中山路）49 号，

---

① 茅盾：《抗战与文艺》，《现代评坛》1939 年第 4 卷第 11 期，第 6 页。

② 老舍：《归自西北》，《改进》1940 年第 2 卷第 9 期，第 353—355 页。

在西关车马店，从一位运送苏联援助抗日物资的新疆维吾尔族司机那里学习、记录、改编了《达坂城的姑娘》，这是全国第一首经过专业工作者收集、整理的维吾尔族民歌。很快，《达坂城的姑娘》在兰州的大街小巷不胫而走，继而传遍全国各地。此后一年多时间，王洛宾行至青海、甘肃等许多地方，在记录、学习民间歌曲中逐渐积累了音乐创作的素材，先后改编创作了《青春舞曲》《虹彩妹妹》《曼丽》等民歌。

1939 年 12 月，电影艺术家郑君里为录制《民族万岁》纪录片来到兰州，他目睹了该月 26 日、27 日和 28 日日军疯狂轰炸兰州的悲惨场面。26 日中午 11 点解除警报，回到城中，"一转入南大街，就看见那残酷的被炸的全部惨象，所有的一切大商号都被炸倒，货物狼藉在满地"。"兰州已经被破坏了五分之二，所有的大一点的建筑物都炸得光光的……" 27 日，敌机约百架分三批袭兰。作者真实地记载了兰州被炸后的人和物，强烈谴责了日本帝国主义对手无寸铁的民众轰炸所造成的不可估量的损失。

1941 年 5 月，张大千携夫人杨宛君、次子张心智自成都来兰州。听闻兰州兴隆山风景秀丽，慕名前往。一行人登上西山"栖云山"，在晨光的照耀下，兴隆山林木葱郁，庙宇楼阁点缀其间，"兴隆"与"栖云"两山之间河水潺潺，云龙桥横跨其上，景色十分美丽。张大千将这些美景印在心上，画于笔端，绘成一幅草图。回到兰州后，他连续几天不出门，在草图的基础上创作出《兴龙山色》图。

抗战时期，一批政府大员莅临兰州，探讨西北开发事宜。1941 年 10 月，国民政府监察院院长于右任来甘肃了解政情。因于右任母亲是甘肃静宁人，所以他常说："陕西是我的父亲，甘肃是我的母亲。"来兰之前，于右任专程赴敦煌调查。见莫高窟不少洞窟濒于坍塌，壁画大块脱落，地方当局却听之任之，敦煌宝藏几乎处于逐渐消亡的状态。回到兰州后，他立即与地方当局商讨保护事宜。在于右任等一批爱国人士的强力推动下，1944 年，国立敦煌艺术研究所成立，常书鸿任首任所长，这是我国第一次从国家层面对敦煌宝藏进行科学保护与研究，结束了 400 多年来看管不力的局面。在兰期间，于右任赴兴隆山谒奠成吉思汗陵①，并作《兴隆山谒成陵》一诗表达盼望抗日胜利、国家统一、民族富强之愿。全诗云："兴隆山畔高歌，曾瞻无敌金戈。遗诏焚香读过，大王问我：几时收复山河？"随后，又为时迁榆中的兰州师范、兰州农校两校师生做题为《西北的牧羊儿》的讲话。在讲话中，于右任鼓励学生认真读书，劝解西北青年们奋发向上，为西北、为国家贡献力量。1946 年 9 月，于右任第二次来兰州。这一次他品尝了马保子牛肉面。作为嗜面的西北人，于右任称赞兰州牛肉面是绝妙的美味，回到重庆后还传扬不止，成为兰州牛肉面最早的代言人之一。

1942 年 8 月 15 日，蒋介石夫妇在钱大钧、顾祝同、戴笠、吴忠信、贺耀组等随从陪同下自重庆飞往兰州，入住华林坪北端的九间楼，开始为期一个月的西北之行。此次蒋介石来兰巡视具有抗战和建国的双重性质。一方面向各民族广泛宣传抗战，增强抗日民族意识，激发民族自信心；另一方面亲自主持和参加总理纪念周、扩大纪念周等仪式，发表训词、书告，宣传国家大政方针。在兰期间，蒋介石对西北的政治、军事和经济发展多所擘画，提出"西南是抗战根据地，西北是抗战建国根据地"②，由此开启了西北开发的另一次高潮。尤其值得一提的是，蒋介石在兰通过政治和军事双重手段，解决了新疆盛世才的内向问题。他在 1942 年底的总反省录中说："新疆省主席兼督办盛世才于 7 月间公开反正，归顺中央，效忠党国，而河西走廊马步青军队，亦完全撤退于青海。于是兰州以西直达伊犁直径 3000 公里之领土，全部收复，此为国民政府成立以来，最大之成功，其面积实倍于东北三省也。此不仅领土收回而已，而新疆归诚中央以后，我抗战之后方完全巩固……此非上帝赐予中华民族之恩泽，决不能致此也。"③

---

① 成吉思汗陵寝原在内蒙古伊克昭盟的伊金霍洛旗。1939 年 1 月，日伪军向伊盟发动进攻，并扬言要在 3 月 21 日前攻占伊金霍洛，夺取成陵。在此背景下，伊克昭盟盟长兼成吉思汗陵"济农"沙王（沙克都尔扎布）赴重庆向中央政府请求迁移成陵，得到国民政府的批准。1939 年 6 月，成陵起迁，7 月，奉安甘肃省榆中县兴隆山。之后，蒋介石、于右任、陈立夫、蒋经国、朱绍良、谷正伦、陈嘉庚等政要名流前往祭祀拜谒者甚多。

② 蒋介石：《开发西北的方针》，《中央周刊》1943 年第 27 期，第 172 页。

③ 《蒋中正日记》手抄本，1942 年，第 186 页。

随着 1944 年盛世才被调离新疆，国民政府对新疆的人事任命、军事外交、党化教育、资源开发等更加有效把控。

因兰州为国际通道枢纽的缘故，不少国外政要和名流也前往兰州参观考察。1943 年，中英科学合作馆负责人，中国科技史家李约瑟抵达兰州。李约瑟站在他者的视角，对兰州给予了高度评价，他认为"兰州是中国在中亚的门户"，"是重要的医药中心"，"它还是很近代化，而且它的城墙、城台和城门矗立在有名的黄河边辽阔的黄土山谷中，气势宏伟动人"，"作为一个最早的科学和工业中心及联系中亚的纽带，兰州不仅在现在，而且在将来也举足轻重"①。1944 年，美国副总统华莱士自苏联前来访华，途经兰州，下榻于西北大厦。兰州的京剧社班快乐生力社招待演出《霸王别姬》，华莱士对演员精湛的演技称赞不已。为表其对成吉思汗的崇敬之意，华莱士在建设厅厅长张心一、外交特派员凌其翰等人陪同下前往成陵致祭。② 华莱士此行，还为兰州带来了几十种植物种子，其中最值得注意的就是"蜜露瓜"种子。"蜜露瓜"种子在次年即有收获，甜度高于美国所产，当时称为"华莱士瓜"。1952 年 10 月，甘肃省政府主席邓宝珊指示，经甘肃省各族各界人民代表政治协商委员会研究，根据此瓜皮纯白，源于兰州之意，改名为"白兰瓜"，从此白兰瓜称谓沿用至今。

上述所列举名人政要莅临兰州者只是一小部分，还有众多贤达到兰州，他们的到来促进了兰州地区抗日救亡文化运动的发展和繁荣，提升了兰州的知名度，成为宣传兰州最有力的"名片"。

第三节　兰州的近代化

近代以来，因列强环伺与边疆危机加剧，甘肃逐渐由中央政府的视野边缘走向中心。北洋政府时期，甘肃的社会、经济、文化在转型中缓慢发

---

① 李约瑟、李大斐编著：《李约瑟游记》，余廷明等译，贵州人民出版社 1999 年版，第 145 页。
② 《华莱士副总统致祭成陵》，《边疆通讯》1944 年第 2 卷第 8 期，第 11 页。

展。南京国民政府的统治在甘肃确立后，提出了"开发西北"的口号，掀起了西北开发的热潮，兰州经济社会得到了进一步发展。全民族抗战爆发后，随着兰州西北抗战大后方地位的确立，兰州的近代化进程逐步加快，为区域经济发展和抗战胜利做出了重要贡献。

一、新式工商业和金融业

（一）工商业

全民族抗战爆发前兰州仅有制革、纺织、冶炼、印刷、火柴、纸烟等轻工业，且多以手工业生产为主。张广建督甘期间，重视发展地方经济，注意交通和实业建设。1916 年，甘肃机器局在原甘肃贡院成立，实行严格的工人管理制度。陆洪涛主政期间，提倡发展实业，以期开浚利源。1922年，聘请留美归国学生赵元贞主持兴办甘肃矿师养成所。国民军入主兰州后，刘郁芬将天水的造币厂机器迁入兰州。此外，国民军在兰州相继开设了各类新式工厂，如济贫工厂、甘肃省立工科学校附设工厂，并将天水工艺厂制革部分迁移兰州，建立甘肃制革厂。1929 年，孙连仲在小西湖建立同生火柴厂。1935 年，兰州电灯电话局改为兰州电灯厂。甘肃第一家采用动力制烟机生产卷烟的工厂华陇烟草公司成立，生产"五泉山"牌、"北塔"牌等三种纸烟。这一时期，"惟火柴一项，因本省所制者，价廉而适用，故颇可倾销本省及邻省，外货无由推销，此诚甘肃工业界所可自豪者"[①]，其他无足称道。

全面抗战爆发后，为了战时经济的需要，兰州近代工业出现了短暂繁荣，改变了以旧式手工业为主的落后局面，呈现出新的格局。

首先，工厂数量增加，规模扩大，资金、技术力量得到充实。1938 年以前，兰州仅拥有机械、纺织、制革、面粉、制药、玻璃、化学、火柴、纸烟等机制工业 27 家，工人不过数百人，总资本额约二三百万元。到 1942 年，机制工业数为 121 家，工人数为 1526 人，总资本额为 1476 万元；到

---

① 潘益民编纂：《兰州之工业与金融》，商务印书馆 1936 年版，第 35 页。

1944 年 6 月，机制工业数达到 236 家，工人数为 3383 人，资本总额为 1 亿余元，分别比战前增长数倍至数十倍。毛纺织业、制革业、造纸业等行业由于机械设备的广泛运用，不仅提高了生产效率，而且提高了产品的质量。

其次，重工业和一些新兴工业出现。因着抗战需要，国民政府优先发展重工业，以支援抗战。在煤炭业方面，1943 年 11 月，永登煤矿局与阿干镇煤矿厂合并为甘肃煤矿局，煤炭产量逐年增加，1942 年为 3249 吨，1943 年为 7864 吨，1944 年为 14326 吨，1945 年为 18959 吨。在电力工业方面，资源委员会与甘肃省政府合作，对兰州电业进行改组扩充，在电灯厂的基础上，组建兰州电厂，发电量逐年大增，1938 年 122530 度，1939 年 403327 度，1940 年 527993 度，1941 年 765893 度，1942 年 1241987 度，1943 年 1842690 度，1944 年 2885309 度，1945 年 3502814 度。兰州电厂在 1938 年时，表灯、包灯、电力用户共计为 973 户，1939 年增至 985 户，1940 年增至 1070 户，1941 年增至 1234 户，1942 年增至 1497 户，1943 年增至 2441 户，1944 年增至 3399 户，1945 年增至 3663 户。[①] 化工方面，有化工材料厂、雍兴公司兰州实用化工厂、自强化学工业有限公司等；玻璃业方面，有明华、锦生两家玻璃厂；水泥业方面，有甘肃水泥厂；制药业方面，卫生署在兰州建立了西北制药厂，资本 1000 万元，主要出品硫酸镁、硫酸钠、高锰酸钾等。

再次，机械化程度有所提高。全民族抗战前，兰州机制工业发展缓慢，机制工厂仅有 27 家，抗战结束后，增加到 121 家。机制工业数量的增加，使工业生产的机械化程度不断增加。1945 年 2 月，兰州市机器业靠电力推动的作业机，有车床 86 部、刨床 21 部、钻床 35 部。

最后，民营资本数量增加。1940 年，上海实业家刘鸿生与兰州复兴商业公司西北分公司合资，创办了西北洗毛厂，1943 年，筹建西北毛纺厂。据 1944 年调查，在兰州 38 家重铁工业中，有 30 家为民族资本企业。在兰州 14 家化学工厂中 10 家为私营。此外，面粉、纺织、烟草等行业，民营资

---

① 《事业述要》，甘肃省档案馆藏，档案号：67-1-312。

本都占有一定的比例，但多是中小规模，没有形成较大的民营资本集团。

总之，全民族抗战时期，国民政府高度重视兰州发展，并以国家力量有计划地推动兰州的生产建设事业，工业发展达到一定规模，在兰州经济体系中起着越来越重要的作用。兰州近代工业体系的雏形已初步确立，"一个新工业基地的浮雕已呈现在我们的面前"①。

就商业而言，1937 年后，随着沦陷区人口及资金的不断涌入，兰州商业一度活跃，成为全国重要的商业城市。1941 年建市后，兰州有商户约1110 家，1943 年增加到 1398 家，1944 年猛增为 2071 家，1945 年则为 2178家。从事商业的人数达到了 17379 人，超过了从事农业生产的人数。这些商人多以山西、陕西、河北、山东、河南等外地商人为主，大多为合伙经营。山西人在兰州的商帮有"上府帮""南路帮""绛太帮"，主要以海菜行业和行栈业为主。陕西商人则主要以水烟业为主。除了传统商帮，也有新的商帮出现。如食品行业中有东北迁兰的上海、大升、中国、天生园，陕帮和江浙帮所从事的金店行业，川帮所从事的杂货业等。商业经营规模也在这一时期不断扩大。据统计，1945 年，兰州市的商店总营业额达到 10 多亿元。除了闻名全国的水烟业外，有钱庄、布行、百货、食品、药铺、书籍文具、饮食旅店、理发、浴池等业。据 1943—1944 年统计，全市工商业及摊贩共达三千多户，形成稳定可靠的税源。

随着商业的发展，不断形成的新行会数量也明显增加。1942 年 1 月，成立皮货业同业公会。1942 年，兰州茶叶公会由战前的 40 家增长到 60 家。兰州行栈业同业公会成立于 1943 年，到 1945 年抗战胜利时，会员从 17 家增至 70 多家。为了更好地协调行业及行业与政府之间的关系，还成立了兰州市商会。商会在维护会员利益、促进商业发展方面起到了重要作用。

（二）金融业

1923 年，陆洪涛设置甘肃银行，后改名为甘肃农工银行。1924 年，中

---

① 刘尊棋：《进步中的甘肃工业》，《建国月刊》（金华）1940 年第 1 期，第 114 页。

国银行进驻兰州并设立支行。马鸿宾主政后，将西北银行与甘肃农业银行改组成立富陇银行，资金150万，采取董事会制。1933年，在兰州设立中央银行兰州支行。1935年，中国农民银行兰州支行成立，将中央银行等国家银行发行的钞票——法币，作为法定货币，停止货币流通及兑换现大洋。同时，有金融性质的社团——兰州钱商业同业公会等相继出现。此外，甘肃平市官钱总局也是甘肃重要的金融机构。这一时期，兰州金融业依然以传统的钱庄及银号居主导地位。

全面抗战爆发后，兰州成为西北抗战大后方的中心，是为国民政府抗战提供财力、物力的重要基地。这一时期，兰州地区新式银行相继设立，较完备的金融网开始形成。

第一，银行数量增加。截至1945年8月，兰州共有金融机构31家，其中国营7家、省营1家、市营1家、商营10家。此外，还有钱庄6家、保险3家、信托1家，外省银行驻甘办事处若干。① 兰州银行业中，国家行局除了四行总处设有兰州分处外，还有中国银行、交通银行以及邮政储金汇业局的分支机构；外地商业银行在兰的分行有：中国通商银行兰州分行、四明银行兰州分行、长江实业银行兰州分行、山西裕华银行兰州分行、大同银行兰州分行、永利银行兰州分行等；本地银行有：兰州市银行、兰州商业银行、甘肃省银行、甘肃省合作金库。形成了中央、地方、私营三级金融网络，在这一体系中，以国民政府中央的金融机构为核心，因资金雄厚，其经营活动足以影响兰州金融市场。

第二，业务的增加和规模的扩大。相较于全面抗战前的银行业，这一时期经营业务范围不断增加。如甘肃银行除办理各项存放款及汇兑业务外，还办理信托、代理公库等业务。主要负责收购物资、运销平价物品、运输业务、保险业务、协助省政及地方的建设事业等。随着银行办理业务范围的扩大，其经营规模也随之增长。据中央银行兰州分行1946年调查，兰州

① 王恭：《建国前夕的兰州金融》，《兰州文史资料选辑》第10辑，1989年，第239页。

市 18 家银行钱庄的存款总数为 29.3 亿多元，其中以甘肃省银行吸收存款最多，约占存款总额的半数。其次为中国通商银行，存款总数达 2 亿元以上，最后为永利银行及甘肃省合作金库，存款总数达 1.7 亿元。其他诸如兰州商业银行、亚西实业银行、思明银行等，均在 1 亿元以上，放款总额也达到了 13.45 亿元。全面抗战时期兰州银行业的快速发展，不仅向全省各地发放农业贷款，促进了农业生产，还投资甘肃工商业，成为发展地区工商业的重要资金来源，不仅为这一时期兰州乃至甘肃的经济发展做出了贡献，也为抗战胜利做出了重要贡献。

（三）工商业和金融业衰落

抗战胜利以后，国民政府还都南京，战略重心东移，作为大后方重镇兰州市的建设失去了国民政府的有力支持，发展受到一定限制。

在工业方面，抗战胜利以后，一批厂矿东迁，一些企业资金被抽走，大批技术人员东流，私营企业迫于多种因素，或被出售，或因业不抵债，将全部设备拍卖。如森森机器厂就因经济萧条将全部设备拍卖。国民政府为接收敌伪产业，将大后方各省的管理人员、技术人员大量抽调，一些厂矿受到了严重影响。资源委员会系统的 11 个单位，只保留甘肃煤矿局、兰州电厂等 3 个单位，其他 8 家单位或折价移交省政府或停办；雍兴公司所属 4 个厂中，兰州制药厂、兰州机器厂于 1945 年 10 月停产；中央卫生署属西北制药厂于 1945 年 11 月停产，后来与西北防疫处合并，缩编为西北生物化学制药试验厂；西北洗毛厂的主要投资者复兴公司 1946 年关闭，职工调回东部。这些厂矿都是抗战时期建设起来的骨干企业，他们的停产、东迁意味着兰州工业的发展受到巨大影响。

时人哀叹抗战胜利前夕"兰市七里河及黄河北岸，民营的毛织及纺纱工厂，计廿七家，肥皂工厂十一家，面粉厂三家，制革厂五家，机器厂十四家"，而抗战胜利两年后，"可怜兰州的工业日趋萎缩，毛织厂只剩一家，纺纱厂完全倒闭了，肥皂厂只剩了二家，面粉厂只剩了一家，制革厂剩了

两家，机器厂只剩三家。还都是资金不够周转，勉强支撑，思之痛心"[1]。从 1945 年 8 月到 1946 年 6 月不到一年的时间里，申请停产的工厂就有 46 家。1947 年兰州的工厂仅剩 130 余家。面对经济衰退的形势，兰州市也积极谋划应对之策，出台相关制度法规，虽在 1947 年有所好转，但好景不长，到 1949 年前后，兰州使用机器或半机器生产的企业只剩下 36 家。[2]

在商业方面，工业危机导致大批工人失业，商品供应减少，进而波及商业领域。首先，掮客泛滥。掮客即未取得合法资格而经营商业的人，此种经营属走私方式，货物进出皆逃避纳税，影响政府税收。其次，囤积居奇死灰复燃，严重扰乱商业市场。最后，物价飞涨。以面粉为例，1945 年，兰州市面粉每百斤价为 18 万元，到 1948 年则增长到 3600 万元，增长了 200 倍，大批中小商店倒闭。1948 年春，兰州倒闭商店 35 家。1949 年 5 月，申请停业者达 48 家，自动关门者 70 余家，从商人员大量失业。

在此期间，金融业开始出现了失衡局面，主要表现为商业放贷形势严峻。当时兰州市国家行局的储蓄 80% 为军事机关经费，15% 为普通行政机关经费，工商及国民储蓄合占 5%。中央银行储蓄额在百亿以上，执全市之牛耳；其次为中国、交通、邮汇局储蓄额在 50 亿以上至百亿之间；最后为中信局、农民银行储蓄额在 50 亿以下，30 亿以上。放款对象除农行侧重农贷外，其余各行多半是商业放款，或变相的商业放款，其间亦有生产事业或交通事业放款，但均系各行联合摊放。兰州各行庄吸收的存款，多用来作商业放款，商业放款占 70%；工矿放款占 15%；其他占 13%。至于农林、交通、教育文化事业的放款，不及 1%。

此外，抗战结束后，法币大量发行，造成恶性通货膨胀。货币币值朝夕万变，一般公教人员的工资"朝发而必需急换硬币或保存物资，否则无法度一家庭的饥寒"。人民只顾眼前利益，导致"游资泛滥市场，投机之风日炽"。通货膨胀加剧了财政危机，物价飞涨是经济崩溃的前兆，不只兰

---

① 郭玉峰：《兰州市当前经济之特征》，《储汇服务》1947 年第 76 期，第 23 页。
② 杨重琦、魏明孔：《兰州经济史》，兰州大学出版社 1991 年版，第 117 页。

州，整个国统区亦如此，预示着国民政府的统治已是日薄西山、摇摇欲坠了。

二、绿化兰州

兰州地处内陆，属于大陆性季风气候，日照多，降水少，虽然有黄河穿城而过，但两岸草木稀疏，童山濯濯。1925 年，国民军统治甘肃后，对兰州的市政建设做了一些工作。在时任甘肃省省长薛笃弼的认真负责和严格督办下，兰州社会建设为之一新。后任甘肃省政府主席刘郁芬为纪念孙中山先生，将五泉一带新植林命名为"中山林"。1927 年，甘肃省署在雁滩创办了全省第一个苗圃，从此兰州有了专业育苗基地。后来，在中山林、小西湖相继开辟了苗圃。

1941 年兰州建市后，建设兰州成为当局的主要任务。蔡孟坚出任兰州市长后，开始大刀阔斧地进行城市建设，"绿化兰州"成为其建设的主要目标之一。兰州设市后，成立了社会局，负责管理植树造林和育苗事务。1941 年，市政府组织在人行道植树，规定市民每人每年植树 5 株。南大街、中华路、中山路、东关、定西路、励志路等共植树 2233 株，多为刺槐、椿、榆等树。1942 年，在新辟的中山路、中正路、益民路、定西路等植树万余株。8 月，在兰州市政府纪念周会上，蔡孟坚请内政部张维翰演讲《如何造成一个园林化的兰州市》。同年，兰州市政府制定了《兰州市保护树木办法》，共 14 条。1945 年 11 月 28 日，市政府公布了《兰州市行道树冬季保护办法》8 条。1947 年 11 月，市政府为开展植树造林活动，专门到永靖采购大量树苗，要求市府全体职工，国民兵及市立小学五年级以上的学生约三千人，在忠烈祠后龙尾山腰植树。这是当时秋季植树造林规模最大的一次。1948 年秋季植树，限定地点为黄河北岸中正山种植。此外，为了提高树木成活率，市政府对植树方法进行指导。1949 年，市政府又规定各地所植树木，由当地政府机关负责保护，设置林警驻守巡视，并对历年所种树木予以清查、补植、整理。

关于甘肃建设发展的问题，蒋介石提出将造林绿化放在首位。1942 年 8

月 15 日，蒋介石在谷正伦夫妇陪同下游览五泉山时，见"泉水清澈，古木参天，足滋欣赏"，颇为轻松，看到黄河北岸植被稀疏，认为"此乃政治与国家之羞"，命令谷正伦"极力造林，以偿平生之愿"，并下拨造林经费。16 日，在榆中县栖云山、朝元观游览之时，蒋宋夫妇心情极佳，他认为此地"山明水秀，茂林清流，泉声清澈，风光幽雅，实为皋兰附近不可多得之风景"，应该努力加以保护。① 时任甘肃省建设厅厅长张心一在兰州水土保持、植树造林方面也有一定贡献，他在徐家山发动群众用水平沟、鱼鳞坑种植草、灌木和乔木试验，效果显著。

抗战胜利以后，兰州市市长孙汝楠撰文《展望新兰州》，他提出了新兰州建设的愿景是"田园化都市"，因为兰州气候温和，黄河贯流，两山夹峙，土地肥沃，瓜果飘香，中外称赞；且兰州为西北人文荟萃之区，气候环境均适宜读书研究。故建设田园化都市得天独厚。在他的另一篇文章《都市建设类型》中，他认为"在民生凋敝，财政拮据之情况下，洵应放弃美丽之憧憬，先以民生需要为前提，树立简单、朴素之建设风格，更应就各市地理环境、历史因素等等，渐奠都市之类型，如青岛、杭州等市趋向风景化都市，昆明、兰州等市，趋向田园化都市，汉口、太原等市，趋向工业化都市等等"②。明确提出兰州应建成田园都市，应该说这一定位是颇有远见卓识的。因此，如何因地制宜绿化兰州，成为这一时期兰州市政建设的重要工作。

经过兰州人民的不懈努力，兰州绿化事业取得了可观的成效。1941—1946 年，共栽植白榆、刺槐、臭椿、红柳、枸杞等 315486 株，成活 101834 株，成活率为 32.28%。持续的植树造林，扩大了兰州的绿化面积，促进了市容的改善，为都市增添了美丽景色。截至 1949 年底，兰州市人工林保存面积为 157.87 公顷，为新中国成立后兰州开展大规模城市绿化奠定了坚实的基础。

---

① 《蒋介石日记》手抄本，1942 年 8 月 16 日。
② 孙汝楠：《都市建设类型》，《市政评论》1949 年第 11 卷第 1—2 期，第 4 页。

三、现代医疗卫生系统的初步建立

晚清至北洋政府时期，因社会动荡，自然灾害频发，医疗卫生条件落后，引发多种传染病，造成了人口大量死亡，加之甘肃省财政拮据，对医疗卫生事业投入不足，难以满足广大民众的求医需要。南京国民政府建立后，颁布了一系列医疗卫生法规，并进行基础设施建设，包括设立医院、派员巡回施诊、管理医师、开办卫生教育机构、培养地方卫生人才等，兰州的现代医疗卫生在这一时期也相继得到了发展。

（一）甘肃省卫生实验处

1934 年 2 月 24 日，全国经济委员会成立了西北卫生事业调查团，任命姚寻源博士为西北卫生组主任，姚寻源等先后赴陕西、甘肃、宁夏等省进行卫生状况调查。6 月 27 日，姚寻源一行抵达兰州，运来二十多箱药品及器械，共同商议在兰筹办卫生实验处。[①] 9 月 1 日，甘肃省卫生实验处在兰州正式成立，作为全省最高的卫生行政机关，指挥督查全省的卫生医药、卫生医疗、卫生教育等。[②] 甘肃省卫生实验处隶属甘肃省政府，下设总务科、保健科、防病科、兽医科、技术室。甘肃省卫生实验处成立后，生存维艰，1937 年撤销。1939 年，随着西北抗战大后方地位的不断提升，行政院核准西北战时卫生建设计划，成立甘肃省卫生处，下设防疫检验科、医疗保健科、技术室、事务室等部门。

全民族抗战时期，兰州还设立了兰州中央医院、兰州中山医院、甘肃省立兰州医院、甘肃省立高级助产学校附设产院、中央西北医院、西北公路局医院等有较大规模的省属公立现代化医疗机构。此外，一些研究机构，诸如兰州大学医学院、中央卫生实验院西北分院、生物化学药品实验处西北试验厂也相继成立，分别担任卫生行政、医学教学、预防医疗及制造研

---

① 《西北防疫处筹备处：筹备员及药品已抵兰》，《甘肃民国日报》1934 年 6 月 27 日。
② 《甘肃省卫生建设事业概况》，《公共卫生月刊》1936 年第 3 期，第 204—207 页。

究等工作。这些医院和研究机构使兰州的医疗水平在当时的西北处于领先地位。

（二）甘肃省妇婴保健院

兰州在 20 世纪 30 年代以前，由于卫生设施差，医疗技术落后，特别是妇女分娩，全由旧式接生婆操作，既不卫生，更不安全，致使产妇和胎儿死亡率居高不下。1934 年，产科大夫陈怡迪女士创办兰州首家新式产院（在今城关区仓门巷）。这家私人医院在当时解决了部分妇女分娩的困难，同时也宣传了新法接生的优越性。1937 年，高金城大夫的夫人牟玉光女士在仓门巷开设了产科诊所。当时兰州上层较为开明的家庭都请牟女士接生，也为她协助高金城开展营救西路军助力不少。

1934 年，兰州开始筹设女子助产学校，地址在萃英门内。1935 年春季开学，初为卫生实验处的附属机构。同年秋，移交甘肃省教育厅管辖，校名改为甘肃省立高级助产学校，属中等职业学校，校长陈桂云，教导主任杨咏霓。全面抗战爆发后，妇幼保健事业也被加以重视。1942 年 5 月 1 日，甘肃省立高级助产学校附属产院正式成立，陈桂云担任主任。1943 年，卫生署中央实验院妇婴卫生系统主任杨崇瑞视察兰州，对甘肃妇婴卫生工作表示肯定，遂与甘肃省政府及卫生处协商筹建甘肃妇婴保健所，卫生署拨款 45 万元作为筹建资金。1943 年 9 月，产院与正在筹建的省妇婴保健所合并，除开展一切妇婴卫生工作外，还确定为全省妇婴卫生中心训练机构和妇婴卫生实习场所。1944 年 3 月，甘肃省妇婴保健所正式开诊，陈桂云任所长，同时兼任省立助产学校校长。1948 年 7 月，甘肃省妇婴保健所正式改称甘肃省妇婴保健院，并迁至中山林（现兰州市卫生学校）。医院成立后，对甘肃妇婴保健事业做出了巨大贡献，现已发展成甘肃省妇幼保健院，为西北地区的重要医疗机构之一。

（三）西北医学专科学校

20 世纪 30 年代，国民政府教育部通令各省，要求设立农学专科学校与医学专科学校。但当时甘肃的财政状况无力支持，无法专设一所医学专科学校，故甘肃学院院长邓春膏建议将资金拨给甘肃学院，在甘肃学院下设医科。1933 年 3 月，甘肃省政府正式批准甘肃学院设立本省历史上第一个"医学专修科"，首任医科主任为宋子安。医学专修科成立后，经邓春膏、宋子安等人多方筹款，得到了国民政府 1.5 万元的开办费和中英庚款董事会捐助医疗设备费 2 万元，购置了 X 光机、太阳灯等一批医疗器械、药品等。从 1933 年开办到 1942 年独立设校，甘肃学院医学科分别于 1933 年、1937年、1939 年招收三届学生共 81 人。专任教师有 13 人，其中教授、副教授 5人，讲师 5 人，教员 3 人。

1941 年 1 月，宋恪接任甘肃学院院长后，认为学院系科设置杂乱，文教、法、医都办，杂而不精，医科应呈请另设专门学校。1942 年 4 月 8 日，教育部下令为培养医学专门人才以适应西北环境之需要，决定在兰州设立国立西北医学专科学校。8 月，国立西北医学专科学校正式成立，齐清心为校长，校址选定在兰州市上西园。西北医专的诞生，对缺医少药、亟需医药人才的兰州，无疑是雪中送炭。西北医专办学条件虽然简陋，但学生学习、爱国热情不减他校，在抗战期间，踊跃参加抗战捐献慰劳，并积极报名参加远征军。

1942—1945 年，西北医专共招生 269 人，其中 4 年制 48 人，6 年制 177人，一年制调剂班、法医班 44 人。[①] 1946 年，国民政府教育部决定，将国立西北医学专科学校建制撤销，并入设在陕西的国立西北医学院，改名为国立西北医学院兰州分院。1946 年夏，并入新成立的国立兰州大学。自甘肃学院医学专修科设立到西北医学院兰州分院，至并入国立兰州大学，虽然开办的过程艰难曲折，但它的出现对于甘肃高等医学教育的发展具有划时代的意义，标志着甘肃高等医学教育从无到有迈出了重要一步。

（四）西式医院

在兰州的西式医院中，设立最早、影响最大的是于 1918 年成立的博德

---

① 周正蓉主编：《兰州大学校史·医学编》，兰州大学出版社 2009 年版，第 2—3 页。

恩医院（现兰州市第二人民医院）。博德恩医院是基督教医院，内设福音堂，故当时百姓多称其为"福音医院"，又因其地处黄河北岸，故称河北医院。这两个称谓均为民间称呼，其正式名称为博德恩纪念医院，是纪念捐资人威廉·W. 博德恩（William W. Borden）。博德恩 1887 年 11 月 1 日生于美国芝加哥库克县一个富商家庭，是波士顿乳业的继承人。1909 年耶鲁大学毕业后，博德恩加入教会组织"内地会"，有了前往中国西北宣教的想法，为此他专门到埃及开罗学习阿拉伯语。但学业未成就于 1913 年 4 月患脑膜炎不幸逝世，年仅 25 岁。博德恩之母痛失其子，遂捐其部分家产建筑此院。可见，博德恩医院的创办，有着雄厚的资金支持，此外，高水平医师也是筹办医院的重要标准，博德恩医院首任院长、英国人金品三大夫就是其中之一。

兰州市第二人民医院现存有金品三先生纪念碑①一方，对金大夫生平事迹有较为详细的记载。金品三为苏格兰人，信仰基督教，曾在爱丁堡学习医务技能，25 岁即获得医学博士学位。听中国西北诸省医疗条件落后，毅然于 1913 年来到兰州筹建博德恩医院。金大夫在医院不仅治病救人，还为甘肃培养了百余名医务工作者。1918 年 4 月 9 日，博德恩医院竣工，正式挂牌成立。该院当时占地三十余亩，楼房三座，内有房屋一百五十余间，分男女医院、麻风院等。地势三面负山，南面临河，风景绝佳。时任甘肃督军张广建亲自为其揭幕，并送上"活活泼泼"四字匾额，刘尔炘也赠"扁鹊再生"匾额一块。博德恩医院是当时兰州设备良好的现代化医院，也是甘肃乃至西北地区唯一一所相对正规的大型医院，在一定程度上促进了甘肃及西北地区的医疗卫生现代化。

总体来说，这些现代医疗卫生机构的产生与发展初步改变了甘肃医疗卫生事业落后的面貌，使民众初步养成了良好的公共卫生和个人习惯，减轻了流行疾病的威胁。但由于人才匮乏、战争破坏、区位劣势、经费困难

---

① 《博德恩医院院长金先生纪念碑》，载薛仰敬主编《兰州古今碑刻》，兰州大学出版社 2002 年版，第 394 页。

等诸多因素，甘肃现代医疗卫生事业一直举步维艰，直到新中国成立后，甘肃医疗卫生事业才进入了快速发展的新轨道。

四、日常生活的趋新

民国建立后，随着新思潮的不断传入，社会阶层不断分化，市民生活也日益趋新求异。全民族抗战爆发后，兰州战略地位显著提升，随着东部沦陷区民众的不断流入及部分企业、工厂、学校的内迁，兰州民众物质生活和精神娱乐生活发生了一系列变化，城市化特征逐渐显现。

（一）衣食住行

从服饰看，兰州市民的传统服饰主要包括瓜皮帽、汗褡子、对门襟褂子、长袍、短袖衫、皮袄等。汗褡子是兰州人所穿汗衫的俗称，其多用土布制成，圆领无袖，对襟布扣，透汗凉快，更显简洁清爽、潇洒利落。"亮肘儿"是兰州人对短袖衫的称呼，即女性所穿的无袖或短袖衫。"20世纪三四十年代以来，面料多为阴丹蓝士或月白色，也有淡红或玫瑰红滚花镶边的春秋装，类似于旗袍的上半身。"① 到了冬季，兰州人多用皮袄御寒，一般用绵羊皮制成。加上蓝黑颜色的织贡呢布面或羊皮缝制的领子，便成了一件体面保暖的冬大衣。

兰州人遵奉旧时传统，穿衣讲究男不露手、女不露脚，男不露脐、女不露皮。穿衣讲究分里外、合身份。穿衣风格整齐统一，忌混乱搭配衣服。休闲服和制服、工作服、礼服不可混穿；穿西装佩戴礼帽或前进帽；若穿圆头老布鞋，最好搭配对襟褂或休闲装。

全民族抗战爆发后，随着大量外来人口的迁入以及兰州与东部地区交流的深入，一些新式的服装出现在兰州市场，并且进入了寻常百姓家。部分百货店的广告也应时而生，如利成时百货店的广告为"本店运到皮鞋棉

---

① 蒙自福主编：《兰州民俗风物》，甘肃人民出版社2014年版，第109页。

鞋、妇女用品、冬令各货、新式鞋帽，一概齐全，欢迎主顾"①。

从饮食传统看，兰州市民主要以面食为主。除著名的清汤牛肉面外，还有诸如炒凉粉、芝麻烧饼、甜醅子、元宵、馄饨等地方特色传统美食。与此同时，各种新式食品也进入兰州市民的生活中。国内食品店开始在兰州设立分店，如上海天生园分店出售新式饮食品，中国酱园食品店为市民提供了糖果、海味、罐头、饮料、饼干等各种新式饮品，其中也不乏外国产品。这些新式饮品的大量出现，丰富了兰州市民的味蕾，备受市民喜爱。此外，面对长久以来困扰兰州市民的饮水问题，1946 年，甘肃省政府正式成立兰州自来水工程筹备委员会，计划分三期建成兰州自来水工程，满足市民需要。但由于财政困难和技术限制，导致这项筹建四年之久的工程最终夭折。

由于受两山夹一河地理格局的影响，兰州城市空间有限，兰州居民因地制宜，在平地建四合院，在崖边和平山上建悬楼，在黄河堤岸上建水榭，并利用黄土建箍窑，形成多姿多彩的民居文化。这些都是兰州自明清以来传统的居住形式。

全民族抗战爆发后，随着诸多企业、单位、学校的迁入，兰州人口数量在这一时期急剧增加。新式建筑也不断出现，"不仅城关之益民路、中山路、中正路、中华路等，全为近代建筑，即城外五泉山下，西郊七里河一带，洋房处处可见"②。如 1944 年 6 月落成的西北大厦成为一座国际性大饭店，当时官方的大型集会、宴会及周末舞会均在该处举行。新式建筑的出现虽然代表了兰州近代化的气息，但毕竟占比甚少，不能普遍反映兰州建筑近代化的整体面貌。

兰州居民日常出行主要是马车、人力车、羊皮筏子等交通工具，富贵人家或官员则乘坐绿呢大轿。随着兰州设市，轿车子、交通马车、洋车、公共交通汽车等新式交通工具陆续出现在市民的日常生活中。洋车引进兰

---

① 《利成时百货店》，《甘肃民国日报》1943 年 11 月 5 日。
② 西北局城工部编印：《兰州调查》，1949 年，第 3 页。

州后，发展迅速，据 1946 年统计，全市有洋车 900 余辆，从业人员 1100 余人。轿车子装饰高档，用于婚嫁、丧葬、迎送宾客，为当时较为高级的客运工具。交通马车全市约有 100 多辆，车厢宽大，能坐 12 人，成为金城一景，时人称"羊皮筏子当军舰、交通马车一大串"，这种状况一直延续到 1954 年全部被公共汽车所取代。1941 年，兰州利用新绥公司的 6 辆旧汽车改装，开办了公共交通汽车，由中央广场直达十里店。此后，又开通省政府至七里河，南门什字至十里店与七里河新线，中央广场至五泉山多条线路，便利了市民出行。① 但直到 1949 年解放，因诸多条件限制，市民的出行仍不尽如人意。

（二）娱乐生活

民国建立后，兰州市民的娱乐生活呈现出丰富多彩、形式多样的特征。传统的娱乐生活，诸如戏剧、庙会、游园等仍占主要地位，与此同时，电影、广播、音乐会、运动会等新的娱乐生活形式开始成为市民生活中必不可少的组成部分。

晚清至民国时期，秦腔一直是兰州市民最喜爱的戏种。民国初年，兰州有化俗社、得胜班、觉民学社、万和班、三兴社、中兴社等戏班，但大多成立不久便散班。20 世纪 30 年代，兰州相继成立了文化社、新兴社、新声社、正兴社、众英社、胜利剧团等。当时著名的演员有李喜凤、耿忠义、郗德育等。这个时期在兰州市活动的戏曲剧种除秦腔外，主要有京剧、豫剧、蒲剧、评剧、曲剧五个剧种。② 全民族抗战爆发后，话剧作为新生剧种，后来居上。主要话剧团有西北抗战剧团、天山剧团、联合剧团、抗日演剧宣传八队、青年剧社等，演出的主要剧目有《满江红》《屈原》《松花江上》《到前线去》《八百壮士》等。话剧通俗易懂，教育色彩浓厚，且多为当时民众最为关切的内容，因此备受喜爱。

---

① 《公共汽车加开五泉线》，《西北日报》1946 年 12 月 24 日。
② 张津梁主编：《兰州历史文化·表演艺术》，甘肃人民出版社 2007 年版，第 33 页。

庙会、游园作为中国传统民俗文化活动，在当时兰州市民的日常生活中仍然占据重要地位。诸如五泉山庙会、白塔山庙会、仁寿山桃花会等。五泉山作为兰州市民日常游玩的重要地方，民间素有"四月八浪五泉"的说法。《兰州日报》曾报道过兰州市民游览五泉山的盛况，"昨农历四月八日为山会正会之日，五泉山自晨至暮，热闹若市，游人如云。由城至山之数条大路，车水马龙，途之为塞。山上卖零食之小摊，时未日午，货已售完"①。五泉山受人喜爱程度由此可见一斑。白塔山庙会自农历三月十三日起，为期三天，庙会期间，兰州人扶老携幼，登山礼佛，谓之"走腰腿"。

逛安宁桃花会也是兰州市民长久以来的习俗，安宁堡的桃林东西绵延10余里，南北达3公里。每年春暖花开之时，一片绯红如火如荼，前往安宁欣赏桃花成了兰州市民春游的最佳去处，赏花期间，"茶馆酒肆设于田间树下，凉粉酿皮子、枣儿水等风味小吃担子，穿行花间；耍把戏的，卖大力丸的，拉场子表演；更有秦腔、河南梆子演出特色折子戏"。西北师范学院叶丁易教授曾作《安宁堡看桃花》，真切再现了桃花会的盛况，"蛰伏真如井底蛙，朝朝尘土蔽春华。停骖皆是城中客，携手共看十里花。岸远不来渔夫棹，霞深空忆美人家。自惭落拓非年少，也把花枝插帽斜"。在桃花盛开时，兰州汽车公司为方便游人往返，特别加开了游览客车，满足出行之需。

电影作为一种新兴生活方式于1918年传入兰州，时年富商韩子瞻在皖江会馆为张广建放映电影。1926年夏，兰州市民在辕门广场（今中央广场）观看了国产纪录片《冯玉祥》，轰动一时。1932年，王佐卿创办了兰州第一家电影院——新民电影院。1934年，启文电影院创办，播放《自由之花》《啼笑因缘》等有声电影。之后，兰州电影业迎来了短暂的繁荣，仅1939年就创办了8家电影院。1943年，兰州市政府在兰园创办兰园电影部和快乐生力电影部。

兰州电影业起步时期主要播放武侠神怪片，全民族抗战爆发后，一批

---

① 《五泉山会闹如市》，《兰州日报》1948年5月17日。

爱国影片相继引入，如新安旅行团来兰放映《民族痛史》《全国总动员》《儿童的抗战》《保卫大西北》等。国民政府军事委员会政治部电影放映第三队播放《抗战特辑》《防御战》《八百壮士》《保卫我们的国土》等影片40余场，观众达3万人次。该队在1942年首映郑君里执导的大型纪录片《民族万岁》，鼓舞了后方人民的抗日斗志。此外，一些外国影片也先后在兰州上映，主要以苏联、美国的影片为主，内容多为侦探、恐怖、歌舞、战争、爱情等，深受广大市民喜爱。

随着兰州城市化节奏的加快，广播、音乐会、展览、体育比赛等活动也成为这一时期市民娱乐生活的重要组成部分，在一定程度上昭示着兰州市民的日常生活正在逐步向近代化转型。

五、兰州解放

抗战结束后，中国面临着两种命运、两种前途的斗争。随着国民党统治危机的不断加深，四大家族官僚资本垄断控制金融业，国民政府财政失控，物价飞涨，国民党各级组织日益腐败，人民生活在水深火热中。中国共产党和各民主党派提出成立联合政府的主张，得到各方势力的积极响应。国民党内外交困，决定召开国民大会，实施宪政应对困局。为解决甘肃省严重的政治、经济、军事危机，1947年，国民党甘肃省第四届代表大会在兰州召开。与此同时，兰州地区中国共产党党组织恢复并不断发展壮大，积极领导人民群众反抗国民党反动统治，开展爱国民主运动，迎接兰州地区解放的革命斗争。

（一）中共党组织的发展壮大与爱国民主运动

1940年6月中国共产党甘肃工委领导机关遭破坏后，中国共产党在兰州的工作进入了一个"精干隐蔽"的"停顿"时期。1945年9月，中国共产党中央决定恢复重建中国共产党甘肃工委。1946年，中国共产党中央西北局派苏星到兰州进行恢复整顿工作。10月，甘肃工委派罗扬实为特派员，

到兰州主持党组织的恢复重建工作，他先后联系上了陆善亭、张一悟、杨春霖、金焯三、梁朝荣等共产党员，并培养考察了 30 余名积极分子。1947年 1 月，罗扬实主持召开兰州地区党组织恢复重建会议，正式成立了中国共产党兰州地区支部，开始积极发展组织，加强对群众斗争的领导，做好上层人士的统战工作。1948 年 3—4 月，中国共产党甘肃工委先后两次召开会议，决定以兰州为中心，成立以罗扬实为书记，葛曼、张生强任委员的中国共产党皋榆工委，做好积极发展和组织群众、大力发展党员、建立隐蔽战线、掌握合法武装、准备配合解放军等工作。到 1949 年兰州解放前夕，兰州地区先后建立了中国共产党洮啣工委、靖远县临时工委、兰州东区工委、兰州西区工委、金崖工委、兰州市学委 5 个县级工委，基层支部 100 多个，有党员 2100 多人。

随着兰州地区党组织的发展壮大，兰州地区的爱国民主运动迅速兴起。1947—1949 年，兰州先后爆发了印刷厂工人要求补发欠薪罢工、被服厂工人罢工、西北毛纺厂工人罢工、兰州理发工人和一林丰烟厂工人罢工及全市数百名教师参加的兰州市小学教师罢教索薪斗争，起因均源于国民党发动内战导致的物价飞涨、货币贬值、工资拖欠及资本家残酷压迫，客观上呼应和配合了全国各大中城市兴起的反饥饿、反内战、反迫害以及争取民主的斗争。

1947 年 5 月 20 日，南京爆发五二〇血案，消息传来，群情激奋，为抗议国民党反动暴政，兰州大学一千多名学生在共产党员陈仙洲的带领下举行罢课游行。国民党当局出动军警包围兰州大学，甚至架起机枪恐吓学生，此举激起了兰州各大中专学校学生的愤慨。6 月 2 日，兰州大学学生在中国共产党兰州市学委的领导下，在校内张贴"内战不止，民何以为""我们要吃饭，要自由"① 的标语，举行了大规模的游行，遭到了国民党宪兵的阻止。1949 年 3 月 29 日，由西北师范学院甘肃同学会发动，联合兰州各校两

① 中共甘肃省委党史研究室：《中国共产党甘肃历史》第 1 卷，中共党史出版社 2009 年版，第 670 页、第 679 页。

千多名师生，发起了反对国民党甘肃省政府发行"建设公债"的三二九运动，影响甚大。最终，这场在中共党组织的影响和推动下，由兰州各大中专院校进步学生参加的爱国运动取得了胜利，迫使国民党当局放弃了最后的搜刮摊派。参加组织、领导、发动这一运动的骨干和中坚分子，多数在兰州解放前夕，先后加入党的组织，为迎接和配合解放军解放兰州，做出了积极贡献。

1949 年 5 月，马步芳代理西北军政长官公署长官，接连出台了《整肃学校风纪》《户口连保》《紧急治罪法》以及限制共产党活动的反动法令，疯狂搜捕和杀害兰州的共产党地下党员，逮捕共产党员和进步人士达两千多人。陈仙洲、程万里、魏郁、柴学侃、朱亮、王子元、陈超群、石凤玉等一批共产党员为中国革命献出了宝贵的生命。

（二）兰州战役与兰州解放

1949 年春夏，西北战场激战正酣。7 月 10 日，中国人民解放军第一野战军发动扶眉战役，歼灭胡宗南部 4.4 万人，迫其残部退守汉中。随后，彭德怀决定实施"钳胡打马"策略，以第 18 兵团钳制胡宗南部于秦岭，集中第 1、第 2、第 19 三个兵团，于陇东追歼马家军，取得陇东追击战的胜利，并相机夺取兰州。兰州为甘肃省省会、国民党西北军政长官公署所在地，是西北军事、政治和经济中心，也是共产党经略西北必取的战略要地。兰州战役能否成功关系着西北地区的全部解放，也影响着全国解放战争的大局。

1949 年 8 月 20 日，人民解放军第一野战军右路第 19 兵团第 63 军、第 65 军进至兰州城东南，中路第 2 兵团第 3 军、第 4 军、第 6 军抵近兰州城西、城南。同时，左路第 1 兵团兵临陇西、临夏，成威逼西宁、断敌后路之势。第 18 兵团第 60 军、第 61 军附第 1 兵团的第 7 军留置于宝鸡、天水地区，钳制胡宗南部。第 19 兵团第 64 军则进至海原，钳制"宁马"集团以断敌外援。国民政府在广州紧急召开"西北联防会议"，决定以马步芳部凭险据守兰州，胡宗南部从秦岭出击解放军左侧后部，马鸿逵部从宁夏中卫、

中宁一线出击解放军右翼，妄图"以三路夹击，歼灭解放军于兰州城下"①。

兰州战役打响之际，兰州人民在皋榆工委的领导下积极开展迎接解放军的斗争。首先，皋榆工委印制《中国人民解放军布告》《将革命进行到底》的新年献词，邮寄给国民党军政要员，进行统战宣传。同时，抓紧对国民党地方武装自卫队、保安团进行分化瓦解，并按照甘肃工委指示，搜集军政机密情报，对兰州地理、人口、工矿企业、金融、邮电、存粮、水源等情况进行调查，将情报及时送交到第一野战军司令部。其次，组建皋榆工委协军团，积极组织青年学生书写张贴"热烈欢迎解放军""打倒蒋介石，解放全中国"等标语口号，广泛动员群众欢迎人民解放军。解放军进入兰州后，协军团将学生党员详细绘制的兰州市内国民党军队据点、市内交通、街道路线图交给解放军。最后，在榆中设立6个支前站，设法解决部队需要的各种物品。据统计，在兰州战役期间，榆中县共筹措粮食3万多石，派出支前民工35000人次。②

兰州北有黄河天堑，南有群山拱卫。南郊群山是其天然屏障，自东至西依次是马家山、营盘岭和沈家岭三大主阵地。各阵地均北高南低、北大南小，易守难攻。马家军在此经营多年，修筑了大量钢筋水泥碉堡和交通壕。马步芳令第100师、第248师、第190师3个最强主力师分驻南山三大主阵地，以其子马继援坐镇兰州指挥。在马步芳父子看来，兰州是"攻不破的铁城"，可全歼一野于城下。

8月21日拂晓，解放军集中9个团的兵力，发起试探性进攻，马家军依托坚固工事负隅顽抗，战斗异常激烈艰苦，激战竟日，毫无进展且伤亡不少，彭德怀下令果断停止进攻，要求各部认真总结教训，细致做好攻城准备。8月25日拂晓，一野对兰州发起总攻。经过营盘岭激战，马家山、古城岭血战，窦家山苦战，沈家岭恶战，最终进抵市区，26日2时，解放军控制黄河铁桥，11时攻占白塔山。胜利的红旗插上了兰州城头。

① 秦生：《横扫千军如卷席——西北解放战争史》，中共党史出版社2007年版，第202页。
② 中共甘肃省党史研究室编：《甘肃党史资料选编——解放战争时期的中共甘肃工委》，甘肃文化出版社2015年版，第315页。

兰州战役是继扶眉战役之后，国共两党在西北的又一次决战。共歼灭马步芳精锐部队第 82 军、第 129 军 2.7 万余人，余部溃散，马步芳部队损失殆尽。一野参谋长阎揆称为"解放西北的最后决战"①。兰州战役使西北战局再无反复的可能，可谓兰州一战定乾坤。兰州战役的胜利不仅加快了解放大西北的进程而且助推了解放大西北、解放全中国的进程。兰州战役被称为是继辽沈战役、淮海战役和平津战役之后的第四大战役。

1949 年 8 月 26 日，中国人民解放军第一野战军司令员彭德怀、副司令员张宗逊、政治部主任甘泗淇和中国共产党甘肃省委书记张德生进驻兰州，正式成立兰州市军事管制委员会、兰州市人民政府、兰州警备区。兰州市军管会分系统开展接管工作，国民党统治在兰州结束，兰州人民在中国共产党的领导下，从此进入了翻身解放、当家作主的新纪元，兰州历史翻开新的篇章。

---

① 兰州部队党史资料征集委员会办公室、甘肃人民出版社革命回忆录编辑室：《兰州战役》，甘肃人民出版社 1983 年版，第 25—30 页。

第 七 章

工业重镇与黄河明珠

新中国成立后，兰州与全国各地一道经历了社会主义革命和社会主义建设的火红年代，经历了改革开放和开创中国特色社会主义的美好春天，进入了中国特色社会主义发生历史性变革和取得历史性成就的新时代。在不同的历史时期，兰州作为甘肃的省会城市和西北地区的中心城市之一，让一大批共和国的"长子"在自己的怀抱中孕育成长，让一座现代化的工业城市在黄河之滨强势崛起，在改革开放的大潮中勇于探索不断创新，取得了工业化建设、城市治污、两山绿化、新区建设、文化科技领先的旷世成就。这一切归功于中国共产党的领导，根源于中国特色社会主义的制度优势。

第一节 兰州的新生和社会主义革命

1949年8月26日，兰州解放。中国共产党及其领导的人民军队、建立的人民政权牢记宗旨和使命，一心一意为全市人民谋幸福，得到了各界群众的热烈拥护和欢迎。兰州这个千年古城翻开了历史的新篇章，以甘肃省省会城市的风采，引领全省走向新的道路，开始新的生活。

一、建立和巩固新政权

新中国的兰州，共产党领导全市人民首先建立起地方党委和人民政府，全面医治战争的创伤，恢复正常的生产、生活秩序。

（一）成立兰州市委市政府

为了迎接兰州解放，建设人民当家作主的新城市，我党早在兰州战役之前，就从陕北、晋绥、晋南等解放区抽调2000余名干部集中训练，进行各项接管工作的政策教育。1949年5月，他们在晋南成立甘肃随军工作总团，由霍维德、杨一木分别担任团长和政委，率领全团进至陕西待命。7月14日，中国人民解放军第一野战军取得了扶（风）眉（县）战役的胜利，工作总团奉命紧随大军西进。同时，成立中国人民解放军兰州市军事管制委员会（兰州市军管会）。

7月24日，由中共中央西北局向中共中央提出成立中共甘肃省委、甘肃行政公署（甘肃行署）、甘肃军区的建议。7月26日和28日，由中共中央和陕甘宁边区政府批准在兰州成立中共甘肃省委、甘肃行政公署，由此奠定了新中国兰州作为甘肃省省会的地位。8月4日，西进途中的兰州市军管会，在陕西省陇县城内召开首次会议，从而拉开了兰州市军管会接收管理全市工作的序幕。

兰州解放前夕，中共中央西北局筹划建立中国共产党兰州市委员会，拟定由强自修、吴鸿宾、孙剑峰、罗扬实、张世俊、薛浩平、刘振锡、赵子明八人组成，强自修任书记，张世俊任秘书长，罗扬实任组织部长，刘振锡任副部长。

兰州解放当天中午，中国人民解放军第一野战军司令员彭德怀、副司令员张宗逊、政治部主任甘泗淇、中共甘肃省委书记张德生，以及甘肃党政军各单位进驻兰州市，并立即宣布对全市实行军事管制，由张宗逊任军管会主任，张德生、吴鸿宾、韩练成、任谦为副主任，辛兰亭为秘书长、何承华为副秘书长，全面开展对国民党政权的接管改造工作。至此，兰州市军事管制委员会正式就位工作，当时全市土地总面积为126平方公里，常住人口50518户，居民217636人。

兰州市军管会履职后，根据兰州市的实际情况及接管改造的具体任务，

先后设立了财委、文委、公安、公教人员处理、工资、公共房产管理六个委员会，委员会下设职能处分头开展工作，全力投入兰州市的接管和建政工作当中。

对兰州市实行军事管制的同时，还成立兰州市人民政府。9月5日，陕甘宁边区政府正式任命甘肃行政公署第二副主任吴鸿宾兼任兰州市政府市长，由孙剑峰任副市长。10月29日，中共兰州市委召开会议，决定并报经中共甘肃省委批准，成立兰州市人民政府党组，由孙剑峰、赵子明、古国英、陆善亭、薛浩平、王志道、刘广德七人组成，孙剑峰任党组书记。

9月1日，中共兰州市委正式成立，由强自修、李景亭、吴鸿宾、孙剑峰、罗扬实、刘振锡、赵子明、薛浩平、袁力刚、张世俊十名委员组成，书记强自修，副书记李景亭。市委机关下设秘书处、组织部、宣传部三个部门，同时建立了市委干部训练班。

兰州市原辖兰州市区和皋兰县。兰州战役打响前，在陕西西安由中共中央西北局和甘肃随军工作总团研究宣布，甘肃随军工作团直属大队全权接管皋兰县旧政权。7月24日，决定由关守信、高萃轩、王克、韩胜四人组成中国共产党皋兰县委员会，由关守信任县委书记，在特定的历史条件下中共皋兰县委诞生于千里之外的古都长安。8月24日，直属大队进入皋兰县定远镇，宣告成立皋兰县民主政府，由县委书记关守信代理县长。8月26日，皋兰县与兰州市同日解放。28日，直属大队30余名干部入城接管旧政权，由陈伯鸿任人民政府县长兼甘肃军区直属大队大队长，并在全县建立了城关（安宁区）、定远（榆中县）、西固、阿干（七里河区）、石洞、保定六个区委会。

1949年10月1日，中华人民共和国宣告成立。为了动员全市人民群众投入新中国建设，在开国大典后的20多天中，军管会和兰州市委、市政府在学校、工厂、妇女、群众中广泛开展组织动员，初步建立起中学生联合会、小学教员联合会、美术协会、科学工作者协会、妇联会筹备会。工厂的工人也推选代表，准备成立总工会。各区普遍召开居民会，宣传党的政策，进行支前劳军工作。在军管会公安处的统一管理下，用访问形式检查了全市居民户口，10月8日的《甘肃日报》热情赞扬新政权："将一个零乱的城市，整理出一个初步的眉目，使全市绝大多数的人民已经亲切的投向了自己政府的怀抱。"

（二）土地改革和镇压反革命

在中国延续了几千年的封建土地制度极端不合理，是人民群众遭受封建压迫的根本原因。从1950年9月到1953年春天，兰州市在农村及城郊先后开展减租减息和土地改革运动，从根本上消灭了这一反动落后的制度，实现了耕者有其田。

1951年9月，兰州市的土地改革揭开序幕。皋兰县是省委直接抓的土改试点县之一。从9月19日开始，皋兰县11个区的130个乡，26万人口分期参加了土地改革。9月23日，兰州市郊区6个乡率先进行了土改试点。11月16日，成立了以市长吴鸿宾为主任，市委副书记李景亭、市农会主任刘法祖为副主任的郊区土地改革委员会，1952年1月，制定了《兰州市郊区土地改革实施办法》。从1951年冬天起，兰州市的8个区、10万人口参加了土改，到1953年6月，土改工作基本结束。

土地改革主要是划定阶级成分后，没收封建地主的土地归农民所有。土改工作规定了严格的纪律，不准超越规定的界限没收土地财产，不准包庇宗族亲属；不准徇私舞弊；不准贪污侵占没收的财产等。经过土地改革，人民群众分得了土地，实现了当家作主人。他们纷纷用朴素的感情表达对共产党、毛泽东主席的爱戴。

兰州解放后，有不少国民党残余势力、特务和敌视新生人民政权的反动分子潜伏躲藏在境内，给刚刚获得解放的兰州构成了严重威胁。从1950年1月至1951年4月，反革命分子策应美蒋"反攻大陆"，先后在永登、皋兰等地策划煽动反革命叛乱，给城乡社会治安造成极大破坏。

为打击反革命残余分子的嚣张气焰，按照中央和省上的要求，"对继续潜伏，制造骚乱，诬蔑人民政府，决不悔改的罪大恶极的特务反革命，坚决予以镇压"。在彻底粉碎反革命叛乱后公判处决了一批反革命首恶分子，

罪行较轻的分别处以徒刑和教育释放，为解放后的兰州完成了一次"政治大扫除"，促进了民主革命遗留问题的顺利解决，也为党和政府各项工作的推进提供了坚实的政治保障。

（三）支援抗美援朝战争

1950年，美国武装干涉朝鲜内战引发朝鲜战争，兰州市各界人民群众立即投身到抗美援朝的伟大斗争中去。

11月3日，甘肃省委在兰州召开了省、市两级机关抗美援朝动员大会。会后，省委宣传部派出宣讲人员分赴全市各机关、学校、部队、街道作报告、开座谈会。4日，中国共产党和各民主党派发表了"抗美援朝，保家卫国"的"和平宣言"，兰州市各民主党派和人民团体纷纷通电表示拥护。12月20日，全市7000余名工商业者手持红绿彩旗涌向兰园，举行了"抗美援朝，保家卫国"的示威游行。

1951年初，原"中国保卫世界和平兰州支会"改为"中国人民保卫世界和平和反对美国侵略委员会兰州支会"，选举吴鸿宾为主任委员，马培清、万良才为副主任委员，各界群众的示威活动进入高潮。

1951年6月1日，中国人民抗美援朝总会向全国人民发出号召：努力增产，向志愿军捐献飞机大炮和武器，优待烈属军属。消息传来得到兰州市民的热烈响应，6月17日到20日，兰州市共捐献186.36亿元人民币（旧币）①，胜利完成了捐献10架飞机的任务，其中工商业界表现十分突出。爱国商人柴仁山从其父亲埋在地下多年的"私财"中捐出了1.5亿元，其他工商户纷纷效仿，主动"向柴仁山看齐"。在他的带动下安泰堂国药号捐献1亿元，福生德烟坊、义兴隆钱庄各捐6000万元，大丰商店、万顺公茶号各捐5000万元……仅兰州市工商联合会委员会的20人捐款就达到6.4亿元。陇上名人水梓先生主动捐献房产，其幼弟水楠是省城著名实业家，不

---

① 指中国人民银行发行的第一套人民币，1955年发行第二套人民币后停止使用，故称为"旧币"。新旧币折合比率为1：10000。

但捐献飞机大炮支援志愿军作战，还动员其三女儿参军，替自己完成保家卫国的心愿。其他各界人民群众也纷纷响应，民国时期曾任靖远县县长和秦安县特税局局长的皋兰县民主人士陈泽世，将自己的一院房屋共14间全部变卖，所得款项悉数捐献给国家，在皋兰县被传为佳话。

订立爱国公约是人民群众在抗美援朝战争期间，把爱国情怀与实际行动结合起来的一项创举。兰州市的各界群众纷纷订立爱国公约，有力地促进了全市各项生产建设的发展，提高了生产质量。如甘宁青邮政管理局业务股的业务差错率，由订约前的千分之二下降到万分之二。军械四厂的翻砂车间工效提高了7倍。西北石油运输公司兰州总站节约和增产的价值高达100亿元；皋兰县1951年的公粮提前4天缴完，农民还主动多缴了19万斤。

抗美援朝战争中，兰州市民还积极参军参战、保家卫国。工人、职工纷纷提出"到前线去"，学生、教员要求投笔从戎，青年妇女要当"赵一曼"，西北民族学院的回族、藏族、蒙古族、维吾尔族、哈萨克族、撒拉族、东乡族等各族青年纷纷表态："我们惯骑善射，到朝鲜去打美帝国主义。"城乡有志青年争相报名参军，涌现了父送子、妻送夫、叔伯劝侄、兄弟相争踊跃参军的动人事迹。军事干部学校第一次招生，兰州市就有2700人报名参加，最终录取500人，全市共有946名优秀青年参加了中国人民志愿军赴朝作战。1950—1953年，兰州市随军参战的医护人员共计66名。还有群众自愿组成抗美援朝医疗队、志愿兽医队活跃在各个不同战场，冒着枪林弹雨支援前线作战。

二、经济恢复与城市规划

兰州作为省会城市，对甘肃甚至西北影响巨大。随着急风暴雨式的战争的结束以及和平年代的到来，兰州市的党政机关尽快完成了转型，即由过去发动群众、武装群众从事军事斗争转为管理城市、发展生产、领导经济工作。而恢复国民经济、改善人民生活、搞好城市建设，就成为兰州市各级党委和政府向人民交出的第一份答卷。

（一）恢复经济

兰州战役前夕，全市人口超过 20 万人，有各种商业店铺 2798 家，以手工业和小作坊为主，很多已处在倒闭状态，没有像样的现代工业，看不到都市繁华兴盛的景象。更严重的是反动军队又进行了疯狂的洗劫，使全市的经济雪上加霜，国民经济基本上处于崩溃状态。

面对国民党留下的烂摊子，党和政府采取了一系列措施来恢复国民经济。1949 年 11 月上旬，全市 2000 多家工商企业全部开门营业，保证了城市供应。兰州解放后，大量的农村人口涌入市区，增加了城市供应和供养的负担。人民政府采取扩大生产，产销挂钩等办法增加就业岗位。通过全市人民的努力，在短短的三年时间里，使国民经济得到恢复和发展。到 1952 年底，工业总产值达到 3449 万元，比 1949 年增长了 3.4 倍；产业工人达到 9000 多人，比 1949 年增加了一倍多。

新中国成立后，按照党制定的新民主主义基本经济政策，由兰州市军管会派出代表，对 150 多家交通、邮电、新闻、卫生、农牧、水利、工矿、贸易、金融等单位进行接收，其中官僚资本全部予以没收，转为具有社会主义性质的国营经济，并逐步成长为整个国民经济的领导成分。对兼有民族资本和官僚资本的企业，则没收官僚资本而保留了民族资本，由公方派出代表，将企业改造为公私合营性质，如西北毛纺厂、同生火柴厂等。

军管会工商处随解放军入城后大力扶持私营工商业恢复生产，中小商店和部分大商号主动开门营业，摊贩在城乡随处可见，人民币随之在全城流通，由于信誉高无人拒用。当时银圆与人民币的比率为 1∶1200—1500元，市场上物价稳定，货物充足便宜。

但是，一些不法资本家却不满足于正当合法经营的收入，他们利用掌握的资本与其他城市奸商相勾结，在市场上大肆进行金融和商业投机活动，造成了 1949 年 8 月、1949 年 11 月、1950 年 2 月兰州市场上三次物价大涨风潮，严重影响到人民群众的生活和全市经济的恢复发展。党和政府采取一系列强有力的措施平抑物价，使银洋与物价脱离，充实兰州市场货源，鼓励正当的商业经营，有组织、有计划地打击不法商人的囤积居奇等扰乱市场行为。经过上述努力，挫败了投机商和不法资本家的图谋，使市场上的物价平稳回落直到恢复正常。

兰州解放后，党和政府非常关注城乡居民的生产生活，市内有甘肃机械厂等18个工厂，从业人员5370人，另有小工厂、店铺、摊贩等小工商业者、个体手工业者及从业人员12744人。市委、市政府高度重视劳动就业工作，在大力抓好恢复生产的同时狠抓就业安置。1949年成立了兰州市生产救济委员会，负责全市贫困人口的救济安置。1950年7月，成立了兰州市失业工人救济委员会，下设救济处，采取了以介绍职业、专业训练、生产自救、以工代赈和帮助返乡生产为主，辅之以发放救济粮款衣物等办法，陆续安置了大批失业人员，妥善解决了人民群众的基本生活问题。

兰州城依黄河而建，虽然人民群众日夜守护着这条大河，但是日常的生产生活用水却十分困难。解放后，军管会立即派军代表王贵祥负责城市供水工作。1949年9月23日，决定采取公私合办的方式修建供水设施，成立兰州市简易自来水管理处，以解决人民群众的燃眉之急，1954年建成了日输水量达万吨的临时供水工程。

旧中国的兰州作为省会和西北中心城市却不通铁路，城市公共交通也十分落后，客运主要靠轿子、人力车、洋车、马拉交通车等交通工具。1949年9月，市内开辟了中央广场到十里店的第一条公共汽车线路。1950年1月，又增开了从中央广场到小西湖的公共汽车，极大地便利了兰州市民的出行。

解放后，兰州不通火车的情况受到了中共中央西北局的高度关注。1949年11月15日，中共西北局书记彭德怀向中央提出建议："在中央人民政府铁道部帮助下修筑天（水）兰（州）铁路"，这一计划得到毛泽东的赞同。为了完成筑路任务，中共中央西北局和西北军政委员会决定依靠第一野战军，抽调十万大军担任土石方工程建设。

1951年春天，中国人民解放军7万多人充当了开路先锋，配合以民工等，共计10万余人参加了天兰铁路修建。至1952年8月23日，轨道终于

铺设至兰州东车站（今兰州车站），比原计划提前 10 个月建成通车。1952
年 9 月 29 日上午，时任铁道部副部长的王世泰及西北局领导，在天水站参
加剪彩活动。随着一声汽笛长鸣，车头上悬挂着毛泽东主席巨幅画像的天
兰路首列火车徐徐驰出天水站，30 日下午抵达兰州站。

10 月 1 日，在兰州市东站广场举行盛大集会，热烈庆祝中华人民共和
国三周年国庆暨天兰路通车。毛泽东主席亲笔题词："庆贺天兰路通车，继
续努力修筑兰新路！"配合通车盛典，事先在兰州车站前拓建了宽 300 米、
长 700 米的站前广场，宽敞笔直的林荫大路（今天水南路）直达盘旋路口。
从 12 月 1 日起，天兰铁路又继续向西铺轨，19 日到达天兰段终点——兰州
西车站东闸口。至此，中国东西交通大动脉——陇海铁路全线建成通车。

（二）城市规划

新中国成立后党中央提出，必须用极大的努力，去学会管理城市和建
设城市。随后，各城市相即展开城市规划的编制工作，兰州城市规划编制
任务就落在了任震英①肩上。1950—1951 年，以任震英为首的兰州城市规划
技术人员，编制了兰州市城市总体规划的初步设想——《兰州市都市建设
计划草案概要（1951—1958 年）》。

1951 年 6 月，任震英携带文本去北京，向中央人民政府政务院财政经
济委员会（中财委）作汇报，中财委邀请有关部门开会商谈后对规划做出
批复："都市建设必须与国家工业发展的步骤相配合。因此都市建设的程
序，首先要从工业方面来考虑。"明确了"在西北将来的都市发展，兰州是
重于西安"。这说明中央从全国大局出发确立兰州的定位是西北的工业城
市，即生产城市而不是消费城市，要求兰州城市规划建设要围绕国家即将
开展的工业化建设的大政方针来设计。

根据中财委的指示，兰州市建设局规划技术人员经过一年的努力，于

---

① 任震英（1913—2005），籍贯黑龙江阿城，1933 年加入中国共产党，著名的城市规划专家，
曾任兰州市副市长。

1952 年 6 月，编制完成新一轮兰州市城市总体规划的蓝图——《兰州市新都市建设计划工作报告》，具体将城市分为"计划工业区，工业先建区、化学工业区、建筑材料工业区、计划住宅区、东郊行政区、市行政中心区、高等文化教育区、经济中心区、混合区、绿地农地及园地"等进行具体布局，体现了将兰州市建设为"生产城市"的定位。

兰州城市规划深受国家"一五"计划的影响。1952 年 9 月，中财委召开全国第一次城市建设座谈会，确定的"第一类为重点进行工业建设的 8 个城市"中就有兰州，这是兰州市历史上首次在城市建设方面获得国家决策的重大支持，"一五"计划中国家确定兰州市为重点建设城市之一，将要发展成为一个以石油工业、化学工业、机械制造业为主体的重工业城市和运输枢纽，上述决策给兰州发展提供了空前的历史机遇，也为兰州市城市总体规划的正式编制提供了规划依据并明确了方向。

1952 年 11 月，为适应国家大规模经济建设的需要调整了行政区划，将皋兰县的安宁区、西固区、果园区、阿干区所属 29 个半乡划归兰州市管辖。1953 年 2 月，兰州市成立建设委员会，由张宗逊任主任，强自修、杨一木任副主任，孙剑峰、任震英任秘书长，成立了兰州市城市规划小组，由任震英等人组成。这一年，苏联的城市规划专家穆欣（A. C. MYЩИН）抵达兰州，他与任震英登上了皋兰山的三台阁，俯瞰兰州东市区，拟定了兰州城市的三条轴线：一是东方红广场向南的中轴线——皋兰路；二是东方红广场东端向南至火车站的东放射线——平凉路；三是东方红广场西端向南至五泉山公园的西放射线——金昌路，依据这一构想，兰州新兴城市雏形诞生了。这种中心城区三条放射干道构图法，是苏联学习西欧巴洛克城市规划的范型，也是苏联城市规划理念在兰州城市规划实践中最直观、最典型的体现。形成了兰州主城区大致以东方红广场及周边地区（包括市政府）为中心，向南面、西南和东南方向辐射的三条主干路，即皋兰路、金昌路、平凉路，再辅之以东岗路、庆阳路、中山路等，构成了兰州现代城市的基本布局。

1953 年 5 月 16 日，任震英带领相关技术人员来到北京国家城市建设总

局，在总局及苏联专家的指导下，开始了《兰州市城市总体初步规划》的设计工作。12 月 8 日，由中央人民政府政务院委员、国家计划委员会副主任、财政经济委员会副主任兼重工业部部长李富春率领的中央专家工作团来兰州考察指导工作，确定了兰州市的城市性质、发展规模、工业布局方案，为正式编制兰州市 1954—1974 为期 20 年的总体规划确定了基本方针。

兰州市城市规划编制大部分的工作是在北京完成的，在国家建筑工程部、城市建设总局以及国家城市规划设计院的领导下进行。建筑工程部万里部长，城市建设总局孙敬文局长、王文克副局长莅临工作现场指导工作；清华大学土木工程系的梁思成、吴良镛等著名建筑学专家也经常前来指导工作。第二批苏联援华专家巴拉金（БАРАКИН）等建筑师做了具体指导，保证了《兰州市城市总体初步规划》如期完成。

《兰州市城市总体初步规划》紧紧围绕黄河这一元素来展示兰州的城市魅力。兰州市位于黄河谷地，受南北两山的影响，形成东西狭长、黄河穿城而过的独特地理空间。规划将兰州划分为西固工业区、七里河工业区、安宁堡计划工业区、市中心区、高坪居住区、风景地区等 15 个具体功能区，遵循城市规划的一般原则，把城市用地中最好的地段，即通风干燥、光照充分、景色优美、周围有水源及绿地的土地设计为生活居住区，也就是用来布局住宅和公共房屋；工业用地位于生活居住区的下风向和河流的下游；保证生活居住区、工业区和交通运输用地有进一步发展和拓展的空间；做到工业用地与生活居住区用地之间有正常的间隔距离。

编制工作历时一年多时间，于 1954 年 9 月完成定稿。10 月 29 日，国家建设委员会召开了《兰州市城市总体初步规划》审查会议，形成了最终意见：

> 国家第一个五年计划将在兰州市开始新建石油、化学、机械等工业企业，今后还可能再增加一些工厂，因此兰州市将发展成为一个石油工业、化学工业和机械制造工业为主体的重工业性质的城市……基本同意兰州市的初步规划，可以作为有关建设单位安排当前厂外工程和第一期住宅区建设的依据，并作为兰州市进

一步编制总体规划的基础。

这是中华人民共和国成立后国家建设委员会正式批准的第一个城市总体规划。得此消息，在京守候的同志们欣喜雀跃，兰州市建设局资料负责人赵尚璞受命给兰州市委杨一木书记、市人民政府孙剑峰副市长发来电报："兰州总体规划已获国家批准，兰州城市规划誉为全国之冠。"

《兰州市城市总体初步规划》是兰州历史上第一个现代城市规划方案，奠定了兰州市由传统城市向现代工业城市转型发展的基础。随着规划由蓝图变为现实，一座新兴的工业城市——兰州，在黄河之滨拔地而起。

三、三大改造和建立社会主义制度

1953 年，党中央制定了过渡时期总路线："从中华人民共和国成立，到社会主义改造基本完成，这是一个过渡时期。党在这个过渡时期的总路线和总任务，是要在一个相当长的时期内，基本实现国家工业化和对农业、手工业、资本主义工商业的社会主义改造。"三大改造就是中国特色的社会主义革命，即通过和平赎买的方式将生产资料私有制转变为生产资料公有制，实现了新民主主义向社会主义的伟大转变。

（一）农业的社会主义改造

对农业社会主义改造又称为农业合作化运动，目的是通过合作化解决个体农户生产经营中抵御风险能力低下，由此造成两极分化等问题，实现农村的共同富裕。

1953 年 11 月，中共兰州市委召开市、区、乡三级干部会议，市委书记强自修作了《关于党在过渡时期的总路线、总任务》和《关于农业社会主义改造问题》的报告。12 月下旬，开始在常年互助组办得好的地方试办初级农业生产合作社（以下简称"初级社"）。

1953 年 2 月，皋兰县的第一个初级农业生产合作社——魏兴祥农业合作社在庄子坪村正式成立。入社农户由 17 户发展到 103 户。显示出了集体生产的优越性，为全县树立了榜样。

1954年1月30日，榆中县第一个初级农业生产合作社在高崖乡沙河村成立。其后在陈家庄、来紫堡乡建成了5个示范性的初级农业生产合作社，入社农民197户，1368人。到1954年底，全县建成半社会主义性质的初级社150个。

皋兰县成功试办初级社和省委对此事的支持，使县委书记王克产生了在皋兰县全面整体规划合作社的想法。他组织县委一班人着手编写皋兰县大力开展互助合作计划的草案，还与县长中华等干部去农村基点村蹲点调查，反复讨论修改，终于形成了《皋兰县委关于大力全面开展以互助合作为中心的农业增产运动计划》，获得县委常委会一致通过。县委及时将这一计划上报省委农村工作部，省委农村工作部对其加了"编者按"后上报中共中央农村工作部，并在内部刊物《工作资料》第140期上全文刊登。

《皋兰县委关于大力全面开展以互助合作为中心的农业增产运动计划》反映了皋兰人民要求摆脱贫困、改善生产和生活条件的强烈愿望，体现了党与广大群众同呼吸共命运的作风。1955年，毛泽东主席主持编辑《中国农村的社会主义高潮》一书，收录了由甘肃省委上报的这份计划，并将题目改为《皋兰县的三年发展计划》，还在首页空白处加了批示：

> 这是一个很有兴趣的文件。不管这个计划里面的某些部分在最近几年内是否精确，总算有了一个全县的全面计划。这个计划的总的精神是好的，其中关于农业合作化的部分，按照皋兰县的条件，可能是恰当的……我们建议每个县都在国家和省（区）所计划所许可的范围以内，根据当地的实际情况，做出一个可行的全面的计划，送省（区）批准实行。

从批示看出，毛泽东对中国历史上第一个县级发展计划给予了很高的评价，从而推广了皋兰县的全面规划模式。国家的第一个五年计划是从1953年开始实施的，而皋兰县在1953年就着手并于1954年完成了全县的三年发展计划的制订，皋兰县的创造精神理所当然地得到了毛泽东主席的充分肯定。

毛泽东主席的批示引起了很大反响。《人民日报》于1955年10月22日发表题为《必须积极地有计划地领导农业合作化运动》的社论，高度评价皋兰县的计划，"是一个富有理想的大胆的全面计划的榜样"。《中国农民报》在头版显著位置发表社论，高度评价皋兰县全面计划这一创举。《甘肃日报》除了转载《人民日报》的社论外，还全文刊登了毛泽东所写的《编者按》和《皋兰县的三年发展计划》。这对于皋兰县、兰州市乃至全国合作化运动的发展，无疑起到了推动作用。

毛泽东主席的批示以《编者按》发表，推动了兰州市农业社会主义改造高潮的来临。在一个月的时间内，就有14768户农民组成了214个初级农业合作社，入社的农户占总数的93.8%。实现农业合作化，这是兰州市社会主义革命和建设具有历史意义的伟大胜利。

从1955年底开始，在普遍建立初级社的基础上又试办高级农业生产合作社（以下简称"高级社"）。1955年12月，皋兰县庄子坪初级社经中共甘肃省委上报中共中央批准，转为高级社。兰州市各区也纷纷拟订初级社转高级社计划。在报经市委同意后，将城关区光辉蔬菜社，东岗区永进蔬菜社、先进蔬菜社、星光果园社、和平蔬菜社、友好蔬菜社，七里河区新民蔬菜社、五星农业社，西固区北滩蔬菜社，盐场区五爱蔬菜社，安宁区先锋蔬菜社、桃林蔬菜社，阿干区胜利蔬菜社，河口区头浦路一社等14个初级社首批转为高级社。到1956年1月，转入高级社的农户达到16319户，占总农户的99.3%。1957年底，榆中县建起的高级社已达到136个，入社农户占总农户的99.9%，全县完成了农业生产资料的社会主义改造。

高级社从所有制来说是属于完全社会主义性质的，其特点是土地归集体所有，取消了土地分红，耕畜、羊、农具等一律折价入社，实行土地、耕畜、农具、劳动力"四固定"。全部劳动产品实行按劳分配，实物折价，现金决算。还建立各种专业性组织，进行农田基本建设和良种繁殖、高产栽培、农业新技术推广等工作，分工分业开展建筑业、运输业、养殖业、林果业等多种经营，对鳏寡孤独实行"五保"（衣、食、住、治病、丧葬），对烈军属给予优待，对困难户进行照顾，体现了社会主义共同富裕的原则。

（二）手工业的社会主义改造

兰州的手工业主要集中在金属制品、棉毛针织纺织、硝皮制革、木器石器制作、鞋帽缝纫、竹藤草编织、工艺雕漆、建筑材料、民间造纸、烟糖制作和各种修理、服务等行业。主要制作群众生产生活的必需品、传统的出口产品和工艺品，也有少数民族的特需用品。其特点是品种多、范围广、规模小、家族传承，城镇乡村都有分布。在经营上保留着厂店结合、产销一体、走街串巷、上门服务等传统经营方式。虽然在兰州市区集中了一些生产规模较大的作坊，但总体上生产工艺和经营管理都比较落后。

从 1953 年起，兰州开始对手工业进行社会主义改造，即组织小手工业者走合作化道路来实现。农村的手工业者则组织在农业生产合作社中，成为农业生产合作社的修理部、加工部和副业部。按照中央的政策，明确了对个体手工业者不能采取剥夺的方法，必须坚持自愿原则。

为宣传中央政策，1954 年初，中共兰州市委抽调 30 名干部组成手工业改造工作组，对全市个体手工业及 10 人以下的私营工业进行了普查。在此基础上，于 2 月下旬，召开兰州市第一次手工业代表会议，市委副书记、副市长李景亭做了《关于进一步集中宣传学习总路线》的报告。宣布"本人自愿、参加劳动、缴纳股金（包括工具、机器折价入股）"等组织合作社的主要原则，阐述了手工业者组织起来的优越性和必要性。结合手工业的实际情况，将关系国计民生的手工业作坊，采取过渡的办法变为国营商店的加工厂。改造过程中，生产合作组织逐渐发展到机械、纺织、金属加工、食品、玻璃、缝纫、肥皂等行业。1955 年 3 月，批准成立了兰州市手工业合作社筹备委员会和兰州市手工业管理局。

合作社建立起来后，生产服务逐步转向"三就地"（就地采购原料、就地组织生产、就地进行销售）和"四服务"（为农业生产服务、为工业建设服务、为城乡人民服务、为出口服务）的轨道。合作社的生产能力不断提高，经济效益日益增长，体现了集体经济在生产经营方面的优越性。

1955 年下半年，手工业改造的步伐加快。1956 年 1 月，召开了兰州市首届手工业社员代表大会，正式成立了兰州市手工业生产合作社。19 日，兰州市人民委员会在中央广场召开各行各业各族各界人士参加的公私合营和手工业合作化批准大会，由兰州市政府批准了全市 42 个手工业行业、2119 户按行业实行合作化的申请报告。1 月 20 日，《甘肃日报》发表社论，对兰州实现手工业的社会主义改造表示祝贺。1956 年，手工业社会主义改造迎来了高潮。9 月底，全市共建成合作社（组）142 个，社员 7888 人，占全市手工业劳动者总人数的 98.73%，手工业的社会主义改造胜利完成。

（三）私营工商业的社会主义改造

新中国成立后，大规模有计划地进行经济建设就与私营工商业发生了矛盾，只有将私营工商业逐步纳入各种形式的国家资本主义轨道，才能适应社会主义经济发展的需要。

对私营工业的社会主义改造，首先是从加工订货开始的。1953 年，全市共有 13 个私营工业行业，其中建筑材料、火柴业全部纳入加工订货；机器制造修理、纺织业大部分纳入；制材、肥皂等九个行业以自销为主、部分纳入。国营公司通过加工订货收购的烟草、纺织、造纸等工业产品是历年中最多的。加工订货的特点：一是小型企业迅速增加；二是从纺织、面粉等私营主要行业开始发展到一般行业；三是低级国家资本主义形式的收购比重低（仅占 16.08%），中级国家资本主义形式的加工订货比重较高，占 24.1%。

1955 年，私营工业企业的加工订货得到进一步发展，同时，纳入国家资本主义高级形式，即公私合营的工厂已有 12 家，由于企业性质的改变和经营管理的改善，工人生产积极性提高，企业的潜力得到挖掘。仅建兰等 9 个厂，就超额生产 18.5%，提前完成国家分配的任务。由于政府加强了计划性，全年私营工业加工订货总值达到 781337 元，较 1954 年增加了 17.54%，主要的工业产品均纳入加工订货，这些工作为下一步的公私合营准备了条件。

从 1953 年至 1955 年底，私营工商业的公私合营发展很快，实行公私合

营的工业企业增加了 34 户。这些企业的特点:一是企业规模大、人数多、设备好,在兰州市经济中占有重要的地位,如西北毛纺厂、火柴厂、汽车修理厂,都是比较有名的企业。实行公私合营后,削弱资本主义经济,壮大公有经济,使中小型企业充分认识到公私合营的优越性,认清了变革所有制是大势所趋,难以抗拒。二是这些合营企业的资方,多数是兰州市民族资产阶级中具有代表性的人士,其中被选为全国、省、市人民代表的四人,全国、省、市政协委员一人,省、市人民政府委员一人。他们率先实行公私合营,对于全市民族资产阶级积极投入社会主义革命产生了很大的影响。

1955 年,兰州市国营、合作社营和公私合营的产值占全市工业总产值的 75.71%,资本主义工业只占 24.29%,采取全行业公私合营的社会主义改造条件已经成熟。劳资双方都认识到私营工商业已经依附于社会主义经济,离开国家的加工订货、经销代销的任务,离开国家对生产原料的统一安排,就不能独立存在。私方人员一只脚被带进社会主义的门槛,而另一只脚非跟进来不可。对此,兰州市工商联副主席赵承祖有着深刻的认识,他说:"这次不进步,连儿女都不答应。"有些私营企业家讲:"合营一定要走,迟走不如早走。""私营像清油灯,现在油干捻子尽,只有公私合营。"

为了迎接工商业全行业公私合营高潮的到来,中共兰州市委做了充分的准备。1955 年 12 月 5 日,市委召开常委会,做出对私营工商业改造的全面规划,加强对私营工商业全行业公私合营高潮的领导。市委决定成立由市委第一书记杨一木任组长的领导小组,1956 年 1 月,市人民政府做出决定,对全市私营工商业的改造按照"统一规划、统一思想、统一步调"明确分工,以各主管局(区)为主,按条条、块块及专业公司分别包干执行,由市商业局、工业局和各区负责,领导私营工商业的全行业公私合营工作。

做好全行业的公私合营,深入学习、统一思想是关键。兰州市工商业联合会、兰州市工会联合会、共青团兰州市委、市妇联先后组织多场报告会,接受教育的私营工商业者数以万次计,出现了妻子动员丈夫,子女动员父母的局面。兰州大学在读学生何丽凤、何凤基姐弟,对担任省工商联副主委，即将去北京参加全国工商联执委扩大会议的父亲何义江说："你这次去北京开会时就应表示态度，你不要错过了这一良机，现在你担任工商联副主委，你就应打消顾虑，我们不久大学毕业，自己的前途是多么光明，绝不靠剥削家庭生活。"儿女的态度促使何义江积极参加公私合营，并把私存的 300 两黄金和 6000 块银圆的账外资产投入企业。

公私合营进入高潮，首先从棉布和餐饮两个行业开始。1956 年 1 月 5 日，完成了棉布业的合营。同时，又批准了百货商业和工业中的机器、服装、烟草等几个行业实行公私合营。

1956 年 1 月上旬，市委规划的全行业公私合营是按期分批争取在半年内完成，但是到 1 月 13 日，全市申请公私合营工商户已达到 70%。1 月 17 日，《甘肃日报》登出《兰州市大张旗鼓地宣传政策，加快私营工商业改造速度》的报道。兰州市工业局在 1 月 4 日批准了烟草工业、服装工业、机器工业全行业筹备公司合营。截至 1 月 17 日，工业户已全部申请全行业实行公私合营。

1 月 19 日，兰州市人民委员会在中央广场召开了 13000 多人参加的群众大会，宣布批准全市私营工商业关于公私合营的申请。孙剑峰副市长宣布批准私营工业 12 个行业、151 户工厂，53 个商业行业、2641 户商店，382 家汽车运输，全部按行业公私合营。组成了建西铁工厂、建兰机器修配厂、红星铁工厂、建中厂、四惠厂、新陇翻砂厂、兰州五金厂等有社会影响力的企业。会后，举行了隆重的庆祝游行。至此，兰州市的工商业者以欢欣鼓舞的心情，在敲锣打鼓、鞭炮齐鸣、热情洋溢的气氛中全部实行了公私合营，走上了社会主义道路。

1 月 20 日，全市的工人、店员、手工业者、资方及其家属，与部队、机关、国营企业的代表共 4000 多人，冒着纷飞的雪花，在锣鼓鞭炮声中抬着金色的"囍"字，分别向省、市党政领导机关及有关单位报喜。报喜队伍来到中共甘肃省委、甘肃省人民委员会，受到了省委第二书记霍维德、副省长马鸿宾、孙殿才、陈成义及省委、省人委各部门负责人亲切接待。霍维德接受了工商界代表严树棠、赵承祖及工商业者家属代表马玉琴等人

呈送的报喜信，并表示祝贺。他说："兰州市私营工商业的社会主义改造已经走在了全省的前面，在全省起了模范带头作用，我希望兰州市及全省各级党的组织、共产党员、共青团员和全体职工同志们，务必加强团结，再接再厉，争取更大的胜利。"当晚，全市职工、店员和工商业者分五处举办联欢晚会，来自 30 多个单位的 400 多名演员表演了 50 多个精彩的节目，全市人民沉浸在欢乐之中。

第二节　工业重镇的崛起

社会主义建设时期，在兰州历史上留下了浓墨重彩的篇章。由于党中央从国家战略大局出发确定将兰州建设成为新兴工业城市，兰州的发展得到了中央的高度重视，获得了全国人民的大力支持，形成了较强的产业优势，甚至凝练了兰州这座城市淳朴热情、包容开放、独具特色的人文传统，成为黄河之滨一颗璀璨的明珠。

一、国家重点建设项目落户金城

1953—1957 年，国家实施了发展国民经济的第一个五年计划（以下简称"一五"计划）。"一五"计划重点围绕苏联援建中国的 156 个大型项目和 900 余个限额以上项目布局工业生产力，使中国史无前例地形成了独立自主工业体系。这些项目奠定了新中国工业化的基础，所以，得到了其应有的地位和荣耀，被誉为"共和国长子"。

（一）项目布局

苏联援建的"156 项"工程，涉及中国急需的能源、原材料、机械加工和国防工业。其中，国家安排在甘肃的有 16 项，布局在兰州地区的有 8 项：国务院重工业部所属的兰州氮肥厂、重工业部所属的兰州合成橡胶厂、燃料工业部所属的兰州炼油厂、重工业部所属白银厂有色金属公司、第一机械工业部所属的 805 厂（国营银光化学材料厂）、燃料工业部所属的兰州热电站、第一机械工业部所属的兰州石油机械厂、第一机械工业部所属的兰州炼油化工设备厂。

此外，国家限额以上大型项目安排在兰州的还有永登水泥厂，由德意志民主共和国（东德）援助建设，全套设备从东德引进；兰州供排水工程（兰州自来水厂），由苏联设计并提供主要设备。属于国防军工企业的一三五厂（国营万里机电厂）、二四二厂（国营新兰仪表厂）、七八一厂（国营长风机器厂）和属于核工业的五〇四厂。

中央决定将兰州建设成为新型工业城市，在兰州安排数量众多的大项目，这是与兰州所处的地理位置、拥有丰富的矿产资源，以及国家改变工业的地域分布、促进西北地区加快改变贫困落后面貌，确保国家经济安全的战略方针分不开。甘肃省会兰州处于中国地理版图的中心，奠定了西北交通枢纽的地位，是国家的战略后方和西北地区的政治、经济、军事、文化中心。"一五"计划编制期间，抗美援朝战争正在进行，如何安排大规模的经济建设，中央执行的是"边打、边稳、边建"的方针，做到建设与战争两不误，上述项目落户甘肃和兰州，就成为战略上的需要和现实的必然选择。薄一波同志曾回忆："开始编制计划时，朝鲜战争还没有结束，蒋介石集团还在妄图反攻大陆，这就迫使我们不得不把新建的工业企业布置在后方地区。特别是国防工业企业，除有些造船厂必须摆在海边外，其他都没有在敌人飞机可以轰炸到的沿海地区。"

（二）石化工业

甘肃境内蕴藏着丰富的石油资源，这为兰州建成石油化工基地提供了得天独厚的条件，使西固区这座石油城雄踞西北。

"一五"计划期间，在苏联援建中国的 156 个大型项目中，就包括了兰州氮肥厂、兰州合成橡胶厂、兰州炼油厂等石油化工企业，成为甘肃工业建设的重中之重。

兰州氮肥厂以重质油、褐煤、甲烷、氢气为原料，生产合成氨、尿素、浓硝酸及甲醇等系列产品，由国家委托苏联氮气科学院进行设计。1955 年

秋，在西固开始平整场地，1956 年 3 月，开始施工建设机修等辅助工程和合成车间主厂房的土建工程，同时，将厂名改为兰州肥料厂。

兰州合成橡胶厂，是新中国创建的第一个大型石油化工企业和全国最早的合成橡胶生产基地。合成橡胶的生产，事关国防、交通、石油、航空、民用及机器制造等国计民生，该厂全套引进苏联设备和技术。1956 年 3 月，工厂建设的一期工程——丁苯橡胶装置正式破土动工，标志着一座崭新的石化城在黄土高原上的诞生。

1957 年，根据化学工业部的指示，兰州肥料厂与兰州橡胶厂合并，成立兰州化工厂，简称"兰化"。1958 年，在各级部门的精心组织和广大职工的辛勤努力下，兰州化工厂的肥料厂按照边基建、边试车、边投产的要求，当年建成投产。在工厂的建设中，兰化人创造了一个又一个的奇迹。造气车间的沸腾式煤气发生炉，安装的设备是高达 30 米的庞然大物，按照施工技术条件测算，安装这样一套设备至少需要 16 个月的时间，但是参加建设的职工仅用了 8 个月就安装投产，创下全国纪录。

兰化建设期间，出现劳动力紧张问题。消息传出，省、市领导带头参加"支援化工厂 5 万个劳动日"的义务劳动，化肥厂工程施工人数最多时达到 23568 人。在施工建设的同时，还把干部和工人选送到大连化工厂、吉林肥料厂、锦西化工厂等六家企业进行技术和业务培训。

随着一期工程的竣工和投入生产，从 1958 年 10 月到年底，生产出合成氨 1249 吨、硝酸 2524 吨、精甲醇 2543 吨，结束了西北地区不生产化肥和甲醇的历史。

在建设兰州肥料厂的同时，由苏联帮助设计的兰州合成橡胶厂也如火如荼地建设着。1958 年，建成了丁苯橡胶聚合、丁苯橡胶凝聚、苯乙烯、酒精法丁二烯、合成酒精五个车间和中央试验室、原料产品检验室等生产辅助部门。特别是组织了几次大会战，几百吨的大塔吊组装、数万米管线铺设和数千台设备安装调试均一次性完成。还一举攻克了合成橡胶生产的瓶颈——丁二烯、苯乙烯、丁苯聚合等各种技术难关。1959 年，苏联停止对中国的援助后，国家急需橡胶产品，给橡胶厂下达一个月内生产出合格丁苯橡胶的任务。兰化橡胶厂的职工为解决国家所急迎难而上，经过几十个通宵达旦的苦战攻关，终于在 1960 年 5 月 20 日，生产出第一批合格的丁苯橡胶。

20 世纪 60 年代后，兰州化工厂合成橡胶厂还创造了许多全国第一。工厂建起中国第一套丁腈橡胶等生产装置，结束了中国人不能生产合成橡胶、合成树脂的历史。为了向石油化工转型，率先建成中国第一套方箱管式裂解炉；建成中国第一套利用石油气裂解制乙烯、酒精法生产丁二烯、乙烯硫酸水合成法制取合成酒精等装置，开创了石油与化工联姻的先河。该厂还培养了大批石油化工科技人才并输送到全国各地，在国内出现了哪里有合成橡胶企业，哪里就有来自兰州石化人的局面。

兰州炼油厂是新中国建立的第一座现代化大型炼油厂。它的建成和投产，标志着中国炼油工业由落后走向先进，由小规模、低水平转为大规模、现代化工业生产的新阶段。

基于兰州周边地区丰富的石油资源，"一五"期间国家布局现代化炼油厂，就毫无悬念地安排在兰州市。1956 年 4 月 28 日，兰州炼油厂第一期工程破土动工，在中国首次进行现代化炼油厂建设，工程量大、质量要求高、施工技术难度强，任务之艰巨、困难之多难以想象。但是兰州炼油厂的建设创业者以主人翁的责任感和热情，在艰苦的条件下迎难而上，最终圆满完成了这一大型复杂工程的建设。

1957 年 11 月，石油部派部长助理徐今强担任兰州炼油厂第一任厂长兼党委书记，成为兰炼创业的奠基人和中国开发军用油品的组织者之一。1958 年 9 月，兰炼的建厂期限比原计划提前 15 个月全部建成，分批投入试车运转。1959 年，加工原油 73 万吨，为国家提供汽油、煤油、柴油、润滑油共41 万吨。它的建成投产标志着中国石油炼制工业进入新的发展时期，同时也为中国炼油工业培养了人才，在全国炼油工业发展中发挥了基地作用。

兰炼投产后不久，因西方国家对中国的禁运封锁和中苏关系恶化，全国出现用油紧张，特别是军用油品十分短缺。为解决国家燃眉之急，兰炼开展"以军用油为纲，以三航（航空汽油、航空煤油、航空润滑油）、两剂

（炼油催化剂和油品添加剂）、一重（重质润滑油）为重点"的技术改造和新产品开发。经过艰苦创业，于1960年第一次生产出中国自己的航空汽油，在1962年试制成功20号航空润滑油，1963年正式生产1号喷气燃料和8号航空润滑油。后经过技术改造，燃料油、航空汽油的产量得到极大提高，为国家的经济、国防建设做出了特殊贡献。

（三）机械制造工业

兰州机械工业的发展历史悠久，早在洋务运动期间，左宗棠就创办了兰州机械局，成为机械工业的鼻祖。

新中国成立后，国家将苏联援建的兰州石油机械厂、兰州炼油化工设备厂等重点建设项目布局在七里河区。1956年7月，七里河郑家庄这块沉寂千年的黄土地沸腾起来，数千建设大军在这里安营扎寨，开始了兰州石油机械厂的建设。10月5日，厂区第一个建筑物——三工厂破土动工。1958年4月，兰州炼油化工设备厂主厂房容器车间破土动工。1958年，第一机械工业部批准两厂合并为兰州石油化工机械厂。

两厂合并后从1958年下半年开始，对工厂设计书进行了五次调整，至1965年底建成通过验收，成为甘肃机械制造工业的排头兵。在采油产品方面，设计生产了不同型号和用途的石油钻机、钻具和钻头以及齿轮油泵。在炼油产品方面，该厂设计生产了不同型号和用途的压力容器、换热器、热水塔。特别是60年代试制成功中国第一台68平方米的套管结晶机，为年处理100万吨的炼油厂、年产5万吨的合成氨厂、年产1万吨的维尼纶厂、年产20万吨的水泥厂等企业提供了成套关键工艺设备。1965年制造了国内炼油厂第一台加氢异构裂化装置关键设备——单层厚壁高温、高压加氢反应器，并在材料、壁温、产品重量方面超过了设计纲领所规定的能力。该厂生产的众多产品，创造了我国石油钻采机械和炼油化工设备制造史上多项第一。

兰州通用机器厂（简称"兰通厂"），其前身是清朝陕甘总督左宗棠于1872年创建的兰州制造局，新中国成立后改为兰州人民机器厂和兰州通用机械厂，成为国家定点生产石油开采设备的厂家之一。1956—1963 年，在国家第一机械工业部的支持下，先后进行了三期技术改造和扩建，使工厂生产加工能力、产品质量得到充分提高。承担了国外订货和出口任务，生产的石油开采设备在国内外市场上均享有良好的信誉。

兰州市除了拥有一大批机械制造工厂企业，还有从事这方面研究的众多科研院所，如甘肃省农业机械科学研究所（省农机所）、兰州石油机械研究所等，为兰州机械制造工业基地建设提供了坚强的科研技术支撑。

（四）国防工业

社会主义建设时期兰州建成国防工业基地，其优势体现在航空航天工业和核工业领域。

航空航天工业方面，135 厂（万里机电厂）、242 厂（新兰仪表厂）于1958 年正式开工投产。根据国家"边建设、边试制、边生产"的方针，在1958 年 12 月，135 厂就仿制了苏联的飞机水平尾翼力臂调节器，为我国"东风"-103 飞机（歼 6）翱翔蓝天发挥了作用。从 1961 年开始，135 厂贯彻国防工委的要求，形成了自行研制和批量生产的能力。相继试制了歼击机、轰炸机、运输机、强击机等不同机种和型号所需的驱动电机、电动机构，以及轰炸机种机载第一代电子计算机，为人民空军的建设做出了贡献。

1958 年，中央发出号召，要求军工企业实现军民结合、平战结合，学会军需民用两套本领。135 厂坚决执行这一方针，成立了专门研究民品的生产机构，以电动机作为主要民品进行开发研制，先后批量生产不同功率的电动机和汽车发电机。还研制出各种产品专用测试设备 150 多（台）套，其中，以 BⅡ-2 型高温强度试验台、DZT-2 型航空电动机械综合试验台为代表，销往国内主要的空军、海军机场基地，还出口到阿尔巴尼亚、罗马尼亚、巴基斯坦、越南等国。

242 厂（新兰仪表厂）在 1958 年 10 月建成投产。1959 年，在北京航空仪表研究所等有关单位的协作下，试制成功中国第一套自行研发的歼击机

自动驾驶仪，装备了 H5、H6 飞机，填补了我国航空工业飞控系统方面的空白，同时又承担并完成了综合航向系统的研制任务，成为歼击机的主要配套产品之一。试制生产了为导弹配套、被称为尖端技术的某型自由陀螺。

国营长风厂（781 厂）属于国家"一五"期间投资建设的重点工程之一，是中国机载电子产品和海防反舰导弹末制导产品的主要研制生产基地。1958 年 5 月，在兰州安宁区破土动工，引进苏联的产品技术。苏联撤走专家后，广大职工自力更生、团结奋斗，研发生产出不同波段、不同型号的机载弹载产品以及其他各种军用电子设备，为部队提供了大量的先进装备。部分产品援助了朝鲜、罗马尼亚、阿尔巴尼亚、巴基斯坦等国家。该厂还调配员工和设备支援建设四川广元的 787 厂、甘肃天水国营庆华仪器厂、宁夏银川无线电厂、湖北 8905 厂。

为了研究航天工业技术，1962 年初，在兰州建立了中国科学院兰州物理研究所。担负着航天科学技术中所涉及的真空、电子、低温等方面的研究、试制、试验与生产任务。1965 年，党中央、国务院批准了《发展我国人造卫星工作的规划方案》，由兰州物理研究所正式组建空间环境模拟设备实验室，开始直径 0.5 米、1 米环境设备的研制工作。兰州物理研究所还承担了与航天工业有着密切联系的密封材料、润滑油脂、高温材料、高强材料、轻金属合金材料、电真空器件、精密轴承、特种金属和非金属材料、复合材料的物理性能试验、评价工作。先后研制、建立了一系列的试验和计量仪器。利用这些试验设备，为国家火箭、卫星材料研发提供了大量科学数据。

兰州核工业发展的源头是 504 厂，该厂是中国最早的大型气体扩散厂，主要产品为核燃料铀-235。由于在河西走廊发现了铀矿，从 1958 年开始筹建核燃料生产厂，总体设计规模包括了浓缩铀、反应堆、后处理、铀化工、轻材料、钚化学冶金及核部件加工制造等工程。其中第一座核燃料厂——504 厂就坐落在黄河之滨的兰州河口。

1962 年 12 月，二机部向党中央呈报最迟在 1965 年上半年试爆第一颗原子弹的《两年规划》，得到党中央的批准。按规划要求 504 厂必须提前生产出合格产品。1963 年 4 月 9 日，首批机组启动，到 1964 年 1 月 14 日，生产出质量合格的产品，取得了一次投产成功的重大胜利。1 月 18 日，周恩来总理对 504 厂"提前完成关键性生产和解决了关键性的技术试验"给予热烈祝贺。2 月 7 日，首批产品出厂。10 月 16 日，以该厂产品作装料的中国第一颗原子弹试验成功，中国从此进入核工业大国行列。

二、上海支援兰州建设

兰州工业基地的建设，使城市人口很快由 24 万人猛增到 50 多万人。商业、服务业相对落后，跟不上新兴工业城市的建设步伐，给城乡群众的生产生活带来不便。党中央、国务院为了尽快改善这一局面，决定采取企业内迁和劳动力调配的办法解决实际困难，支援兰州建设。

（一）上海援兰由来

上海作为国际大都市，工商服务业十分发达，但也出现了过分集中的问题。新中国成立后，由于西方国家从外部进行封锁，再加上国内的消费发生变化，有些行业不景气，甚至出现困难，剩余资本需要寻找新的投资环境；部分处于失业、半失业状态的职员、技师、工人急于寻找新的工作。同时，社会上还有大量的初、高中毕业生和新增劳动力，也需要有就业途径消化解决。综合全国的情况，在上海等东部沿海城市组织动员企业、资金、人员支援内地城市建设，就成为解决上述问题的有效途径。在此大背景下，兰州成为中央确定的重点接受支援的城市之一。

上海的企业和人员支援兰州建设得到了兰州市的高度重视。1955 年初夏，中共甘肃省委决定由省委常委，兰州市委书记杨一木与中共上海市委协商此事。杨一木去北京开会，恰与中共上海市委第一书记柯庆施相遇，谈及此事，柯庆施表态大力支持。会议结束后，杨一木去上海，与上海市委、市政府有关领导做进一步的沟通，协商发动和组织上海部分工商企业、部分资金和人员支援兰州建设的问题。

中共上海市委、市政府同样高度重视支援兰州建设的事宜，上海工商

业界也积极响应。1954 年 6 月，上海市委、市政府、市劳动局党组对上海五金工人支援国家重点建设进行总动员："这不是临时性的任务，而是带长期性和光荣的任务，这不是哪一个部门、哪一个企业的任务，这是上海工人阶级的共同任务。"为了落实好这项工作，根据上海市委的指示，由上海市第一商业局、第二商业局和工商联牵头，组成参观访问团赴兰州考察。团长是上海市第一商业局的处长沈锐，副团长是上海市工商联的常委吴振珊，成员由钱念祖、韩铁城等分别来自饮食服务、钢铁、五金、纸张、颜料、化工等行业的资方代表十余人组成，参观访问团的主要任务就是了解兰州的具体需要和上海支援的方向与项目。

上海参观访问团于 1955 年 9、10 月间来到兰州进行参观考察，受到热烈欢迎，省、市工商联的领导与访问团进行了座谈讨论。访问团看到了正在建设中的兰州炼油厂、兰州化学工业公司、西固热电厂、兰州石油化工机械厂热火朝天的生产建设场面，了解了兰州市工商服务业的情况和兰州未来发展的光明前景，这一切给访问团留下了深刻的印象。他们认为，目前兰州还比较落后，海拔高，风沙大，生活条件不如上海方便舒适。但是，兰州作为正在兴建的工业城市，发展前景非常好，代表团形成共识，工商企业在这里将大有作为。所以，两市之间有关援兰搬迁问题商谈非常顺利。初步达成筹集 200 万元资金，投向兰州服务行业，支援兰州建设的合作意向。

为了尽快落实上海支援兰州的各项事宜，按照双方商定的意见，1956年初，在兰州市私营工商业全行业实现公私合营后，由中共兰州市委、市政府牵头组成兰州市访问团去上海回访考察。访问团共 12 人，由市委常委、副市长王君朗任团长，主要任务是与上海方面洽谈支援兰州的具体事务，签订协议，并实地考察迁兰企业的具体落实问题。

1956 年 4 月，王君朗一行抵达上海后，同样受到了上海市党政各方面的热情欢迎。柯庆施和上海市委对此高度关注，市委书记陈丕显在上海锦江饭店亲自会见参观团并做出明确指示，支援兰州建设，上海义不容辞，原则上是需要什么支援什么，要什么给什么。上海市副市长兼财办主任宋季文直接负责安排企业人员搬迁事宜，考察、商谈、签订协议等具体事务均由上海市第一、二商业局负责安排，沈锐处长全程陪同。

兰州市访问团在上海整整工作了两个月的时间，重点考察最繁华的黄浦区商贸服务业、餐饮业，也参观考察了上海市的工业、交通、科技、文化等，拟定搬迁的企业都逐一深入内部进行考察。为了充分做好动员工作，上海市召开工商界和其他方面代表参加的动员大会，发动全市工商业积极响应国家号召支援兰州建设，上海市的报社、电台等新闻媒体也积极配合做好宣传。在动员大会上，王君朗作报告并介绍兰州情况。参观团在上海召集各搬迁企业的人员举办座谈会，进一步向他们说明兰州市的基本情况，讲清楚搬迁企业来兰州的发展与前途，解除企业和职工的顾虑，真正做到皆大欢喜、自觉自愿。随着访问团在上海市、区两级的深入动员，新闻媒体热情充分的宣传报道，一时间支援兰州成了上海市家喻户晓、人人关心的热门话题，得到了广大企业和市民的充分理解和支持，企业和职工踊跃报名远远超出预想。不但企业和职工积极报名要求支援兰州，有些迁兰企业还要求将家属也一起带到兰州来，并表示要在艰苦的环境中生根开花结果，表现了上海市人民对兰州的无私援助。

经过兰州市访问团的调查研究，在与上海市商业局共同协商后，拟订了最终的搬迁方案，确定了搬迁的企业和人员数额，签订了《上海市向甘肃省兰州市输送与投资服务业问题的协议》等三个文件。协议包括搬迁企业的原则、要求，企业安置、人员安排的条件，工资待遇、家属安置、迁兰后的货源保证，援兰干部的优待条件及工作安排等内容。搬迁工作从1956年6月起正式启动，在搬迁过程中，甘肃省和兰州市还专门拨款375.8万元用于解决援兰人员的旅途费、安家费。

（二）上海援兰项目

将上海的商贸服务企业整体搬迁到兰州，是上海支援兰州总体行动中的重点。根据协议规定的原则，迁兰企业要有经营特色，在社会上有影响，产品质量和服务质量有优势，在兰州能起到示范推动作用，并且要搬迁几

家在上海较有名气的商店，包括人员、设备、资金，连同金字招牌都一起迁到兰州，最终确定以下企业进行搬迁。

商业企业有信大祥绸布店、泰昌公司（百货）、远东绒线店，恒昌照相材料行。服装鞋帽加工企业有培琪西服店、王荣康西服店、红花女子时装店，美高皮鞋店。餐饮企业有悦宾楼京菜馆、同华楼菜馆、大中华徽菜馆、立达西菜社、葛裕兴小吃店、许复兴小吃店（面食）、上海糕团店、老蔡德胜糕团店。服务业企业有国联照相馆、龙象照相馆、登记理发店、国际理发店、文龙理发店、意姆登洗染店等。

其中信大祥绸布店是上海有名的"三大祥"（协大祥、宝大祥、信大祥）之一，在沪上就享有盛誉。1956年6月19日，该店连同金字招牌全部迁至兰州，安置在市内最繁华的地段——南关什字东南角稍东原兰州市百货公司第三门市部，其开放式的柜台售货让兰州市民耳目一新。

悦宾楼京菜馆于1912年从北京迁到上海，1956年再迁到兰州，落户在城关区庆阳路中段，是兰州市第一家安装了霓虹灯、自来水的菜馆。该店在继承和发扬京菜特色的同时，又吸收了宫廷、民间、各地菜肴的烹饪技艺，并与甘肃土特产食材、调料及饮食习惯结合进行创新，深受兰州市民的欢迎。

兰州上海糕团店的前身是1953年创办于上海虹口区的和兴斋。迁兰后在南关十字西北角正式开业，生产的赤豆糕、黄松糕、定胜糕、寿桃、猪油糕等糕点，深受顾客尤其是上海援兰同乡的赞赏。他们说：我们在兰州吃到糕团就像回到家乡一样。可见，上海糕团店用一道普通的甜食，了却了上海援兰人员的思乡之情。

为解决兰州轻工业基础薄弱问题，还搬迁了一批轻工企业到兰州，主要有兰州佛慈制药厂、利华墨水厂、兰州胶鞋厂、搪瓷厂、热水瓶厂等。兰州佛慈制药厂迁到兰州后，甘肃省出产的当归、甘草等30多种优质的药材作为主要原料源源不断地供应工厂，为生产经营提供了有力保障。部分搬迁的企业、设备和人员则根据具体情况分别并入兰州玻璃厂、德胜锁厂、霓虹灯分厂等单位，填补了兰州工业制造方面的许多空白，促进了地方轻工业的发展。

　　随着上海援兰人员的增多，为了满足他们的文化生活，1956年8月5日，上海市将著名越剧演员尹树春任团长的春光越剧团整团搬迁到兰州，改为兰州市越剧团。剧团以高超的表演艺术服务于兰州人民，特别是对来兰支援建设的南方籍人员起到了慰藉心灵和稳定情绪的作用，也为兰州的文艺舞台增添了越剧这个新剧种。

　　上海参观访问团考察兰州及兰州访问团去上海洽谈援助项目，都涉及了资金援助的问题，双方商定由上海动员私营工商业者出资200万元人民币，成立公私合营建兰公司。其后随资金来兰的股东中，韩铁成、钱念祖二人担任公司副经理，投资兴办的项目有建兰饭店、建兰路百货商店、永昌路百货商店、和平饭店、定西路百货商店，市商业学校，东岗（定西南路）、七里河（建兰路）、西固（钟家河）三个综合市场，大大提升了兰州城市的服务功能，在一定程度上满足了兰州市和来兰居民的生活需要。

　　在支援兰州建设中，上海还从教育系统内抽调了大批教职工到兰州工作。从复旦大学等高校抽调了朱子清、陈耀祖等一批青年教师充实到兰州大学等高校，还有更多青年知识分子进入中小学。他们克服了语言上的障碍，扎根兰州从事基础教育工作，缓解了兰州市师资短缺，提高了整体教育质量。

　　为了提高兰州市商贸企业的经营管理水平，上海市商业系统还动员抽调了部门干部、技术员、有特殊技能的人才支援兰州。人员组成从商业局长到各公司经理、副经理，还有业务人员配套成龙，他们在各行各业发挥了技术特长，特别是由援兰人员培养和带出一批本土的技工、技师人才，产生了深远的影响。如兰州友谊饭店配备了45名厨师、理发师、招待员、服务员，全套人马均由上海援兰人员组成，整体提升了饭店的服务水平和质量。

　　上海援兰人员在与兰州人民朝夕相处、共同创业中结下了深厚的情谊，涌现出了韩铁成、李名山、丁言章、施兆坤等先进模范人物，他们中许多人荣获全国劳模、省级先进工作者等荣誉，他们的奉献精神感动了一个时

代、感动了几代人，他们既是兰州人民的骄傲，也是上海人民的骄傲。

三、西北交通枢纽

兰州是内地通往边疆、内蒙古高原南下青藏高原和四川盆地的咽喉要冲，自古以来就拥有发达的交通线路，这些因素确立了兰州作为西北交通枢纽的重要地位。

（一）公路建设

公路交通中以兰州为中心呈放射状连接周边的交通主干线有七条，分别是西兰、甘新、兰包、甘青、兰郎、甘川一线和甘川二线等公路。① 这些公路在新中国成立前已经存在，全面建设社会主义时期，对其实施了大规模的改造提升工程，使公路的等级和通车数量质量不断提高。

连接兰州与西宁的甘青公路，在 1959 年由西北公路局工程总队和青海交通处联合组建两个工程队承担改建任务，在甘肃境内修建多座石拱桥和防护工程，通车速度明显加快。连接甘肃与四川的甘川公路，曾遭到国民党军队的破坏，许多路段桥梁、涵洞及路面被炸或损毁。从 1956 年起，进行了部分路段的修复，至 1962 年打通了甘川公路甘肃境内的全线，使甘肃入川的"蜀道"再无上天之难。兰郎公路从兰州抵达甘川边界的碌曲县郎木寺，是连接兰州、临夏、甘南和进入四川的重要通道。兰郎公路在 1955年已全线通车，但是由于部分路段行进在青藏高原上，要通过沼泽草地，路基极不稳定，难以保证正常通车。1956—1965 年，对部分路段进行了改建，新建碌曲洮河大桥，使严重阻车的路段得以畅通。甘新公路连接兰州和新疆乌鲁木齐，1971 年，经过沿线职工一年的艰苦努力，全线浇上沥青，铺筑黑色路面。兰包线由兰州连接内蒙古包头市，途经甘肃白银、靖远等主要工矿区。为支持白银公司和靖远煤矿的发展，对兰包公路多次进行改

---

① 甘川一线，又称为"华双公路"，起自西兰公路上的华家岭站到陕西双石铺，与川陕公路相连。甘川二线，由兰州经岷县、武都到四川成都。

造，1973年，新修了黄河铁路公路两用桥，同时在祖厉河、皋兰水阜河、兰州大砂坪等河流上陆续建成各式桥梁，使运输能力和质量得到提升。

（二）铁路建设

兰州交通枢纽的功能主要体现在铁路运输上，20世纪50年代中后期，已有陇海线、包兰线、兰新线、兰青线等铁路交通大动脉在此交会。

包兰铁路起点是内蒙古包头市的东车站，终点是兰州东车站。1958年8月1日全线通车，于10月交付运营，全长989公里。包兰线由兰州东车站往东转向北后渡黄河，经过白银西、景泰、营盘水至干塘，在甘肃境内全长204.7公里，是沟通中国东北、华北与西北地区的主要干线之一。包兰线通车后，从北京沿京包线、包兰线至兰州，较经陇海线缩短54公里，极大地缓解了陇海线客货运输的负担。

兰青铁路东起兰州河口南站，沿黄河南岸西行，在八盘峡、达川跨越黄河后沿湟水河谷行进至海石湾进入青海，终点是西宁西站，在甘肃境内全长187.4公里，其中在兰州境内，即河口南至海石湾段长64公里。兰青线于1958年5月13日正式开工建设，至1965年12月31日，由兰州铁路局正式运营。兰青线是国家路网中的骨干线路，是内地连接青海腹地及西藏的重要通道。刘家峡、窑街支线分别在兰青线八盘峡、海石湾站接轨。兰青线通车后货运量不断增长，对支援青藏高原的经济建设、国防建设，促进民族经济发展发挥了极其重要的作用。

鉴于兰州在全国铁路运输网络中的枢纽地位，1956年3月1日，奉铁道部命令，在天水铁路局的基础上成立铁道部兰州铁路管理局，机构常驻兰州。1958年8月，正式更名为兰州铁路局，是以铁路客货运输为主业的大型国有企业，下辖兰州、武威、西宁、银川四个铁路分局和工程、工业两个总公司。

兰州铁路分局管辖的区域东至陇海线天水车站，西至兰新线安家河车站，北至包兰线后长川车站，南至八盘峡车站，管理的车站多达79个。

为了更好地发挥兰州铁路交通枢纽的作用，国家还在兰州陆续布局了

许多服务于铁路建设和铁路运输的科研机构、工厂和学校，具有代表性的有兰州铁道学院、铁道部第一勘测设计院、兰州铁路局勘测设计所、兰州机车厂、铁道部科学研究院西北研究所等。

兰州铁道学院创办于 1958 年 5 月，由唐山铁道学院和北京铁道学院部分系与专业成建制地搬迁到兰州组建而成，院址选在安宁区安宁西路。到1965 年，设有铁道运输、铁道建筑、铁道桥梁与隧道、铁道通信与信号、铁道机械 5 个系 8 个专业，培养了大批有关铁路交通的专业技术和管理人才。此外，还有从新疆搬迁而来的兰州铁路机械学校，该校的前身是新疆铁道学院中专部。

（三）民航建设

兰州的航空运输业出现较早。20 世纪 30 年代，欧亚航空公司就在兰州建成东岗机场。1958 年至 1960 年，民航兰州管理局对东岗机场的跑道多次进行改造扩建，将沙石道面改造为沥青道面，还延长了跑道。但是东岗机场没有夜航设备，只能在白天起降中小型飞机，极大地限制了兰州民航运输的发展。抗战时期，国民党政府曾修建中川机场，位于皋兰县西岔乡中川村以东、山字墩以西的地方，距离兰州市区约 70 公里。兰州解放后，中川机场于 1949 年秋被解放军的空军部队接管。1958 年，总参谋部将中川机场核定为军用机场，后来军队与地方商定扩建机场，平时民用，战时则为军用，由国家投资建设，中川机场扩建一期工程随之正式开工。建成了长3400 米、宽 45 米的水泥路面跑道，为日后建成甘肃省最大的航空港打下了基础。

1958 年，中国民用航空乌鲁木齐管理处搬迁到兰州，建立了中国民用航空兰州管理局，成为中国民用航空总局所辖的六个地区管理局之一，主管西北五省区的民用航空事业。1959 年，在原兰州航空站的基础上成立了民航甘肃省管理局，由民航兰州管理局和甘肃省交通厅实行双重领导。兰州站随之成为西北地区民用航空基地，由经停站变为始发站，同时，又成为民航兰州管理局下辖的一处专业飞行基地和飞机维修基地。

四、三线建设在兰州

三线建设是 20 世纪 60 年代中国生产力布局由沿海向内地的一次重大战略转移，兰州作为三线建设的重点地区，三线建设对地方经济社会发展产生了重大而深远的影响。

（一）工业成就

20 世纪 60 年代初，国内外形势急剧变化，西南方向的印度不但霸占着我国藏南地区，还继续蚕食我国领土，引发了边境冲突；南面，美越战争步步升级，构成对我国南方的威胁；东南方向，盘踞台湾孤岛的蒋介石集团在美国的扶持下妄图反攻大陆；在广大的北方边境，由于中苏关系日趋恶化紧张，造成中国处在被包夹的危险之中。总之，战争的阴云密布在中国四周。国内经过全党和全国各族人民的艰苦努力，1961—1963 年国民经济调整取得了重大进展，压缩了基本建设规模，工农业生产得到恢复和发展，基本上摆脱了三年自然灾害的影响和"左"倾错误造成的严重困难。国家着手制订第三个"五年计划"，国民经济进入一个新的发展时期。

面对国际国内形势，特别是日益紧迫的战争威胁，党中央十分重视苏联在卫国战争中的经验教训。第二次世界大战中苏联面对德国法西斯的猖狂进攻，在西伯利亚地区保存了大量的工业力量，成为战胜德国法西斯的主要原因，体现了战略纵深的重大意义。1964 年 5 月，中央召开工作会议，着重讨论三线建设问题，会议做出了集中力量，争取时间，建设三线，防备外敌入侵的战略决策。毛泽东主席一针见血地指出："在原子弹时期，没有后方不行。"此后，毛泽东主席又明确表态："现在沿海地区搞这么大，不搬家不行。不仅工业交通部门的企业要搬，大学、科学院、设计院都要搬，总之，一线要搬家，二线三线要加强。"自此正式提出了三线建设的概念，形成了三线建设战略决策。甘肃作为中国的资源大省，兰州作为西北新兴工业城市，必然进入中央决策的视野再次获得宝贵的发展机遇。1966 年 3 月，邓小平同志在兰州视察工作，对甘肃省委第一书记汪锋讲：三线建

设，西北主要是甘肃。你这个三线是相当硬的，有煤、有油、有铁、有镍、有铜，是相当重的。

兰州作为甘肃省会，在自然环境、经济基础、交通连接等方面，为三线建设提供了有利的条件，具备发展三线工业的良好基础条件。兰州市的工业布局，在新中国成立后就开始实施，到"一五""二五"计划完成后，兰州已成为中国主要的工业城市，拥有雄厚的工业基础。兰州又是中国西北地区重要的综合交通枢纽和物流中心，是华北、华东、华中、西南地区联系西北地区的桥梁和纽带。兰州市及周边地区拥有丰富的水力资源，以兰州为中心的黄河上游干流段新建了大中型水电站，与邻近的其他水电站构成这一时期中国最大的水力发电中心。兰州及其周边也富集矿产资源，蕴藏着多种有色金属、贵金属、稀土和能源矿产等发展工业必需的资源，还有大量可资利用的土地。兰州还是西北的交通电信通信枢纽和科研教育中心，以兰州大学、中国科学院兰州分院为代表的一批高校、科研院所布局在兰州，许多全国知名的专家学者在当地工作生活，这一切为三线建设项目落户兰州起了重要的支撑作用。兰州的建设又对全国的建设产生重大影响，对开发西北起着重要的托举和先导作用。

兰州三线建设是按照中央对西北地区的总体布局展开的。1964 年，中共中央西北局在西安召开西北地区迁厂工作和"三五"计划会议，要求西北地区在 1964 年后的若干年内，建立起一个"以酒钢为中心，能生产常规武器，并且具有相应原材料和必要机械制造能力的工业基地"。在该布局方针的指导下，1964 年 10 月 16 日至 11 月 20 日，甘肃省派出了三个建设选点勘查组，赴全省各地实地勘探。1964 年底，初步确定了兰州地区三线建设的大致布局，决定以发展冶金工业、机械工业、铁路建设、石化工业、轻工业、建材工业、煤炭工业、石油工业、电力工业为主，还从东部沿海地区迁来部分高校、科学研究单位等机构。

自 1965 年起，三线建设正式展开。国家有计划地进行投资，开展重点项目建设，从上海、哈尔滨、北京、湘潭、沈阳、天津、南京、西安、长春、洛阳、丹东、大连和烟台 13 个大中城市搬迁重点骨干企业、研究院所等机构进入甘肃和兰州。

西北炭素厂。1964年9月，国家决定建设西北炭素厂，将吉林炭素厂的306车间和712生产系统迁往兰州，同时正式将西北炭素厂定名为205厂，厂址选在红古区海石湾。1965年6月7日破土动工，1968年与相关单位协作，试制出中国第一批核反应堆用石墨制品，1971年全面投产，1972年改为兰州炭素厂，主要产品为石墨电极、石墨阳极、高纯石墨、炭纤维等。

兰州长新电表厂。该厂是国家第一机械工业部重点企业之一，1965年由哈尔滨电表仪器厂搬迁建成，位于兰州市安宁区水挂庄长新路，主要生产三项电度表。

兰州长虹电焊条厂。1965年2月，哈尔滨锅炉厂根据中央部署，将焊条车间迁到兰州市，另从武汉锅炉厂、原兰州五金厂调剂一部分设备，利用城关区民主西路原兰州电线厂厂房改建成电焊条专业生产厂。

兰州电机厂。该厂是国家第一机械工业部布点在西北地区最大的电机和发电设备制造大型骨干企业，前身为兰州火力发电设备厂，后改组为兰州综合电机厂，厂址在七里河区民乐路。1965年，响应三线建设号召，从湖南湘潭电机厂调来党委副书记侯宗宾担任党委书记兼厂长，从上海革新电机厂调来职工及设备，做到了当年搬迁、当年生产、当年出效益。

兰州真空设备厂。原名兰州曙光机械厂，是机械工业委员会确定的骨干企业之一，是机械委真空行业唯一的骨干厂家。三线建设期间中央决定将上海曙光机器制造厂"一分为二"迁往兰州，建立兰州曙光机械厂，征用了兰州市七里河区通用机器厂的土地供新建厂使用，该厂创下了内迁企业中搬迁速度最快的纪录。

表 7-1 三线建设搬迁至兰州的主要企业

序号	搬迁后企业名称	筹建时间	搬迁员工（人）	投资（万元）	1965年投资（万元）	原企业
1	西北铝加工厂	1965.4	1700	11874	500	哈尔滨101厂
2	西北铜加工厂	1965.3	700	16231	850	洛阳有色金属加工厂、上海901厂、上海恒利铜管厂、辽宁苏家屯有色金属加工厂、本溪合金厂
3	西北油漆厂	1965	80	400		沈阳油漆厂
			28			大连油漆厂
			180			天津油漆厂
4	兰州炭素厂	1965.3	700	7500	1300	吉林201厂
5	兰州电力修造厂	1965	200	125		北京良乡制造厂
6	兰州长通电线厂	1964	260	290		上海大来电业厂
7	西北合成制药厂	1965	200	1000	100	天津新新制药厂
8	兰州曙光机械厂	1965.2	110	172.35		上海曙光机械制造厂
9	兰州长虹电焊条厂	1965.3	111	88.94		哈尔滨锅炉厂
10	兰州轴承厂	1965.3	800	527.4		北京轴承厂
11	兰州长新电表厂	1965.5	214	111		哈尔滨电表仪器厂
12	兰州电机厂	1965.6	301	295		上海革新电机厂
		1965.5	22			湖南湘潭电机厂
13	兰州高压阀门厂	1965.7	300	695		沈阳中高压阀门厂
14	兰州长津电机厂	1965.9	450	292.55		天津新安电机厂 天津发电设备厂
15	兰州真空设备厂	1965.7	90			上海曙光机械制造厂

（二）科技教育成就

为了支援三线建设，党和政府还下决心在兰州建立了一批科研院所和学校，同时，将东部沿海地区分属于中国科学院、机械工业部、化工部、农业部等单位和部门的一批科研机构、高等院校及其科研教学人员迁入兰州，投身三线建设，使兰州的科技教育又一次得到难得的发展机遇。

兰州石油化工设计院。其前身为化工部西北化工设计院，三线建设开始后将设计与研究分立，设计部分成立化工部第五设计院，1972 年改为兰州化学工业公司化工设计院。该院勘察设计专业齐全配套，在无机工艺、有机工艺、工艺安装、模型设计、起重运输、机修、化工设备等 20 多个专业领域拥有雄厚的实力，具备独立承担大中型合成氨及石油化工的设计任务，尤以合成氨著称。

兰州电源车辆研究所。该所是从事机械工业内燃机电站、军用车辆改装的综合性技术研究和测试的专业研究所，其前身是天津电气传动设计研究所设计研究室（704 设计室）。1966 年 5 月根据三线建设需要，决定将该室搬迁到兰州，成立第一机械工业部兰州电源车辆研究所，承担导弹武器系统地面装备的各种车辆设计、试制、试验和研究工作。

中国科学院兰州化学物理研究所。其前身是中国科学院石油研究所兰州分所。1965 年，该所被列入三线建设总体规划，以榆中县麻家寺为该所三线建设基地，1968 年 3 月被中国人民解放军国防科委接管，1970 年复归中科院。该所成立以来以服从国家建设需要开展应用研究和应用基础研究为宗旨，以天然石油为主要研究对象开展石油化学研究，还接受国家委托的高能炸药研究任务。取得的重大研究成果有东方红 1 号人造卫星短波天线机构防冷焊镀层，高真空防冷轴承和特种航空液压油等，为我国的航空航天事业发挥了重要作用。

中国科学院兰州地质研究所。1965 年为三线建设需要，中国科学院将北京地质研究所第四纪地质研究室搬迁到兰州，并入兰州地质研究所，主要从事沉积（岩石）圈的组成、结构及其演化规律等基础理论和应用基础研究。

中国农业科学院兰州兽医研究所。其前身是西北畜牧兽医研究所，1965年10月，农业部决定将中国农业科学院研究所的领导中心和一部分研究工作由哈尔滨迁至兰州，同西北畜牧兽医研究所的兽医部分合并，组成中国农业科学院兽医研究所。主要开展家畜病毒病、家畜寄生虫病、家畜传染病研究防治，对西北畜牧业的发展做出了贡献。

中国市政工程西北设计院。该校是建设部的甲级设计院，1965年为配合国家的三线建设，建设部决定从北京建筑科学设计院市政工程研究所给水排水研究室抽调人员支援兰州，建立西北给水排水设计院给水排水研究室。此后该院承接完成了全国20多个省市千余项设计任务，享有良好的社会信誉。

甘肃工业大学。该校是一所以工科为主的多学科普通高等学校，隶属于第一机械工业部，位于兰州市七里河区兰工坪。三线建设中，中央批准将东北重型机械学院和水利机械、化工机械、石油矿场机械三个专业，北京机械学院的焊接工艺及设备专业搬迁到兰州，与甘肃工业大学的机械制造工艺及设备、铸造工艺及设备、民用与公用建筑三个专业合并，共同组成新的甘肃工业大学，隶属一机部。

表7-2　三线建设搬迁至兰州的科研院所

序号	迁建后的单位名称	分迁单位	人数	备注
1	兰州化工机械研究所	北京化工机械研究所； 沈阳化工机械研究院防腐蚀研究室	350	投资70万元
2	兰化公司设计研究院	北京化工研究院石油化工、 合成橡胶、聚烯烃研究室	170	投资3万元
3	兰州地质研究所	北京地质研究所第四纪地质室	60	
4	兰州煤炭科学研究所	唐山煤炭研究所	100	
5	矿冶研究院西北分院	北京矿冶研究院	100	
6	西北给排水设计院给排水研究所	北京建筑科学研究院市政工程研究所给排水研究室	25	

序号	迁建后的单位名称	分迁单位	人数	备注
7	兰州化学物理研究所	大连化学物理所的航空煤油及推进剂专业	300	
8	甘肃工业大学	东北重型机械学院的水利机械、石油矿物机械及化工机械，北京机械学院焊接系	1800	
9	兰州医学院卫生系	北京医学院卫生系		
10	兰州电源车辆研究所	第一机械工业部电气传动设计研究所电源车辆设计室	308	

第三节　改革开放明珠添彩

1976年10月，党中央秉承全国人民的意志，一举粉碎"四人帮"反革命集团，彻底结束了"文化大革命"。1978年12月，党的十一届三中全会胜利召开，实现了新中国成立以来最具深远意义的伟大历史转折。从此，改革开放的春风吹拂金城兰州，兰州人民同全国人民一道开始探索建设有中国特色社会主义。在经济、政治、文化、社会、生态文明建设各个方面取得了长足的进步，全市人民群众逐渐摆脱贫困，走向富裕。

一、兰州城乡改革

兰州的改革开放首先是在广大的农村打破了人民公社的僵化体制，实行了家庭联产承包责任制，城市经济中实行了各种形式的承包经营制，随着国有企业深化改革，先后推行劳动、人事、分配三项制度改革，建立起现代企业制度。

（一）农村大包干

1978年底，兰州市共有759个大队，4447个生产队。1979年在城郊农

村，群众开始打破人民公社①体制下吃"大锅饭"的弊端，城关区在落实农村经济政策中，推行劳动定额管理制度；青白石公社大部分生产队划分作业组，实行定额管理、联产计酬、责任到人、评定奖惩。全区的绝大部分生产队制定了各种农活的劳动定额，对起砂压田等重农活还实行小段包工。其中，有51个生产队，共建立起149个常年作业组，实行了联系产量计算报酬的"五定一奖罚"生产责任制。

其后，兰州市继续放宽政策，对于那些生活困难、长期吃国家回销粮的地区，如果群众要求包产到户，包括大包干到户都应当支持。提倡包工、包产、包费用到户，由生产队统一核算和分配。上述政策的出台，为兰州农村"大包干"的推广起到了推动作用。1980年9月，兰州市召开农村工作会议，重点讨论包产到户问题，制定了《关于在农村实行和完善各种生产责任制的意见》，提出在"吃粮靠回销，生产靠贷款、生活靠救济"的生产队，实行包产到户，解决群众吃饭穿衣问题。

上述政策的制定和贯彻落实，极大地推动了全市农村干部群众的思想解放，包产到户由远及近、从山区到川区迅速全面展开。群众盛赞包干到户的好处："除了上交国家的，留足集体的，其余都是自己的。"出现了"大包干挡不住，大锅饭稳不住"的局面。随着大包干的推广，千万户农民成为最直接的受益者，当一个农村中的"万元户"已不是梦想，广大农村逐渐摆脱贫困，向着小康的幸福生活迈进。

（二）扶持养殖专业户

随着农村改革春潮涌动，兰州出现了中国最早的养殖专业户。

高学兰是西固区陈坪公社东湾6队的社员，因为身体不好难以常年坚持

---

① 人民公社：出现在1958年，是由高级农业生产合作社的小社并大社引起。因为受"大跃进"影响，人民公社体制下的农业生产经营不顾客观条件，将农业集体生产组织向所谓更高级的形式——人民公社过渡，形成所谓"一大二公"特点。"大"即规模大；"公"就是生产资料公有化程度高。因为这一体制脱离我国农村生产力发展的水平，导致农村中平均主义泛滥，严重破坏了农村生产力。

集体劳动，但她不愿意闲在家中，就买来科学养鸡的书，边学边干养起鸡。鸡养多了收入也多，1979 年就达到了 1000 元，这在人均年收入只有三四十元的农村，无疑是一个天文数字。同时，麻烦也随之而来，有人说高学兰是只顾自己，忘了集体，是资本主义倾向。

此事引起了甘肃省委第一书记宋平的重视，1980 年 6 月中旬，宋平来到西固区调研，首访高学兰。他仔细看了高学兰建在自家院内 20 平方米空地上的养鸡场，询问了养鸡的技术、成本和效益后讲道："兰州郊区有几百个生产队，很多队人均只有几分地，劳动力很富裕。兰州市场鸡蛋很缺，如果每个生产队都有五六个农户像高学兰那样养鸡，就会有两三千个专业养鸡户；如果每户年产蛋 1500 斤，兰州市居民吃蛋难的问题就解决了。这不是一件很好的事吗？""农民养鸡，服务城市，富裕农民，是个利国利民的办法，方向是正确的，应当大力提倡，积极支持。"他拍着高学兰的肩膀鼓励道：大胆地干，脚步可以迈得更大一点。

宋平的鼓励和支持，让高学兰十分激动，她说："宋书记，你这一来，我的心里就踏实了。可惜我没个录音机，如果我有录音机，就把你的话录下来，如果再割资本主义尾巴，我就拿你的话作依据。"省委第一书记亲自访问专业户，在兰州农村引起热烈的反响，区上、市上召开了现场会进行推广。

1980 年 12 月，即将赴中央工作的宋平再访高学兰。他鼓励高学兰："希望你今后继续发展养鸡事业，把全队、全公社带动起来，让社员们都尽快富起来。"高学兰激动地含泪说："宋书记，我一个农村妇女，就会养鸡，你几次鼓励我、支持我，我真不知道说什么好。我只有好好养鸡，多给国家、给集体做贡献。"

在宋平的关心支持下，以高学兰为榜样，陇原大地兴起了创办各种专业养殖的高潮。高学兰不但成为全市专业户的"领头雁"，还与黑龙江哈尔滨市郊的王淑兰、辽宁沈阳市郊的苏玉兰成为闻名全国的"三兰"专业户。到 1982 年底，兰州市已经形成了一支以畜禽养殖、蔬菜花卉种植为主的专业户队伍，发挥了蔬菜瓜果肉蛋产业优势，打造了百合、玫瑰、烟草等闻

名遐迩的地方特产品牌，既满足了城市人民的需要，活跃了农副产品市场，又增加了社员的收入。

（三）乡镇企业

农村经济体制改革，极大地解放了农村生产力。兰州城郊农村原本人多地少，家庭联产承包后大量的剩余劳动力涌出，这就促使乡镇企业应运而生。

改革开放前，兰州市已建成投产了一批社队骨干企业，包括城关区雁滩公社罐头食品厂、城关公社暖气片厂、安宁区水泥预制构件厂、榆中县三角城公社造纸厂和皋兰县西岔公社水泥厂等。1978年底，兰州市共有社队企业1300个，其中社办360个，村办940个。改革开放后，国家在投资、税收、经营等方面出台了一系列有助于乡镇企业发展的政策。1984年初，兰州市主要领导带领各区县及市直部门负责人，赴西安、成都、广州、无锡、苏州、青岛、大连等地考察学习乡镇企业发展经验。回兰后，召开市委七届二次全委扩大会议，号召"要在全体党员、各级干部和广大群众中大造靠工业翻番、靠工业致富的舆论，使全体人民都懂得这个道理，形成全党动员，全民动手，大办工业，振兴经济这样一个生动活泼的局面"，由此推动了乡镇企业在全市遍地开花。

乡镇企业中有许多企业属于私营经济。1988年，兰州金河商行等四家私营企业，首批在兰州市工商行政管理机关登记注册，兰州市第一批私营企业由此诞生。自1992年开始，兰州市每年举办"中国丝绸之路节""中国兰州投资贸易洽谈会"等，利用节会的契机实施"请进来，走出去"战略，扩大对外宣传，加大招商引资力度。非公经济在促进全市经济增长、财政增收、提供就业岗位、群众增收等方面的重要作用得到进一步显现，成为改革开放以来经济发展的又一突出亮点。

（四）城乡体制改革

广大农民获得了生产经营的自主权，原有的人民公社旧体制就与农村生产力的解放和发展产生了尖锐矛盾。1983 年 2 月 10 日，兰州市农村体制改革工作现场会在西固区召开。会后，兰州各县（区）将原人民公社及下辖的生产大队、生产队（小队）改为乡（镇）、村体制，全市 85 个人民公社、806 个生产大队、5782 个生产小队，本着一社一乡、一大队一村的原则适度调整，设有 88 个乡、819 个行政村、4317 个村民小组。人民公社所谓"一大二公"的旧体制被彻底废弃。

农村经济体制的改革促进了兰州城市经济体制改革的进行。1981 年，兰州首先运用农村"联产承包责任制"的成功经验，解决城市商品流通领域统得过死、搞不活的问题，开始推行厂长（经理）负责制。1983 年 6 月，兰州市将执行多年的国营企业利润上缴改为按比例纳税制。9 月，继续给企业松绑，做出了一系列重大改革，包括扩大企业自主权，加快国营小企业和集体企业改革、工业改组联合、疏通商品流通渠道、建筑行业实行全面改革、改进和完善计划管理、改革财政和税收体制、改进工商管理及信贷工作、加快科学技术协作、改革人事劳动管理制度等。同时，进一步扩大县区自主权，将企业的权利归还给企业。从 1985 年起兰州市成为甘肃省经济体制改革综合试点城市，制定了发展第三产业的若干规定。

城市经济体制改革带来诸多方面的变化。实行厂长经理责任制的大部分企业真正落实按劳分配原则，原本粗放经营的企业开始转向集约经营，人浮于事、生产效率低下及平均主义的"大锅饭"模式被打破。兰州水泵厂、长兴仪表厂、兰州酿酒厂等小型国有工商企业实行了租赁制，经营状况发生了根本性变化，经营品种增多，服务态度好转，经济效益提高。

改革促生兰州消费品市场的繁荣，一批货不分南北，人不分公私，等价交换，开放式、多渠道、少环节的批发市场、贸易市场蓬勃兴起，如兰州工业品贸易中心，同全国 27 个省市区的 80 多家贸易中心，300 多家企业建立了业务和信息往来，形成以工贸中心为主辐射全国的新型批发网络。

为疏通流通渠道，兰州市放宽个体工商运输等专业户的经营范围，除国家规定不准经营的商品和计划商品外，允许个体户自主选择经营，可批零兼营、走街串巷。在政策鼓舞下，城关、西固、七里河、安宁等城区，

一条条颇具特色、商品丰富的商业街出现在市民的生活圈里，商业街顺势延长了营业时间，逐步发展成为夜市。城乡居民，尤其是周末在商业街上购物、品小吃成了休闲生活的主要方式。

随着市场的放开，人民群众的生活有了极大的改善。改革开放前兰州市民冬天消费的菜蔬，基本依靠"老三样"，即洋芋、萝卜、大白菜，因此，到秋冬季节，家家户户都大批量购进后储存。从1985年开始，兰州市政府先后投资在城关、七里河、西固、安宁等地，建立了大小11处蔬菜批发市场，出现了被市民称作"自由市场"的农产品交易市场。有了自由市场，市民的菜篮子就丰富起来，各种时令菜蔬随吃随买，冬天储菜以及国营蔬菜商场和门市部里市民排长队买菜的现象逐渐成为历史。

二、引大入秦工程与兰州新区建设

引大入秦工程是20世纪甘肃兴建的最大的水利工程，该工程从甘青两省交界处的天祝天堂寺，引大通河的水到永登县秦王川，以解决当地缺水问题，满足工农业生产和居民生活的需要。这一工程对兰州的发展产生了极其深远的影响，为创办兰州新区提供了物质保障。

（一）引大入秦工程的兴建

引大入秦工程的构想出现在"文革"后期，兰州市认为该工程是全市打好粮食翻身仗的重要措施，所以拼死拼活也要搞上去。1976年9月28日，兰州市委批准成立了中共兰州市引大入秦工程指挥部委员会，由烽野任书记，王树和、李进德任副书记。1976年11月25日，在永登县河桥举行万人参加的引大入秦工程开工典礼，这一造福金城人民的世纪工程终于正式动工修建。

1977年2月10日，兰州市委召开五届七次会议，市革委会召开八次全委（扩大）会议，专门研究引大入秦工程，讨论通过了"全市动员，苦战五年，多快好省地建设引大（大通河）入秦（秦王川）工程"的决定。国家计委批准工程总概算为10.45亿元，工期7年，同意向世界银行贷款1.23

亿美元，折合人民币 4.56 亿元。工程竣工后，每年从大通河引水 4.43 亿立方米，实现自流灌溉。保灌面积为 86 万亩，若实施节水灌溉措施，可发展有效灌溉面积 100 万亩，将秦王川变成重要的粮食生产基地，发挥可观的经济、社会和生态效益。

永登县在建设引大入秦工程中做出了特殊的贡献，为了保证工程按时施工，县上决定组织 20% 的劳动力，共计 2.9 万余人进入施工现场。随着工程的进展，涉及的许多问题已远远超出兰州市能力范围。1978 年 1 月 10 日，甘肃省水电局党组和兰州市委向甘肃省委上报《关于引大入秦工程几个问题的请示报告》，建议将引大工程列为省上的一项工程，并请省委能确定一名书记或省革委会副主任分管引大入秦工作；工程所需资金、三材、机械、设备等改为由省上直接安排供应。1 月 24 日，甘肃省委常委会讨论了这一报告，2 月 28 日，决定成立甘肃省引大入秦工程指挥部，省水电局副局长陈可言任总指挥、党委书记，永登县县委书记李进德任副总指挥、党委副书记。此后，进行了工程的交接。5 月 12 日，省委研究决定，中共甘肃省引大入秦工程指挥部委员会由窦海明、陈可言、潘定伟、王尊太、李金保、刘经纬、姜作孝、王长有、阮廷甫、黄廷福、杨树山、袁明生组成。由窦海明任书记，陈可言、潘定伟任副书记。工程指挥部由陈可言任指挥兼总工程师，潘定伟、王尊太、李金保、刘经纬、姜作孝任副指挥，王世选任副总工程师。1979 年 4 月，国家压缩基建规模，影响到引大入秦工程的建设，引大入秦工程自 1976 年 11 月开工，国家共投入 9600 余万元。1981 年 2 月 9 日，甘肃省政府正式下达通知，引大入秦工程暂缓建设。

（二）引大入秦工程的再建

修建引大入秦工程是甘肃人民梦寐以求的愿望，工程所具有的经济、社会和生态效益也早已引起社会高度关注。随着国家"调整、改革、整顿、提高"取得良好的效益，停建四年之久引大入秦工程迎来了重新上马的历史机遇。1985 年 2 月，国家计划委员会批复了甘肃省《引大入秦灌溉工程项目建议书》。12 月，甘肃省正式批准成立了引大入秦工程建设管理局，引

大入秦工程重新开工。

引大入秦工程中贯通盘道岭隧洞是关键。盘道岭隧洞全长15.73公里，地质条件十分复杂，能否开通引水直接关系工程的成败。此时，我国在水利建设方面进行体制改革和创新，工程建设按国际规则向国内外公开招标，通过招标竞标最终由日本（株）熊谷组以总价人民币6202.65万元签订承包施工合同。1986年9月13日，在盘道岭隧洞进口举行了隆重的开工典礼仪式。面对复杂的施工地质条件，日本（株）熊谷组采取先进的新奥法施工，利用悬臂式掘进机掘进，历时五年克服各种地质灾害如期贯通隧洞。30#A隧洞、38#隧洞同样经过招投标，由意大利CMC公司承建。他们采取了世界上最先进的技术，即美国罗宾斯公司制造的双护盾全断面机进行作业，实现了隧洞掘进贯通和混凝土衬砌同步完成。由铁道部桥梁处承建的东二干渠横跨庄浪河近2.2公里的预应力桁架拱大渡槽也堪称奇迹，从墩体的浇注，槽身的预制，预施应力、吊装，均有一套完整而先进的工艺措施。这些先进的施工技术不但保证了工程的质量和进度，也让甘肃的水利建设者们学到了先进的科学技术和管理制度。

引大入秦工程是甘肃省投资最大的水利工程，工程投资15.7亿元，其中利用世行贷款1.23亿美元（折合人民币4.56亿元）。总干渠和干渠长210公里；隧道71座，长110公里；支渠45条，长675公里，跨流域年调水4.43亿立方米，自流灌溉86万亩，并为城市建设和工商业等发展提供了宝贵的水资源，被誉为当代中国的"都江堰"。由于工程建设中有许多中外公司参与，还成为改革开放之后甘肃了解世界、世界了解甘肃的窗口。

（三）兰州新区建设

引大入秦工程的建成调水，彻底改变了秦王川的水环境，改变了工业、农业、商贸和交通发展的条件。正是依托这一工程，2012年8月，国务院批复设立了全国第五个、西北第一个国家级新区——兰州新区。兰州新区恰似给兰州和甘肃装上了一部马力强劲的发动机，让兰州在未来新的征程中乘风破浪、勇往直前。

兰州新区的建设与兰州改革开放和中国特色社会主义进入新时代存在密切关系，是当代兰州发展的必然选择。兰州自古以来地当丝路孔道，交通地位十分重要。随着"一带一路"建设和中国改革开放格局的新变化，中国推进向西开放，兰州又获得了新时代的地缘优势，作为大西北的"十字路口"，发挥接南通北、承东启西作用，成为全国 9 大物流区域、10 大物流通道和 21 个全国性物流节点城市之一。让兰州拥有西北地区最为密集的铁路网，是新亚欧大陆桥和我国面向中亚、西亚开放的战略通道。陇海、兰新、兰青、兰渝、包兰等铁路干线和京藏、连霍、乌玛、青兰、兰海等国家高速公路交会于此，兰州铁路编组站和兰州西客站是我国西部最大的路网型铁路编组站和客运枢纽，世界一次性建设里程最长的高速铁路从兰州直通新疆，宝兰高铁、兰渝铁路建成通车后，打通了兰州与中东部和大西南的快速交通连接通道，已成为连接"一带"与"一路"的黄金支点。兰州中川国际机场是西北地区的重要航空港，2020 年度累计开通通航城市 116 座，执行客运航线 216 条，其中国际航线 17 条，地区航线 1 条；货运航线 7 条，内含 4 条国际航线。累计执飞航空公司 39 家，其中包含 4 家货运航空公司。旅客吞吐量达到 1112.7 万人次，在全国机场中排名第 26 位，增幅高于全国民航平均增幅 9.31 个百分点。兰州中川国际机场三期扩建工程于 2020 年 9 月 9 日开工建设，总投资 343.7 亿元，扩建后国际航线达到 300 条，年旅客吞吐量达到 3800 万人次。

交通的发展带来兰州更深更广程度的开放，为兰州新区的建设提供了有力支撑。兰州新区占地面积约 1744 平方公里，规划控制面积 821 平方公里，核心区规划建设面积 246 平方公里，托管有 3 镇，常住人口 50 万人。其战略定位是西北地区重要的经济增长极、国家重要的产业基地、向西开放的重要战略平台和承接产业转移示范区。现已建成了 160 平方公里城市框架，综合保税区等开放功能日益完善，累计引进项目 760 多个、总投资 3700 多亿元，成功获批国家绿色金融改革创新试验区和国家级外贸转型升级基地（石油装备），入选"中国（区域）最具投资营商价值新区"榜单。甘肃（兰州）国际陆港被评为全国优秀物流园区，2019 年获批建设陆港型

国家物流枢纽。"兰州号"中欧、中亚、南亚和西部陆海新通道等国际货运班列实现常态化运营。开行密度和返程频次逐步增大，覆盖"一带一路"沿线16个国家和地区，连续五年GDP增速位居国家级新区第一。

兰州还获批创建全国跨境电商综合试验区，连续成功举办9年的兰州国际马拉松赛，跻身国际田联金标和中国田协金牌"双金"赛事，高规格承办在亚洲首次召开的国际田联路跑会议，兰州作为丝绸之路经济带核心节点城市的区位优势更加凸显，已由内陆腹地一跃成为国家向西开放的前沿阵地和重要门户。

兰州同时还拥有兰州高新技术产业开发区、兰州经济技术开发区两个国家级开发区。2014年，经科技部同意开展兰白科技创新改革试验区建设试点。2018年，经国务院批准建设全国第19个、欠发达地区首个国家自主创新示范区。这就为新时代的兰州基本实现现代化和拥抱"中国梦"，搭建了一系列发展平台。

三、生态建设

兰州地处黄土高原西部丘陵沟壑区，长期以来水土流失成为全市人民的心腹之患，同时还存在严重的大气污染。要想改变穷山恶水和环境污染的现状，就必须做好种树种草工作、切实保护生态环境。

（一）市树市花与自然保护

早在20世纪五六十年代，兰州就开始了艰辛的绿化事业。面对干旱的大山，全市群众采取了最原始也是最有效的办法，在黄河两岸凿冰、挑水，将一块块冰一担担水送到山上，滋润灌溉弱小的树苗，让一片片绿意在人们的视野中延展……

改革开放后，兰州市委、市政府决定以皋兰山为突破口，举全市之力做好南北两山绿化。驻兰的中央和省直各部门单位包干绿化，种植的乔、灌、草连成一片，使昔日的荒山秃岭逐渐披上绿装。1984年，兰州市南北两山绿化指挥部被评为"全民义务植树先进单位"并受到表彰。在兰州市九届人大常委会第十六次会议上，讨论通过命名国槐为兰州市的市树，玫瑰为市花。兰州铁路局、驻兰部队、地方单位的近千名共青团员、进步青年，响应铁道部和共青团中央"万里铁路万里林"活动的号召，义务栽种了从兰州东岗到西站铁路沿线的林带。5月，国家"三北"防护林体系建设第二期工程规划工作会议在兰州召开，会议正式宣布林业部"三北"局同意将兰州市的三县六区纳入"三北"防护林体系建设范围，兰州市的绿化事业迎来了新的发展机遇。

在开展绿化的同时，兰州市境内宝贵的自然资源也得到了国家高度重视，榆中县境内的兴隆山国家级自然保护区、永登县境内的连城国家级自然保护区先后成立。

兴隆山国家级自然保护区南靠临洮，东临定西，西北与兰州毗邻，属祁连山的东延余脉，总面积约 33301 公顷，为森林生态系统类型，主要保护对象是马麝和天然原始老云杉林及其生态系统。1980 年，兰州市人民政府将兴隆山列为兰州市自然风景保护区。1982 年，甘肃省人民政府批准兴隆山为省级自然风景保护区。1986 年，经省政府批准建立甘肃省兴隆山自然保护区。1988 年，国务院批准建立甘肃兴隆山国家级自然保护区，是甘肃境内最早建立的国家级自然保护区之一。

连城国家级自然保护区位于青藏高原东部边缘，湟水左岸一级支流大通河下游，是祁连山东南冷龙岭达坂山的余脉，地跨黄土高原西南部、河西走廊戈壁沙漠地区与青藏高原交界地带，保护区总面积 47930 公顷。不但是西北干旱地区的重要森林分布区，也是西部地区不可多得的天然生物物种的基因库。2001 年 4 月 11 日，经甘肃省人民政府批准成立省级自然保护区。2005 年 7 月，由国务院批准晋升为国家级自然保护区。2016 年 4 月，通过中国森林认证——自然保护区生态环境服务认证，成为西部干旱少林地区第一家通过森林认证的国家级自然保护区。

以上两个国家级自然保护区的建立，一方面凸显了兰州生态地位的重要，另一方面又极大地提升了兰州生态环境保护的成就和生态文明建设的水平。

（二）种树种草与南北两山绿化

改革开放中的兰州绿化事业还实现了与农村脱贫致富相结合。1981年12月，中共中央总书记胡耀邦视察兰州，他同甘肃省委书记冯纪新谈话，讲到要大抓植树种草问题。提及100年前左宗棠督甘时从兰州到乌鲁木齐种了一路的杨柳树，别人为他赋诗"新栽杨柳三千里，引得春风渡玉门"。他鼓励大家："左宗棠是个封建社会的官僚，尚且有此气魄，我们是共产党人，为什么就不行呢?"

1982年12月，国务院专门召开会议，研究甘肃、宁夏两省区农业建设和扶贫开发问题，中央财经领导小组决定将甘肃定西、河西和宁夏西海固作为全国农业区域性开发建设的重点区域列入国家计划，从1983年起，每年拨款2亿元，其中甘肃获得1.6亿元，宁夏获得0.4亿元，连续支持20年，这就是著名的"三西建设"，落实到甘肃就是"两西建设"。"两西建设"在河西主要是建设商品粮基地；在以定西为代表的中部干旱地区，主要是逐步实现农业生态由恶性循环转变为良性循环，解决水土流失问题，其中涉及兰州市所辖永登、榆中、皋兰三县。

1983年1月6日，邓小平同志视察甘肃，在与兰州军区司令员郑维山谈话时明确指出："黄土高原很干旱，能植树的地方要大量植树，不能植树的地方可以种草，要大力发展畜牧业。"要求部队支持地方经济建设，"下决心用20年时间搞好绿化"。1983年8月3日下午，在兰州市召开省直机关领导干部大会，在兰州视察工作的胡耀邦，针对甘肃中部黄土高原恶劣的生态环境及长期贫困的现象发表讲话，提出要把眼光从现有耕地转向山水田地的全面治理。要"反弹琵琶"，念好"草木经"，鼓励甘肃花30年的时间，打好"种树种草，改造山河，治穷致富"的硬仗。根据中央领导的指示精神，1983年12月召开甘肃省第六次党代会，省委将"种树种草，发展畜牧，改造山河，治穷致富"确定为甘肃省农业发展战略方针，结合"两西建设"有利时机，提出"三年停止破坏，五年解决温饱"的近期奋斗目标。

在这一计划中，包括永登、皋兰、榆中三县在内的中部18个县，被确定为全省最困难的地区，要集中力量帮助当地的干部群众解决"在小生产者的经营方式下，口粮不足，就扩大开荒，于是便陷入了'越穷越垦，越垦越穷'的恶性循环和'三料'① 俱缺的困难局面"。

为了搞好这项工作，有关部门首先进行了广泛的调查研究。成立了省市县联合调研组，永登县由西北师范学院负责，榆中县由中国农科院兰州畜牧所、省政府办公厅负责，皋兰县由省"两西"建设指挥部负责，基本上摸清了三县因生态环境破坏导致贫困的状况，有针对性地提出停止植被破坏，优化生态环境，改变贫困落后面貌的思路和建议，推动了扶贫开发工作取得实效。

"三年停止破坏"的种树种草举措还得到了全国人民的支持。从 1983 年起，在胡耀邦的亲自倡导下，全国青少年发起"采集草种树种，支援甘肃改变面貌"的活动。为了把种树种草持续有效地坚持下来，1985 年 6 月 5 日，共青团中央、林业部、农牧渔业部、铁道部、教育部联合制定"关于采种支甘活动科学化经常化的意见"，要求全国各级团委和农、林、教育、铁路部门，大力开展多种形式的种草种树活动，让来自祖国四面八方的种子在陇原大地上化为葱绿的林地草原。

这一时期，全国近 30 个省（市、自治区）的 500 多个县市，先后将 100 余种、800 多万斤草籽和树种寄往兰州，深深感动了兰州市各界人民群众。为此，甘肃省绿化委员会、省林业厅、团省委于 1986 年在徐家山红柳梁营造了"支甘纪念林"，竖立起"种树种草，治穷致富"纪念碑。碑的正面是胡耀邦亲笔题词"种树种草，治穷致富"八个遒劲大字，背面碑文记述了千里陇原发动的种树种草这一具有重大政治、经济、生态和社会意义的绿色革命的丰功伟绩，以及全国各地青少年遵照胡耀邦的倡议，积极采集草种树种支援甘肃绿化的光辉事迹。林地内植有天南地北的各种树木，该片树林还被兰州市民亲切地称为"耀邦纪念林"。

1987 年 7 月，由甘肃省 130 万青少年捐资在兰州的滨河南路建起"绿

---

①　三料：指燃料、饲料、肥料。

色希望"纪念雕塑。其主体分别由高 11 米、8 米、3 米的三株汉白玉圆锥体变形树组成，矗立于河岸的绿地草坪上。单体像塔松，组合在一起寓意三"木"成"森"，同时也象征着陇原青少年的苗壮成长。背景侧像为两座汉白玉浮雕，各高 8 米，长 11 米，呈圆弧对称型分布于主像东西两侧，东侧为"采种支甘"，西侧为"绿化陇原"，起到了烘托主像主题作用，反映了陇原儿女种树种草、美化家园的愿景与壮举。

进入新时代，兰州市生态文明建设力度不断加强，南北两山面貌发生了根本性变化，绿化工程总规划面积达到 129 万亩，绿化紧贴"都会城市、精致兰州"建设，以满足市民需求为中心，以提升景观效果为重点，以体制机制创新为动力，加快两山生态提档升级，加大景观提升改造力度，加速基础设施优化完善，充分挖掘两山区域空间特色，全力打造城市生态屏障，已形成了完善的生态保护体系。由于兰州实施了增容扩绿和森林抚育等项目，新增绿化面积 66000 亩，绿化面积由 58 万亩增加到 62 万亩，33 万亩干旱造林区激活了原生植被，1.5 亿株树木成活。据生态成效评估数据显示，南北两山林区年涵养水源 3997.46 万立方米，年固碳量 75.22 万吨，年释氧量 73.51 万吨，年滞尘量 75.20 万吨，年固土量 277.65 万吨，年减少黄河泥沙量 61.12 万吨，负氧离子含量是闹市区的 10 倍以上，南北两山犹如两片"肺叶"，通过固碳释氧、固土保水为兰州筑起了一道牢固的绿色生态屏障。

兰州人民为南北两山绿化付出了巨大努力，城关区为了搞好区域内的绿化工作，组团赴陕西和山东等地考察黄栌、红叶和鸡爪槭等彩叶苗木树种，并制订了兰山千亩红叶项目实施方案，按照"三季有花、四季常青、乔灌花草搭配、高低错落有致"景观设计理念，打造面山景观。重点实施"兰山花海"项目和"千亩红叶"项目，栽种了紫丁香、山桃、山杏、香花槐、火炬等各类乔灌木 18.34 万余株，五叶地锦等藤类植物数万株，给城市生态输入"新鲜血液"，唤醒城市"天然肺"。

"省门第一道"的皋兰县忠和镇平岘村、六合村，对 2 万亩山地实施封山育林，通过自然和人工结合更新，逐步提高封育区灌木、草等原生植被覆盖度，实现生态修复。在南北两山绿化中还想方设法补齐短板，在兰州市区至中川机场高速公路沿线的皋兰县牟家沟至崖川段，对 1818.8 亩绿化薄弱区域进行强化补植，栽植侧柏、云杉、樟子松、山杏、山毛桃等各类苗木 20 余万株。同时实施兰州至中川城际铁路沿线生态景观工程，完成封山育林 6900 亩，实施人工造林 2000 亩，栽植刺槐 22.2 万株。

为了满足人民群众的需求，让绿化与市民的休闲、健身、旅游相结合，兰州市不惜斥亿元巨资打造了九州台森林文化景区，实现了历史文化、旅游观光、绿色消费、康养健身的一体化发展。南北两山现已建成森林公园 20 多处，休闲、游览基地 80 多处。罗九公路沿线已成为兰州市户外运动爱好者的一条主要健身步道，深受徒步健身者的青睐。沿线修有仿古观景长廊、百家姓文化墙、景观蓄水池、叠水景观等，路旁随处可见垂柳、山楂、碧桃以及各色花草，步入其中，令人流连忘返。近年来，伴随着九州台、大兰山、金城公园、仁寿山等诸多景区提升改造，南北两山已成为兰州市民休闲、观光、旅游、健身最喜爱、最重要的场所，每年均有数千万人次的市民和宾客来此游憩。

树多了，草密了，山绿了，退出人们视野很久的野生动物又重现山林。环颈雉、野画眉的鸣叫声回响在林间，说明兰州周边山区生态环境得到根本优化。

（三）重现兰州蓝

兰州曾经大气污染严重，这与"两山夹一河"的特殊地理环境、多静风天气的气象条件、产业布局和能源结构有关。党的十八大以来，兰州人民打响了蓝天保护战，取得了决定性的胜利。

"绿水青山就是金山银山"，生态环境是最普惠的民生福祉等有关生态文明建设的思想理论深入全市干部群众的心中，中央把生态文明建设纳入"五位一体"总体布局，出台"大气十条"① 等政策法规，增强了兰州市治

---

① 国务院《大气污染防治行动计划》，简称"大气十条"。

污的信心和决心。

冬季采用燃煤锅炉供暖是造成大气污染的重要根源。治污战役打响后，兰州多方筹措资金数十亿元，完成城区冬季取暖设备改造，全部采用天然气和电，实现了主城区燃煤锅炉及污染"双清零"，同时有效加强煤炭市场监管，整合建成相关煤炭专营市场和二级营销网点，加强对煤炭消费的控制。通过减煤量、控煤质，从根本上改变了城市能源结构，实现了冬季清洁供暖。

兰州作为一座传统的工业城市，存在着大量的污染排放现象，形成城市主要的污染源。兰州市先后实施多个工业企业深度治理项目，坚决淘汰落后产能，加快产业布局的调整优化。对老城区工业污染源采取"改、停、关、搬"的措施，重点发展现代服务业和高精尖产业，实现了节约环境容量，改善环境质量。

兰州市区针对存在的自然降尘量大、施工工地多、管控难度强的实际，先后制定和实施《兰州市扬尘污染防治管理办法》和《兰州市扬尘污染管控实施办法》，对施工工地、裸露土地、堆场、道路交通四类扬尘源详细规定了防控措施和标准，全市扬尘污染管控工作做到有法可依、有据可查。在冬防期间，重点对施工工地和道路交通扬尘污染实行了差别化管控措施，冬防静风期间（11月中旬至次年2月底）停止审批和实施市区拆迁项目作业（应急项目除外）。全面实行湿法抑尘作业，调整增加了夜间洗扫、吸尘力度，根据天气状况适时调度喷雾洒水作业，实现喷雾、洒水、洗扫、吸尘有效结合。严管裸地扬尘，对城区及周边大面积裸露施工面采取无缝覆盖或喷洒结壳剂等防尘措施进行压尘，严控堆场扬尘、开展市区绿篱降尘等措施，防止风蚀起尘和人为扰动起尘。为降低移动源污染物排放总量，兰州市从"治、管、控"入手，坚持"油、路、车"统筹治理，全面禁止高排放车辆进入主城区，实施特殊条件下机动车限行政策，全面停售低标号汽油，减少了汽车尾气排放。实行道路机械化清扫、人工精细保洁等作业模式。兰州市还全面推行网格化管理，将近郊四区划为1482个网格，构建了覆盖主城区的城市管理网络。通过"空间""时间"管控，实施科学化、精准化管理措施，全方位、全领域开展污染防控。

在全市人民的共同努力下，兰州大气污染治理很快取得了成效。2013年，全年城区空气优良天数达到 299 天，退出了全国十大污染城市行列，这是自 2001 年有监测数据以来优良天数最多的一年，《人民日报》在头版头条以《兰州治污重现蓝天》《兰州掀掉雾霾"锅盖"》为题作了专题报道。此后，全市人民再接再厉，2020 年，全市优良天数增加到 312 天，首次突破 300 天大关，优良天数比例达到 85.2%，这是自 2013 年国家发布新标准评价环境空气质量以来优良天数最多的年份，国家考核的两个刚性关键指标实现历史性突破，荣登"2020 中国蓝天百强城市榜"第六位，"兰州蓝"由"浅蓝"走向"深蓝"。大气环境质量的改善，增进了居民健康，城乡居民呼吸系统疾病就诊病例和就医费用大幅度下降。兰州彻底摘掉了长期罩在城市头上的"黑帽子"，开创了大气污染治理"兰州模式"，为广大市民提供了良好的生活环境。

进入 2021 年，在迎接中国共产党成立 100 周年的大喜之年，兰州市继续严防大气污染、守卫兰州蓝，为此采取了一系列措施。加快推进天然气锅炉低氮改造工作；开展"散乱污"企业综合整治以及非道路移动机械检测挂牌工作；清查全市煤炭二级配送网点（洁净型煤配送站），督促堆煤场进行封闭管理；协调环卫部门，强化清扫保洁，杜绝道路扬尘；利用微观站点，细化分解全市网格，对道路、建筑工地扬尘，对"四烧"①、油烟等污染源进行全天候、全方位巡查管控；根据预警等级及市大气办调度指令，通过信息联络平台对辖区建筑工地污染源实行严管严查，为守护"兰州蓝"筑起一道道坚实的屏障。

（四）黄河换新颜

兰州被誉为"黄河之都"，依河而生、傍河而建，成为城市最鲜明的特色。黄河流经市域 150.7 公里，其中城区 47.5 公里，还有许多支流蜿蜒两

---

① "四烧"指烧荒、烧草、烧秸秆、烧垃圾。

岸。两山对峙、大河中流，造就了得山独厚、得水独秀的城市魅力。黄河早已成为城市的一张名片，成为城市的一部分。保护黄河生态，守住黄河的美成为兰州的一份责任、一份荣耀。

黄河流淌在黄土高原上，最突出的问题就是水土流失，并且造成千沟万壑、河山失色。党的十八大以来，兰州扎实推进生态修复治理，实施了城关区大砂沟山体修复、安宁区李麻沙沟生态修复综合治理等八项生态修复工程。让黄土高原不再失血、让黄河摆脱泥沙，这是还历史的欠账，造福于当代市民。

保护黄河还要防治水污染，兰州市紧紧围绕国务院"水十条"和甘肃省坚决打赢碧水保卫战的重点工作，狠抓工业、城镇生活、农业面源等领域水污染防治，强化城市黑臭水体整治，通过定期调度、预警通报、挂账销号、考核打分等措施，全面完成治理任务。

2018年，为保护黄河流域的生态环境，按照中央的要求严格落实河湖长制，全市1381名各级河长湖长全部上岗履职。市所辖县区，由县区委书记、县区长任县区级总河长，县区级领导任河长；构建以各级河长为关键的"河长责任链"，纵向形成县区、乡街、村社三级河长常态巡河体系。实行村社级河长"一天一巡"、乡街级河长"一周一巡"、县区级河长"一月一巡"、县区级总河长"一季一巡"的管理机制，建立问题清单，全面加强河湖监管。

2019年8月21日下午，正在甘肃视察工作的中共中央总书记习近平，前往黄河治理兰铁泵站项目点，听取甘肃省和兰州市开展黄河治理与保护情况介绍。习近平总书记登上观景平台，俯瞰堤坝加固防洪工程，沿步道察看黄河两岸生态修复和景观建设情况后指出：黄河、长江都是中华民族的母亲河。保护母亲河是事关中华民族伟大复兴和永续发展的千秋大计。甘肃是黄河流域重要的水源涵养区和补给区，要首先担负起黄河上游生态修复、水土保持和污染防治的重任，兰州要在保持黄河水体健康方面先发力、带好头。附近休闲的兰州市民看到总书记后纷纷涌上前，总书记同他们亲切交谈，强调城市是人民的，城市建设要贯彻以人民为中心的发展思想，让人民群众生活更幸福。金杯银杯不如群众口碑，群众说好才是真的好。深情地讲出兰州人民的心声："黄河之滨也很美！"

为了进一步治理好黄河，2020 年，兰州市生态环境局组织市区生态环境部门以人工徒步的方式，走岸线、穿草丛、钻涵洞、入丛林……对黄河兰州段干流和主要支流两侧 1 公里范围内，其他支流两侧 0.5 公里范围内各类排口进行了全面排查，至 8 月底，全面完成排查任务，摸清了底数，初步建立了全市入河排口数据档案，为深入治理水体污染、严格规范排放污染物入河提供了基本依据。

兰州人民为守护母亲河付出了辛勤的努力，也得到了令人欣慰的收获。2020 年 "十三五" 重点水污染防治任务圆满收官，2021 年取得了 "十四五" 的良好开端，全市 "水十条" 考核结果连续保持优秀，地表水环境质量持续改善，干支流国考断面新城桥、什川桥、湟水桥、先明峡桥以及省考断面享堂桥、包兰桥等，水质均保持优良。出境断面稳定保持在二类水质，辖区内省考、国考断面水质达标率 100%。其中什川桥断面、湟水断面水质分别较国家确定的三类、四类水质考核目标要求，提升至二类、三类，体现了兰州段整体水环境质量的持续提升，全市县级以上饮用水水源地水质达标率 100%。据《2021 一季度中国城市环境舒适指数报告》，兰州市水质清净指数在全国 36 个重点城市中排名第一，在全国 336 座地级及以上城市水质状况系统评估中，兰州市位列 "中国十大水质清净之城" 第八位。

水环境的变化让黄河湿地生物多样性明显得到改善，每年有 50 余种水鸟在此繁殖和越冬，最大种群数量超过万只，特别是 2020 年以来大天鹅也栖息在兰州越冬，种群数量逐年增加，黑鹳、灰鹤等国家重点保护动物开始频繁出现，让兰州的黄河充满了生机与活力。

四、文化艺术

兰州历史悠久，文化资源非常丰富，改革开放以来，全社会对文化艺术高度重视，成为鼓励兰州和全省人民的精神动力。《读者》杂志、舞剧丝路雨花、黄河母亲雕塑等，成为兰州举世瞩目的优秀文化艺术品牌，使兰

州这座西部高原城市展现了深厚的文化底蕴和文明传承。

（一）《读者》杂志

《读者》杂志创刊于 1980 年秋天，创办单位是甘肃人民出版社。20 世纪 80 年代初，沐浴改革开放的东风，各行各业犹如出海的蛟龙，都在寻求自身发展机遇。时任甘肃人民出版社总编的曹克已萌生创办一份杂志的想法，就将这一任务交给了出版社两位编辑胡亚权、郑元绪。他们通过市场调查，将创办的杂志定位在具有自身特色的文摘类，取名为《读者文摘》。确定的宗旨是"博采中外、荟萃精华、启迪思想、开阔眼界"。读者群是具有高中以上文化程度的青年，同时将大学生作为核心读者群。将杂志的主题定位在通过短小精悍的美文来诠释人性的真、善、美，达到启迪思想的目的。将杂志的内容定位在文学、艺术、自然、历史、科技、社科、哲学等多科领域，以求开阔眼界。将杂志的品质定位在高品位、高水平、高格调上，力求办出一份有特色的中国式文摘期刊。正是这些看起来很琐碎的细节，却从根本上成就了这份杂志的效应性和持久性。办刊宗旨确定后，请中国著名书法家赵朴初题写了刊名。1981 年 4 月，《读者文摘》创刊号终于在兰州问世，首次印刷 3 万册。之后的三年，年平均递增量为 178%，创造了中国期刊史上的新纪录。面世后的第四年，已跨入中国期刊排行榜前十名。

20 世纪 90 年代初，国家颁布《商标法》后，美国在中国抢先注册了"读者文摘"商标。1991 年，由美国《读者文摘》公司向中国国家工商总局起诉中国《读者文摘》侵犯商标权。面对突如其来的危机，《读者文摘》编辑部积极应对，由于采取的方法得当，更重要的是杂志质量上乘，深受广大读者的青睐，在被迫更名为《读者》后，发行的第一期数量不降反升，达到 300 万册，迎来了《读者》杂志新的辉煌。进入新世纪，《读者》发行量更是突破千万册大关，成为雄踞亚洲第一、世界第四的综合类期刊，还入选世界品牌实验室发布的"中国 500 最具价值品牌"，连续三届获得"国家期刊奖"，被认定为"双高"（高知名度、高学术水平）期刊，获得两届

"中国出版政府奖"，成为甘肃兰州文化产业发展的标杆和典范。

《读者》杂志的成功，带动了整个集团的发展。随着"读者"品牌的成长，在文化体制改革的驱动下，2006年，甘肃人民出版社完成转企改制，读者出版集团应运而生。为了更好地抓住改制带来的红利，读者出版集团于2009年完成股份制改造，开启了上市之路。2015年12月，读者传媒在上海证券交易所成功挂牌上市，实现了甘肃省文化企业上市零的突破，是西北地区首家在国内主板上市的出版传媒类企业，并成为国内"期刊第一股"。

随着互联网的勃兴，人们的阅读方式发生了极大的变化。《读者》是较早注意到这一趋势并积极寻求战略转型、探索传统媒体与新媒体的融合发展的期刊。在《读者》新媒体发展初期，主要以内容优质的传统手机报服务用户。随着移动互联网时代的到来，《读者》积极开发阅读App，迅速占领应用商店，得到广大用户好评。2012年，移动社交应用——微信，开启了移动互联网的新模式。《读者》抓住这一时机，依托微信，构建全新内容与电子商务并进的发展格局。2017年，读者读书会上线，提出"24本书主义"，倡导与社会基本精神密切相关的"通识阅读"，推出"读者荐书"书系。2019年，《读者》入驻"学习强国"学习平台，创设"每日一读"专栏并开设《读者》强国号。此外，《读者》在各类新媒体平台全面布局，已初步构建起自己的融媒体生态圈，覆盖近6000万用户。

2019年8月21日下午，习近平总书记视察了读者出版集团有限公司。在《读者》编辑部，习近平同工作人员亲切交流，询问选稿、编辑、审校、排版等工作流程和发行情况。在创意中心，习近平详细了解公司适应市场形势、主动优化升级的做法。他指出，要提倡多读书，建设书香社会，不断提升人民思想境界、增强人民精神力量，中华民族的精神世界就能更加厚重深邃。为人民提供更多优秀精神文化产品，善莫大焉。要牢牢把握正确导向，在坚守主业基础上推动经营多元化，努力实现社会效益和经济效益双丰收。

牢记嘱托，不负时代。自2019年起，《读者》持续推进"品质力提升"

"传播力提升""影响力提升"三大提升工程，通过策划重点产品、创新营销方式、加强线上推广等措施，一举扭转了发行量持续下滑的局面，在保持核心竞争力稳定，持续做好主题出版，构建全媒体生态圈等方面取得了亮眼成绩。

(二)《丝路花雨》与《大梦敦煌》

为庆祝中华人民共和国成立 30 周年，文化部决定在 1979 年举办国庆献礼演出。为了抓住这一千载难逢的机遇向国庆献礼，甘肃省委宣传部决定以敦煌为素材，挖掘文化资源，奉献一台底蕴深厚、独具魅力的舞剧。由甘肃省歌舞团赵之洵、刘少雄、晏建中、张强、韩中才、张聚芳、朱江、许琪、陈泓、杨树云、郝汉义等人组成的创作组多次赴敦煌考察体验生活。他们在敦煌观摩学习，查阅资料，寻找适合舞剧表现的题材、故事和塑造舞剧人物的素材。

在查阅藏经洞文献时，创作人员发现了一份卖身契——《乙未年赵僧子典儿契》。这是唐末生活在敦煌的一位"塑匠都料赵僧子"，因家中缺钱财急用，无奈将自己的孩子典于他人所留下的卖身契。这份宝贵的文献唤醒了主创人员的灵感，他们联想到流传在敦煌的一首唐代歌谣："工匠莫学巧，巧即他人使。身是自来奴，妻亦官人婢。"揭示了辉煌不朽的敦煌艺术融入了多少无名艺术家的心血和汗水，但是他们的命运如何，这张卖身契和这首歌谣就是这些民间艺术家们生活的真实写照。创作人员由此构思出老画匠神笔张和女儿英娘这对命运多舛的人物形象，以及发生在丝绸之路上感人至深的故事。

该剧为六场历史舞剧，在丝绸之路上，各国商旅络绎不绝，突然狂风四起，老画工神笔张带着女儿英娘救起了昏倒在沙漠里的波斯商人伊努思。但在途中，英娘不幸被强盗窦虎劫去。数年后，在敦煌的市场上神笔张终于找到了自己的女儿，而此时英娘已沦为窦虎控制的百戏班子的歌舞伎。伊努思为英娘赎身，父女团聚。莫高窟中，神笔张依照女儿的舞姿画出了代表作——"反弹琵琶伎乐天"这一敦煌壁画的经典篇章。掌管贸易的市令企图霸占英娘，英娘无奈只好跟随伊努思到波斯避难。英娘与波斯人民朝夕相处，互授技艺。伊努思奉命率商队使唐，英娘也相随回到祖国。市令唆使窦虎等强盗拦劫商队，神笔张不惧危险与强盗斗争并点燃烽火报警，商队获救了，神笔张却中箭身亡。在敦煌举办的与西域诸国交易会上，各国使节、商人济济一堂，英娘化装成艺人献艺，控诉了市令和窦虎的罪恶，清除了丝绸之路上的隐患，使其更加畅通。《丝路花语》高度颂扬了中外各国人民源远流长的友谊，再现了唐朝政治昌明、经济发达、社会开放、文化繁荣的盛况。

1979 年 5 月 23 日，《丝路花雨》在兰州黄河剧场与观众首次见面就获取了空前的成功。1979 年 10 月 1 日，《丝路花雨》带着甘肃人民的深情厚谊，走进了人民大会堂。随后在中央警卫局、北京军区礼堂隆重上演。邓小平、叶剑英、李先念、邓颖超、杨尚昆等党和国家领导人以及来访的外国元首、贵宾、各国驻华使节观看了演出，给予热烈的赞扬和高度的评价。文化部长、诗人贺敬之看完第三场即要求接见编导和主要演员，他热情赞扬："盛唐文化在甘肃复兴了，我们不仅是祝贺，而且祝贺你们的成功，这是一部了不起的歌剧！"首都各大报刊纷纷在显著位置刊登了剧照和文章，《人民日报》自"文革"结束以来，首次以整版报道并刊登了多幅剧照和评论文章；《中国青年报》刊登了李永祥《敦煌壁画舞蹈艺术的复兴》，赞扬该剧："杰出贡献在于使古代敦煌艺术得到了复兴，一种崭新的舞蹈流派由此诞生！"1980 年 4 月 8 日，庆祝中华人民共和国成立 30 周年献礼演出发奖大会在首都北京隆重举行，《丝路花雨》荣获文化部颁发的"创作一等奖""演出一等奖"，是获得双头奖的唯一舞蹈剧目。

1979 年 12 月，《丝路花雨》在香港演出一鸣惊人，随后赴朝鲜、法国、意大利、日本、泰国、苏联、土耳其等 20 多个国家和地区演出，普获赞誉。在巴黎，连演 35 场，被称为"不可思议的奇迹"。在意大利作为亚洲第一个艺术团，在号称欧洲三大剧院的米兰斯卡拉歌剧院上演，引起了巨大反响。《米兰日报》报道："台上的高潮刚结束，台下便掀起了高潮，所有的人都站起来，疯狂地鼓掌……"展示了中华文明的无穷魅力。在国庆献礼

演出的成功，以及在中央文代会、广东、香港和国外演出之后引起的热烈
反响，《丝路花雨》得到了国家的高度重视，列为文化部重点保留剧目、出
国剧目。

敦煌是一座文化宝窟，有着用之不竭的文化资源。1998 年，兰州市歌
舞剧院采取了创排"大戏""借船出海"的模式来带动院团发展。2000 年，
剧院想方设法从全国聘请人才，不但请来著名编导陈维亚为首的一批主创
人员，还聘请了国内一流的舞蹈演员担任男、女主角，创作了大型歌舞剧
《大梦敦煌》。《大梦敦煌》以青年画家莫高与将军之女月牙感人的爱情故事
为主线进行创作。全剧起伏的剧情、典雅的音乐和具有敦煌特色的舞蹈表
演，深深打动了观众。为了培养自己的人才，排练时又把本剧团的演员带
到北京，请来中国最好的导演进行了整整四个月的强化训练。

《大梦敦煌》创作演出成功后，伴随着中国市场经济改革的步伐，剧院
一方面坚守着对中国优秀传统文化的敬畏与热爱；另一方面又以市场为导
向，拓展剧院生存之路。上演初期，在兰州几乎场场爆满，50 元一张的站
票都一抢而光。多年来在上海、广州、深圳、西安、杭州等地反复演出，
观众总是络绎不绝。在洽谈国外商演业务时，他们坚持要让世界人民看到
货真价实的中国舞剧精品，哪怕失去国外演出的商机也在所不惜。他们的
坚守，得到了回报。从 2005 年开始，剧院先后在澳大利亚、法国、西班牙、
葡萄牙、比利时、荷兰等国隆重上演，荣获"2007—2008 年度国家优秀出
口文化产品"、中国舞蹈荷花奖、中宣部"五个一工程"奖、文化部文华新
剧目奖、文化部优秀保留剧目大奖等多项国家级奖励，创造了 20 余年仍经
久不衰的奇迹，成为继《丝路花雨》之后又一享誉海内外的文化艺术精品。

（三）"黄河母亲"雕像

"黄河母亲"城雕是新中国培养的第一代女雕塑家何鄂先生，为了抒怀
中华民族的母亲河——黄河而创作的。

1984 年，首届全国城市雕塑设计方案展在北京举办，何鄂先生精心构
思并完成了她的"黄河母亲"雕塑。

作品赴京参展期间，首先被大连市选中，大连市向何鄂先生致函，希望将这件雕塑建在美丽的滨海城市大连。何鄂先生怀着对兰州浓厚的情感，毫不犹豫地写信谢绝了大连的盛情。因为在她的心中，"黄河母亲"雕像的归宿必须是兰州。

1986 年 4 月 30 日，"黄河母亲"花岗岩雕像在兰州落成揭幕。一经亮相，就惊艳全市。这座雕塑总长 6 米，宽 2.2 米，高 2.6 米，重量多达 40 吨。造型是一位象征黄河的母亲和一个象征中华儿女的婴儿。母亲秀发飘拂、神态慈祥、身躯颀长、曲线优美。她抬头微微含笑，微曲右臂，仰卧于波涛之上。右侧依偎着一棵身婴儿，头微左顾、举首憨笑，显得顽皮可爱。在雕塑的基座上刻有源自大地湾的精美的彩陶鱼纹图饰，并用水纹进行了组合。作品象征中华民族生生不息、源远流长。

"黄河母亲"雕像是诸多表现母亲河黄河的艺术作品中独具特色的精品，其构思巧妙，突破成规，表现了作者对黄河母亲的挚爱和对黄河文化的深情领悟。在黄河流经的九个省区内，兰州是唯一一座黄河穿城而过的省会城市，形成了黄河与兰州城市的无间隙融合，对于每一位生长在这里的人来说，这份黄河情结显得更浓郁更深厚。"黄河母亲"雕像恰如其分地表达了这样一种情结，这样一份执念，所以深受黄河儿女，乃至炎黄子孙的喜爱。

全国人大常委会委员长万里来兰州视察时，站在"黄河母亲"雕像前凝思良久，对随行者说："来来，咱们一起在母亲的怀抱里照张相。"海外游子、著名物理学家李政道博士曾到过兰州，当他乘车经过"黄河母亲"雕像前时，一再要求司机："慢点，慢点，再慢点。"一双眼睛透过车窗饱含深情凝视着塑像缓缓离去……1988 年，台湾雕塑家李再钤回到阔别四十年的福建老家探望母亲。他在母亲身边仅住了 4 天，就对母亲说：我还有一位更伟大的母亲在等待我去探望。当他来到兰州看到"黄河母亲"雕塑时，无比激动地自语："没有想到，我真的看到了一位母亲。"

"黄河母亲"雕塑深刻地揭示了中华民族与黄河的历史情缘，揭示了黄河对中华民族孕育成长的伟大功绩，表达了黄河子民对母亲河的一往情深，

如今已成为兰州的地标和名片。1987年，"黄河母亲"雕塑获全国首届城市雕塑优秀奖。2009年获建设部、文化部、新中国城市雕塑建设成就奖。2016年"黄河母亲"雕像确定为甘肃省级文物。

这座享誉海内外的雕像还与港澳台有着密切的关系：1997年香港回归时，"黄河母亲"雕像被人民日报海外版纪念年历选为首页。1999年澳门回归时，何鄂捐赠了一件汉白玉珍藏版的"黄河母亲"（长60厘米），在参加了北京、澳门两地庆澳门回归大展后，由文化部转赠给澳门特区政府，现永久珍藏于澳门艺术博物馆。2015年，由国务院台湾事务办公室、兰州市政府、何鄂雕塑院共同策划、组织、实施，将一座长3.36米的花岗岩"黄河母亲"像永久落座于台湾淡江大学于右任大道的牧羊草坪上。

（四）文溯阁《四库全书》迁兰

"四库"是中国古代书籍分类的方法，就是将书籍分为经、史、子、集四部分。清乾隆三十八年（1773年），乾隆皇帝下诏编修《四库全书》，成为中国历史上最负盛名一部丛书①，其初衷就是存天理、弘文明。20世纪60年代，原藏于东北沈阳文溯阁《四库全书》辗转来到甘肃，成就了甘肃文化史上的一段佳话。

20世纪60年代，中苏两国关系恶化，战争大有一触即发之势。1965年，辽宁省文化厅基于备战需要，为了确保文溯阁《四库全书》的安全，向文化部提出将该书拨交内地图书馆保护收藏的建议。国务院从国内外局势发展变化考虑接受了辽宁省文化厅的建议，选中了位于中国地理版图中心位置的兰州作为文溯阁《四库全书》新的收藏地。1966年3月，文化部办公厅答复辽宁省文化厅："你们基于备战需要，曾建议将你省图书馆所藏《四库全书》一部拨交西北地区图书馆保藏，此事业已由我们报请中央宣传部并中央文教小组批准，经与中共中央西北局商量结果，他们已指定由甘

---

① 《四库全书》共计3461种，79308卷，存目书籍6793种，93551卷。先后誊抄了七部，分别藏于北京皇宫的文渊阁、北京西郊圆明园的文源阁、河北热河（现承德）避暑山庄的文津阁、东北盛京（现沈阳）的文溯阁、扬州大观堂的文汇阁、镇江金山寺的文宗阁、杭州圣因寺的文澜阁。

肃省图书馆收藏，关于交接手续，请你厅径与甘肃省文化局联系办理。"同时还指示："这部图书是国宝，为了减少该书在装箱、拆箱中受到损坏（特别是装书的楠木匣很脆，易于损坏），以在辽宁图书馆办理点交手续为好。"

接到文化部的指示后，甘肃省文化局深感责任重大、任务艰巨，责成甘肃省图书馆接收保管。甘肃省图书馆立即行动起来，对接收时间、人员配备、保藏地点等都做出详细研究和规定，拟定由采编部主任赵永义任组长，方学俊、周省华、余贤杰、何勤贵等人组成接收小组。由于时间紧迫，来不及修建专门的书库来存放这部旷世巨著，就由省文化厅组成考察选址小组，历时一个月时间，先后对天水麦积山、永靖炳灵寺、靖远法泉寺等地进行了全面仔细考察，最终选定永登县连城鲁土司衙门的妙因寺作为文溯阁《四库全书》的临时存放之地，并报请甘肃省人民委员会批准。

1966 年 9 月 13 日，甘肃省图书馆接收小组赴沈阳正式开始接受工作。至 27 日，两省工作人员用了两周时间圆满完成了点交和装箱工作，共计963 箱。9 月 29 日，经辽宁、甘肃两省文化厅商定，由辽宁省图书馆滕玉琢、甘肃省图书馆赵永义签订了《文溯阁〈四库全书〉交接书》，文溯阁《四库全书》正式踏上了入甘之路。

此时，中国正值"文化大革命"，各地红卫兵在所谓破"四旧"的浪潮中冲击历史文化古迹、查抄焚毁藏书和名家字画，许多古籍珍本惨遭不幸。为了确保国宝的安全，沈阳铁路局在高度保密的状态下精心安排，10 月 7 日，从沈阳启运，辽宁省图书馆派出两人，与甘肃省图书馆接收小组的五名工作人员共同押运，他们一行全住在闷罐车内，吃饭喝水供应不上，生活极不方便，但他们却毫无怨言，日夜操劳，终于在 10 月 13 日，列车安全停靠在兰州的土门墩车站。而在此前，兰州军区早已调动解放军战士和 27辆军用卡车提前抵达车站并直接开上站台，将《四库全书》装车秘密运抵永登县连城鲁土司衙门的妙因寺保藏。

妙因寺是藏传佛教格鲁派在甘肃边界上的重要寺院，其中大经堂被选中用来存放《四库全书》，但这只是权宜之计，另一项择地保管的工作正在秘密而紧张地进行着。由于鲁土司衙门距离兰州较远，交通不便，大经堂

及周围建筑均为木质结构，不利于防火，长期存放于此会有诸多的安全隐患。基于这样的考虑，就必须要为文溯阁《四库全书》修建新库。最终选定在距离兰州约60公里的榆中县甘草店的顶家堡村，作为国宝新的存放地。该村离公路和铁路都比较近，气候凉爽干燥，对保存纸质文物具有得天独厚的有利条件。

1970年，甘肃省财政拨款17.5万元，在甘草店为文溯阁《四库全书》专门修建了新家。新藏书库占地30余亩，建筑面积2400平方米，书库依山而建，半坡向阳，土质细腻无污染。建成后的书库距离陇海铁路和312国道仅有2公里，但在公路和火车上却看不到书库，如果发生紧急情况可及时将国宝转移且相对隐蔽。

为保护文溯阁《四库全书》，甘肃人民付出了辛勤的努力，省图书馆先后调配20余人参与守护工作。因为这时还没有先进的科学技术手段，所以文溯阁《四库全书》完全是在自然条件下保存的。书库常年平均湿度在40%—60%，温度在16—22℃。如何保证图书不发生变化，工作人员积累了一套行之有效的经验。比如在库顶加盖了一层石棉瓦，具有冬季保温和夏季隔热的效果，用开窗通风来调节库内温度。冬季不开或少开窗，进入雨季则以紧闭窗户为主，阻止室外湿气进入书库。每年3—4月，在书箱内投放樟脑精块，起到杀虫防蛀的作用，使国宝得到精心呵护。

1990年，甘肃省人民政府设想将文溯阁《四库全书》迁往兰州市区。2000年，甘肃省人大常委会做出进一步加强文溯阁《四库全书》保护工作的决定，把建成新藏书库列入"十五"规划，视其为甘肃省乃至丝绸之路重要的文化形象工程。2001年12月18日，文溯阁《四库全书》藏书楼在兰州市北山九州台奠基动工，甘肃省党政军领导、有关专家学者及建设者约500余人出席了仪式。这里地势较高，凉爽干燥，背山面河，环境优美，交通便利。新馆建筑面积5757平方米，按照国家特级文物馆藏标准与安全要求建设，继承四库七阁的传统风格，为外二内三的仿古建筑。其设计独特，构思精巧，馆内功能齐全，设施先进，在建筑规模、安全性能、内部设施、现代科技应用等方面均达到全国同类馆的领先水平，经过三年的建设，2005 年，藏书楼正式投入使用。此馆建成不但有利于《四库全书》永久收藏和保护，还成为丝绸之路甘肃段上又一颗璀璨的明珠。

五、科技教育

兰州市是西北地区享有盛誉的科学教育名城。中国科学院兰州分院、敦煌研究院、兰州大学无异于兰州的"三颗明珠"，异彩纷呈，打造出兰州有高度、有厚度、有气度的科技教育名片。目前兰州拥有以中国科学院兰州分院为代表的各类科研机构 1200 多家，包括中国航天科技集团公司五院510 所、兰州生物制品研究所、天华化工机械及自动化研究设计院、中国农业科学院兰州畜牧与兽药研究所等单位，以兰州大学为代表的高等院校 30所，建成以重离子加速器为代表的一批国家重点实验室和研究中心；拥有数十位两院院士、享受政府特殊津贴专家，人才密度和综合科技实力居全国大中城市中上游水平。

（一）中国科学院兰州分院

中国科学院兰州分院成立于 1954 年，是中国科学院在全国 12 个分院之一，作为中科院机关的派出机构，负责联系在甘肃和青海的院属科研单位，包括近代物理研究所、兰州化学物理研究所和西北生态环境资源研究院。其中西北生态环境资源研究院于 2016 年 6 月，在整合寒区旱区环境与工程研究所、兰州油气资源研究中心、兰州文献情报中心、西北高原生物研究所和青海盐湖研究所的基础上组建而成的。

建院近 70 年来，兰州分院在中国科学院、中共甘肃和青海省委、甘肃和青海省政府的正确领导和亲切关怀下蓬勃发展，取得了一大批重大科研创新成果，为我国科技事业发展做出了应有贡献。主要包括重离子核物理基础研究和相关领域的交叉研究，资源与能源、新材料、生态与健康等领域的基础研究、应用研究和战略高技术研究工作，以及针对我国西部特殊的自然生态环境，开拓和发展了我国的冰川学、冻土学、沙漠学、高原及周边地区气候与环境动力学、高原生态学、盐湖资源学、油气地质学、资

源环境信息与战略研究等具有明显学科和区域特色的研究领域。面对世界科技发展态势和国家战略需求，兰州分院协调组织所属院所，系统、深入、前瞻性地开展科技创新工作，为国家经济社会的发展、国防安全提供了强有力的支持，如宁夏腾格里沙漠沙坡头的治理和包兰铁路在沙漠中的安全行驶，青藏铁路穿越永久冻土带，兰州重离子加速器国家实验室的建设及国之重器氢弹的研发等，发挥了不可替代的作用。部分研究水平和成果取得突破性进展，达到国际领先水平，顺丁橡胶工业生产新技术、包兰线沙坡头地段铁路治沙防护体系的建立和青藏铁路工程三项成果获国家科技进步特等奖。

近70年来，兰州分院已形成自身的科技特色。一是历史较长、领域较宽。研究所均建于50年代末和60年代初，基础研究、战略高技术、资源环境、生物医学、支撑系统、野外台站、大科学工程等一应俱全。二是专业特色鲜明。以核物理、材料化学、生命科学与生物技术、生态建设与环境保护、盐湖油气资源开发利用、区域发展战略、研究生教育等独特科技优势得到国内外广泛认可。三是自主培养人才为主。坚持培养与引进相结合，立足于自主培养，倡导让人才与事业同发展，成为人才培养的摇篮。

党的十八大以来，兰州分院认真贯彻落实习近平总书记关于科技工作重要指示批示精神，立足特色优势，聚焦主责主业，围绕区域经济和社会发展战略需求，不断加强院地合作，全面推进和服务协同创新。积极培育兰州综合性国家科学中心建设，开展西北创新集群建设，推动中国科学院大学京外教育基地落地兰州；试点推进全国科学院联盟建设，使甘肃省科学院实现了"五个首次突破"①；大力加强与金川公司、白银公司、酒钢公司、长庆油田、青海油田、中信国安、盐湖集团、安多集团等大中型骨干企业的技术创新战略合作；开展了以重离子治癌项目、新一代核能技术钍基熔盐堆系统重大项目、中科曙光入驻兰州新区共建"甘肃先进计算中心"

---

① 首次联合培养博士后并实现该院博士后进站；首次申报"西部之光"新立项目并获批；首次向兰州分院选派"西部之光"访问学者；首次联合申报"甘肃省微生物资源开发利用重点实验室"获批；首次开通战略情报研究成果共享平台。

和"十三五"重大科技基础设施之一的"高精度地基授时装置"长波台项目为代表的一系列院地合作工作，为地方培育了一批优势产业，推动了科技成果转化为现实的生产力。多年来兰州分院还与兰州大学、西北师范大学等高校开展协同创新，在人才培养、平台建设、科研项目等方面达成合作共识。

此外，兰州分院依托人才优势组织院士、专家围绕地方需求，开展多方咨询和考察活动，为地方发展建言献策。青海盐湖所配合化学学部完成《盐湖资源综合开发利用报告》，对我国做大做强以盐湖资源综合利用为主体的循环经济产业链等提出战略咨询建议，得到中央领导和青海省委、省政府主要领导的充分肯定和重要批示。院士专家咨询提交的《甘肃建设"国家生态建设、保护与补偿试验区"综合研究报告》，对于甘肃构筑西北乃至全国的重要生态安全屏障发挥了积极作用。受兰州市政府委托，经中国科学院兰州分院联系协调，中国科学院地学部和兰州市人民政府在兰州联合举办的"兰州市大气环境污染治理'院士行'活动"，中国科学院院士、地学部主任秦大河，中国科学院院士、北京大学环境学院院长陶澍，中国科学院院士、中国科学院大气物理研究所研究员石广玉等专家学者应邀参加，提出的战略咨询意见和建议，对于兰州未来工业布局、能源结构改善、生态环境保护等具有重要的指导意义。兰州分院还组织有关专家对兰州市和白银市国家级高新区带动区域实现创新驱动发展提出建议、思路和举措。以"生态经济转型跨域宜居宜游"为主题，围绕发展生态经济、实现绿洲经济转型跨越等与甘肃省张掖市共同举办了第三届绿洲论坛，产生了良好的社会反响。

在新征程上，兰州分院系统各单位牢记初心使命，潜心科学研究，进一步强化国家战略科技力量责任担当、充分发挥中科院建制化优势、主动服务国家重大战略、深度融合区域创新体系，为落实创新驱动发展战略、助力我国建成创新型国家、努力实现科技自立自强做出积极努力和应有贡献。

（二）兰州大学

地处黄河之滨的百年名校——兰州大学，是教育部直属全国重点综合性大学，在国家高等教育格局中具有重要战略地位，在国内外产生较大的影响，享有良好的声誉。现有城关、榆中两个校区，校园面积 3544.32 亩。

兰州大学的前身是创建于 1909 年的甘肃法政学堂，1928 年扩建为兰州中山大学，1946 年定名为国立兰州大学。新中国成立后，在高等学校院系调整中，被确定为国家 14 所综合性大学之一。改革开放以来，兰州大学紧紧抓住国家实施"科教兴国""人才强国"战略历史机遇，先后入选"211工程""985 工程"建设高校。2002 年和 2004 年，甘肃省草原生态研究所、兰州医学院先后并入和回归兰大。2017 年，入选国家世界一流大学建设高校（A 类）。

在长期的办学历程中，兰州大学扎根在西部、奋斗为国家，走出了在经济欠发达地区创办世界一流大学的奋进之路，积淀了"自强不息、独树一帜"的校训精神，形成了"勤奋、求实、进取"的优良学风，创造了化学"一门八院士"、地学"师生三代勇闯地球三极"、中科院"兰大军团"、隆基兰大合伙人等享誉国内外的"兰大现象"，为国家尤其是西部地区培养了一批又一批优秀人才。

学校按照"兴文、厚理、拓工、精农、强医"的学科发展思路，构建门类齐全、结构合理、特色鲜明的学科体系。现有 106 个本科专业，16 个国家级特色专业。有 5 个国家级教学团队，6 个国家级人才培养基地，37 个国家级一流本科专业建设点，7 个国家级实验教学示范中心，2 个国家级人才培养模式创新实验区，4 个国家基础学科拔尖学生培养计划 2.0 基地。

学校坚持"近者悦、远者来"的人才工作理念，不断完善"稳培引用"有机结合的工作机制。现有专、兼职教学科研人员 2904 人，其中，教授、研究员 1176 人，副教授、副研究员 799 人，研究生导师 2105 人，两院院士22 人。

学校落实立德树人根本任务，深入推进教育教学改革，完善人才培养体系，提高人才培养质量，是我国首批设置文、理科国家基础科学研究与教学人才培养基地，也是首批入选国家大学生创新性实验计划的高校，还是我国实施基础学科拔尖学生培养试验计划的 19 所高校之一。现有本科生20146 人，硕士研究生 13297 人，博士研究生 3808 人。42 万校友以浓郁的家国情怀、独特的坚守奋斗，赢得了"基础扎实、知识面宽、勤奋实干"的美誉。

学校坚持基础研究和应用研究并重，将地域比较劣势转化成为基于自然禀赋的比较优势，在磁学、核学、细胞活动与逆境适应、青藏高原、冰川冻土、风沙治理、多肽药物、西部高发疾病，以及敦煌学、民族学、马克思主义中国化、中亚问题、政府绩效治理、应急管理、区域经济学等方面的研究成果显著。学校围绕"一带一路"建设、新时代推进西部大开发形成新格局、生态文明建设、乡村振兴、黄河流域生态保护和高质量发展、新时代振兴中西部高等教育等国家重大战略和重点领域，紧盯"大平台、大团队、大项目、大成果"，成立了一批创新研究机构，使学校服务国家战略和地方经济社会发展的能力显著增强。

学校坚持开放办学，积极开展对外交流与合作，先后与世界 44 个国家和地区的 258 所高校及科研机构建立了交流合作关系。尤其是"一带一路"倡议的实施，给兰大这所西北名校提供了更为广阔的舞台，由兰大牵头成立的"一带一路"高校联盟，成员总数达 173 个。在乌兹别克斯坦、哈萨克斯坦、格鲁吉亚建有 3 所孔子学院。

2004 年 11 月，在教育部、甘肃省委省政府的支持下，将兰州医学院及其第一、第二附属医院并入兰州大学，成为兰州大学的医学部和兰大第一、第二附属医院。这两所医院是集医疗、教学、科研、预防、保健、康复、急救为一体的大型综合性三级甲等医院，是甘肃省乃至西北地区具有重要影响的医疗机构，在区域医疗和医学人才培养方面发挥着重要作用。此外，口腔医院是三级甲等口腔专科医院。

进入新时代，兰州大学紧紧抓住国家振兴中西部高等教育的历史性发展机遇，继续发扬"自强不息、独树一帜"的校训精神，积极探索和推进

"在西北办好一流大学"的办学实践，始终扎根中国大地，努力向着建设中国特色世界一流大学的目标迈进。

（三）敦煌研究院

敦煌研究院是负责世界文化遗产敦煌莫高窟、天水麦积山石窟、永靖炳灵寺石窟，全国重点文物保护单位瓜州榆林窟、敦煌西千佛洞、庆阳北石窟寺管理的综合性研究型事业单位，1950年，在原国立敦煌艺术研究所的基础上建立敦煌文物研究所，1984年扩建为敦煌研究院，院本部位于敦煌市东南25公里处的莫高窟，分院位于兰州市城关区。

敦煌研究院在抗战烽火中诞生，前身是1944年成立的国立敦煌艺术研究所，隶属国民政府教育部，常书鸿任所长。敦煌研究院在新中国建设中成长，在改革开放的进程中壮大，在新世纪的征程中腾飞。早在20世纪40年代，以常书鸿、段文杰、欧阳琳、孙儒僩、史苇湘为代表的一批前辈专家，满怀对敦煌艺术的向往来到了西北大漠深处的莫高窟。伴着飞沙走石、土屋油灯，在这里扎下根来，开创了敦煌石窟保护、临摹和研究的基业。1944年，国立敦煌艺术研究所成立，标志着敦煌石窟结束了400多年无人管理，任凭损毁、破坏和偷盗的历史，为此后敦煌石窟事业的发展奠定了基础。

中华人民共和国成立后，虽然国家经济还处在非常艰难的时刻，但是党和国家依然高度重视文物保护工作。1950年，文化部将国立敦煌艺术研究所更名为敦煌文物研究所。20世纪60年代初，在周恩来总理的关心下，国家拨巨款实施了莫高窟危岩体加固工程，解决了石窟稳定性问题。这一时期，敦煌文物研究所的环境稳定，但艰苦的生活和简陋的工作条件并无多大变化。在祖国的号召下，李其琼、李贞伯、万庚育、李云鹤、关友惠、刘玉权、贺世哲、施萍婷、李永宁、孙修身、樊锦诗等一批专家学者从四面八方聚集在莫高窟，在常人难以想象的困难下继续开展文物的保护和研究工作，漫漫黄沙挡不住他们保护敦煌石窟的决心，潇潇西风卷不走他们研究敦煌石窟的热情。

改革开放后发生了许多新变化。1981 年，邓小平同志视察莫高窟，指示有关部门帮助敦煌文物研究所解决办公、生活困难。随后文化部拨付 300 万元，在莫高窟新建了办公楼和宿舍楼，极大地改善了研究和生活条件。1984 年，甘肃省委、省政府高瞻远瞩，将敦煌文物研究所扩建为敦煌研究院，并在兰州建立分院。随着条件改善、编制扩大、部门增加、人才会聚，各项工作进入了国际合作、科学保护、成果迸发的崭新阶段，但莫高窟的地理位置和敦煌研究的特殊性仍然需要来自天南地北的"莫高窟人"顾大家、舍小家，弃享受、耐寂寞，刻苦钻研，为国家为人民守护国宝、无私奉献。

进入 21 世纪，尤其是党的十八大以来，以习近平同志为核心的党中央，从留住文化根脉、守住民族之魂的战略高度，关心和推动文化遗产保护工作，做出一系列重要指示和全面部署，敦煌文化遗产事业发展迎来了前所未有的历史机遇。2016 年 12 月，甘肃省人民政府做出决定，将由甘肃省文物局管理的天水麦积山石窟艺术研究所、永靖炳灵寺石窟文物保护研究所、庆阳北石窟寺文物保护研究所整建制划归敦煌研究院统一管理，连同原属敦煌研究院管辖的榆林窟文物保护研究所、西千佛洞文物保护研究所，形成了"一院六地"的管理和运行格局。2017 年，被评为"国家一级博物馆"，成为国家古代壁画与遗址保护工程技术研究中心、古代壁画保护国家文物局重点科研基地、甘肃省敦煌文物保护研究中心的依托单位。

在党和政府重视关怀支持下，敦煌研究院坚持落实党和国家文物工作的方针政策，为保护人类文化遗产，弘扬中华民族优秀传统文化做出了贡献。在敦煌石窟的保护方面，敦煌研究院经过多年的探索实践，逐步形成了以环境监测和保护、壁画分析和修复、石窟加固、石窟档案及土遗址加固维修为内容的科技保护体系，并取得了一批重要的成果。为永久保存、永续利用敦煌石窟文物信息，敦煌研究院经过多年探索和研究，形成了一整套先进的数字影像拍摄、色彩校正、数字图片拼接和存储等敦煌壁画数字化保存技术，开展建立全部敦煌石窟数字影像档案工程。在研究工作方面，经过专家、学者们的不懈努力，敦煌研究院在敦煌艺术研究、石窟历

史考古研究、文献研究等方面形成了一批受学术界瞩目的成果，已发展成为国际敦煌学研究的最大实体。敦煌研究院积极加强国际合作与交流，开创了中国文物保护领域国际合作的先河，推动了敦煌莫高窟的保护和管理工作向规范化和科学化迈进，逐步与国际先进的保护技术和保护理念接轨。2002年12月7日，甘肃省第九届人大常委会第31次会议通过《甘肃敦煌莫高窟保护条例》，并于2003年3月1日颁布实施，为莫高窟的保护、利用和管理提供了强有力的法律支撑和法律保障。

2019年8月19日，习近平总书记在甘肃考察调研，首先来到了敦煌莫高窟，对敦煌研究院在敦煌石窟保护研究等方面的工作情况进行深入了解，并在敦煌研究院主持召开座谈会，就文物保护、研究及传承创新等方面发表了重要讲话。在讲话中，习近平总书记对新中国成立以来敦煌文化的保护传承工作予以充分肯定，并从敦煌文化是各种文明长期交流融汇的结晶、敦煌文化展示了中华民族的文化自信两个方面，深刻阐明了敦煌文化的重要意义，强调要推动敦煌文化研究服务共建"一带一路"，增进民心相通，共同创造更多更优秀的人类文明成果；要加强敦煌学研究，把莫高窟保护好，把敦煌文化传承好。期望"把研究院建设成为世界文化遗产保护的典范和敦煌学研究的高地"，还特别提到了坚守大漠、甘于奉献、勇于担当、开拓进取的"莫高精神"。

建院以来，特别是党的十八大以来，敦煌研究院坚持以习近平新时代中国特色社会主义思想为指导，认真贯彻落实习近平总书记关于文化自信、文物保护利用和文化遗产保护传承的重要指示批示精神，始终坚持"保护为主、抢救第一、合理利用、加强管理"的文物工作方针，秉承"莫高精神"。现已发展成为我国管理世界文化遗产数量最多、跨区域范围最广的文博管理机构，国内外最大的敦煌学研究实体，国家古代壁画和土遗址保护工程技术研究中心、国家一级博物馆，被国家相关部委批准认定为丝绸之路文化遗产保护国际科技合作基地、国家文化和科技融合示范基地、国家引才引智示范基地。敦煌研究院文物保护利用群体被中宣部授予"时代楷模"称号、被甘肃省委宣传部授予"感动甘肃·陇人骄子"称号，先后荣获甘肃省人民政府质量奖、中国质量奖、亚洲质量创新奖。名誉院长樊锦诗被授予"文物保护杰出贡献者"国家荣誉称号和"改革先锋"称号，荣获"何梁何利基金科学与技术成就奖"，当选"全国道德模范"和"感动中国 2019 年度人物"；李云鹤同志获得"大国工匠"荣誉称号，敦煌研究院的各项工作得到了党和国家以及社会各界的高度认可。时至今日，敦煌研究院已然成为兰州和甘肃最具影响力的文化名片，成为兰州和甘肃人民的骄傲。

兰州历史大事记

旧石器时代

距今 1.5 万年左右　在今榆中县垱坪乡徒安村、西固区深沟桥范家坪等地就有先民活动。

新石器时代

公元前 3900—前 3300 年　仰韶文化庙底沟类型主要分布在今榆中县苑川河流域的河边台地上，兰州地区开始纳入早期中华文化圈。

公元前 3300—前 2100 年　马家窑文化遍布今兰州全境，先后经历马家窑类型、半山类型、马厂类型，社会分工和分化明显；永登蒋家坪遗址出土青铜刀 1 件，说明兰州迎来了青铜文明的曙光。

夏商西周时期

公元前 2100—前 1600 年　齐家文化遍布境内，兰州率先进入青铜时代。

公元前 1400—前 700 年　辛店文化、寺洼文化、董家台类型零星分布于兰州境内，青铜冶铸业十分发达。

春秋战国时期

公元前 700—前 221 年　羌、戎、匈奴等在此活动，秦人不断地壮大与

西进，兰州逐渐纳入中原王朝的统治。

秦

公元前 221 年　秦始皇统一六国。

公元前 220 年　秦始皇西巡陇西郡，开始修建以咸阳为中心的驰道。

公元前 215 年　秦始皇派蒙恬北击匈奴，收复河南地。

公元前 214 年　秦朝从榆中沿黄河以东到阴山一线，修筑 44 座县城，在今东岗镇附近筑榆中县城，属陇西郡，这是兰州市最早的行政建置。

公元前 211 年　秦朝把中原、关中地区民众 3 万家迁置到北河、榆中等地。

秦汉之际　匈奴趁中原内乱，攻占了属于秦朝的榆中县。

西汉

公元前 127 年　西汉与匈奴爆发"河南之战"，汉朝收复"河南地"，又设置了榆中县，属于陇西郡。

公元前 121 年　霍去病率领骑兵从金城渡河进入河西攻击匈奴右部王，直达居延、酒泉等地，浑邪王归降汉朝；大行令李息在今西固区黄河南岸筑城，设置金城县。

公元前 119 年　西汉在黄河西岸令居（今永登县）一带开挖沟渠、设置田官，派吏卒五六万人开展屯田。

公元前 115 年　西汉开始修筑"令居塞"，其起点在今永登县东南。

公元前 111 年　西汉在令居修筑军事设施，改置令居塞为令居县（今永登县河桥镇）；赵破奴率领骑兵从令居出发，行军抵达匈奴河。

公元前 110 年　西汉开始修建令居到酒泉的塞墙。

公元前 81 年　七月，西汉从天水、陇西、张掖三郡各析出两个县，设置了金城郡，治所在金城县，属凉州刺史部管辖。

公元前 63 年　河湟地区的先零等羌人准备大举进攻金城郡。

公元前 61 年　西汉设置了允街县，属金城郡管辖。五月，西汉设置了

金城属国来安置降服的羌人。这一年，西汉将军赵充国率领金城、陇西各郡的步、骑 10 万人击败羌人，留步兵 1 万人在河湟地区开展屯田。

公元前 60 年 赵充国在金城郡开展屯田。

6 年 西羌的庞恬、傅幡等怨恨王莽夺占他们的土地设置了西海郡，因而进攻西海郡。

14 年 王莽把西海郡改为金城郡。

23 年 绿林军拥护刘玄做皇帝，恢复汉朝国号。庞恬、傅幡等夺回西海郡，并进攻金城郡。

东汉

29 年 凉州牧窦融与各郡太守率军进入金城郡。

32 年 窦融配合刘秀消灭了隗嚣势力，金城郡归东汉政府。

33 年 牛邯作为护羌校尉驻扎在金城郡。

34 年 先零羌又攻打金城、陇西，中郎将来歙大败先零羌。

35 年 先零羌进攻临洮，陇西太守马援在陇西、金城打败先零羌。朝廷令散居在武威的金城客民 3000 户返回旧地，马援奏请为其修建城堡，设置官吏，开挖沟渠灌溉农田。

36 年 东汉裁撤金城郡，属陇西郡。

37 年 东汉又设置了金城郡。

57 年 烧当羌滇吾等进犯陇西塞，陇西太守刘旴还击。

58 年 西羌进攻陇右地区，捕虏将军马武反击。第二年七月，羌人失败并投降。

76 年 东汉拜原度辽将军吴棠为护羌校尉；吾良、勒姐、卑湳等寇扰金城郡的安夷城。

77 年 六月，烧当羌酋长迷吾率领各部起事，金城太守郝崇领兵征讨，兵败，死 2000 余人。

86 年 迷吾与其弟号吾联合羌族各部反叛，陇西太守张纡镇压。

87 年 护羌校尉傅育率领汉阳、金城郡兵 5000 攻打羌人。

92 年　迷唐反叛，攻打金城塞。

93 年　居延都尉贯友作为护羌校尉，在黄河上建造河桥。

96 年　汉阳太守史充作为护羌校尉，发湟中羌胡出塞攻击迷唐。

97 年　迷唐进攻陇西郡。

101 年　周鲔和金城太守侯霸在允川大败烧当羌。

109 年　当煎、勒姐攻破羌县。

110 年　河湟地区的羌人反汉，攻占金城郡，金城郡治所从允吾县迁到陇西郡襄武县。

115 年　护羌校尉的治所还居到金城郡令居县。

120 年　当煎的大酋长饥五等攻打金城郡。

121 年　忍良与烧当羌等进攻金城郡各县，并在牧苑击败了马贤军队。

129 年　金城郡又回归东汉。

138 年　三月，金城、陇西地震、山崩。张衡发明的地动仪测到了这次地震，是世界上用仪器记录到的第一次地震。十月，烧当羌那离等进犯金城郡，护羌校尉马贤领兵击败烧当羌。

140 年　且冻、傅难等羌族反叛，进攻金城郡。

159 年　烧当、烧何等 8 支羌族寇扰陇西、金城塞，被护羌校尉段颎击破。

161 年　勒姐羌包围金城郡允街县。

162 年　鸟吾羌寇扰汉阳、陇西、金城，被各郡的兵马打败。

184 年　冬，湟中义从胡北宫伯玉、李文侯聚集汉、羌众人起兵，拥立金城郡汉人边章，韩遂主持军政，杀了护羌校尉伶征、金城太守陈懿。

185 年　十一月，边章、韩遂从美阳（今陕西武功县西）兵败退回榆中。周慎率兵 3 万追讨，围榆中城。边章、韩遂分兵屯驻在葵园峡（今桑园峡），反而截断周慎的军粮道，周慎因害怕而退兵。

215 年　曹操任命苏则为金城太守。

三国

220 年 五月，河西大族据郡叛乱，武威太守丑丘兴遣使向金城太守苏则求救，苏则率兵入援，招降武威叛胡，斩杀西平麹演、张掖张进，酒泉黄华惧而出降。

221 年 凉州卢水胡叛乱，曹丕任命张既为凉州刺史，经金城郡渡过黄河前往武威平定叛乱。

255 年 八月，蜀汉姜维、夏侯霸率兵攻入陇西郡，魏蜀两国发生"洮西之战"，曹魏凉州刺史发兵经金城郡南"沃干阪"驰援狄道。

263 年 八月，司马昭发动灭蜀战役，金城太守杨欣跟随名将邓艾灭蜀。

西晋

269 年 金城郡归秦州管辖。

271 年 四月，北地胡进攻金城，晋军凉州刺史牵弘讨伐，被秃发树机能围歼于青山。

274 年 八月，凉州羌胡进攻金城，被晋军打败，其主帅乞文泥战死。

280 年 晋武帝任命吾彦为金城太守。

282 年 金城郡重归凉州管辖。

295 年 六月，金城郡发生地震。

305 年 兰州开始归属前凉，张轨在兰州设置金城郡。

309 年 夏，大旱，黄河枯竭，可以徒步涉水过河。

312 年 金城太守胡勋反叛，前凉张轨派兵讨伐，胡勋惧而请降。

314 年 前凉张寔分金城郡令居、枝阳二县，又新设永登县，都属广武郡管辖。

东晋

318 年 前凉张寔派遣金城太守窦涛等率兵前往上邽，驰援南阳王司马保。

327 年　前凉张骏出兵陇右，与前赵军队在金城郡南部的沃干岭爆发了战争。

330 年　前凉与后赵分治陇右。

346 年　七月，后赵进攻河西，前凉金城太守张冲投降，金城令车济自杀。后赵军队从兰州渡河，沿庄浪河谷北上进攻广武郡，在振武城被前凉谢艾击败。

347 年　四月至八月，后赵麻秋进攻前凉，一度攻占晋兴、广武二郡。

349 年　后赵衰亡，前凉收复兰州黄河以南地区。

367 年　前秦苻坚占领兰州黄河以南地区。

371 年　苻坚在枹罕设立河州，将凉州治所从枹罕迁到金城。

376 年　九月，凉州刺史王统参与前秦灭前凉战役。

385 年　五月，鲜卑乞伏国仁自称大都督、大将军、大单于，率领河州、秦州牧，改元建义，建立西秦，置苑川等十二郡，在苑川筑勇士城（今榆中县上堡子城）作为都城。榆中、金城县属金城郡，治所在榆中县。

388 年　九月，西秦乞伏乾归迁都金城。

392 年　八月，后凉主吕光派遣弟弟吕宝进攻西秦金城。吕宝被西秦打败并被杀，将士投河溺死 1 万余人。

395 年　秃发乌孤将统治重心从广武郡迁至廉川堡。西秦乞伏乾归为避开后凉的军事压力，将都城从金城迁到苑川西城。

397 年　一月，吕光再次征伐西秦，攻克金城郡；鲜卑秃发乌孤自称大将军、西平王，建元太初，定都廉川堡，史称"南凉"。

400 年　一月，西秦迁都苑川。广武郡归南凉所有。

401 年　七月，后秦姚硕德率军从金城渡河，直逼广武，南凉王利鹿孤避之。

402 年　后秦镇远将军赵曜率众 2 万驻扎金城，声援后凉吕隆。

407 年　十一月，大夏赫连勃勃进攻南凉广武郡枝阳县等地。

409 年　四月，乞伏乾归从苑川到枹罕，世子炽磐聚众 2 万人，把都城迁到度坚山。七月，西秦复国。

410年　二月，西秦攻取后秦金城郡，设立东金城郡。八月，乞伏乾归迁都苑川。

413年　四月，南凉广武太守秃发文支降北凉。

414年　五月，西秦灭南凉，占领金城、广武郡全境。

415年　北凉王沮渠蒙逊攻克西秦广武郡。

南北朝

426年　北凉逐渐占据兰州黄河以北地区。

431年　吐谷浑俘虏大夏主赫连定，与北凉分治兰州。

439年　北魏太武帝拓跋焘灭北凉沮渠氏，得兰州黄河以北的广武、金城二郡。

445年　北魏太武帝击败吐谷浑，兰州全境为北魏统治。

471年　北魏孝文帝派源贺在兰州击溃敕勒叛众。

532—534年　宕昌羌梁仚定引吐谷浑进攻北魏金城郡。

553年　四月，西魏宇文泰为遏制吐谷浑侵扰，亲率精锐3万人，从长安出发，经兰州渡过黄河，到达凉州姑臧城。

隋

581年　隋朝设置兰州总管府，兰州的名称开始被史册记载。

582年　六月，突厥进犯兰州，隋文帝命上柱国叱列长叉为兰州总管驻守临洮。

583年　隋朝废除金城、广武郡。

595年　随文帝令把兰州等北部边境州的民间义仓收归州级系统，充实正仓系统，并推行全国。

597年　韩擒虎、韩僧寿二人先后在兰州领兵备战突厥。

598年　隋朝把金城津改为金城关。

601年　十二月，突厥兵进掠金城等郡，六畜殆尽。

605年　隋朝废止了兰州总管府。

607 年 隋炀帝令改州为郡，把兰州改为金城郡。

617 年 四月，金城校尉薛举起兵反隋，自称西秦霸王，年号秦兴。七月，薛举正式在兰州称帝。

唐

619 年 唐朝又设置了兰州，治所在五泉县，并把子城县改为五泉县，允吾县改为广武县，与金城县属兰州管辖。

620 年 唐朝设置了广武县，隶属兰州。

624 年 八月，吐谷浑寇扰鄯州。十月，吐谷浑及羌人寇扰叠州，攻陷合川。

625 年 唐朝设置了兰州都督府，管辖兰、河、廓、鄯四州，直属中央。正月，吐谷浑寇扰叠州。四月，党项羌寇扰渭州。七月，睦伽陀攻打武兴。九月，突厥寇扰兰州。

626 年 二月至八月，突厥发起进攻 12 次，兰州等九州都受到侵害。

627 年 兰州都督府与秦、岷、凉、肃四州都督府归属陇右道。同年，伏允寇掠鄯州。

629 年 玄奘抵达兰州。

632 年 三月，吐谷浑寇扰兰州，被唐军打败。

634 年 吐谷浑又多次进犯鄯、兰、廓等州，被打败并成为唐朝的附庸国。

635 年 麴文泰捐资在金城建造佛塔（嘉福寺木塔）。

639 年 兰州都督府管辖兰、河、儒、淳、廓、鄯六州。

656 年 党项族 3 万余人进袭兰州。兰州兵少，不能应战，刺史崔知温设计守城，后将军权善才率领援兵到达后，党项军败逃。十二月，唐朝把兰州都督府治所迁到鄯州。

671 年 唐朝把五泉县改为金城县。

714 年 秋，吐蕃寇扰临洮郡及兰、渭等州，被击退。十二月，设置陇右节度大使，郭知运担任大使，治所在鄯州，管辖鄯、秦、河、渭、兰、

临、武、洮、岷、廓、叠、宕十二州。

743 年　唐朝把狄道县从兰州分出，设置狄道郡。

756 年　十二月，把唐朝金城郡改为兰州。十二月至次年十月，吐蕃接连进攻青海门源至乐都及甘肃临夏一带。陇右节度使被迫移治廓州，河西地区暴露在吐蕃的威胁之下。

763 年　吐蕃攻取了兰州、河州等地，陇右地区都被吐蕃吞没。

821 年　大理寺卿刘元鼎出使吐蕃，越成纪抵达广武梁（今西固区河口附近），看见兰州"地皆杭稻，桃、李、榆、柳岑蔚"。这是史籍对兰州果树的最早记载。

851 年　张议潮派人把沙、伊、瓜、肃、甘、凉、兰、鄯、河、岷、廓十一州的图籍送到唐朝，唐朝诏命张议潮为节度使、十一州观察使。今兰州地区仍为吐蕃部族所居，族帐散居黄河南北。

北宋

1004 年　凉州吐蕃大首领厮铎督率领凫谷、兰州、宗哥等族攻讨者龙六族。

1006 年　马衔山渴龙、刑家等族向宋贡马，宋朝册封其首领为检校太子宾客兼监察御史，充本族首领并郎将。

1036 年　唃厮啰长子瞎毡与其父决裂，东迁至兰州凫谷城，成为兰州诸蕃部大首领。同年，西夏元昊进攻兰州，在瓦川会（今甘肃榆中县新营镇）修筑城池。

1058 年　凫谷蕃部大首领瞎毡死，其子木征迁居河州（今甘肃临夏市），西使城（今甘肃定西市）蕃部首领禹藏花麻控制了兰州诸蕃部。

1063 年　西使城蕃部首领禹藏花麻以西使及兰州一带土地，举籍献于西夏。

1066 年　西夏将保泰军南迁西使城，任命禹藏花麻为统军，管理兰州各蕃部。

1072 年　王韶拓边熙河，宋、夏形成隔马衔山对峙的局面。

1081年　九月，李宪军收复兰州，并修筑兰州城、龛谷寨、东关堡等。

1082年　二月，改"熙河路"为"熙河兰会路"。

1084年　李宪增修兰州城，城址北扩，紧挨黄河南岸。

1084年　西夏进犯兰州，围城十昼夜不克，粮尽带兵归去。

1091年　在兰州城东南隅文庙内设立儒学。

1090年　六月，西夏攻打质孤、胜如二堡，兰州城受重创。

1092年　知兰州种谊修筑李诺平（今甘肃榆中县定远镇），宋廷赐名"定远"城。

1097年　宋将钟传建黄河浮桥并修筑金城关。

1099年　熙河、兰会路经略使胡宗回，修筑西关堡及湟水北岸阿密特城（今兰州河口一带）。

1100年　北宋在宗河（湟水）口筑京玉关。

1104年　北宋在兰州设置兰泉县。同年，宋将王厚率领熙、河、兰等地军队收复鄯州（今青海西宁市），唃厮啰政权瓦解。

1115年　童贯宣抚陕西、河北，坐镇兰州，发起伐夏之役。

1116年　北宋筑城古骨龙，赐名震武城（今甘肃永登连城镇西北），后改震武军。

1119年　童贯遣熙河路经略使刘法进军西夏，在统安城（今永登县境内）与西夏军展开激战，刘法兵败被杀。

1125年　熙河路地震，兰州尤其严重，数百家陷没，仓库、城池俱毁。

金

1131年　金军招降巩、洮、河、西宁、兰、廓等州军，前锋阿离补攻下兰州城。

1141年　宋金达成和议，划定疆界，西北以洮州、盐川堡为中线，兰州划入金境。

1161年　兰州汉军千户王宏起兵，杀金安远大将军、兰州刺史温腾乌延和镇国上将军、同知兰州富察萨等，投降南宋。王宏知兰州，统领熙河

军马。

1162 年　宋军攻下熙州、河州、兰州、会州、洮州等十二个州军。

1214 年　十一月，兰州地方蕃部首领程陈僧叛变，将兰州城献给西夏，金夏战争爆发。金侨置兰州于阿干县，龛谷、定远二县，划归会州。

1215 年　九月，金河州提辖曹记僧、通远军节度使王狗儿与夏战于兰州。

1217 年　五月，兰州水军千户李平等起兵，杀提控蒲察燕京。

1218 年　西夏军进攻龛谷。

1222 年　十二月，西夏军攻质孤堡，被兰州提控唐括昉击走。

1226 年　金朝设立金州，治龛谷，下辖定远县。

1227 年　蒙古军攻下兰州，过黄河攻占临洮府。

元

1235 年　阔端将秦、巩、兰、金等二十余州交由汪氏管理。蒙古弘吉剌部赤窟驸马被分封在湟水流域，东境到黄河之北的庄浪河流域。

1269 年　河州划入脱思麻路宣慰使司，兰州、金州（今兰州榆中县）隶巩昌都总帅府。

1270 年　阿干县、司候司并入兰州，龛谷县并入金州，金州治所迁至今榆中县城。

1306 年　甘肃行省在兰州比卜渡（兰州金城关渡口）北岸派人摆渡。

1319 年　改庄浪巡检司（治今永登县城）为庄浪县，巡检司移治比卜渡。

1322 年　金州判官傅梦臣建儒学，在州治西。

1342 年　兰州建州学，在州治东南。

明

1369 年

四月　都督副使顾时、参政戴德攻克兰州，元平章张志敬率州人侯文贤等归降，遣指挥韩温（一作张温）防守。

八月 元将贺宗哲攻兰州，右将军冯胜击走。

九月 兰州、金州降为县。明立临洮府，隶金、兰、狄道、渭源等县。

十二月 元将扩廓帖木儿（王保保）兵袭兰州。

1370 年

三月 大将军徐达师至定西，与扩廓帖木儿大战沈儿峪，扩廓帖木儿大败，仅与妻、子数人逃往和林（治所在今蒙古国内）。兰州围解。

四月 明置兰州卫。

是年 元脱欢在河西降明。

1372 年

一月 征西将军冯胜率副将陈德、傅友德等取河西至兰县、金县。

1374 年

三月 兰县八麻里人郭买的联结吐蕃侵犯兰县，兰州卫遣其兄著沙、弟火石歹招降，不从，二人斩其首而归，事件平定。

1376 年 卫国公邓愈进军河西，重建浮桥于兰县城西北，名曰镇远桥。

1377 年 兰州卫指挥王得筑兰县城，周回 6 里 200 步。

1379 年 置陕西行都司于庄浪卫。

1385 年 兰州卫指挥佥事杨廉建黄河镇远浮桥，并在桥北重建金城关。

1391 年 蓝玉理兰州、庄浪七卫兵，以追击败退残元军。

1393 年 陕西行都指挥使司自庄浪徙至甘州（今张掖市）。

1399 年 曹国公李景隆改建兰县衙署为肃王府，县衙移建城西南（今金城大剧院址），肃王朱楧自甘州移住，甘州中护卫、右护卫随迁兰县。

1400 年 肃王朱楧创建金天观。

1408 年

十月 肃王朱楧献马 2000 匹，成祖赐绮罗纱绢 260 匹，火者 20 人。

1412 年

五月 巩昌、临洮等府将所收夏秋税粮运抵兰县，由兰县转运甘州。

1415 年

十一月 始筑兰州卫城。

是年　连城土司什伽（脱欢之后）因随成祖亲征蒙古阿鲁台有功，被成祖赐姓鲁，命守西疆。自此，连城土司遂有鲁氏家谱刊行。

1420 年

九月　帖木儿帝国沙哈鲁王使团过黄河镇远浮桥，住兰县，再赴北京朝觐。

1421 年

八月　连城土指挥鲁什伽与西宁土指挥李英率土兵随成祖北征鞑靼。

1427 年　定兰县中盐粮例。

1436 年

八月　朝廷定边务事，今起各府税粮运至兰县，然后起发军夫运往凉州；招商于庄浪、凉州各卫中盐纳粮，改在兰县。

1440 年

十月　兰县、庄浪地震 10 日，毁坏城堡和官民庐舍，压死 200 多人、牲畜 800 余。

是月　北鞑阿太朵儿只伯率众攻打庄浪，后驻扎红城子（今永登境内），并围攻兰县大通口递运所。

1442 年　兰县黄谏考中壬戌科一甲第三名，此为兰州历史上的首名进士。

1447 年　都指挥佥事李进在兰州黄河北筑大岔沟（今安宁区深沟）堡、哨马营，设百户一员、锐卒百名守卫。

1448 年　瓦剌犯瓜、沙等地，指挥同知鲁鉴率土兵 1500 人出击，大破瓦剌。镇守甘肃内监刘永诚于白塔古刹遗址建白塔寺。

1449 年　都指挥使李进在广武门外增修大教场（今西部战区陆军司令部），面积 534 亩。

1450 年

六月　兰县举人段坚上书，痛陈宦官之弊。兰县人聊让诣阙上书，请求罢黜宦官干政，奖励直言之臣。

1454 年　兰县进士段坚在段家台（今广场西口）创办容思书院。

1461 年

六月　蒙古孛来率数万人驻扎庄浪，总兵仇廉率部自兰县镇远浮桥渡黄河，合庄浪卫兵往击，败归。

1462 年

一月　孛来求款，请改大同旧贡道，由兰县入境，明朝廷许之。

1477 年　兰县升为兰州，金县改辖兰州，仍属临洮府。

1484 年

八月　兰州卫都指挥佥事周璜在苠苠滩筑新城堡。

1485 年　鞑靼部达延汗（又名小王子）进攻兰州、庄浪、镇番、凉州等地。

1488 年

三月　达延汗进攻兰州。

1505 年　三边总制杨一清令兰州卫指挥杨义等筑安宁堡。

1519 年

七月　临洮、兰州各州县大雨雹，桃李重华。

是年　设临巩兵备道，以臬司（按察使）驻兰州。

1522 年　太监梁成在西安设织造局，羊绒取自兰州，民间大扰。其后，三边总制杨一清、王宪等奏请停办。

1529 年　兰州大饥，饿殍塞道。邑绅陈锡倡众捐资，以工代赈，又募工挖穴十数处，掩埋万余尸。

1536 年

四月　鞑靼部 10 万余众进攻凉州、庄浪。

1537 年　兰州大饥，斗麦价银涨至 7 钱，民间收葬饿殍 18 坑。

1548 年　三边总督王以旂督筑兰州长城。

1558 年　是年起，兰州进士段续从湖广安陆（今湖北钟祥市）引进筒车技术，创制木制水车，倒挽河水灌田，黄河两岸农民纷纷仿制。

1575 年

四月　俺答汗之子宾兔求通互市，明廷于甘州立一大市，庄浪立一小市。

1590 年

六月　临洮、甘州、兰州地震，坏城郭房舍，压死人畜。

1596 年

七月　太监赵钦开采兰州银矿，每月征银 124 两、胆矾 3000 斤，民众大受其害。

1597 年　鞑靼部卓哩克图攻兰州，为兵备佥事张栋所败。

1598 年　三边总督李汶、甘肃巡抚田乐兵分五路，击败鞑靼，收复大小松山。

1630 年

一月　河西兵变，参将孙怀惠被杀。叛军首领王进才东进兰州，为巡抚梅之焕镇压。

1640 年　兰州、金县大旱，民饥，死数万，至次年六月渐止。

1643 年　李自成部将贺锦攻克兰州，俘杀肃王朱识鋐，其嫔妃、宫人、属官死难数百人。庄浪卫被攻陷。

清

1648 年

四月　甘肃副将米喇印反清复明，攻陷兰州，杀知州赵翀、临巩道李絮飞，清廷旋平定之。

1655 年

三月　裁兰州卫左右后三所。甘州中护卫并入兰州卫。

1669 年　陕甘分省，析陕西省陇山以西府州县，设甘肃省，甘肃巡抚刘斗入驻兰州明肃王府，兰州成为省会。

1675 年

二月　甘肃提督王辅臣遣总兵赵士升攻陷兰州，以策应吴三桂叛清，断镇远浮桥。

是月　西宁总兵王进宝率兵由间道，至兰州张家河口，扎皮筏渡黄河，赴兰州城平叛。

1680 年

五月 甘肃巡抚自巩昌移驻兰州。

1686 年 兰州贡生陈如稷编成《重订兰州志》，为存世最早的兰州方志。

1724 年 甘肃巡抚卢询创建正业书院。

1727 年

四月 在兰州设宝巩局，由按察司经铸，河桥同知监铸，动用库银 2 万两收买各类小钱，开炉改铸雍正通宝制钱。

1735 年 甘肃巡抚许容改正业书院为省立兰山书院。

1738 年

十二月 废临洮府，置兰州府，改兰州为皋兰县。府治皋兰县，辖狄道州、河州、皋兰县、渭源县、靖远县、金县。

1753 年

八月 兰州大雨，黄河泛滥，冲没房舍、农田甚多。

1764 年

三月 陕甘总督移驻兰州，裁撤甘肃巡抚，陕甘总督兼管巡抚事。

1777 年 皋兰县城南二郎岗里民建立龙泉里塾，这是见于记载最早的甘肃里塾。

1781 年

三月 循化厅苏四十三因新老教之争，率撒拉人、回民反清，围攻兰州城，钦差大臣阿桂等镇压。

是年 捐监冒赈案发。

1819 年 甘肃布政使屠之申建兰州府立五泉书院，招考兰州府六属生员、童生肄业，官绅共捐银 6044 两，发商生息，以为膏火银。

1827 年

七月 兰州黄河水涨，淹没两岸及夹河滩房舍、农田。皋兰县知县陈之桢搭席棚、布帐安置灾民。

1840 年

六月 皋兰县、金县大旱。次年，官府全免新旧赋税，贷放灾民籽种、

口粮。

1842 年

三月　皋兰县知县徐敬创建皋兰书院。

1854 年

七月　甘肃布政使和祥开征商捐、房租捐、田亩捐等，令皋兰县岁贡生颜文绚在各界设立劝捐局。

1856 年

改铸当十、当五大钱，铜色黄紫各半，每制钱千，配大钱二成。次年，因制钱日少，曾铸八分钱，仅城市中行之。市场大乱。

1862 年

河湟回民反清，陕甘总督恩麟关闭兰州拱兰门、安定门、迎恩门、广武门，增筑四瓮城重门，令四乡组建团练以自卫。

1864 年

四月　河州回民反清军攻围攻金县、皋兰县。

1866 年

三月　兰州城粮源告竭，督标兵索粮，杀营务处道员吴炳堃（坤）等数十人。甘肃布政使林之望发乱兵每名面粉 1 斤、钱 500 文，事遂平。

1868 年

五月　兰州、金县连日阴雨至七月，黄河水大涨。

1872 年

七月　钦差大臣、陕甘总督左宗棠自安定（今定西市）入驻兰州督署，开启关闭十年的诸郭门。

是年　左宗棠将西安机器制造局迁至兰州南关，改名为兰州机器制造局，开甘宁青军用工厂之先河。

1875 年

五月　左宗棠奏准陕甘两省分闱乡试，由兰州翰林曹炯、举人滕烜等回汉绅士主持，向全省各府厅州县募银 51 万两，在兰州海家滩修建甘肃贡院，可容 4000 士子考试。

1876 年

五月 设甘肃学政，以兰州普照寺西之大公馆改为学政署。

1877 年 左宗棠创设兰州机器织呢局于小稍门外畅家巷，为中国最早的毛纺织厂。

1883 年 谭仲麟创建求古书院。

1891 年

一月 兰州成立电报学堂。

1892 年 兰山书院山长张国常编成《重修皋兰县志》30 卷。

1905 年

五月 开办甘肃师范学堂。改求古书院为求古学堂。

1908 年

二月 改法政馆为甘肃省立法政学堂。

1909 年

七月 甘肃省咨议局成立，议员 43 人，兰州翰林张林焱任议长。

1911 年

九月 陕西秦陇复汉军大都督张凤翙等在西安起义，策应武昌起义。陕甘总督署长庚启用升允为陕西巡抚，率甘军分三路攻陕。后因清帝逊位而罢战。

中华民国

1912 年

3 月 12 日 甘肃临时议会在兰州成立，选举李镜清为议长。

3 月 15 日 甘肃官绅通电承认共和，袁世凯任命甘肃布政使赵惟熙署理甘肃都督。

11 月 中国国民党甘肃支部在兰州成立，马安良为部长。

1913 年

3 月 第一届甘肃省议会在兰州成立，选举阎士璘为议长。

是年 临洮人牛载坤在兰州张掖路创办"正本书社"。

1914 年

3 月　张广建任甘肃都督兼民政长，奉袁世凯命令解散省议会。

是年　邓隆在兰州创办光明火柴厂。

1918 年

3 月 12 日　张广建率官员、士兵、学生在五泉山二郎岗举行植树节活动，并栽植杨、柳、榆树，是为甘肃义务植树之始。

4 月 9 日　博德恩医院（今兰州市第二人民医院）竣工，举行揭幕仪式，是为甘肃第一家西式医院。

1919 年

5 月 4 日　北京学生示威游行反对签订"二十一条"消息传来后，兰州学生亦示威游行，张广建出动军警驱散。

5 月 19 日　邓春兰上书北京大学校长蔡元培，要求大学开女禁。

1920 年

3 月 14 日　参加过五四运动的 40 多名甘肃大学生，在北京创办《新陇》杂志，将杂志寄往兰州等代派处，宣传新文化、新思想。

12 月 16 日 20 时　甘肃海原发生里氏 8.5 级地震，波及兰州，压毙 273 人，伤 236 人，压毙牲畜 8000 多头，震塌房屋 8000 多间；榆中压毙 900 多人、牲畜 200 多头。

1921 年

5 月　兰州成立华洋义赈会，办理以工代赈，刘尔炘利用赈款，重修五泉山。

1924 年

8 月　甘肃督军陆洪涛令工程营修筑兰州城迎恩门至东岗镇汽车公路，是为兰州修筑公路之始。

1925 年

甘肃陆军第一师师长李长清发动兵变，陆洪涛离开兰州，兰州道杨思代理省长，兼护督军。

10 月　冯玉祥国民军第二师师长刘郁芬率部入驻兰州。

12 月　中国共产党甘肃特别支部成立，张一悟任书记。

1927 年

3 月　国民军宣布解散省议会。

5 月　中共甘肃特支改为中共兰州特支，有党员 20 人，胡廷珍任书记。

1928 年

2 月 29 日　兰州中山大学成立，马鹤天任校长。

9 月　刘郁芬在兰州搜捕共产党员。

12 月　刘郁芬在兰州杀害共产党员王孝锡。

1929 年

甘肃省析为甘肃、宁夏、青海三省。

是年　连年干旱、战乱，兰州灾民达 13.8 万人，瘟疫流行，死者甚众。

1930 年

中原大战爆发，国民军孙连仲部携搜刮甘肃民众金银 70 多万元、烟土 5 万两，赴河南参战，国民军暂编第八师雷中田驻防兰州。标志着国民军统治甘肃的结束。

1931 年

2 月 1 日　兰州中山大学改为甘肃大学。

5 月 26 日　甘肃大学改为甘肃学院。

8 月 26 日　雷中田与省府委员、国民党中央特派员马文车发动政变，扣留主席马鸿宾，史称"雷马事变"。

11 月 7 日　兴国军司令吴佩孚自四川进入兰州，企图东山再起。

11 月 11 日　经吴佩孚调解，雷中田释放马鸿宾，马即返回宁夏。

是月　蒋介石令潼关行营主任杨虎城，派参谋长兼十七师师长孙蔚如率部平叛。

12 月 7 日　雷中田抵抗失败，携款数万元逃往四川。

12 月 11 日　孙蔚如进驻兰州。吴佩孚、马文车逃往北京。

1932 年

4 月　邵力子任甘肃省主席，标志着国民党南京政府控制甘肃政局。

5月18日　中德合营欧亚航空公司上海—西安—兰州航线试航成功。

1933年

2月　在东稍门外风神庙（今兰州十一中址）设立兰州气象测候所。

4月　蒋介石携宋美龄到兰州视察。

7月　朱绍良任甘肃省主席。

9月　朱绍良任甘肃绥靖公署主任。

是年　省政府通令全省改用银币，停用银两。

1934年

6月　省政府令全省分期建立保甲制。

9月　兰州商人张宜伦集资10万元，创办华陇烟草公司。

1935年

1月26日　西北公路局兰州办事处成立。

4月　九世班禅额尔德尼从宁夏到兰州，驻五泉山嘛呢寺。

5月1日　西兰公路通车。

5月16日　立法院长孙科来兰州视察交通、水利。

1936年

12月12日　驻兰州东北军于学忠部控制国民党党政机关及其军队，策应西安事变。

1937年

8月25日　八路军兰州办事处成立，谢觉哉任党代表，彭加伦任处长。

10月25日　中共兰州工作委员会成立，孙作宾任书记。

是月　国民党第八战区在兰州成立，蒋介石兼司令长官，朱绍良任副长官。

在兰州颜家沟设立苏联商务代办处。苏联志愿航空队百余人抵兰州，苏联援助飞机50多架。

11月5日　日军首次空袭兰州。7架轰炸机炸毁房屋200多间，炸毁唐代普照寺。

11月26日　西路军将领李先念等由新疆抵兰州八办小住，然后返回延安。

12 月 4 日　日军 11 架飞机袭兰。

12 月 26 日　日军 9 架飞机袭兰。

是年　八办共营教、收容 3300 多名西路军官兵并护送至延安，另送 50 多名兰州青年赴延安。

1938 年

1 月 21 日　日军 5 架飞机袭兰。

2 月 20 日　日军 18 架飞机袭兰；23 日，日军 36 架飞机袭兰。

3 月 1 日　外交部特派员兰州办事处改为外交部特派员公署。

是月　中共兰州工委改为中共甘肃工作委员会，孙作宾任书记。

7 月　中英庚款董事会梅贻宝、顾颉刚来兰州，创办甘肃科学教育馆。

9 月 15 日　日军 23 架飞机袭兰。

12 月　中国工业合作协会西北办事处设立兰州办事处，先后开办纺织、皮革等 30 多个工业社。

是年　雍兴公司在兰州创设毛纺厂、机器厂、制药厂、面粉厂等企业。

1939 年

1 月 21 日　日军 5 架飞机袭兰。

2 月 12 日　日军 21 架飞机袭兰；20 日，日军 30 架飞机袭兰；23 日，日军 20 架飞机袭兰。

6 月 25 日　国际反侵略运动大会中国支会在兰州成立。选出理事会。

7 月 1 日　成吉思汗陵寝从内蒙古伊克昭盟伊金霍洛旗移至榆中县兴隆山。

8 月　国立西北技艺专科学校在兰州西果园成立。

29 日　日军 57 架飞机袭兰。

11 月 27 日　日军 9 架飞机袭兰；29 日，日军 57 架飞机袭兰。

12 月 1 日　日军 48 架飞机袭兰。

12 月 26 日、27 日、28 日　日本出动飞机共 295 架分批轰炸兰州，兰州民众死伤惨重。此时在兰州拍摄电影的郑君里目睹了日军轰炸的残酷暴行。

是年 茅盾、赵丹、老舍先后来兰州，作抗日救亡讲演。

1940 年

1月 成立中央银行、中国银行、交通银行、农民银行四行联合办事处兰州分处。

4月 国民政府资源委员会、交通部、中国银行、甘肃省政府合资 850 万元，在永登县窑街创建甘肃水泥公司。

1941 年

4月24日 省政府与中国银行合资 1000 万元成立甘肃水利林牧公司。

5月21日 日军28架飞机袭兰；22日，日军39架飞机袭兰；24日，日军46架飞机袭兰；27日，日军38架飞机袭兰。

6月12日 日军1架飞机袭兰；18日，日军43架飞机袭兰；21日，日军1架飞机袭兰；22日，日军50架飞机袭兰；23日，日军4架飞机袭兰；24日，日军1架飞机袭兰。

7月1日 兰州市政府成立，蔡孟坚任市长。

8月25日 日军8架飞机袭兰；31日，日军10架飞机袭兰。

12月3日 国立西北师范学院兰州分院开学。

1942 年

1月 设立兰州海关总关，接办甘肃、宁夏、绥远稽征事务。

5月24日 湟惠渠通水，可灌田3万亩。

是月 省政府组建兴陇工业有限公司，下分营造厂、印刷厂、化工厂、造纸厂。

8月2日 第十一届全国工程师联合年会在兰园抗建堂举行，经济部长兼资源委员会主任委员翁文灏为会议主席，甘肃省主席谷正伦等出席。

8月15日 蒋介石视察兰州。

9月6日 日军6架飞机袭兰。

1943 年

5月 甘宁青烟类专卖局在兰州成立。

7月23日 日军1架飞机袭兰。

11 月 8 日　奉中共中央令，八路军驻兰办事处撤销，副官赵芝瑞等返回延安。

1944 年

6 月 3 日　美国副总统华莱士访问兰州，赠送草木樨等 92 种牧草种子和密露甜瓜种子，称"华莱士瓜"，后改称"白兰瓜"。

6 月　国立西北师范学院全部从陕西城固迁兰。

7 月　省立甘肃学院改为国立甘肃学院。

是年　刘鸿生等工商业家合资在兰州筹建西北毛纺厂。

1945 年

7 月　甘肃省广播电台在兰州中山林建成。

8 月 15 日　日本天皇宣布无条件投降，兰州市民众连日游行。鞭炮齐鸣，欢庆胜利。

1946 年

1 月 17 日　资源委员会仅在兰州保留甘肃油矿局、甘肃煤矿局、兰州电厂，其余工厂向东南诸省复原。

2 月 23 日　国民党军事委员会西北行营成立，张治中任主任。

4 月 17 日　第八战区司令长官部撤销，西北行营接管其业务。

7 月 7 日　兰州各界 1 万多人集会，追悼抗战死难军民。

8 月 1 日　在国立甘肃学院基础上成立国立兰州大学，辛树帜任校长。

9 月初　黄河暴涨，延至 9 月 24 日，洪峰流量达 5900 立方米/秒。中山铁桥桥面浪花飞溅，禁止通行，洪水淹没两岸农田 13000 多亩，房屋 4000 多间。

1947 年

1 月 10 日　抗战牺牲的甘肃官兵 4382 人牌位入祀兰州中山林忠烈祠。

11 月 28 日　中共甘肃工委为解放和接管兰州做准备，明确中共皋榆工委即中共兰州市委。

1949 年

3 月 29 日　在兰州大学、西北师范学院等学生的斗争下，甘肃省征集

300 万银圆建设公债议案被取消。

7 月 27 日　国民政府任命马步芳为西北军政长官。

8 月 4 日　人民解放军第一野战军司令员兼政委彭德怀发布进军兰州的命令。

8 月 25 日拂晓　解放军发起总攻，18 时占领狗娃山、沈家岭等，马步芳军全线溃退。

8 月 26 日凌晨 2 时　解放军攻入兰州西稍门，控制黄河铁桥，7 时占领全城，11 时占领白塔山，兰州宣告解放。中国人民解放军兰州市军事管制委员会成立，张宗逊任主任。

8 月 30 日　兰州市 10 万多人欢迎解放军进城。

9 月 1 日　《甘肃日报》在兰州创办。中共兰州市委正式成立，强自修任书记。

9 月 5 日　吴鸿宾任兰州市人民政府市长。

9 月 7 日　兰州人民广播电台首次播音。

中华人民共和国

1949 年

10 月 2 日　兰州市群众集会，庆祝中华人民共和国成立。

11 月 1 日　兰州市第一届各界人民代表会议第一次会议召开，选举产生兰州各界人民代表会议常务委员会，吴鸿宾为主席，李景亭、魏自愚为副主席。

1950 年

3 月 15 日　兰州市召开第一次农民代表会议，选举成立兰州市农民代表委员会。

17 日　兰州市人民政府召开首次工作会议，强调市人民政府的工作中心是搞好生产，巩固人民民主专政。

8 月 1 日　邮电部兰州电信管理局正式成立。西北民族学院在兰州正式成立。

1951 年

9 月 20 日 兰州市土地改革开始，至 1953 年 4 月结束。

1952 年

4 月 11 日 邮电部兰州电信局成立，专营电信业务。

6 月 30 日 兰州市"三反""五反"运动结束。

1953 年

2 月 中央人民政府政务院财经委员会副主任李富春率中央专家工作团来兰州考察，为兰州炼油厂等项目选址，并确定兰州城市性质、规模和工业布局方案。

11 月 22 日 兰州市粮食办公室成立，统一管理全市粮食统购统销工作。

12 月 兰州市试办初级农业生产合作社。

是年 山丹培黎学校迁到兰州并改建为石油技术工人学校，是甘肃最早的技工学校。

1954 年

4 月 1 日 兰新铁路黄河大桥开工，6 月 12 日竣工。

7 月 15—19 日 兰州市第一届人民代表大会第一次会议举行。

10 月 25 日—11 月 1 日 中国共产党兰州第一次代表大会在兰州召开，大会选举产生中共兰州市第一届委员会，杨一木为第一书记，李景亭为第二书记，孙剑峰为第三书记。

21 日 兰州医学院正式成立。

1955 年

5 月 1 日 西北军区改编为兰州军区，军区机关驻兰州。

4—7 日 中国人民政治协商会议兰州市委员会举行一届一次会议，选举李景亭为市政协主席。

10 月 中共中央监察委员会书记董必武来兰州视察工作。

是年 中央军委副主席贺龙代表党中央和毛泽东主席来兰授勋，授予张达志、冼恒汉等人八一勋章、一级独立自由勋章、一级解放勋章，授予邓宝珊一级解放勋章。

1956 年

1 月 19 日 兰州市宣布私营工商业已全部实现公私合营，手工业基本实现合作化。

4 月 中国科学院西北分院筹委会自西安迁至兰州，1958 年正式成立。

7 月 兰州石油机械厂动工建设。1958 年 1 月 1 日，与兰州炼油设备厂合并，定名为兰州石油化工机器厂。

1957 年

5 日 中共中央总书记邓小平来兰州视察工作。

9 月 15 日 共青团中央第一书记胡耀邦到达兰州，参观兰州自来水厂、热电厂等。

1958 年

1 月 1 日 兰州石油机械厂与兰州炼油设备厂合并为兰州石油化工机械厂。

3 月 1 日 《兰州日报》创办，1960 年 12 月停办。

是月 兰州人民广播电台成立，5 月 1 日开始播音。

5 月 20 日 新兰仪表厂和万里机电厂在兰州费家营兴建。

5 日 国家副主席朱德视察兰炼、兰化和兰石建筑工地和雁滩农业生产合作社。

10 月 30 日至 11 月初 中共中央政治局委员、国务院副总理、国防部部长彭德怀来兰州视察工作。

1959 年

2 月 2 日 中国科学院兰州分院成立。

2 月 16 日 兰州毛纺织厂建成投产。

8 月 5 日 越南人民民主共和国主席、越南劳动党中央委员会主席胡志明在苏联休假回国途中到达兰州，参观兰州炼油厂。

是月 中共中央副主席、国务院总理周恩来，中共中央总书记邓小平先后视察兰州。

1960 年

5 月 25 日　国务院副总理谭震林来兰州视察工作。

6 月　国务院总理周恩来视察北山的造林绿化情况。

9 月 7 日　国务院副总理陈毅来兰州视察工作。

10 月 22 日　兰州大学被列为全国重点大学。

1961 年

7 月 11 日　西北地区第一次民族工作会议在兰州召开。

1962 年

8 月　国务院副总理陈云视察由兰州市建筑公司施工的城关区大砂坪800 吨合成氨工程。

1963 年

10 月　兰州铀浓缩厂投产成功，为中国第一颗原子弹提供合格的铀原料。

1964 年

4 月 12 日　中共中央总书记邓小平、中共中央政治局委员彭真等视察兰州炼油厂、五〇四厂等企业。

1965 年

8 月 5 日　中国科学院冰川冻土沙漠研究所在兰州成立。

12 月 20 日　西北地区第一座修理火车机车的工厂——兰州机车厂建成投产。

是年　兰州自来水厂第一期供水工程建成，日供水能力 79 万吨。

1966 年

3 月 13—18 日　邓小平、李富春、薄一波、蔡畅等党和国家领导人先后视察兰化、兰炼、兰石厂等工业企业。

6 月　兰州长风机器厂经国家验收投产，开创甘肃电子工业的历史。

10 月 28 日　西北地区第一座现代化平板玻璃厂——兰州平板玻璃厂竣工投产。

1967 年

3 月　中国第一台用于开采石油的混沙车在兰州通用机器厂试制成功。

1968 年

11 月　兰石厂等单位研制成中国第一台具有世界先进水平的深井石油钻机。

1969 年

长风机器厂试制成功"241"型轰炸雷达并投入批量生产，是全国最早生产的轰炸雷达。

1970 年

3 月 25 日　国务院批准，将武威地区管辖的永登县、定西地区管辖的榆中县和皋兰县划归兰州市管辖，正式实行市管县制。

1971 年

9 月 19 日　柬埔寨王国民族团结政府、民族统一阵线中央主席宾努亲王、特使英萨利，在全国人大常委会副委员长郭沫若陪同下访问兰州。

1972 年

5 月 27 日　兰州市革命委员会决定成立市革委会气象组织并接管榆中、皋兰、永登及白银 4 个气象站。

1973 年

8 月　兰州南关什字百货大楼工程开工。

1974 年

30 日　兰州—西安长途地下电缆设备正式开通使用，这是中国第一条长途对称电缆。

1975 年

12 月　中国自行设计、制造的第一套裂解气透平压缩机、乙烯透平压缩机和丙烯透平压缩机在兰化机械厂试制成功。

1976 年

4 月 14 日　兰州第三毛纺厂建成投产。

1977 年

4 月 30 日　中共兰州市委召开各界知识分子座谈会。

1978 年

1 月 1 日　甘肃省第一座大型客运站兰州汽车西站落成，并正式营运。

4 月 1 日　国务院批准建立甘肃中医学院。

12 月 28 日　经国务院批准，兰州师范专科学校成立。

1979 年

1 月 19 日　甘肃省广播电视大学在兰州成立。

9 月　兰州市开始对外国人开放，并开展旅游工作。

1980 年

7 月 1 日　《兰州报》试刊，8 月正式出版。

8 月 2 日　兰州市公交公司出租汽车公司成立，并购进第一批出租车开始营运。

1981 年

4 月 20 日　兰通厂与美国 LSB 公司和 NPS 公司签订合同，向美国出口抽油机 940 台，抽油杆 120 万米。

7 月 1 日　八路军兰州办事处旧址对外开放。

1982 年

5 月 5 日　兰州市对西固区东川人民公社等 8 个公社进行体制改革试点，实行政社分开，成立乡党委和乡政府。

6 月 5 日　兰州石油技工学校庆祝建校 40 周年，名誉校长路易·艾黎、原校医院院长斯潘塞到会讲话。

7 月 27 日　尼泊尔国王比兰德拉和王后前来兰州友好访问。

8 月 5 日　兰州市和日本国秋田市正式结为友好城市。

30 日　甘肃省第一个儿童公园——兰州市滨河儿童公园建成。

1983 年

4 月 2 日　兰州维尼纶厂建成投产。

12 月 27 日　甘肃省规模最大的兰州冷冻厂万吨冷库建成。

1984 年

4 月 25 日　兰州市人民政府举办首届安宁桃花会。

1985 年

2 月 8 日 兰州人民广播电台、兰州电视台正式开播。

8 月 将兰州市白银区和皋兰县武川、水川、强湾三乡划出，成立白银市。

1986 年

4 月 30 日 何鄂创作的"黄河母亲"雕塑落成。

1987 年

11 月 张苏滩蔬菜瓜果批发市场开工。

1988 年

12 月 1 日 兰州重离子加速器厂建成。

1989 年

城关乡光辉社建成光辉布料批发市场。

1990 年

6 月 14 日 亚洲最大的石墨电极基地——兰州炭素厂扩建工程基本建成。

1991 年

10 月 28 日 兰州煤制气厂第一台汽化炉投料试车一次性成功，为城关区部分居民供给煤气。

1992 年

8 月 15 日 中共中央总书记、国家主席、中央军委主席江泽民视察兰州。

9 月 3 日 国务院批准兰州市为内陆开放城市。

28 日 国务院批准兰州航空口岸正式开放。

1993 年

3 月 8 日 兰州经济技术开发区奠基仪式在安宁区举行。

4 月 23 日 国家科委在兰州举行国家高新技术产业开发区授牌仪式。

17 日 兰州陆运口岸正式开关。

1994 年

1 月 7 日 招商银行兰州代表处挂牌营业，1996 年 6 月 6 日正式在兰州成立直属分行。

23 日　兰州城市信用合作社联合社（筹）挂牌营业。

1995 年

7 月 26 日　中共中央政治局常委、国务院总理李鹏前往永登县考察"引大入秦"工程。

12 月 24 日　中共中央总书记、国家主席、中央军委主席江泽民前往榆中县视察集雨节灌工程示范点。

1996 年

7 月 2 日　中共中央政治局常委、国务院副总理朱镕基赴榆中北山慰问梁坪乡、中连川乡困难群众，并视察集雨节灌工程示范点。

1997 年

15 日　兰州中川机场扩建工程正式开工，在甘肃省考察工作的中共中央政治局委员、国务院副总理邹家华出席扩建开工仪式。

12 月 30 日　兰州市图书馆新馆建成开馆。

1999 年

9 月 11—14 日　中共中央政治局常委、国家副主席胡锦涛视察"引大入秦"工程、兰州炼油化工总厂、兰州第三毛纺织厂。

21—30 日　中共中央政治局常委、国务院总理朱镕基视察甘肃。其间在兰州会见美国财政部部长劳伦斯·萨默斯一行。

2000 年

4 月 24 日　兰州歌舞剧院创排的四幕民族舞剧《大梦敦煌》在北京中国剧院首演成功。

5 月 14 日　兰州碑林落成典礼在白塔山举行。

20 日　中共中央总书记、国家主席、中央军委主席江泽民在兰州主持召开西北五省区党建工作和西部大开发座谈会。

9 月 1 日　由 38 个国家驻华大使、临时代办和部分国际组织驻华代表组成的外国驻华使节考察团现场察看南北两山绿化情况。

10 月 10 日　兰州炼化公司、兰州石化公司宣告合并重组中国石油天然气股份有限公司兰州石化分公司。

2001 年

4 月 1 日　中共中央政治局常委、国务院总理朱镕基批准由国家计委立项的兰州市南北两山环境绿化工程项目，总投资 6.6 亿元，计划三年完成。

11 月 9 日　兰州市民开始使用天然气。

11 日　全省首条信息高速公路——兰州电信宽带网开始全业务受理。

2002 年

3 月 15 日　国务院批准兰州经济技术开发区为国家级经济技术开发区。

7 月 15 日　中共中央政治局常委、国务院总理朱镕基视察兰州南北两山绿化工程。

2003 年

4 月 12 日　中共中央政治局常委、全国政协主席贾庆林视察兰州南北两山绿化工程。

12 月　新城黄河大桥、小西湖黄河大桥及南北立交桥、雁滩黄河大桥先后建成通车。

2004 年

12 月　兰州歌舞剧院、兰州市秦剧团、兰州市豫剧团、兰州剧院整合成立兰州大剧院。

2005 年

7 月 8 日　文溯阁《四库全书》藏书楼（馆）竣工暨开馆典礼在九州台举行。

8 月　兰州水车博览园建成并对公众开放。

2006 年

1 月 18 日　读者出版集团有限公司在兰州正式挂牌成立。

4 月 26 日　兰州城市学院成立。

2007 年

2 月 16—19 日　中共中央总书记、国家主席、中央军委主席胡锦涛视察兰州威立雅水务集团有限公司、中石油兰州石化公司，在小西湖公园与市民一起游园。

2008 年

9 月 26 日　兰渝铁路开工建设大会在安宁区沙井驿隆重举行,中共中央政治局委员,国务院副总理张德江为兰渝铁路有限责任公司揭牌并宣布工程开工。

2009 年

9 月 19—20 日　兰州大学建校 100 周年庆祝大会举行。中共中央总书记、国家主席、中央军委主席胡锦涛致贺信。

12 月 24 日　读者出版传媒股份有限公司成立。

2010 年

12 月 7 日　中共中央、国务院在兰州召开全国防汛抗旱暨舟曲抢险救灾总结表彰大会。

2011 年

7 月 3 日　以"激情马拉松,活力新兰州"为主题的首次兰州国际马拉松赛在兰州市开赛。

2012 年

8 月 20 日　国务院印发《关于同意设立兰州新区的批复》,兰州新区成为国务院批准的第五个全国主体功能区规划的重点开发区,西北地区第一个国家级新区。

2013 年

2 月 2—5 日　中共中央总书记、国家主席、中央军委主席习近平到兰州等地调研考察。

2014 年

7 月 15 日　国务院正式批准设立兰州新区综合保税区。

2015 年

9 月 30 日　兰州至中川机场铁路开通运营。兰州中川国际机场综合交通枢纽同时启用,实现民航、铁路、公路无缝换乘。

2016 年

4 月　连城国家级自然保护区通过中国森林认证——自然保护区生态环

境服务认证，成为西部干旱少林地区第一家通过森林认证的国家级自然保护区。

2017 年

9 月 20 日　兰州大学入选世界一流大学建设高校（A 类）。

9 月 29 日　兰渝铁路全线开通运营。

2018 年

2 月 1 日　国务院正式批复同意兰州、白银高新技术产业开发区建设国家自主创新示范区，成为西北首个获批建设的国家自主创新示范区。

10 月 29 日　祁连山国家公园管理局在兰州揭牌成立。

2019 年

8 月 21 日　中共中央总书记、国家主席、中央军委主席习近平考察兰州。

11 月 20 日　兰州市被授予第六届"全国文明城市"称号。

2020 年

6 月 5 日　中欧班列"中吉乌"公铁联运国际货运班列在甘肃（兰州）国际陆港首发，标志着兰州陆港打造的第二条公铁联运国际贸易通道全线贯通。

2021 年

8 月 7 日　舟曲县首批 60 户 289 名避险搬迁群众入住兰州新区。

8 月 10 日　兰州荣获交通运输部命名的"国家公交都市建设示范城市"称号。

参考文献

一、古籍

1. （汉）司马迁：《史记》，中华书局 1959 年版。

2. （汉）班固：《汉书》，中华书局 1962 年版。

3. （南朝宋）范晔：《后汉书》，中华书局 1965 年版。

4. （唐）令狐德棻等：《周书》，中华书局 1971 年版。

5. （五代）刘昫等：《旧唐书》，中华书局 1975 年版。

6. （宋）欧阳修等：《新唐书》，中华书局 1975 年版。

7. （元）脱脱等：《辽史》，中华书局 1974 年版。

8. （元）脱脱等：《金史》，中华书局 1975 年版。

9. （明）宋濂等：《元史》，中华书局 1976 年版。

10. 《明实录》，台湾"中研院"历史语言研究所校印本，1962 年。

11. （明）荆州俊：万历《临洮府志》，中国书店出版社 1992 年版。

12. （明）龚辉：嘉靖《全陕政要》，齐鲁书社 1996 年版。

13. （明）赵廷瑞：《陕西通志》，北京图书馆出版社 2005 年版。

14. （明）王之采纂：万历《庄浪汇纪》，甘肃省图书馆藏。

15. （明）佚名：《甘肃镇战守图略》，台北故宫博物院藏，明嘉靖时期彩绘纸本。

16. （清）张廷玉等：《明史》，中华书局 1974 年版。

17.（清）升允、长庚修，安维峻纂：《甘肃新通志》，甘肃省图书馆藏，宣统元年（1909 年）刻本。

18.（清）卢坤著：《秦疆治略》，（台北）成文出版社 1970 年版。

19.（清）耿喻修，郭殿邦等纂：康熙《金县志》，（台北）成文出版社 1970 年版。

20.（清）张绍美修，曾钧等纂：《五凉全志·平番县志》，（台北）成文出版社 1977 年版。

21.（清）彭英甲编：《陇右纪实录》，载沈云龙主编《近代中国史料丛刊三编》第 40 辑，（台北）文海出版社 1988 年版。

22.（清）秦维岳纂，黄璟修；陆芝田续纂，严长宦续修：《皋兰县续志》，《西北稀见方志文献》第 34 卷，兰州古籍书店 1990 年版。

23.（清）陈奕禧：《皋兰载笔》，《宁海纪行》，甘肃人民出版社 2002 年版。

24.（清）刘斗修，陈如稷纂：康熙《兰州志》，《中国地方志集成·甘肃府县志辑》，凤凰出版社 2008 年版。

25.（清）高锡爵修，郭巍纂：康熙《临洮府志》，《中国地方志集成·甘肃府县志辑》，凤凰出版社 2008 年版。

26.（清）黄建中纂，吴鼎新修：乾隆《皋兰县志》，《中国地方志集成·甘肃府县志辑》，凤凰出版社 2008 年版。

27.（清）张国常：光绪《重修皋兰县志》，《中国地方志集成·甘肃府县志辑》，凤凰出版社 2008 年版。

28.（清）梁份著，赵盛世等校注：《秦边纪略》，青海人民出版社 2016 年版。

二、档案资料

1. 中国人民政协甘肃省委文史资料研究委员会编：《甘肃文史资料》第 8 辑，甘肃人民出版社 1980 年版。

2. 中共中央党校党建教研室：《十一届三中全会以来重要文献选编》，

中共中央党校出版社 1981 年版。

3. 中共兰州市委党史资料征集办公室编：《兰州党史资料汇集》第 6 册，1983 年。

4. 兰州市地名领导小组办公室：《兰州文史资料选辑》第 1 辑，1983 年。

5. 中国人民政协甘肃省委文史资料研究委员会编：《甘肃文史资料选辑》，甘肃人民出版社 1984 年版。

6. 甘肃"三停"调查研究领导小组编写组、甘肃省"两西"建设指挥部：《甘肃中部地区三年停止植被破坏资料汇编》，甘肃人民出版社 1984 年版。

7. 兰州市统计局：《兰州市社会经济统计资料汇编》，1989 年。

8. 施寿：《兰州市城关区林业大事记补录》，《城关文史资料选辑》第 3 辑，1991 年。

9. 甘肃省三线建设调整改造规划领导小组办公室、甘肃三线建设编辑部：《甘肃三线建设》，兰州大学出版社 1993 年版。

10. 兰州市地方志编纂委员会、兰州市自然地理志编纂委员会编纂：《兰州市志·自然地理志》，兰州大学出版社 1998 年版。

11. 中共兰州市委党史办公室：《兰州解放五十年》，1999 年。

12. 兰州市地方志编纂委员会：《兰州市志·建置区划志》，兰州大学出版社 1999 年版。

13. 兰州市地方志编纂委员会：《兰州市志·自然资源志》，兰州大学出版社 1999 年版。

14. 皋兰县县志编纂委员会编：《皋兰县志》，甘肃人民出版社 1999 年版。

15. 中共兰州市委党史办公室：《中国共产党兰州历史大事纪要》，甘肃人民出版社 2001 年版。

16. 兰州市地方志编纂委员会：《兰州市志·文物志》，兰州大学出版社 2006 年版。

17. 中共甘肃省委党史研究室：《甘肃工业的基础："一五"时期甘肃

重点工程建设》，甘肃文化出版社 2007 年版。

18. 甘肃省文物考古研究所：《红古下海石——新石器时代遗址发掘报告》，科学出版社 2008 年版。

19. 甘肃省档案馆编：《晚清以来甘肃印象》，敦煌文艺出版社 2008 年版。

20. 甘肃省档案馆：《建国以来甘肃印象》，敦煌文艺出版社 2009 年版。

21. 西北大学西北联大研究所：《西北联大史料汇编》，西北大学出版社 2012 年版。

22. 中共兰州市委党史办公室：《中国共产党兰州历史》（1949—1978），中共党史出版社 2013 年版。

23. 中共甘肃省党史研究室编：《甘肃党史资料选编——解放战争时期的中共甘肃工委》，甘肃文化出版社 2015 年版。

24. 北京艺术博物馆、甘肃省博物馆、中国社会科学院考古研究所：《玉泽陇西：齐家文化玉器》，北京美术摄影出版社 2015 年版。

25.《中国抗日战争军事史料丛书》编审委员会：《八路军新四军驻各地办事机构》第 5 册，解放军出版社 2016 年版。

26. 中共甘肃省委党史研究室：《中国共产党甘肃历史》（1949—1978），中共党史出版社 2017 年版。

27. 中共中央党史和文献研究院：《习近平论党史和文献工作》（内部发行），中央文献出版社 2019 年版。

28.《中国共产党简史》编写组：《中国共产党简史》，人民出版社、中共党史出版社 2021 年版。

29. 中共甘肃省委党史研究室：《甘肃农业学大寨运动》，2012 年。

30.《甘肃省历年遭受敌机空袭损害统计表》，甘肃省档案馆藏，档案号：16-2-459。

31.《为代表全甘民众欢迎贵院早日迁甘请查照由》，甘肃省档案馆藏，档案号：33-6-7。

32. 《事业述要》，甘肃省档案馆藏，档案号：67-1-312。

33. 《甘肃省临时参议会第一次会议汇刊》，甘肃省档案馆，1940年。

34. 《甘肃咨议局临时会会长会员姓名录》，甘肃省图书馆西北文献部藏。

35. 《甘肃省临时参议会第一次会议汇刊》，甘肃省档案馆，1940年。

36. 西北局城工部编印：《兰州调查》，1949年。

三、著作

1. 萧梅性：《兰州商业调查目录》，陇海铁路管理局，1935年。

2. 慕寿祺：《甘宁青史略正编》，甘肃省图书馆藏，俊华印书馆1936年版。

3. 杨重琦、魏明孔：《兰州经济史》，兰州大学出版社1991年版。

4. 陈守忠：《河陇史地考述》，兰州大学出版社1993年版。

5. 王劲：《甘宁青民国人物》，兰州大学出版社1995年版。

6. 李溪桥主编：《李蒸纪念文集》，中国社会科学出版社1996年版。

7. 姜作孝等：《山高水长：引大入秦工程建设回忆录》，甘肃文化出版社1997年版。

8. 刘建丽：《宋代西北吐蕃研究》，甘肃文化出版社1998年版。

9. 何炳棣著，葛剑雄译：《明初以降人口及相关问题》，生活·读书·新知三联书店2000年版。

10. 王继光：《安多藏区土司家族谱辑录研究》，民族出版社2000年版。

11. 王宗维：《汉代丝绸之路的咽喉——河西路》，昆仑出版社2001年版。

12. 谢端琚：《甘青地区史前考古》，文物出版社2002年版。

13. 牛颖、彭效忠：《宋平在甘肃》，中央文献出版社2003年版。

14. 杨巨川：《青城记》，中共甘肃省委印刷厂制，2004年。

15. 邓明等编：《兰州史话》，甘肃文化出版社2005年版。

16. 周伟洲：《南凉与西秦》，广西师范大学出版社 2006 年版。

17. 马长寿：《氐与羌》，广西师范大学出版社 2006 年版。

18. 张津梁主编：《兰州历史文化》，甘肃人民出版社 2007 年版。

19. ［澳］莫理循图文：《1910，莫理循中国西北行》，窦坤、海伦编译，福建教育出版社 2008 年版。

20. 张永平：《崛起：兰州改革开放三十年》，甘肃人民出版社 2009 年版。

21. 李华瑞：《宋夏关系史》，中国人民大学出版社 2010 年版。

22. 王仁湘：《史前中国的艺术浪潮——庙底沟文化彩陶研究》，文物出版社 2011 年版。

23. 郎树德编著：《甘肃彩陶研究与鉴赏》，甘肃人民美术出版社 2012 年版。

24. 曾瑞龙：《拓边西北：北宋中后期对夏战争研究》，北京大学出版社 2013 年版。

25. 贺春旎主编：《远古之光：甘肃省博物馆彩陶精品》，文物出版社 2013 年版。

26. 王亚民：《甘肃省抗日战争时期人口伤亡和财产损失调研报告（节选）》，中共党史出版社 2015 年版。

27. 唐相龙：《苏联规划在中国兰州第一版总规编制史实研究（1949—1966）》，东南大学出版社 2016 年版。

28. 习近平：《论中国共产党历史》，中央文献出版社 2021 年版。

29. 田澍总主编：《兰州通史》，人民出版社 2021 年版。

后　记

　　《兰州简史》作为中共兰州市委宣传部的重大委托项目《兰州通史》的重要组成部分，于 2021 年 8 月 31 日正式启动。《兰州通史》编委会的核心成员趁热打铁、通力合作，在较短的时间内完成了《兰州简史》的编写任务。

　　在编写过程中，我们严格按照学术规范，经过多种形式的研讨，以确保集体成果的统一性和完整性。全书由七章和一个附录构成：第一章《文明肇始与早期开发》由西北民族大学段小强、陈亚军执笔；第二章《金城郡地与"凿空"西域》和第三章《始设兰州与边疆经略》由西北师范大学刘再聪、杨芳，青海师范大学魏军刚，西北大学僧海霞执笔；第四章《肃王移藩与四维重地》和第五章《甘肃省会与西北军政》由兰州大学武沐执笔；第六章《抗战后方与近代转型》由西北师范大学尚季芳、咸娟娟、张传卿、丁晓东执笔；第七章《工业重镇与丝路明珠》由中共甘肃省委党校吴晓军执笔；附录"兰州历史大事记"和"参考文献"由西北师范大学马玉凤执笔。全书由西北师范大学田澍、何玉红、马玉凤统稿。特别需要指出的是，在编写过程中，兰州市地方志办公室原副主任邓明先生、甘肃省档案馆陈乐道先生多次参加编写研讨、文本审读和定稿校改，提出了许多真知灼见；西北师范大学文学院丁宏武和李明德在审读中提出了诸多建设性的意见，对他们认真负责的态度表示真挚的感谢！此外，甘肃省文物局局长程亮，原甘肃省图书馆馆长郭向东，敦煌研究院杨秀清，读者出版集

团党委副书记马永强、总编辑李树军，兰州新区管委会副主任田强，兰州大学历史文化学院杨林坤，《图书与情报》常务副主编魏志鹏，西北师范大学党委宣传部常务副部长雷鸣、甘肃省中共党史学会理事陈晓斌对《兰州简史》提出了许多中肯的建议和意见，在此深表谢意！

从《兰州通史》到《兰州简史》的编撰历程，是我们共同成长和值得纪念的珍贵记忆。回首 2017 年 8 月中共兰州市委宣传部重大委托项目《兰州通史》编纂启动，到今天《兰州简史》的定稿，在不到五年的时间，编委会成员团结合作，共同讨论体例大纲，一起进行实地考察，携手写作，不断完善，按期完成了任务。中共兰州市委宣传部和各区县的领导以及相关研究人员，在学术考察、史料搜集、大纲制定、文本修改、图片拍摄等方面予以大力支持，为《兰州通史》和《兰州简史》的编写提供了诸多便利，在此向他们表示诚挚的感谢！

在《兰州简史》的编辑出版过程中，人民出版社邵永忠先生一如既往地给予悉心的指导和帮助，付出了辛勤的努力，对此深表谢忱！

由于水平所限，《兰州简史》还存在着这样或那样的问题，敬请读者批评指正！

田　澍　何玉红　马玉凤

2022 年 5 月 20 日